国际经济与贸易专业系列教材

跨境电子商务

基础、运营与策略

Cross-border
E-commerce
Basics, Operation and Strategy

刘 瑶 主编

东北财经大学出版社
Dongbei University of Finance & Economics Press

大连

图书在版编目（CIP）数据

跨境电子商务：基础、运营与策略 / 刘瑶主编. —大连：东北财经大学出版社，2023.12

（国际经济与贸易专业系列教材）

ISBN 978-7-5654-4922-2

Ⅰ．跨… Ⅱ．刘… Ⅲ．电子商务–高等学校–教材 Ⅳ．F713.36

中国国家版本馆 CIP 数据核字（2023）第 150509 号

东北财经大学出版社出版

（大连市黑石礁尖山街 217 号 邮政编码 116025）

网 址：http：//www.dufep.cn

读者信箱：dufep@dufe.edu.cn

大连永盛印业有限公司印刷 东北财经大学出版社发行

幅面尺寸：170mm×240mm 字数：454 千字 印张：21.75

2023 年 12 月第 1 版 2023 年 12 月第 1 次印刷

责任编辑：李 彬 周 欢 责任校对：合 力

封面设计：原 皓 版式设计：原 皓

定价：58.00 元

教学支持 售后服务 联系电话：（0411）84710309

版权所有 侵权必究 举报电话：（0411）84710523

如有印装质量问题，请联系营销部：（0411）84710711

国际经济与贸易专业系列教材编委会

主 任

阙澄宇　教授，博士生导师

王绍媛　教授，博士生导师

副主任

施锦芳　鄂立彬

委员（以姓氏笔画为序）

马　斌　邓立立　王国红　兰　天

孙文君　孙玉红　许立波　牟逸飞

刘　瑶　何　冰　张　军　李红阳

杜晓郁　苏　杭　林令涛　范　超

郑　磊　姜文学　黄海东　傅缨捷

蓝　天　魏　方

总　序

　　国际经贸活动是在原始社会末期和奴隶社会初期随着阶级和国家的出现而产生的，直至资本主义生产方式确立后才获得了广泛的发展，真正具有了世界性。对国际经贸活动的系统研究始于15世纪的重商主义学派，至今已形成涉及领域广泛、结构完整的学科知识体系。

　　与一国国内经济不同，国际经贸活动要涉及两个或两个以上国家（或地区）的当事人，而全球范围内又不存在一个超国家的权力机构对这些活动进行规范和管理。因此，国际经贸活动的习惯做法及各种规则往往是先发国家国内做法和规则的延伸，由此决定了先发国家和后发国家在国际经贸人才培养方面的差异：先发国家由于国内外经贸活动的做法和规则差异不大，因此很少专门设立国际经贸类专业，而是将其内容分散在相关专业的课程中进行介绍；后发国家由于国内外经贸活动的做法和规则差异很大，因此往往专门设立国际经贸类专业。

　　中华人民共和国成立后，在计划经济体制下，国际经贸本科层次人才的培养主要集中在少数几个财经类院校。改革开放以后，国内各类高校在本科层次纷纷设立了名称各异的外经贸相关专业或方向，包括对外贸易、国际贸易、国际经济、世界经济、国际经济合作、工业外贸等。1993年，国家教委印发了《普通高等学校本科专业目录》，将国际经贸本科层次专业规范为3个，即经济学学科门类下的"国际经济"专业和"国际贸易"专业、工学学科门类下的"工业外贸"专业。在1998年教育部颁布的《普通高等学校本科专业目录》中，进一步将1993年目录中的3个专业及原目录外专业"国际商务"合并为"国际经济与贸易"专业。2012年《普通高等学校本科专业目录》中，"国际经济与贸易"专业没有调整，是经济学学科门类下的"经济与贸易类"专业之一。

　　最先在国家（或地区）之间发生的经贸活动是货物贸易，它至今仍是国际经贸领域的重要内容。关于国际货物贸易的教学与研究，起步早、成果多、课程体系完整，主要包括理论、实务与惯例、专业外语三类课程。随着国际经贸活动领域的不断拓展，国际经贸类专业的课程体系也随之完善，增加了诸如"国际技术贸易""国际经济合作""国际投资""国际服务贸易""跨境电子商务"等课程，国内部分院校还基于这些领域设立了专业方向，细化了课程体系。

　　21世纪是一个催人奋进的时代，科技革命迅猛发展，知识更替日新月异，国际竞争日趋激烈。

　　从国际经济环境看，跨国投资飞速发展，世界各国和地区间的经济依赖程度不断加深，经济全球化和区域经济一体化趋势不断加强，协调国际经济日益重要，经济集团内部以及经济集团之间的合作与竞争日益成为关注的焦点。

从国内经济环境看，社会主义市场经济体制的建立与不断完善，改善了我国企业参与国际竞争的条件；加入世界贸易组织后，逐步调整我国产业结构和贸易结构也为我国企业参与国际竞争提供了机遇和挑战。

为了培养熟悉国际经济运行规则、符合社会主义市场经济建设需要的人才，优化人才的知识结构，我们组织东北财经大学国际经济贸易学院的专业骨干教师编写了"国际经济与贸易专业系列教材"。这套教材在保留原有教材体系优点的同时，结合教师多年教学的经验，尽可能地反映本学科领域最新的研究成果和发展趋势。

我们深知，教材从编写出来的那一天起就已经"过时"了，这就需要教师在讲授过程中不断充实、调整有关授课内容，我们也将根据国内外经济环境的变化适时修订本系列教材。为了适应数字化时代的要求，便于读者深入理解相关知识和在教材使用期间及时更新信息，我们在教材中增加了音频、视频等多样性的数字化资源，促进信息技术与教材的深度融合，推进课程思政与教材的紧密融合，着力打造高质量、新形态的教材。

本系列教材是专门为国际经济与贸易专业本科生课程编写的，同时也适合于其他经济类专业和有兴趣学习国际经济与贸易知识的人士使用。

由于作者学识和资料所限，本系列教材难免有不足之处，敬请广大读者批评指正。

国际经济与贸易专业系列教材编委会

前　言

党的二十大报告提出，"发展数字贸易，加快建设贸易强国""推动货物贸易优化升级，创新服务贸易发展机制"。跨境电子商务作为数字经济在国际贸易领域的重要商业模式，已成为我国外贸发展的新动能、转型升级的新渠道和高质量发展的新抓手。据海关总署数据统计，2021年中国跨境电商进出口规模达到1.98万亿元人民币，同比增长15%，其中出口1.44万亿元人民币，增长24.5%。跨境电商不仅可以帮助更多的中小微企业拓展海外市场，还可以为消费者提供更加便捷、优质的购物体验，呈现出强大的生命力和发展活力。

在跨境电商平台提供、卖家入驻、供应链体系、跨境物流与结算等领域，中国已成为全球最大的跨境电商市场之一。面对当前我国从事跨境电子商务的专业人才供不应求的局面，为进一步培养通晓国际规则、掌握数字技术、具备跨文化跨语言跨平台运营能力的高素质人才，本教材旨在为读者提供全面、系统的跨境电商知识体系，帮助读者深入了解跨境电商的基本概念、发展历程、主要平台、运营模式、市场分析、营销策略等方面的知识，提供实用的运营实操与经营策略。

本教材的编写具有以下特色：

1. 聚焦中国视角，强调思政元素。"育人"先"育德"。在本书的编写过程中，注重加强对学生的世界观、人生观和价值观的教育。通过思政课堂、课外延伸阅读等教学内容，学生将感受到在新一轮以数字技术为标志的国际竞争赛道中，中国已跻身前列，有助于引导当代学生树立正确的国家观、民族观、历史观、文化观；通过小组实训，实现教学互动，让学生主动获得有关祖国经济强大、我国数字技术世界领先和优秀中国企业创新发展的信息，为新发展格局、高质量发展等党的二十大精神提供鲜活的案例；教材中对跨境电商新模式和新业态的前沿报道、对基于跨境电商平台成功企业案例的分析，是在习近平新时代中国特色社会主义思想指导下，我国采取一系列战略性举措、推进一系列变革性实践、实现一系列突破性进展、取得一系列标志性成果的具体体现。

2. 理论与实操相结合，打造跨境电商全方位生态系统。本教材全面梳理了跨境电商的理论基础和平台规则，并结合跨境电商实操运营，详细展示了跨境电商运营的全过程，包括政策监管、目标市场、平台调研、选品分析、开店注册、创建页面、信息优化、物流配送、网络营销推广、收款结算、客服售后、新品发布、提升业绩、品牌管理、电商新业态等环节，有利于学生在全面了解跨境电商理论基础的前提下，提升实际操作能力。同时，本教材以速卖通、亚马逊、eBay和Wish等平台为主，结合新兴经济体市场，多平台逐步指导运营环节，有助于提升跨境电商从业人员的实战能力。

3.突出新形态和立体化，融合线上线下资源。本书作为新形态教材，在每章章末以二维码的形式作为桥梁，展示丰富的"即学即测"试题、课外延伸阅读和视频资源，以及"知识点"讲解等（根据每章的教学需要，上述教学资源有选择地加入），多角度立体化地打造沉浸式教学体验；同时，本教材中的"案例专栏"紧跟热点，更新及时，充分反映当前科技进步和消费升级对跨境电商的需求特性，具有较强的时代特征。

最后，我要感谢所有参与本教材编写的专家、学者和编辑，他们的辛勤工作和无私奉献为本教材的顺利出版提供了坚实的保障。同时，我也要感谢我的学生王思璇、徐昊和郭威参与了资料收集工作。由于编者学术水平有限，书中难免存在疏漏，请广大读者朋友和专家学者能够拨冗提出宝贵的修改建议。

思政目标	思政维度	思政元素	思政案例	对应内容

本书课程思政导图

编　者
2023年4月

目　录

第1篇　理论基础

第2篇 实操运营

第3篇　运营策略

第1篇　理论基础

第1章 /跨境电子商务简介

━━━ 学习目标 ━━━

　　了解中国跨境电商的发展与现状、跨境电商平台分类，以及传统国际贸易在互联网时代的变革；了解跨境电商创业环境，掌握跨境电商创业特点，认识跨境电商人才需求特点。

1.1　跨境电商概述

　　跨境电子商务的概念分狭义和广义两种，其交易流程不同于国内电子商务。根据产业终端用户类型、服务类型、平台运营方等划分标准，跨境电商的分类多样，不同类型的跨境电商在全球化市场上发展迅速。

1.1.1　概念与流程

　　1）跨境电商的概念

　　跨境电子商务（Cross-border E-commerce，CBEC）的概念分狭义和广义两种。狭义的跨境电子商务指一国出口企业通过互联网向境外消费者零售商品，主要以邮寄、快递等形式送达的经营行为，即企业通过跨境电子商务平台对消费者出口，也就是通常所讲的B2C。广义的跨境电子商务，是指不同国家（或地区）之间的双方通过互联网及相关信息平台实现交易，通过电子商务平台达成交易、进行支付结算，并通过跨境物流送达商品、完成交易的一种国际商业活动，即把传统国际贸易网络化电子化的新型贸易方式。

　　跨境电商比国内电商所涉及的工作环节多，它包括商品引入、线上平台、线下门店、境外物流、保税仓储、报关报检、订单配送、结算结汇、营销推广及售后服务等。具体来说，跨境电子商务交易步骤大体可由消费者浏览检索、形成订单、订单及支付信息的传输、传递支付信息、银行确认、通知商户、商户执行和最后的清算等部分组成（如图1-1所示）。

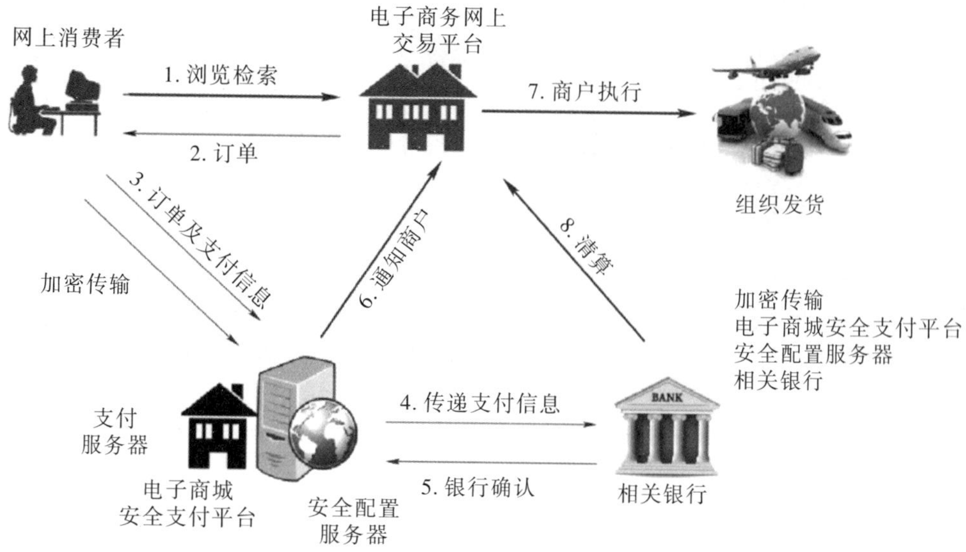

图 1-1 跨境电子商务交易示意图

2）跨境电商的流程

跨境电商出口的基本流程是生产商或制造商将商品在跨境电商企业的平台上展示，消费者选择商品下单，并通过第三方支付方式及时结汇后，跨境电商企业将商品交付给物流企业进行投递，经过两次（出口国和进口国）海关通关商检后，最终送达消费者或企业手中，卖家收汇结汇。跨境电商企业可以选择与第三方综合服务平台合作，委托第三方综合服务平台代办物流、通关商检等一系列环节，从而完成整个跨境电商交易的过程。

对于跨境电商企业而言，其具体工作过程分为六个步骤，分别是选品、刊登、推广、收款、发货、售后。第一步选品，即产品调研，可以通过调研速卖通、Wish 等平台的产品品类，或利用第三方数据工具（例如速卖通的数据纵横）来选品，或从工厂自选产品。第二步刊登，需要完成产品信息化处理、产品分类属性、产品标题、产品上架价格、产品物流方案、详情页描述等工作任务。第三步推广，主要包括店铺的优化和平台内外的推广操作两方面。第四步收款，常见的收款工具有 Escrow（国际版支付宝）、PayPal、Payoneer、PayEco。第五步发货，通过邮政系统、商业快递、专线物流以及海外仓等方式发货。第六步售后，及时回复询问，解决售后问题，鼓励消费者留下评论，后期的流量十分重要，售后是跨境电商工作任务中重要的环节。

1.1.2 特征与分类

1）跨境电子商务的分类

根据参与跨境电子商务的终端用户是企业还是个人，跨境电商可以分为跨境 B2B 电子商务、跨境 B2C 电子商务、跨境 C2C 电子商务。

（1）跨境B2B电子商务。

B2B电子商务是电子商务的一种模式，是英文Business-to-Business的缩写，即商业对商业，或者说是企业间的电子商务，即企业与企业之间通过互联网进行产品、服务及信息的交换。跨境B2B电子商务是指分属不同关境的企业对企业，通过电商平台达成交易、进行支付结算，并通过跨境物流送达商品、完成交易的一种国际商业活动。

目前，中国跨境电商市场交易规模中，B2B跨境电商处于主导地位。根据《2022年度中国跨境电商市场数据报告》，2022年中国跨境电商的交易模式中跨境电商B2B交易占比达75.6%。

（2）跨境B2C电子商务。

B2C电子商务指的是企业针对个人开展的电子商务活动的总称，是Business-to-Customer（Consumer）的缩写，如企业为个人提供在线医疗咨询、在线商品购买等。跨境B2C电子商务是指分属不同关境的企业直接面向消费个人开展在线销售产品和服务，通过电商平台达成交易、进行支付结算、通过跨境物流送达商品、完成交易的一种国际商业活动。

由于个人消费品种类繁多，因此B2C跨境电商平台在不同垂直类目商品的销售上也有所不同，如FocalPrice主营3C数码电子产品，兰亭集势则在婚纱销售上占有绝对优势。B2C类跨境电商市场正在逐渐发展，且在中国整体跨境电商市场交易规模中的占比不断升高。根据《2022年度中国跨境电商市场数据报告》，2022年中国跨境电商的交易模式中跨境电商B2C交易占比达24.4%，而2019年跨境电商B2C交易占比为19.5%。在未来，B2C类跨境电商市场将会迎来大规模增长。

（3）跨境C2C电子商务。

C2C电子商务是个人与个人之间的电子商务，即Customer（Consumer）-to-Customer（Consumer）。主要通过第三方交易平台实现个人对个人的电子交易活动。跨境C2C电子商务是指分属不同关境的个人卖方对个人买方开展在线销售产品和服务，由个人卖家通过第三方电商平台发布产品和服务售卖产品信息、价格等内容，个人买方进行筛选，最终通过电商平台达成交易、进行支付结算、通过跨境物流送达商品、完成交易的一种国际商业活动。

2）跨境电商平台的分类

跨境电子商务达成交易离不开所在平台，跨境电子商务平台是协调、整合信息流、物质流、资金流有序、关联、高效流动的重要场所。因此，按照不同的标准，跨境电子商务平台有以下分类：

（1）以服务类型分类。

第一，信息服务平台。信息服务平台主要是为境内外会员商户提供网络营销平台，传递供应商或采购商等商家的商品或服务信息，促成双方完成交易。其支付环节在平台外或线下进行。

第二，在线交易平台。在线交易平台不仅提供企业、产品、服务等多方面信息展示，并且可以通过平台线上完成搜索、咨询、对比、下单、支付、物流、评价等全购物链环节。在线交易平台模式正在逐渐成为跨境电商中的主流模式。

（2）以平台运营方分类。

第一，自营型电商。自营型电商是通过在线上搭建平台，整合供应商资源，通过较低的进价采购商品，然后以较高的售价出售商品。自营型平台主要以商品差价作为盈利模式。

第二，第三方平台。第三方平台通过在线上搭建商城，并整合物流、支付、运营等服务资源，吸引商家入驻，为其提供跨境电商交易服务；同时，平台以收取商家佣金以及增值服务佣金作为主要盈利模式。

第三，外贸电商代运营服务商。随着跨境电商运营环节的精细化，外贸电商代运营服务商不直接或间接参与任何电子商务的买卖交易，而是为从事跨境外贸电商的中小企业提供不同的服务模块，如"市场研究模块、营销商务平台建设模块、海外营销解决方案模块"等。这些服务商可以帮助外贸企业建设独立的电子商务网站平台，并能提供全方位的电子商务解决方案，使其直接把商品销售给国外零售商或消费者。服务提供商能够提供一站式电子商务解决方案，并能帮助外贸企业建立定制的个性化电子商务平台，盈利模式是赚取企业支付的服务费用。

1.1.3 跨境电商的生态系统

1）基本要素

（1）信息流。

跨境电商的信息流是指在跨境电商活动中，涉及的各种信息的流动和传递过程，这些信息包括商品信息、订单信息、支付信息、物流信息、海关信息等。互联网上的信息对称使得跨境电商企业的竞争日益激烈，所谓"七分选品，三分运营"，卖家应充分利用好跨境电商的信息要素，带着清晰明确的定位去选择适合的产品，并结合消费人群的特征，因地制宜地使产品差异化。

（2）资金流。

跨境电商的资金流是指在跨境电商交易中涉及的资金流动过程。跨境电商的资金流是整个跨境电商交易过程中的关键环节，涉及到支付、结算、汇款、退款和税费等方面的资金流动。有效管理和控制跨境电商的资金流对于保障交易安全和顺利进行非常重要，合理运用资金去进行推广宣传，将流量转化为直接经济效益，以达到收益最大化目标。

（3）货物流。

跨境电商的货物流指的是跨越国界的电商交易中涉及的货物运输和物流流程。货物流与信息流、资金流相比较，它具有实物商品的流通特性。买家下单后，卖家既要及时发货，还要保证物流的时效快。卖家发货方式有三种，分别是自发货、中转仓、海外仓。自发货的时效最慢，新手卖家因为订单数量不稳定，通常会选择自发货。中转仓和海外仓都是卖家提前备货到仓库，客户下单后，仓库负责发出、配送。其中，海外仓的时效最快，客户体验最好。大多数跨境电子商务借助于全球物流（DHL、UPS、FedEx、TNT 等）以及邮政小包来完成商品的运送和投递。

2）跨境电商生态系统和组成

随着跨境电商行业的迅速发展，跨境电商企业与其他产业形成集群效应，并孵化出了一些配套的企业，其服务内容涵盖第三方交易平台，支付、物流、广告营销、培训咨询等服务提供商，移动运营商、互联网接入、IT资源/云服务商、机场港口等基础设施提供商，海关、商检、税收、消费者保护、行业协会/商会等其他相关方，整个行业生态体系也越来越健全，分工越来越清晰，并逐渐呈现出生态化的特征（如图1-2所示）。

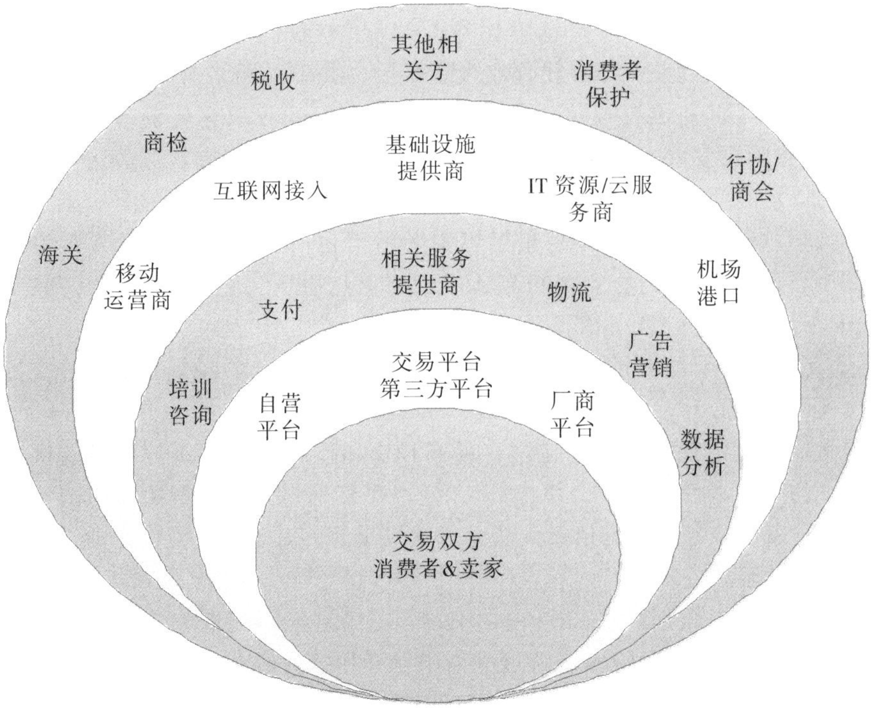

图1-2　跨境电商生态系统组成图

以速卖通平台为例，在速卖通上有三类物流服务，分别是邮政大小包、速卖通合作物流以及商业快递，其中90%的交易使用的是邮政大小包。按照买卖家体验、包裹形态、时效速度、不同国家背景等，速卖通携手菜鸟物流与全球各大国家邮政、专线以及商业快递物流商建立深度合作关系。同时，速卖通平台支持买家使用Visa、Mastercard等信用卡支付或第三方支付公司，支付方式上可以通畅实现跨境支付。速卖通平台还有翻译、营销、支付系统、大数据和物流网络的便捷接入等工具和服务。平台商家通过阿里巴巴输出的技术、物流和支付解决方案，获得了把生意做向全球的系统运营能力。

1.2 跨境电商的发展与现状

1）中国跨境电子商务的发展

虽然我国跨境电子商务发展相对较晚，但发展速度却非常快，其发展规模和所取得的成就令世界瞩目。1999年阿里巴巴实现用互联网连接中国供应商与海外买家后，中国对外出口贸易就实现了互联网化。在此之后从传统外贸，到外贸电商，再到跨境电商，我国跨境电子商务共经历了四个阶段，实现从信息服务，到在线交易、全产业链服务、品牌建设的跨境电商产业转型。

（1）跨境电商1.0阶段（1999—2003年）。跨境电商1.0时代的主要商业模式是网上展示、线下交易的外贸信息服务模式。跨境电商1.0阶段的第三方平台主要的功能是为企业信息以及产品提供网络展示平台，并不在网络上涉及任何交易环节。此时代的盈利模式主要是通过向进行信息展示的企业收取会员费（如年服务费）。跨境电商1.0阶段发展过程中，也逐渐衍生出竞价推广、咨询服务等为供应商提供一条龙的信息流增值服务。

在跨境电商1.0阶段中，阿里巴巴国际站平台以及环球资源网为典型代表平台。其中，阿里巴巴成立于1999年，以网络信息服务为主，线下会议交易为辅，是中国最大的外贸信息黄页平台之一；环球资源网1971年成立，前身为Asian Source，是亚洲较早的提供贸易市场资信者，并于2000年在纳斯达克证券交易所上市，股权代码GSOL。

在此期间还出现了中国制造网、韩国EC21网、Kellysearch等大量以供需信息交易为主的跨境电商平台。跨境电商1.0阶段虽然通过互联网解决了中国贸易信息面向世界买家的难题，但是依然无法完成在线交易，对于外贸电商产业链的整合仅完成信息流整合环节。

（2）跨境电商2.0阶段（2004—2012年）。2004年，随着敦煌网的上线，跨境电商2.0阶段来临。这个阶段，跨境电商平台开始摆脱纯信息黄页的展示行为，将线下交易、支付、物流等流程实现电子化，逐步建立在线交易平台。

相比较第一阶段，跨境电商2.0更能体现电子商务的本质，借助于电子商务平台，通过服务、资源整合有效打通上下游供应链，包括B2B（平台对企业小额交易）平台模式，以及B2C（平台对用户）平台模式两种模式。跨境电商2.0阶段，B2B平台模式为跨境电商主流模式，通过直接对接中小企业商户实现产业链的进一步缩短，扩大商品销售利润空间。2011年敦煌网宣布实现盈利，2012年持续盈利。

在跨境电商2.0阶段，第三方平台实现了营收的多元化，同时实现后向收费模式，将"会员收费"改以收取交易佣金为主，即按成交效果来收取百分点佣金。同时还通过平台上营销推广、支付服务、物流服务等获得增值收益。

（3）跨境电商3.0阶段（2013—2018年）。2013年成为跨境电商的重要转型年，跨境电商全产业链都出现了商业模式的变化。随着跨境电商的转型，跨境电商3.0"大时代"随之到来。

首先，跨境电商3.0具有大型工厂上线、B类买家规模化、中大额订单比例提升、大型服务商加入和移动用户量爆发五方面特征。与此同时，跨境电商3.0服务全面升级，平台承载能力更强，全产业链服务在线化也是3.0时代的重要特征。在跨境电商3.0阶段，用户群体由草根创业向工厂、外贸公司转变，且具有极强的生产设计管理能力。平台销售产品由网商、二手货源向一手货源好产品转变。

3.0阶段的主要卖家群体正处于从传统外贸业务向跨境电商业务艰难转型期，生产模式由大生产线向柔性制造转变，对代运营和产业链配套服务需求较高。另一方面，3.0阶段的主要平台模式也由C2C、B2C向B2B、M2B模式转变，批发商买家的中大额交易成为平台主要订单。

（4）跨境电商4.0阶段（2019年至今）。2018年《中华人民共和国电子商务法》正式通过，推动了更多工厂和品牌选择跨境电商平台进行线上销售，国内产品逐渐向品牌化和品质化发展，跨境电商成为众多企业的核心竞争力。2021年我国跨境电商进出口规模1.98万亿元人民币，其中出口1.44万亿元人民，同比增长24.5%。

目前，我国的跨境电商已进入了4.0阶段，跨境电商的发展逐步进入了精细化阶段，并且在平台间也开始实现了精细化运营，整个供应链也在逐步整合。而在供应链逐步整合的背景下，也开始出现直播营销等创新模式，在此新模式的带动下，跨境电商仍然会具有较大的市场发展空间。

2）中国跨境电子商务的现状

根据有关数据，我国2012—2022年跨境电子商务的发现出现以下特征：

（1）跨境电商交易规模不断增长。

中国电子商务研究中心数据库显示，2017—2021年中国跨境电商市场交易规模如图1-3所示。2017年我国跨境电商市场规模为8.06万亿元人民币，2021年市场规模达14.2万亿元人民币，是2012年市场规模2.1万亿元人民币的近7倍。

在国家有力的政策支持和消费者强劲的需求影响下，我国跨境电商发展稳步前进。随着全球数字经济时代到来，跨境电商作为新型贸易业态迎来良好发展机遇，尤其在新冠肺炎疫情全球蔓延的背景下，跨境电商凭借其线上化、多边化、数字化、本地化等优势，呈现高速增长态势，为外贸企业应对疫情冲击发挥了积极作用，作为稳外贸重要力量的跨境电商成为中国进出口贸易的新业态。

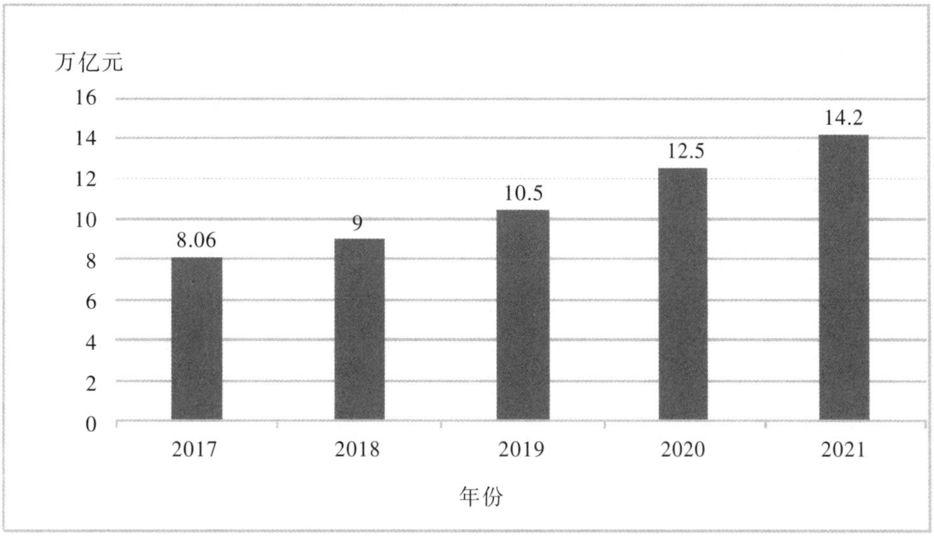

万亿元

图 1-3　2017—2021 年中国跨境电商市场交易规模

资料来源　根据《2022 年度中国跨境电商市场数据监测报告》整理得来。

（2）出口电商为主，但进口电商的增速较快。

在进出口结构方面，目前我国跨境电商仍然以出口为主，进口为辅。如图 1-4 所示，2021 年中国跨境电商出口占比 77.46%，进口占比 22.54%。从结构上看，跨境出口电商的比例在长期仍高于跨境进口电商的比例，相对于 2013—2017 年进口结构从 14.3% 增长到 21.8%，近几年来，跨境进口电商比例增速变缓。随着中国跨境进口市场从培育期慢慢走向成熟，以及国内消费者对跨境网购更加深入了解，进口电商规模增长态势逐步放缓。国内电商巨头的全产业链竞争时代基本告一段落，现阶段，正在迎来品牌建设的跨境电商 4.0 时代。

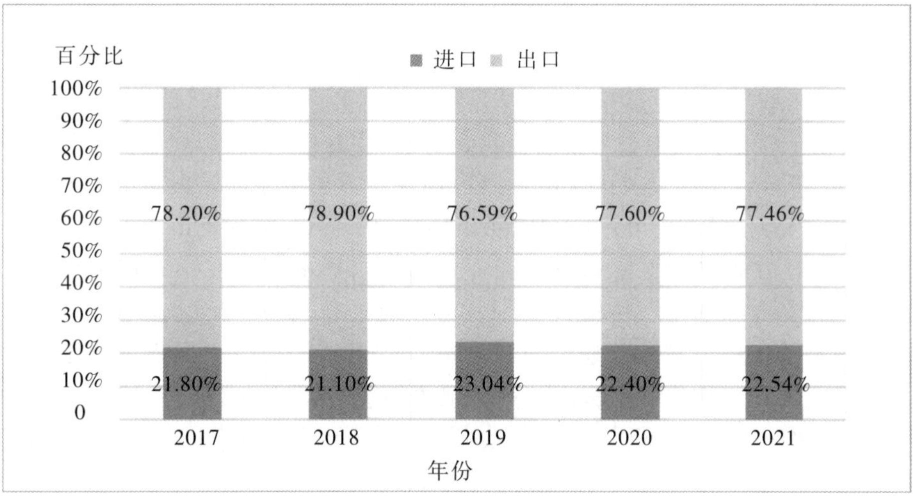

百分比

图 1-4　2017—2022 年中国跨境电商交易规模进出口结构

（3）我国跨境电商运营模式多边化和整合化。

跨境电商交易模式呈现网状结构。在跨境电商交易过程中，相关的信息流、货物流、资金流等从传统的双边管理逐步向多边化演变。例如，跨境电商可以通过A国的支付结算平台、B国的物流平台、C国的交易平台，实现不同国家间的直接贸易交流。跨境电商的运营模式由早期的商家对商家（B2B）模式逐渐向商家对消费者的（B2C）模式转变。B2C的海外主流运营模式包括以速卖通、亚马逊为代表的第三方平台和独立站。独立站成为继第三方平台后的跨境电商新模式，因可直接掌握用户数据，它可以通过降低运营成本、整合缩短产业链，从而扩大跨境电商企业的利润空间。

3）中国跨境电商面临的挑战

（1）跨境电商供应链风险控制不足。

跨境电商主要模式为"产品供应链+跨境卖家+国际物流+海外买家"。受特殊因素影响，如新冠疫情暴发后，生产商停工停产、国际物流停航、停运，对供应链的速度和成本产生了重大影响。首先，国内工厂复工延期，使原材料供给不足又引发商品短缺，产品供应不足。其次，产业链上游的产品供给链受阻使得跨境电商卖家的产品库存不足，在销售过程中未按要求及时发货，导致买家退款，同时不断上涨的国际物流成本和运营成本导致跨境中小企业商家的资金流紧张，使卖家陷入经济危机。最后，国际海运、航运、陆运受大部分国家交通管制影响，运输受限、港口拥堵、集装箱短缺、清关时间变长等问题集体爆发，国际运输资源与跨境电商需求难以匹配，使得国际物流成本增加。

（2）跨境电商运营不合理。

2020年之前，中国跨境电商规模增长迅猛，2020年后受国际环境影响后开始出现下降趋势。在此背景下，跨境电商企业运营还面临以下问题。一是数据分析同质化。数字经济背景下，跨境电商平台商家大多通过大数据分析用户的浏览关键词、浏览时长、选品喜好、加购次数、回购次数等来进行店铺推送，但商家分析数据的方法往往过于相似，导致对目标客户推送商品出现同质化问题。二是选品大众化。跨境电商平台卖家在选品时盲目追求网红化、爆款化，商店产品缺乏品牌特色，让消费者无法产生购买黏性和复购欲望，导致企业经营利润被稀释。三是品牌意识薄弱。现阶段，部分跨境电商选品仍存在代工、仿制问题，品牌缺乏自主风格、产品技术含量低下，对产权保护意识薄弱，导致侵权问题频发。

（3）跨境电商人才缺口增大。

《"十四五"电子商务发展规划》公布的数据显示，至2025年我国电子商务领域相关从业人数将达到7 000万，未来三年，预计我国电商人才缺口达985万。跨境电商因其门槛低、利润高的特点导致大量社会人员涌入，而该类人群大多缺乏跨境电商运营、数字化工具运用等专业技能，自身能力有限，导致企业发展和转型受到影响。

1.3 跨境电商与创新创业

跨境电商是时代与技术的产物，它作为商业发展的一个新领域，需要更多创新创业者的加入，同时它也为有创意理想的人提供了新机遇，新挑战。本节将介绍当前创业环境与行业发展状况、对跨境电商创业的要求以及创业实践。

1.3.1 跨境电商创业的要求与准备

1）对创业准备工作的要求

（1）确定行业，选品。

创业的开始，往往是一个选择项目的过程，创业者应该具有敏锐的商业嗅觉，识别创业商机。锁定合适的行业并寻找合适的时机进入市场。对于跨境电商创业者来说，应当选择有一定了解的行业，并且该行业的产品适合互联网售卖。对于选品，在跨境互联网平台售卖一定要了解国外对进出口产品的要求与各类限制条件。产品尽量轻便小巧，这不单单有利于运输，还有利于减少高昂的跨境运输成本。如果缺少精通产品性能的人员，尽量避免选择操作复杂的产品，有助于简化售后服务，降低差评风险。除此之外，考虑长途运输，应尽量选择不易破损的产品。

（2）创业计划书。

创业计划书是一份全面说明创业构想以及如何实施创业构想的文件。如果把创业比作一个不了解且充满不确定性的旅程，那么创业计划书就是一个行动路线图，帮助创业者走好每一步。

每一个创业者在创业时都会面临：成本多少、能否盈利、利润空间多大、什么时候能赚钱、怎样赚钱等问题。创业计划书可以帮助创业者梳理分析这些问题，增加创业可行性。创业者将创业初期粗略的想法落实到一个详细规范的计划书上。计划书一般包括目标产业描述、产品（服务）介绍、市场预测、竞争分析、企业管理、营销策略等要素。创业者要明确目标市场，提供顾客真实存在的证据，应秉持理性客观的态度分析编写，切忌主观臆想。一份优秀的创业计划书会帮助创业者提前梳理自己的思路，系统地思考新创企业的各要素，使创业团队的行动与创业计划相符合。帮助创业者更加了解产品成本、利润空间、预期回报率、目标市场现状与发展前景等，帮助创业者制定合适的销售计划、实施策略和公司长远发展战略。除此之外，还能吸引优秀的合作伙伴，获得投资。

（3）资金运作规划。

资金运作规划是创业中不可忽视的一部分。创业初期，因创业者没有足够信用，不容易通过银行获得贷款。而且创业前期的收益往往是非常少的，甚至亏损。这需要创业者规划好公司的资金运作，节约开支，充分考虑产品成本、仓库成本、运输费用、产品推广宣传费用、坏账准备、人力成本等因素。创业者还要根据实际情况调整，考虑开业后可能面临的难题，如产品滞销、费用增加等不确定因素。除此之外，初创企业既需要流动资金，又需要非流动资金。其中要重点关注企业现金流状况。健康的现金流就像企业的血液，一个企业不一定会因亏损而倒闭，但会由于现金流断裂而失败。所以创业者在规划创业资金需求时要考虑流动资金需持续投入。

（4）组建团队。

创业团队成员的选择将会影响日后团队的工作氛围与效率。首先，团队所有成员要有一个共同的方向与目标，对公司的发展与规划达成基本共识，团队的目标设定是创业团队内部价值的认定。只有目标方向一致，团队才有可能走得更远。其次要确保成员间分工明确，风险共担，收益共享。团队合伙人应该是互补的，尽量不要有多个非常强势的人，如果存在多个强势成员，最好的解决办法就是明确分工。需要制定清晰合理的考核与奖惩机制。初创企业常常采用扁平化的管理方式。对团队成员的控制，包括修正创业成员的行为和创业团队的目标。

2）对创业者的素质要求

创业者是创造新事业的人，是组织、管理一个事业或企业并承担其风险的人。创业风险的承受能力是可以不断强化的，创业素质和能力也是可以后天积累和提升的。作为创业团队的领导者，创业者必须具有以下素质：

（1）身体素质。

一个强健的体魄是创业成功的必要因素之一。创业过程复杂繁琐，由于资金紧缺、人员紧张等因素，创业者常常需要一个人负责公司绝大部分任务。因为工作忙碌、工作时间长并且压力大，所以创业者要有一个健康的身体作为支撑。

（2）心理素质。

创业的历程大多是坎坷的，创业者常常要面对包括产品滞销、资金短缺、知识能力有限等在内的众多问题，承受巨大的压力。这就需要创业者拥有强大的心理素质，抗压能力强，善于自我调节，拥有积极正确的心态。面对创业失败，好的心态是要从失败中学习，"留得青山在，不怕没柴烧"，拒绝一蹶不振。

（3）专业知识技能。

创业者想在行业内游刃有余，就必须拥有该行业所需懂得的专业知识技能。熟练的专业知识与技能是立足于行业的基础。

（4）组织管理能力。

团队是由众多独立个体组成的一个整体，每个个体都有不同的想法态度，能否让大家达成共识，向着同一个目标奋进关系到团队的工作效果与氛围。团队成员的流失会带来创业风险。创业者需要有科学组织管理团队的能力，调动全体成员的积极性，保持团队生命力。

（5）自我反思总结能力。

对于大多数创业者来说，创业都是新鲜的，缺少经验的。创业是一个不断摸索积累的过程，创业者要学会在这个过程中不断纠正错误，汲取教训，总结经验。面对风险，要有及时止损的意识，防止后期不必要的损失。

3）对客户运营的要求

在跨境电商领域，合格的创业者完成创业准备工作后，就要进入日常经营，与传统贸易相比，创业者不仅仅要运营好自己的商品，对客户的运营也不容忽视，借助互联网做好客户运营可以从以下几个方面入手：

（1）以顾客为中心，注重客户体验。

商家可以提高用户参与程度，一方面可以扩大品牌影响、推广品牌形象；另一方面可以发现产品缺陷并及时调整、刺激新老顾客的活跃度。客户体验的好坏将直接影响商品的评价，进而影响产品销量与品牌口碑。以顾客为中心，注重消费细节，从改进消费者体验开始，提供最舒适的顾客体验，及时提高产品与服务质量。同时，商家也要实时关注市场与消费者需求的变化，只有商品符合消费者购买要求，才可以增加销量。

（2）培养粉丝客户，增加客户黏性。

顾客评价是最有力、最简单、成本最低的宣传方式。粉丝客户不同于一般客户，他们对店铺有着一定忠诚度，他们更多地尝试店铺产品，即使在产品面临一些争议时，也愿意消费。一个企业的主要收入和利润大都来自老客户，关于客户的二八原则，就是指：保持一个老客户所需的成本，仅是开拓一个新用户成本的20%左右。所以要注重老客户的培养。粉丝客户除了担任消费者外，他们也是重要的宣传者。有助于品牌口碑的形成。商家要努力最大化获取粉丝经济的价值。

（3）利用营销手段，增加流量访问。

互联网时代，流量对产品浏览量、销量、曝光度有非常重要的影响。商家可以通过平台广告位和营销活动，以及社交媒体途径营销，来增加产品曝光度，从而促使销量提升。与此同时，大数据的充分应用也不容忽视。通过大数据，收集用户与其他店铺的信息、行为等数据。分析用户的偏好，有利于本店铺面向不同消费者制定有针对性、个性化的精准营销方案。除此之外，还可以根据收集到的数据，及时更换产品、调整店铺结构，适应市场变化。

1.3.2 跨境电子商务人才的岗位需求

一个优秀的跨境电子商务人才应既懂互联网技术，也具备国际贸易、国际物流、电子商务平台运营、品类管理、跨境营销等知识储备，同时具备跨文化交际等能力。表1-1分别展示不同岗位类别包括的具体岗位以及该岗位需要的人才的能力需求。

表1-1   跨境电子商务人才的岗位及能力需求

岗位类别	相关岗位	能力需求
跨境电子商务运营类	亚马逊跨境运营专员、海外业务运营、平台运营、店铺运营、APP运营等	了解海外市场、对市场敏感、准确把握店铺定位与产品定位
跨境电子商务营销类	社交网站推广专员、谷歌推广专员、视频网站推广、文案策划内容运营等	跨文化交际能力、文字编辑能力、语言能力、产品营销推广能力
跨境电子商务客服类	海外客户维护专员、海外订单纠纷调解员、跨境客服主管等	跨文化沟通能力、语言能力、具备一定法律法规知识储备
跨境电子商务设计类	跨境电子商务美工、平面设计师、页面美容编辑等	美术功底、设计能力、计算机绘画制图能力、创新能力
跨境电子商务物流类	跨境物流助理、国际采购专员、仓储专员、质控专员	物流知识储备、分析能力、预测能力
跨境电子商务数据分析类	数据分析专员、数据运营专员	统计分析能力、数据处理能力
跨境电子商务平台研发类	IOS研发工程师、html5前端开发工程师、支付系统产品经理、Java工程师等	专业的计算机能力

1）跨境电子商务运营类

跨境电子商务运营类的职位包括跨境运营专员、海外业务运营、平台运营、店铺运营、APP运营等。其工作可能包括对市场信息进行搜集整理和分析，及时跟踪行业竞争对手的最新动态，为决策提供依据；策划销售渠道；负责跨境综合平台的跟进等。因此，这类岗位的人才需要具备了解海外市场、对市场敏感、准确把握店铺定位与产品定位等方面的能力。

2）跨境电子商务营销类

跨境电子商务营销类的职位包括社交网站推广专员、谷歌推广专员、视频网站推广、文案策划内容运营等。其工作可能包括策划跨境电子商务各渠道营销推广的方案、利用社交媒体对产品进行站外推广等。因此，这类岗位的人才需要具备跨文化交际能力、文字编辑能力、语言能力、产品营销推广能力等。

3）跨境电子商务客服类

跨境电子商务客服类的职位包括海外客户维护专员、海外订单纠纷调解员、跨境客服主管等。其工作可能包括处理海外客户投诉、与客户沟通退换货相关事宜等。因此，这类岗位的人才需要具备跨文化沟通能力、语言能力并且具备一定法律法规知识储备。

4）跨境电子商务设计类

跨境电子商务设计类的职位包括跨境电子商务美工、平面设计师、页面美容编辑等。其工作可能包括设计平面产品广告、美化图片等。因此，这类岗位的人才需要有美术功底、设计能力、计算机绘画制图能力、创新能力等。

5）跨境电子商务物流类

跨境电子商务物流类的职位包括跨境物流助理、国际采购专员、仓储专员、质控专员等。其工作可能包括维护现有物流渠道，制定并持续优化物流方案；合理调配国内外仓库资源；对接客服、销售等部门，处理物流投诉；优化方案，提升客户体验等。因此，这类岗位的人才需要具备物流仓储知识储备、分析能力、预测能力、沟通协调能力，以及物流方案设计、实施和优化的综合能力等。

6）跨境电子商务数据分析类

跨境电子商务数据分析类的职位包括数据分析专员、数据运营专员等。其工作可能包括对销售数据进行处理分析并提出改进方案、处理分析库存数据等。因此，这类岗位的人才需要具备统计分析能力、数据处理能力等。

7）跨境电子商务平台研发类

跨境电子商务平台研发类的职位包括 IOS（移动操作系统）研发工程师、网络语言前端开发工程师、支付系统产品经理、Java（计算机编程语言）工程师等。其工作可能包括对平台网站进行优化等。因此，这类岗位的人才需要具备专业的计算机能力。

1.3.3 跨境电商创业的成本与风险

1）成本

做跨境电商需要考虑的成本主要有五个方面：一是商品成本，二是物流成本，三是电商平台收取的费用或建立独立网站的成本，四是推广成本，五是人员成本。

（1）商品成本。

商品成本是指电商生产或获取其销售商品的成本。选品一般是跨境电商想到的第一步，选好产品或品类会使接下来的经营有更多成功的可能性。因此，选择产品的成本也成为跨境电商最重要的一项成本。

（2）物流成本。

由于跨境电商使用的物流配送方式多种多样，不同配送方式产生的物流成本不同，关于物流成本的相关知识具体将在本书第七章展开介绍。

（3）电商平台收取的费用或建立独立网站的成本。

在电商平台不断发展，初显成熟的阶段，对于许多卖家来说，通过电商平台进入国外市场是很好的选择，这些平台能为卖家提供很多便利，但卖家通过平台销售商品需要交付费用。这些费用主要包括在平台上的开店费用、按一定时间段收取的租金和销售商品缴纳的一定比例的佣金。同时，有的品牌建立自己的独立网站。建立网站需要具有直观性的特点，一个购物网站要让消费者点开时，清晰地看到产品类目和搜索框；网站也需要保证客户操作流畅，如果页面跳转速度慢，消费者可能失去等待的耐心；在此基础上，尽量美化网站页面，根据商品和品牌的特点，制作合适的页面风格，促成消费者下单。

（4）推广成本。

商品销售离不开推广，而跨境电商这一基于网络发展起来的行业更加需要借助网络推广商品。商品推广包括站内推广和站外推广两部分。其中站内推广的费用常常包括在平台收取的租金中，而站外推广则需要卖家花钱购买广告位，或在社交媒体上经营自己的账号，完成引流。

（5）人员成本。

在之前的章节，我们提到跨境电商人才紧缺的问题，因此具有跨境电商知识的人才也非常抢手，这就需要将人员现有薪资及薪资涨幅、福利与办公环境等费用考虑进去。

2）风险

（1）供货风险。

一个产品从新品期到爆品期需要一个过程。新品期出单较少，缺货会影响排名；成为爆品后，缺货会导致顾客投诉，所以必须找到稳定的货源才能保证后续的出货问题不会受到牵制。

（2）汇率风险。

跨境电商作为外贸的一种形式，它和传统贸易一样，都会受到汇率变化的影响，同样面临着汇率风险。卖家和外国客户达成交易后，支付的货币短期内不会到账上，受到汇率波动的影响，到账的钱可能存在贬值风险。

（3）物流风险。

跨境电商需要跨越国界，将商品送到客户手中，经由的物流实体较多，这个过程本身存在风险。进入海关通关阶段时，由于商品的自由流动受到了国界的限制，可能在报关、商检等环节存在阻碍，大大拖延了国际物流的进程，使得跨境运送的效率比起境内物流大打折扣。

同时，中小企业的海外订单零散，碎片化趋势愈加明显。目前跨境电子商务的物流主要以邮政小包的形式实现，但是，由于运输距离长，从物流员工揽件到最后将物品送交到用户的手上需要经历多次的转运，包裹常常出现破损，甚至会出现丢件的现象。然而，中小企业规模较小，其风险承受能力也相对较差。货损的发生对于中小企业来说不仅会扩大其运营成本和运营风险，也会使得中小企业经营的稳定性无法得到保障，对企业的持续发展构成了威胁。另一方面，货损问题的出现不但可能导致中小企业及物流公司在损失赔偿上面付出高昂的代价，而且造成中小企业更容易失去海外客户信任，客户黏性大大降低。

除此之外，自然环境破坏、自然灾害暴发（如洪水、台风、地震）以及交通事故等情况都会影响运输。

（4）法律政策风险。

跨境电商在跨越不同国家经营时，会涉及法律政策风险，有些国家为了保证自身的既得利益、已占有的市场份额或者行业优势地位，采取地方保护主义，使得跨境电商发展受阻，严重影响跨境电商服务运作效率，甚至中断服务。各个国家和地区的法律法规存在差异，在进入该市场前，如果未对其法律制度进行研究，可能存在严重的风险，造成经营亏损。

1.3.4　创业实践

1）筹集资金、成立公司

创业者想要筹集创业资金，可以向银行机构申请贷款。创业者可以选择的银行贷款形式主要有抵押贷款和担保贷款。但是由于创业初期创业者没有足够信用，不容易获得银行贷款。除此之外，创业者也可以选择向非银行机构借贷，例如信用合作社、经国家金融监管总局批准设立的信托公司、企业集团财务公司、金融租赁公司等。一般情况下，其贷款条件比银行贷款略宽松。

按照规定程序注册登记。首先准备公司注册资金，确定公司地址及营业范围，团队内各成员就公司职务职责与利润分配方案等达成共识。其次准备好任职文件、公司章程、股东信息及其他相关、必要的文件。最后到当地工商局进行公司注册，获得营业执照。获得营业执照后，公司还应当刻章、开设对公账户、去税务局进行税务登记。一切结束后，公司就算完全成立，以后要合法经营，依法报税。

2）寻找合作

资源越丰富，创业越容易成功。公司成立后，要考虑店铺产品的供应。创业者需要寻找供应商进行合作，双方达成共识，协商利润分配问题，获得合作公司的产品或资金支持。

3）创立平台账号

公司注册成功后，准备好需要的信息：公司名称、地址、联系信息、具有有效账单地址的国际信用卡、在注册期间可以联系到的电话号、个人所得税号等，在跨境电商平台上申请账号。

4）平台运营

待获得平台账号后，创业者可以开启跨境电商的运营了。对于商品的上传，商家要多关注产品标题、产品描述、产品照片，确保标题及描述准确、简洁、真实。每个跨境电商平台都有严格的要求，所以商家要先了解产品上传的注意事项，避免错误操作影响店铺运营。商家可以选择自行配送订单或者使用海外仓配送订单，结合公司情况，确定商品配送方式。

5）店铺日常维护更新

保证店铺长时间有人在线，及时回复买家邮件，处理店铺差评，更新产品页面。除此之外，通过收集分析店铺的订单数量、好评度、退单率等指标，结合产品的市场竞争状况，商家要及时调整更新店铺产品。积极参加各个平台开展的相关促销活动，增加销量。及时处理滞销产品，减少库存成本。

● **思政课堂**

傲基的跨境电商创业

傲基是以外贸B2C电子商务运营为核心业务的跨国电子商务公司。其创业历程可以追溯到2008年。当时，公司的创始人陆海传在美国留学期间，发现了跨境电商的巨大商机。他意识到，中国制造的产品在全球市场上有很大的需求，但由于中间环节的缺失，中国的制造商很难直接进入国际市场。于是，陆海传开始尝试在eBay等电商平台上销售中国制造的产品，带领团队获eBay中国区销售第一名，并通过自己的努力和经验，逐渐建立了自己的品牌和销售渠道。

2009年，他回到中国，成立了傲基电商，开始专注于跨境电商的业务。2010年开始自有网站布局，建立起德、法、意、葡萄牙、西班牙等小语种网站，并成立深圳市傲基电子商务有限公司。

在创业初期，傲基电商面临着很多困难和挑战。首先，跨境电商在当时还不是很成熟，市场需求和政策法规都不太明确。其次，公司的资金和人才都比较有限，需要在竞争激烈的市场中生存和发展。为了应对这些挑战，傲基电商采取了一系列创新和实践。首先，公司积极拓展海外市场，与全球知名的电商平台和物流公司建立合作伙伴关系，扩大了产品的销售渠道和覆盖范围。其次，公司注重产品质量和服务体验，通过建立品牌和售后服务体系，提高了消费者的满意度和忠诚度。此外，傲基电商还积极探索新的商业模式和技术手段，如社交电商、人工智能等，不断提升自身的竞争力和创新能力。傲基通过技术创新与零售模式创新赋能上游制造商，助力制造业转型升级，海外品牌影响力不断提升：傲基连续多年获得德国红点设计大奖和德国iF设计奖；2019年，旗下三个品牌入围"亚马逊全球开店中国出口跨境品牌百强"榜单，成为中国品牌出海的典型代表。

在科技创新方面，傲基高度重视技术沉淀，截至2020年12月，累计拥有发明、实用新型和外观专利数百项，并多次获评为国家高新技术企业、国家级电子商务示范企业、广东省工程技术研究中心，并于2019年、2020年共两次获得深圳企业创新纪录。

经过多年的努力和发展，傲基电商已经成为中国跨境电商行业的领军企业之一，业务覆盖德国、法国、意大利、西班牙、葡萄牙、英国、俄罗斯、日本、加拿大、美国等200多个国家和地区，产品品类也不断丰富和拓展，经营品类涵盖数码电子系列、摄影器材类、婚纱服饰类、时尚服装类、车载类、家居类等。未来，傲基电商将继续秉承创新、服务、品质的理念，不断推动跨境电商行业的发展和进步。

● 本章小结

1.狭义的跨境电子商务是指通常所讲的B2C，即跨境电子商务的企业对消费者出口。广义的跨境电子商务是指不同国别或地区之间的交易双方，通过电子商务平台达成交易、进行支付结算，并通过跨境物流送达商品、完成交易的一种国际商业活动，本质上是传统国际贸易网络化电子化的新型贸易方式。跨境电商涉及的工作环节主要包括商品引入、线上平台、线下门店、境外物流、保税仓储、报关报检、订单配送、结算结汇、营销推广及售后服务等。基本工作过程有六个步骤，按照顺序分别是选品、刊登、销售、收款、发货、售后。

2.跨境电商以产业终端用户类型分类，分为了B2B平台、B2C平台、C2C平台；跨境电商平台以服务类型分类，分为了信息服务平台、在线交易平台，以平台运营方分类，分为了第三方开放平台、自营性平台、外贸电商代运营服务商模式。

3.我国的跨境电商发展共经历了三个阶段，实现从信息服务，到在线交易、全产业链服务的跨境电商产业转型。1999—2003年，迎来了跨境电商1.0时代，以阿里巴巴为主的平台，建立了以网络信息服务为主的外贸信息平台。2004—2012年，迎来了跨境电商2.0时代，将线下交易、支付、物流等流程实现电子化，逐步实现在线交易平台。2013—2018年为跨境电商3.0时代，用户群体由草根创业向工厂、外贸公司转变，且具有极强的生产设计管理能力。2019年至今为跨境电商4.0时代，跨境电商的发展逐步进入了精细化阶段，并且在平台间也开始实现了精细化运营，整个供应链也在逐步整合，国内产品逐渐向品牌化和品质化发展，步入品牌建设的时代。

4.跨境电商生态系统包含了信息流、资金流、货物流三个基本要素，其服务内容涵盖第三方支付、物流、广告营销、数据分析、营销、云服务器、移动网络、金融服务、质检、保险等，整个行业生态体系也越来越健全，分工越来越清晰，并逐渐呈现出生态化的特征。

5.创新创业给跨境电商带来机遇的同时，也带来了一些新的挑战。创业者一定要具备良好的身体素质以及抗压心理素质，同时专业知识技能也要过硬，有一定的组织管理能力和交流沟通能力来带领团队，也要不断地去总结经验教训。

● 复习思考题

1.请简述跨境电商交易流程。

2.理清中国跨境电商的发展历程，掌握行业现状。

3.试根据中国跨境电商面临的挑战，提出一些建设性意见。

4.请简述创业实践流程。

5.请回答，跨境电商人才需要具备哪些能力？

● 小组实训

【实践目的与要求】

1.明确跨境电子商务的概念和交易流程。

2.领会中国和全球跨境电子商务的发展历程。

3.熟悉中国优秀的跨境电子商务平台的界面、经营范围和发展历程。

4.掌握跨境电子商务的不同模式特点及区别。

【实践内容描述】

1.和传统的贸易方式相比，跨境电子商务进入门槛和成本都大大降低，且相对节省中间环节，便捷性更强，优势非常明显。本实践要求学生调研中国具有代表性的跨境电子商务平台，包括阿里巴巴、环球资源、兰亭集势和焦点科技（中国制造网）等，总结业务范围和全球经营策略。

2.本实践要求学生识别跨境电子商务生态系统中的交易平台、第三方平台、相关服务提供商、基础设施提供商等，并选择其中的企业进行调研；

3.以跨境电子商务的出口为例，说明一次交易中的资金流、货物流和信息流传递链条。

● 本章数字化资源

即学即测 1

课外延伸 1-1：跨境电商新模式——独立站模式

课外延伸 1-2：六大措施支持跨境电商发展

知识点讲解 1：跨境电商的产业链分析

第2章 /跨境电商的政策与监管

———学习目标———

　　了解我国跨境电子商务基本政策和法律法规,包括:跨境电商的综合试验区政策、跨境电商综合服务平台、跨境电子商务税收监管政策、跨境电子商务支付结算政策和跨境电子商务海关监管政策等内容,重点掌握和分析"四八新政"后进口税收政策的调整和几种不同的海关监管模式。

2.1 我国对跨境电子商务的扶持政策

　　2013年,我国跨境电商交易额飞速增长,逐渐成为稳定外贸增长、拉动经济发展的新动力,支持和规范跨境电商发展的配套政策措施亟须制定。2013年8月,国务院办公厅下发《关于实施支持跨境电子商务零售出口有关政策意见的通知》,做出了建设我国跨境电商政策体系的初步探索。此后,我国政府相继出台一系列政策法规,对跨境电子商务活动进行支持和监管。政策法规涉及国务院、海关总署、商务部、财政部、国家税务总局等多个相关部门,涵盖了通关、税收、支付结算、检验检疫、知识产权等诸多方面内容,逐步细化引导跨境电商发展。

2.1.1 跨境电商的综合试验区

　　2012年起,我国采取先试点后推广的方式,以"跨境电子商务试点城市"和"跨境电子商务综合试验区"等形式在经济和外贸基础较好的城市展开跨境电商试点工作。

　　2015年3月,国务院发布《关于支持中国(杭州)跨境电子商务综合试验区发展的意见》,首次批准设立杭州跨境电商综合试验区,提出"着力在跨境电子商务交易、支付、物流、通关、退税、结汇等环节的技术标准、业务流程、监管模式和信息化建设等方面先行先试,通过制度创新、管理创新、服务创新和协同发展,破解跨境电子商务发展中的深层次矛盾和体制性难题,打造跨境电子商务完整的产业链和生态链,逐步形成一套适应和引领全球跨境电子商务发展的管理制度和规则,为推动全国跨境电子商务健康发展提供可复制、可推广的经验"。此后,国务院于2016年、2018年、2019年、2020年、2022年2月和2022年11月分六批设立了共计

165个综合试验区（见表2-1）逐步总结经验和规律，探索可向全国复制推广的经验做法。目前，跨境电子商务综合试验区已覆盖我国31个省份，所在城市由东部、南部沿海地区逐渐向中西部地区扩展，从中心城市、省会城市向二三线城市延伸，浙江省、江苏省、广东省和山东省实现了省辖区市跨境电子商务综合试验区的全覆盖。

表2-1　　　　　　　　　　　跨境电商的综合试验区汇总

时间	文件	内容
2022.11	《关于同意在廊坊等33个城市和地区设立跨境电子商务综合试验区的批复》	同意在廊坊市、枣庄市、拉萨市等33个城市和地区设立跨境电子商务综合试验区。中国跨境电子商务综合试验区数量达到165个，覆盖31个省份和自治区
2022.2	《关于同意在鄂尔多斯等27个城市和地区设立跨境电子商务综合试验区的批复》	同意新增鄂尔多斯市、扬州市等72个城市和地区为跨境电子商务综合试验区，发挥跨境电子商务助力传统产业转型升级、促进产业数字化发展的积极作用
2020.4	《关于同意在雄安新区等46个城市和地区设立跨境电子商务综合试验区的批复》	同意在雄安新区、大同市等46个城市和地区设立跨境电子商务综合试验区，对综试区内跨境电商零售出口货物按规定免征增值税和消费税、企业所得税核定征收等支持政策，研究将具备条件的综试区所在城市纳入跨境电商零售进口试点范围，支持企业共建共享海外仓
2019.12	《关于同意在石家庄等24个城市设立跨境电子商务综合试验区的批复》	同意在石家庄市、太原市等24个城市设立跨境电子商务综合试验区，对跨境电子商务零售出口试行增值税、消费税免税等相关政策积极开展探索创新，开展品牌建设，推动国际贸易自由化、便利化和业态创新
2018.7	《关于同意在北京等22个城市设立跨境电子商务综合试验区的批复》	同意在北京市、呼和浩特市等22个城市设立跨境电子商务综合试验区，在物流、仓储、通关等方面进一步简化流程、精简审批、完善通关一体化、信息共享等配套政策
2016.1	《国务院关于同意在天津等12个城市设立跨境电子商务综合试验区的批复》	同意在天津市、上海市等12个城市设立跨境电子商务综合试验区，着力在跨境电子商务企业对企业（B2B）方式相关环节的技术标准、业务流程、监管模式和信息化建设等方面先行先试，为推动全国跨境电子商务健康发展创造更多可复制推广的经验
2015.3	《关于同意设立中国（杭州）跨境电子商务综合试验区的批复》	同意设立中国（杭州）跨境电子商务综合试验区，杭州成为我国首个跨境电商综试区城市

❖ 案例专栏　　　　　　　　商品清单制度

我国对跨境电商零售进口商品实行了商品清单制度，以正面清单的形式公布了允许以跨境电商模式进口的商品明细以及相应的监管要求。

2016年4月，财政部、发展改革委、工业和信息化部等11个部门共同向社会公布了《跨境电子商务零售进口商品清单》，商品清单内主要为国内有一定消费需求、可满足相关部门监管要求，且客观上能够以快件、邮件等方式进境的生活消费品。此后，商品清单随民众消费需求不断优化调整，商品税目数量不断增加，类别逐渐丰富。截至2022年3月，清单商品数已达1 413个，我国消费者进口"购物车"不断扩容提质，跨境电商零售进口行业蓬勃发展。

2.1.2 跨境电商便利化政策

为加速跨境电商的健康快速发展，同时加强对跨境电商的监管，我国中央和各地政府着力搭建跨境电子商务服务平台。

1）跨境电商公共服务平台

跨境电子商务活动涉及海关总署（检验检疫）、国家税务总局（纳税退税）、国家外汇管理局（支付结汇）、商务部（企业备案、数据统计）等多个政府职能部门，跨境电商企业需要与其一一对接，政府职能部门之间也需要一个公共区域共享企业上传的数据，并进行数据采集、交换对比、监管等工作。跨境电商公共服务平台一方面为外贸企业的纳税退税、支付结汇等环节提供服务，另一方面为各地政府的职能部门之间搭建公共信息平台。

现阶段，商务部全国电子商务公共服务网（如图2-1所示）为国内包括跨境电子商务在内的电子商务活动提供了政策资讯和电商数据展示的平台。网站内不仅对中央和地方有关电商发展的政策进行汇总，还为电子商务企业提供数字化转型指南、电商培训、电商展会、线上促销等电商服务；网站还搭建了包括跨境电商进出口交易额数据在内的电商数据中心，检测电子商务发展态势；同时，网站为企业自愿开展诚信承诺、自主填报和公开诚信档案信息提供平台，公示企业诚信承诺书、企业诚信档案信息；网站内"'丝路电商'——电子商务国际合作"专题，收集了最新国内国际新闻动态，整理了跨境电子商务有关的示范法、国际条约和各国制度框架法规。

图2-1 全国电子商务公共服务网

2）跨境电商综合服务平台

为简便通关业务流程，我国多地政府打造跨境电商综合服务平台，通过建设国际贸易"单一窗口"的形式为跨境电商企业进出口提供更大便利。"单一窗口"提供了集约化、一站式的服务功能，企业足不出户，就可以向海关、外汇、税务等部门一次性提交相关申请资料，一窗通办相关部门业务，大大缩短了企业申报时间，简便企业通关流程。

由于跨境电商的链条较长，涉及的操作环节众多，综合服务平台的出现可以一站式解决企业办理金融、通关、物流、退税、外汇等业务手续繁重的难题。深圳市人民政府打造深圳市跨境电商线上综合服务平台（如图 2-2 所示），内含"跨境进口/出口通关系统""税务登记（免税）""统计监测""人才培育""海外仓"等功能，为跨境电商企业进出口通关、税务登记、物流、政策查询、风险防控等提供一站式服务。

图 2-2　深圳市跨境电商线上综合服务平台

2.2　跨境电商的税收监管政策

跨境电商进出口税费政策一直以来受到政府、企业和消费者等社会各方面的广泛关注，《中华人民共和国进出口关税条例》《中华人民共和国进出口税则》《税务登记管理办法》《网络发票管理办法》等行政法规为跨境电商进出口关税的税目、税率、征收办法等作出了规范性要求。除此之外，我国政府针对宏观环境的变动和跨境电商行业发展的需要陆续出台相关政策，对跨境电商进出口税收政策不断调整优化，进一步维护市场秩序，促进行业蓬勃发展。

1）跨境电商出口税收政策

2013 年 12 月，财政部和国家税务总局发布《关于跨境电子商务零售出口税收政策的通知》（财税〔2013〕96 号），明确了电子商务企业出口货物适用的增值税、消费税退（免）税政策。2015 年 12 月，财政部和国家税务总局为杭州综试区专门发布《关于中国（杭州）跨境电子商务综合试验区出口货物有关税收政策的通知》（财税〔2015〕43 号），对杭州跨境电子商务综合试验区企业出口未取得合法有效进货凭证的货物试行增值税免税政策。2018 年 9 月，财政部等四部门联合发文《关于跨境电子商务综合试验区零售出口货物税收政策的通知》（财税〔2018〕103 号），将增值税退免税范围从杭州进一步扩大到其他跨境电子商务综合试验区，对综试区电子商务出口企业出口未取得有效进货凭证，同时符合条件的货物试行增值税、消费税免税政策（即"无票免税"政策①），有力促进电子商务综合试验区健康快速发展。2023 年 1 月，财政部等三部门再度发文《关于跨境电子商务出口退运商品税收政策的公告》，对因滞销、退货原因原状退运进境的商品（不含食品），免征进口关税和进口环节增值税、消费税，降低跨境电商企业出口退运成本，减轻税收负担。

2）跨境电商进口税收政策

2016 年以前，对于跨境电子商务企业进口商品（B2B），按照一般进出口货物有关规定征收关税、增值税等，而对于个人办理申报手续的跨境电商零售进口商品（B2C），则按照个人邮递进境物品的有关规定征收行邮税，对个人跨境购物额度仅根据行邮快件监管要求设置单票 5 000 元最高额度，且应税额在 50 元以下的免予征税。

为实现不同交易模式间税负公平，营造公平竞争的市场环境，推动我国跨境电子商务长远健康发展，2016 年 3 月，财政部等三部门发布《关于跨境电子商务零售进口税收政策的通知》（财关税〔2016〕18 号），明确跨境电子商务零售进口商品不再按照个人物品征收行邮税，而是按照货物征收关税和进口环节增值税、消费税。政策提出"设置跨境电子商务零售进口商品人民币 2 000 元的单次交易限值，人民币 20 000 元的个人年度交易限值，在限值以内进口的跨境电子商务零售进口商品，关税税率暂设为 0%；进口环节增值税、消费税取消免征税额，暂按法定应纳税额的 70% 征收"。由于此项政策于 2016 年 4 月 8 日起正式执行，因此又被称为"四八新政"。

2018 年，我国政府在"四八新政"的基础上再次对进口税收政策进行调整，发布《关于完善跨境电子商务零售进口税收政策的通知》（财关税〔2018〕49

---

① "无票免税"政策是指从事跨境电子商务的企业在未取得增值税专用发票的情况下，只要同时满足公告（财税〔2018〕103 号）规定的条件，即可享受税务上的免税政策。

号），将跨境电子商务零售进口商品的单次交易限值由人民币 2 000 元提高至 5 000 元，年度交易限值由人民币 20 000 元提高至 26 000 元，对于完税价格超过 5 000 元单次交易限值但低于 26 000 元年度交易限值的，按照货物税率全额征收关税和进口环节增值税、消费税，交易额计入年度交易总额，但年度交易总额超过年度交易限值的，按一般贸易管理。我国政府通过对跨境电商进口税收政策的不断调整，弥补税收可能存在的漏洞，并进一步促进跨境电商零售进口业务的发展。跨境电商进口部分税收政策汇总，见表 2-2。

表 2-2　　　　　　　　　　跨境电商进口部分税收政策汇总

	行邮税	跨境电商综合税"四八新政"后	跨境电商综合税 2019 年 1 月 1 日起
单次交易限值/年度交易限值	1 000 元/无	2 000 元/20 000 元	5 000 元/26 000 元
单件不可分割且超出单次交易限值的商品	按行邮税征税	按一般贸易方式全额征税	按一般贸易方式全额征税
应征税率	视商品种类分为 15%、30%、60%	关税：暂设为 0% 增值税：11.9% （17% ×70%） 消费税：根据商品种类的税率×70%	关税：暂设为 0% 增值税：11.2% （16%×70%） 消费税：根据商品种类的税率×70%

2.3　跨境电商的支付结算政策

跨境电商常见的支付结算方式可大致分为银行间直接支付和第三方支付平台支付两种。自 2013 年起，我国开始陆续展开外汇支付试点工作，并陆续出台一系列政策，例如，2013 年 2 月出台的《关于支付机构跨境电子商务外汇支付业务试点指导意见》、2015 年 1 月出台的《关于开展支付机构跨境外汇支付业务试点的通知》等，对跨境外汇支付业务的发展提供政策指引。2018 年起，我国政府进一步加大跨境电子商务支付的监管力度，提高跨境电子商务支付企业的准入门槛并加大海关对支付信息的监管力度，代表性的政策包括 2018 年 4 月出台的《关于规范跨境电子商务支付企业登记管理的公告》、2018 年 11 月出台的《关于实时获取跨境电子商务平台企业支付相关原始数据有关事宜的公告》、2018 年 12 月出台的《关于实时获取跨境电子商务平台企业支付相关原始数据接入有关事宜的公告》等。

同时，我国政府也更加重视在跨境电商支付结算活动中扩大跨境人民币支付。2021年1月，《关于进一步优化跨境人民币政策支持稳外贸稳外资的通知》出台，强调支持贸易新业态跨境人民币结算，要求"境内银行在满足交易信息采集、真实性审核的条件下，可按相关规定凭交易电子信息为跨境电子商务等贸易新业态相关市场主体提供经常项目下跨境人民币结算服务。支持境内银行与合法转接清算机构、非银行支付机构在依法合规的前提下合作为跨境电子商务、市场采购贸易方式、外贸综合服务等贸易新业态相关市场主体提供跨境人民币收付服务。2022年6月，人民银行发布《关于支持外贸新业态跨境人民币结算的通知》，进一步提出完善跨境电商等外贸新业态跨境人民币业务相关政策。

对于境内消费者使用第三方支付平台所面临的数据安全问题。2021年1月，中国人民银行发布《非银行支付机构条例（征求意见稿）》进一步强化了对支付机构的个人信息保护要求。《中华人民共和国数据安全法》、《中华人民共和国网络安全法》《中国人民银行金融消费者权益保护实施办法》等相关法律法规也对支付机构收集、使用用户信息做出明确规定，为消费者数据安全提供法律保障。

2.4 跨境电商的海关监管政策

海关作为行使进出口监督管理职权的国家行政机关，是跨境电子商务监管中的关键环节。2015年，海关总署发布《关于调整跨境贸易电子商务监管海关作业时间和通关时限要求有关事宜的通知》，提出自2015年5月15日起，海关跨境贸易电子商务监管实行"全年（365天）无休日、货到海关监管场所24小时内办结海关手续"的作业时间和通关时限要求。在监管方面，海关总署出台一系列文件对跨境电商平台进行跨境交易的商品范围、申报方式、企业备案等各方面做出明确规范。2014年，海关总署公告第12号文件增列跨境贸易电子商务海关监管方式代码"9610"，宣告跨境电子商务正式纳入海关监管范畴。此后，海关增列1210、1239、9710、9810等监管代码，不断细化完善跨境电商进出口监管模式，为跨境电商进出口业务带来通关便利。

2.4.1 跨境贸易电子商务（9610）

"9610"，全称"跨境贸易电子商务"，适用于境内个人或电子商务企业通过电子商务交易平台实现交易，采用"清单核放、汇总申报"模式办理通关手续。

在这种监管模式下，进行跨境电子商务零售出口业务时，需要符合条件的电商企业或平台与海关联网，境外消费者在跨境电商平台上下单后，生成订单、物流单和支付单信息，海关通关信息平台将这"三单"信息以及企业和商品的备案信息自动生成清单数据传送到海关通关系统，商品以邮件、快件方式运送出境。电商企业在每月10日前将上月结关的申报清单汇总形成报关单，以海关签发的报关单退税证明联办理出口退税手续，解决了企业退税难题，也将跨境电商业务纳入了海关货物贸易统计。而在进行海外直购进口业务时，境内消费者在跨境电商平台上下单后，企业将订单、支付单、物流单信息传送给海关，跨境电商企业向海关提交清单，商家在海外将多个已售出商品统一打包，通过邮政或者商业物流公司运送至国内的保税仓库，电商企业为每件商品办理海关通关手续，经过海关查验、征收税款后放行，由电商企业委托国内物流公司派送至消费者手中。

2.4.2　保税跨境贸易电子商务（1210）

"1210"，全称"保税跨境贸易电子商务"，适用于境内个人或电子商务企业在经海关认可的电子商务平台实现跨境交易，并通过海关特殊监管区域或保税监管场所进出的电子商务零售进出境商品。

在这种监管模式下，企业可以将其在跨境电商交易平台销售的商品提前备货到海关特殊监管区域或保税物流中心，再进行网上零售。消费者通过跨境电商交易平台购买商品后，企业或平台将订单、支付单、物流单发送到海关系统进行申报，海关征收税款，验放后该商品能够迅速从特殊监管区域出区，由跨境电商企业或物流公司向海关保税部门办理通关手续，并由物流公司配送至消费者手中。

2.4.3　跨境电子商务企业对企业直接出口（9710）

"9710"，全称"跨境电商企业对企业直接出口"，适用于境内企业通过跨境电商平台与境外企业达成交易后，通过跨境电商B2B直接出口的货物。

在9710的监管模式下，跨境电商企业可以通过清单报关模式或报关单报关模式进行申报。对于单票金额在人民币5 000元（含）以内，且不涉证、不涉检、不涉税的，企业可以选择采用清单方式或报关单模式通过"单一窗口"的货物申报或跨境电商系统申报；对于单票金额在5 000元以上的，或者出口货物的品类涉及证、检、税的，企业必须采用报关单方式在"单一窗口"下的货物申报系统进行申报，如图2-3所示。相比于此前的监管模式，9710的申报手续更加简便，物流和查验也更便捷，提高了跨境电商出口的通关效率，降低了跨境电商企业出口成本。

2.4.4　跨境电子商务出口海外仓（9810）

9810，全称"跨境电子商务出口海外仓"是指境内企业先将货物通过跨境物流出口至海外仓，通过跨境电商平台实现交易后从海外仓送达境外购买者。

不同于9610监管模式，9710和9810主要监管企业与企业之间（B2B）的跨境电子商务往来。9810监管模式下跨境电商企业的申报方式与9710大体一致，同样可以通过清单或报关单两种方式进行申报。企业通过"国际贸易'单一窗口'标准版"或"互联网+海关"的跨境电商通关服务系统和货物申报系统向海关提交申报数据、传输电子信息。这种申报方式大幅度提升了跨境电商B2B出口的通关便利化程度，降低了企业的通关成本。

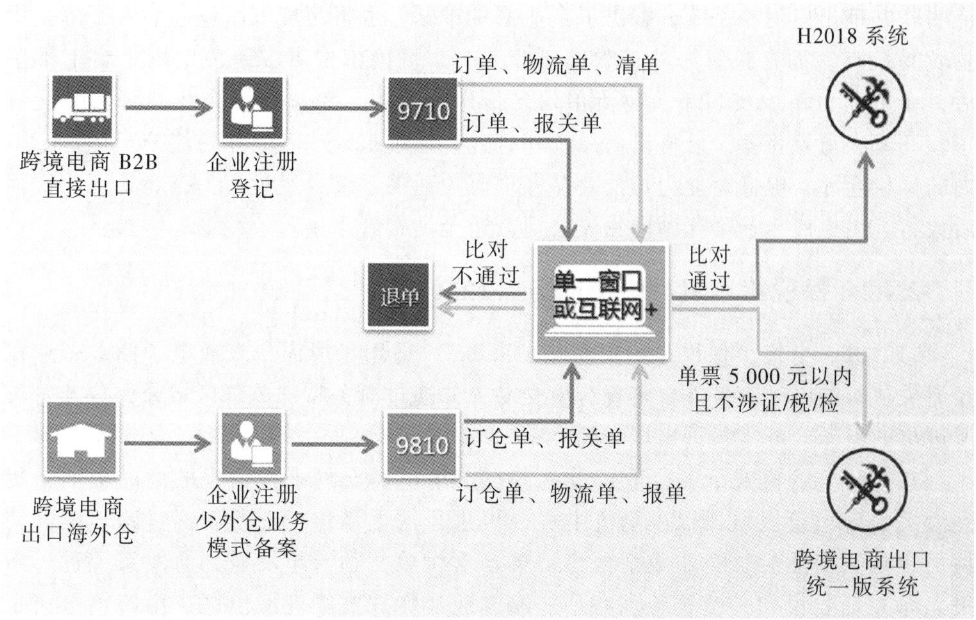

图2-3 9710及9810监管模式下企业申报方式

2.5 跨境电商的其他政策法规

目前，我国尚未针对有关跨境电子商务活动形成独立的法律体系予以规范，但在2018年颁布的《中华人民共和国电子商务法》中对跨境电子商务做出了原则性规定，为跨境电商的经营活动和监管行为提供了法律依据。《中华人民共和国电子商务法》中有关跨境电商的部分条目见表2-3。

表2-3　《中华人民共和国电子商务法》中有关跨境电商的部分条目

条目	内　容
第七十一条	国家促进跨境电子商务发展，建立健全适应跨境电子商务特点的海关、税收、进出境检验检疫、支付结算等管理制度，提高跨境电子商务各环节便利化水平，支持跨境电子商务平台经营者等为跨境电子商务提供仓储物流、报关、报检等服务。国家支持小型微型企业从事跨境电子商务
第七十二条	国家进出口管理部门应当推进跨境电子商务海关申报、纳税、检验检疫等环节的综合服务和监管体系建设，优化监管流程，推动实现信息共享、监管互认、执法互助，提高跨境电子商务服务和监管效率。跨境电子商务经营者可以凭电子单证向国家进出口管理部门办理有关手续

续表

条目	内容
第七十三条	国家推动建立与不同国家、地区之间跨境电子商务的交流合作，参与电子商务国际规则的制定，促进电子签名、电子身份等国际互认。 国家推动建立与不同国家、地区之间的跨境电子商务争议解决机制

除上述政策法规外，我国对跨境电商的商务、运输、知识产权、检验检疫等方面均出台了相关配套政策，现行国内法也对上述几个方面有所涉及，共同构成了我国跨境电子商务政策体系。例如，《中华人民共和国对外贸易法》《中华人民共和国产品质量法》《中华人民共和国消费者权益保护法》等对跨境电商的产品质量和消费者权益方面提出明确的法律要求，规范了跨境电商企业的经营活动；《中华人民共和国海商法》《中华人民共和国民用航空法》《中华人民共和国货物运输代理业管理规定》等法律法规范了跨境电商的运输过程，促进了跨境电商物流体系的发展；在知识产权保护方面，2010年国务院出台《中华人民共和国知识产权海关保护条例》并不断完善知识产权保护的政策体系，提高跨境电商参与者的知识产权保护意识，减少知识产权侵权行为；在检验检疫方面，自2018年起，入境检验检疫职能划入海关，《中华人民共和国国境卫生检疫法》《中华人民共和国进出境动植物检疫法》《中华人民共和国进出口商品检疫法》等为海关执法提供执法依据。

● 思政课堂

杭州跨境电子商务迅速发展

2015年3月，杭州跨境电子商务综合试验区正式成立，成为我国首个跨境电商综试区。此后几年间，杭州市政府借助国内传统外贸模式转型、跨境电商企业涌现的"东风"，出台《杭州市跨境电子商务促进条例》《关于加快推进跨境电子商务发展的实施意见》《关于加快推进跨境电子商务高质量发展的实施意见》等一系列支持鼓励跨境电商发展的政策，切实推进杭州跨境电子商务行业发展。截至2022年，杭州已布局206个跨境电商海外服务点、335个海外仓，面积714万平方米，面积和数量分别占全国的三分之一和六分之一；杭州市通过海关跨境电商平台出口额达150.4亿元，同比增长22%，杭州综试区2022年跨境电商出口额达1 013亿元，同比增长18.75%。依托政策优势，越来越多的"杭州制造"通过跨境电商渠道"卖全球"，杭州跨境电子商务得到快速发展。

一、建设跨境电商综试区线上综合服务平台

为顺应数字贸易快速发展的时代趋势，2020年杭州市政府着力建设跨境电商综试区线上综合服务平台（如图2-4所示），打造跨境电商综试区数据中枢。杭州市跨境电商综试区线上综合服务平台是全国首个跨境电商线上综合服务平台，旨在打通政府部门间数据接口，构建无纸化申报、数据化监管、在线化服务新模式，实现政府数字化转型在跨境电子商务监管领域破题；推动政务服务线上线下一体化，基于平台信用大数据，与市场主体合作推出无抵押担保融资服务、在线物流服务、信用保障资金池，创新项目展示和海外征信在线查询服务，实现"数据多跑路""企业少跑腿"。此外，平台还会积极探索跨境电商数字化新规则，网购保税进口监管通过e-WTP商业实践向"一带一路"沿线拓展，为创新实践跨境电商规则打下基础；搭建与实体经济融合新途径，线上综合服务平台的深化和拓展，促进了12 000多家传统外贸企业数字化转型。

图2-4　杭州跨境电商综试区线上综合服务平台

二、加大跨境电商资金扶持力度

2023年2月，杭州市人民政府办公厅出台《关于加快推进跨境电子商务高质量发展的实施意见》（简称《实施意见》），对跨境电子商务交易平台、跨境电商出口企业、跨境电子商务服务商等电子商务经营主体给予金额不等的资金扶持。其中，"对通过跨境贸易电子商务（9610）、跨境电商B2B直接出口（9710）、跨境电商出口海外仓（9810）等海关监管模式开展跨境电商出口业务的企业，每年给予不超过200万元的资金扶持；对通过应用独立站开展跨境电商出口业务的企业，给予不超过200万元的一次性资金扶持"，为跨境电子商务主体培育带来重大利好，未来将吸引更多跨境电子商务企业落地杭州。此外，针对跨境电子商务相关的知识产权保护、品牌全球推广、仓储物流建设、人才培育等事项也给予了一定金额的资金扶持。除2023年最新出台的《实施意见》外，杭州市政府也曾多次出台相关政策，从跨境电商主体培育、品牌推广、产业园区建设等角度入手，给予不同金额的资金扶持。

三、完善跨境电商人才培养机制

近年来，杭州市政府为弥补跨境电商人才缺口，已多次出台相关政策加速跨境电商人才培育。除了传统的资金扶持政策外，杭州市政府同时着力在企业和高等院校间搭建桥梁，完善人才输送机制，目前已牵头亚马逊、eBay、速卖通等多个跨境电商平台与高等院校建立合作。杭州市余杭区开展"政校企"合作模式，先后与浙江外国语学院、浙江工商大学、浙江财经大学等院校合作，建立电商人才招引和输送机制。余杭区推出针对高校学生的速卖通"7+30"千里马人才培养计划，通过7天系统理论学习和30天对接企业实战培训培养跨境电商人才。同时，浙江工商大学与杭州跨境电商综试办、杭州钱塘新区管委会共同创办全国首家跨境电商学院——中国（杭州）跨境电商学院，依托知名平台推进亚马逊"101时代青年人才计划"、eBay"E青春"计划，提供"6+X"多学科交叉融合体系，围绕课程、师资、国际、实践、创新五大特色培育跨境电商精英人才。此外，杭州综试区通过主办、承接诸如全国大学生电子商务"创新、创意及创业"挑战赛等大型跨境电商赛事，选拔并孵化参赛队伍，为杭州跨境电商企业不断输送人才。

● 本章小结

1.2015年，在跨境电商综合试验区的建设中，杭州成为首批设立跨境电商综合试验区的城市，在制度、管理、服务等领域创新升级，破解跨境电子商务发展中的深层次矛盾和体制性难题，形成了完整的跨境电商生态系统，为跨境电商的蓬勃发展提供宝贵经验。随后我国在多个地区设立综合试验区，逐步实现省辖区市跨境电子商务综合试验区的全覆盖。

2.跨境电商公共服务平台一方面为外贸企业的纳税退税、支付结汇等环节提供服务，另一方面为各地政府的职能部门之间搭建公共信息平台；跨境电商综合服务平台为跨境电商企业进出口提供便利；综合服务平台的出现可以一站式解决企业办理金融、通关、物流、退税、外汇等业务手续繁重的难题。

3.2016年3月，财政部等三部门发布《关于跨境电子商务零售进口税收政策的通知》（财关税［2016］18号），明确跨境电子商务零售进口商品不再按照个人物品征收行邮税，而是按照货物征收关税和进口环节增值税、消费税。由于此项政策于2016年4月8日起正式执行，因此又被称为"四八新政"。

4.在监管方面，海关总署出台一系列文件对跨境电商平台进行跨境交易的商品范围、申报方式、企业备案等各方面做出明确规范。跨境贸易电子商务海关监管方式代码包括：9610（跨境贸易电子商务）、1210（保税跨境贸易电子商务）、9710（跨境电商企业对企业直接出口）、9810（跨境电子商务出口海外仓）等。

● 复习思考题

1.分析我国跨境电商政策法规的发展趋势。

2.阐释几种海关监管模式的内容和区别。

3.谈一谈"四八新政"前后我国跨境电商进口税收政策的变化。

● 小组实训

在财政部、商务部、海关总署、国家税务总局、国家外汇管理局等官方网站查阅近年来我国跨境电子商务相关政策，也可以扫码（见附表2-1）查看近年来跨境电商政策法规汇总。将我国跨境电商政策发展演变归纳为几个阶段，并阐述这几个阶段的主要内容及特点。

附表2-1　近年来跨境电子商务相关政策法规汇总

● 本章数字化资源

即学即测2

课外延伸2：跨境电商税收
新政实施

知识点讲解2：出口注意的
政策法规

第3章 /全球主要跨境电商平台

———学习目标———

　　了解速卖通、亚马逊、eBay、Wish等平台的发展历程；掌握速卖通、亚马逊、eBay、Wish等平台的特点。

　　依据创立时间和市场影响力，全球主要电商平台有速卖通、亚马逊、eBay、Wish。本章我们将详细介绍这些平台的发展历程及界面特点。

3.1　速卖通

3.1.1　速卖通发展历程

　　速卖通（AliExpress）于2010年4月正式上线，是阿里巴巴旗下唯一面向全球市场的在线交易平台。平台主要的业务模式是B2C模式，同时也有涉及B2B模式，现已拥有2亿多的海外流量，覆盖了243个国家和地区。速卖通覆盖的行业有服装服饰、家居、3C、饰品、手机通讯、假发配件、珠宝手表、家居园艺、运动户外、消费电子、汽摩配、鞋子等几十种行业类目，目前速卖通是全球第三大英文在线购物网站。

　　速卖通的发展历程主要分为两个阶段。

　　1）第一阶段（2010—2015年）：低门槛起步，快速壮大

　　2010年速卖通刚刚成立，为推动平台发展，速卖通对商家设置的门槛较低。通过免费入驻平台，鼓励卖家上新产品，大力推广该平台。上线截至2014年，速卖通每年成交额保持300%到500%的增长，在线商品数量已达到亿级，订单成功覆盖全球220多个国家和地区，平台卖家达到20多万，注册的速卖通账号（包含未开店的）已接近200万。2014年第一次参加全球化"双11"，24小时创下684万笔交易订单，当天有效订单覆盖211个国家和地区。2015年，平台来自全球的买家人数达到了3 400万。2016年平台买家人数几何状增长，达到了1亿的活跃买家数量。

　　2）第二阶段（2016年至今）：提高门槛，注重质量

　　2016年，速卖通更改政策，由C2C模式转型到B2C模式，并开始按商品类目

收费，入驻资质条件增加，包括英文"商标资质申请"、"品牌属性"填写，以及知识产权保护。同时，速卖通在产品质量等方面加强管理，严打侵权行为，大大增加了入驻的难度，一些达不到要求的中小型企业和个人的企业被清退。

2016年，为了更好地服务各国顾客，速卖通对平台进行了政策调整，加强了对纠纷的管理，平台成功解决了40%不满意商品的买家要求，同时加强网站平台建设。2016年下半年，速卖通加强优化了一系列的物流系统，对于卖家的备货时间等提出了更高的要求。从2017年开始，速卖通的业务越来越多元化，基于阿里巴巴集团技术优势，运用人工智能去拓展海外业务，满足不同国家用户的需求，逐渐走上了转型品牌的道路。2019年，速卖通上线了"无忧退货计划"。卖家在签约这个计划后，海外买家可以在收到货后的15天内无理由退货，而卖家也会获得平台的赔付。通过上述措施与改革，速卖通提高了海外消费者的体验感和黏度，又进一步推动了速卖通的发展，海外买家消费力的减弱也让他们意识到中国制造的优越性。

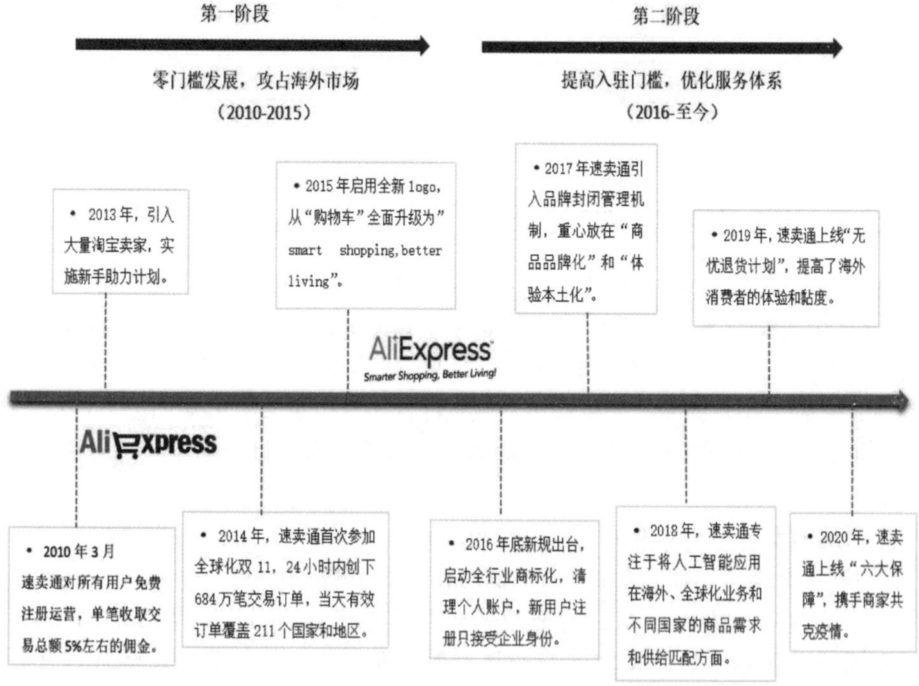

图 3-1　速卖通发展历程时间轴

3.1.2　速卖通跨境电商平台

1）经营范围

打开速卖通的网站买家页面可以看到其主要经营范围，如图3-2所示，包括男装、女装、手机通信、珠宝配饰、玩具、母婴等多个品类。

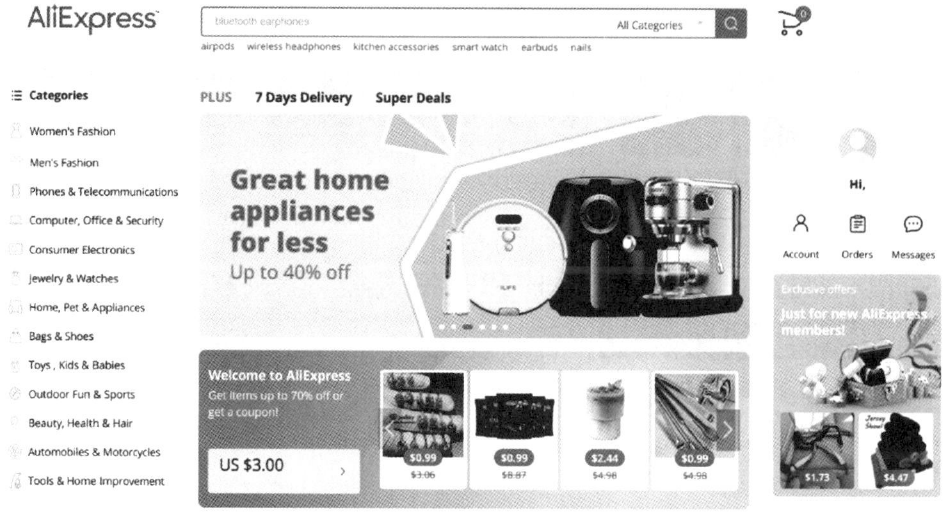

图 3-2　速卖通买家主页

2）商品详情页

在搜索栏搜索"iPad"，呈现如图 3-3 搜索页面。

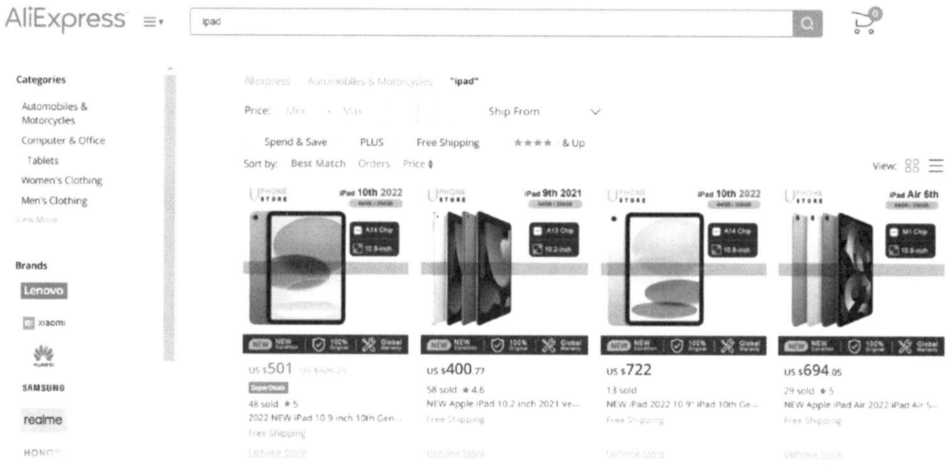

图 3-3　商品搜索页面

点击商品，进入商品详情页，如图 3-4。详情页面左侧显示的是该商品的高清图片，通过点击图片可以将其放大。每个商品可以展示多张高清图片，此外，每种型号或颜色都有其相应图片展示。图片右侧的文字总结了这一商品的基本信息和购买情况。页面右侧也为消费者推荐了相关产品，便于消费者在这些产品之间进行比较。

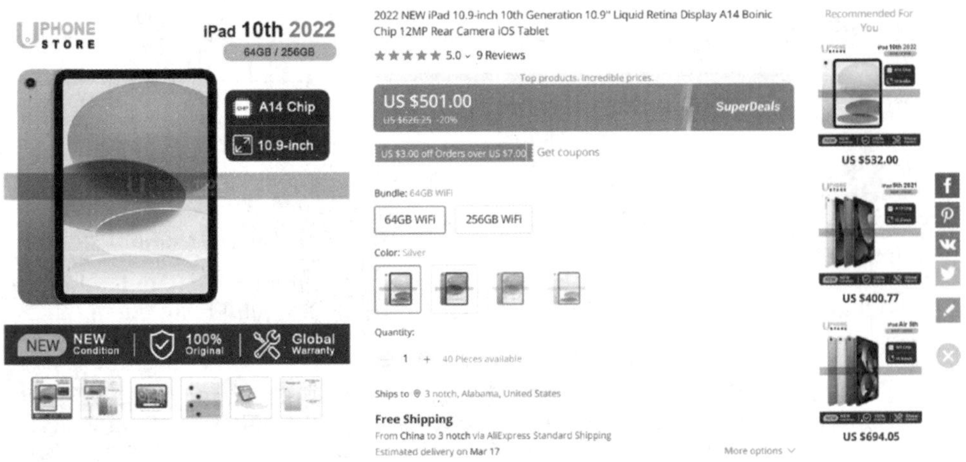

图3-4　商品详情页

❋ 案例专栏

速卖通规定同一件商品一个卖家只允许在平台发布一次，若违规重复铺货可是会影响商品搜索排名的。那么，哪些行为会被认定为重复铺货呢？下面拿几个具体案例跟大家分析。

1.同个卖家同件商品，商品主图完全相同，且标题、属性、价格等信息高度雷同，视为重复信息。

解决方法：在发布商品过程中，请不要将同一个商品发布多遍，对于重复铺货情节较严重的卖家，或者店铺内有大量重复铺货商品一直不去修改的卖家，平台对其店铺所有商品（含违规商品和非违规商品）进行整体的搜索排名靠后，情节严重的将冻结账户或关闭账户。

2.同个卖家同件商品，商品主图大小不同，但标题、价格、属性等信息高度雷同，视为重复信息。

解决方法：在发布此类商品时，可以将其中一张图片设为主图，其他不同展示方式的图片放在副图或者详细描述中，提高商品信息描述质量，提升买家体验。

3.同个卖家同件商品，商品主图为不同颜色的主图，但标题、属性、价格等信息高度雷同，视为重复信息。

解决方法：在发布此类商品时，可以在色彩属性中进行勾选充分展现商品的不同色彩属性，方便买家选购。

4.同个卖家不同商品，商品主图不同，但标题、价格、属性等信息高度雷同，视为重复信息。

解决方法：在发布不同商品时，请在标题、属性、价格及详细描述中要有所区分，准确描述商品的核心信息，请不要直接拷贝已发布商品的信息。

5.同个卖家不同商品，商品主图、属性相同，但标题等信息不同，视为重复信息。

解决方法：发布商品过程中切勿将同一商品发布多次；对于不同的商品，在发布时请不要直接引用已有商品的主图或者直接拷贝已有商品的标题和属性；不同的商品，除了在主图上体现差异外，请同时在标题、属性、详细描述等方面填写商品的关键信息，以区分于其他商品。

3.2　亚马逊

3.2.1　亚马逊发展历程

世界首富——杰夫·贝佐斯1995年创立了面向全球的跨境电商平台亚马逊（Amazon），该公司是美国最大的一家网络电子商务公司，位于华盛顿州的西雅图。2017年APP下载量就已经达到2 500万次，人均浏览量31.02亿次，2018年交易额达到2 329亿美元。目前，亚马逊在全球共有22个站点，始终秉持客户第一的理念，提供最便利的购物体验。亚马逊发展历程主要经历三次转变。

1）第一次转变：成为"地球上最大的书店"（1994—1997年）

1994年，从金融服务公司辞职的杰夫·贝佐斯决定创立一家网上书店，贝佐斯认为书籍是最常见的商品，标准化程度高；而且美国书籍市场规模大，十分适合创业。亚马逊公司起初起名为Cadabra，其性质是基本的网络书店。但贝佐斯看到了网络的潜力和特色，当实体的大型书店提供20万本书时，网络书店能够提供比20万本书更多的选择给读者。随后，贝佐斯将Cadabra以地球上孕育最多种生物的亚马逊河重新命名。为了和线下图书巨头Barnes & Noble（巴诺书店）、Borders（美国连锁书店）竞争，贝佐斯把亚马逊定位成"地球上最大的书店"。为实现此目标，亚马逊采取了大规模扩张策略，以巨额亏损换取营业规模。经过快跑，亚马逊从网站上线到公司上市仅用了不到两年时间。1997年5月Barnes & Noble开展线上购物时，亚马逊已经在图书网络零售上建立了巨大优势。此后，亚马逊和Barnes & Noble经历了几次交锋，亚马逊最终完全确立了最大书店的地位。

2）第二次转变：成为最大的综合网络零售商（1997—2001年）

贝佐斯认为和实体店相比，网络零售很重要的一个优势在于能给消费者提供更为丰富的商品选择，因此扩充网站品类，打造综合电商以形成规模效益成为了亚马逊的战略考虑。1997年5月亚马逊上市，尚未完全在图书网络零售市场中树立绝对优势地位的亚马逊就开始布局商品品类扩张。经过前期的供应和市场宣传，1998年6月亚马逊的音乐商店正式上线。仅一个季度，亚马逊音乐商店的销售额就已经超过了CDNow（音乐书店），成为最大的网上音乐产品零售商。此后，亚马逊进行品类扩张和国际扩张，到2000年，亚马逊的宣传口号已经改为"最大的网络零售商"。在此期间，亚马逊于1998年4月收购了IMDb（互联网电影资料库公司）；

1998年8月，以1.86亿美元收购Junglee（数据挖掘公司）；1998年8月，亚马逊以9 300万美元收购PlanetAll（社交网络公司）。

3）第三次转变：成为"最以客户为中心的企业"（2001年至今）

2001年开始，除了宣传自己是最大的网络零售商外，亚马逊同时把"最以客户为中心的公司"确立为努力的目标。此后，打造以客户为中心的服务型企业成为了亚马逊的发展方向。为此，亚马逊从2001年开始大规模推广第三方开放平台（Marketplace）；2002年推出网络服务（AWS）；2005年推出Prime（会员）服务；2007年开始向第三方卖家提供外包物流服务（FBA）；2010年推出KDP的前身自助数字出版平台（DTP）；2014年8月，亚马逊推出了自己的信用卡刷卡器Amazon Local Register，进一步向线下市场扩张。亚马逊逐步推出这些服务，使其超越网络零售商的范畴，成为了一家综合服务提供商。

纵观亚马逊的发展历程，如图3-5所示，亚马逊通过收购的方式加速了国际扩张的步伐，并奠定了科技基础。亚马逊于2004年8月以7 500万美元收购了中国的卓越网；2005年7月，收购了DVD制作商CustomFlix；2008年3月，以3亿美元收购了有声读物网站Audible；2010年6月，以1.1亿美元收购了团购网站Woot；2012年3月，收购了自动化机器人公司Kiva Systems。

图3-5　亚马逊实现从零售商向科技公司质变经历的三大阶段

图片来源　作者根据公开信息整理绘制

随后，亚马逊不断取得许多成就。2013年3月，亚马逊在欧洲超越了当地其他在线零售商，成为欧洲最受欢迎、访问量最大的网络零售商；2017年12月21日，世界品牌实验室（World Brand Lab）编制的2017年度（第十四届）"世界品牌500强"在纽约揭晓，亚马逊继续保持"季军"位置；截至当地时间2018年3月20日，亚马逊的市值已经超越谷歌母公司，成为仅次于苹果的全球市值第二大公司；2018

年 5 月 21 日，2018 年《财富》美国 500 强排行榜发布，亚马逊位列第八；2018 年 5 月 29 日，《2018 年全球最具价值品牌 100 强》发布，亚马逊名列第三位；2018 年 6 月 20 日，亚马逊官网推出亚马逊全球收款服务。此服务无须外国银行卡或者第三方账户，卖家可以使用本地货币接收全球付款，并直接存入卖家的国内银行账户；2018 年 9 月 4 日，亚马逊股价一度超过 2 050.50 美元，成为继苹果之后第二家市值破万亿美元的美国公司。

3.2.2　亚马逊电商平台

1）经营范围

打开亚马逊买家页面可以看到其主要经营范围，如图 3-6 所示，消费者可以在上方"全部"商品导航中精细化自己的商品需求，包括新品浏览、优惠券领取、电子产品、服装箱包、家居食品、娱乐户外等商品，栏内搜索"lamp"后，页面如图 3-7 所示。

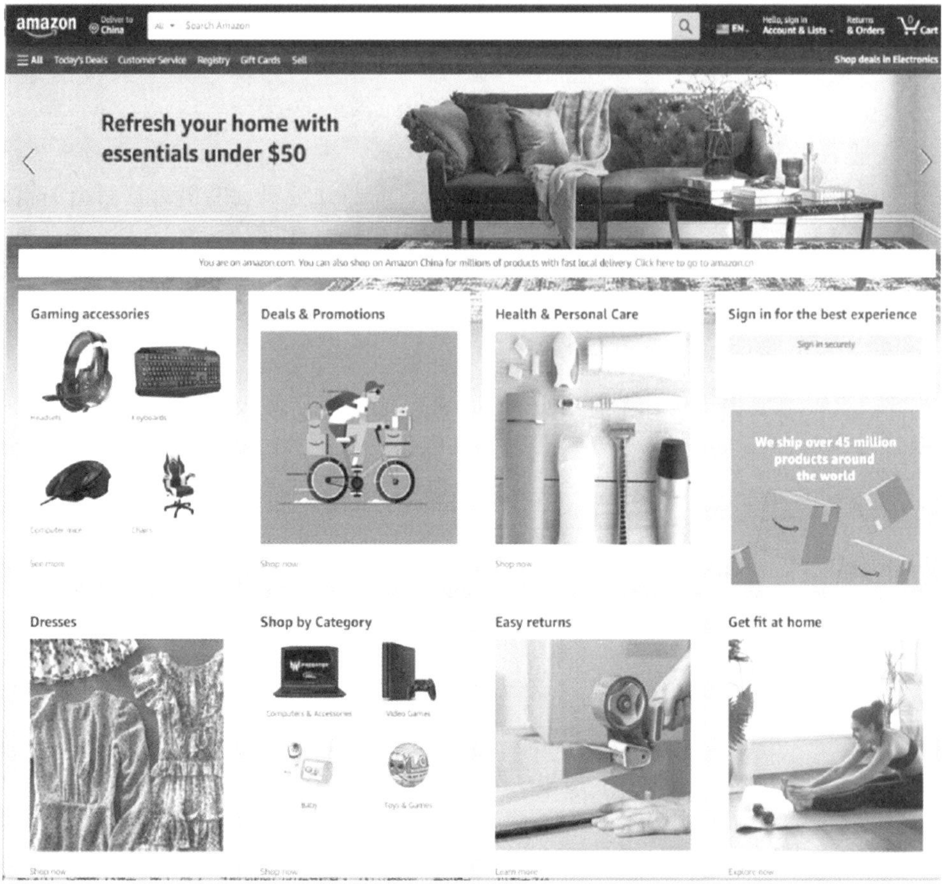

图 3-6　亚马逊平台主页

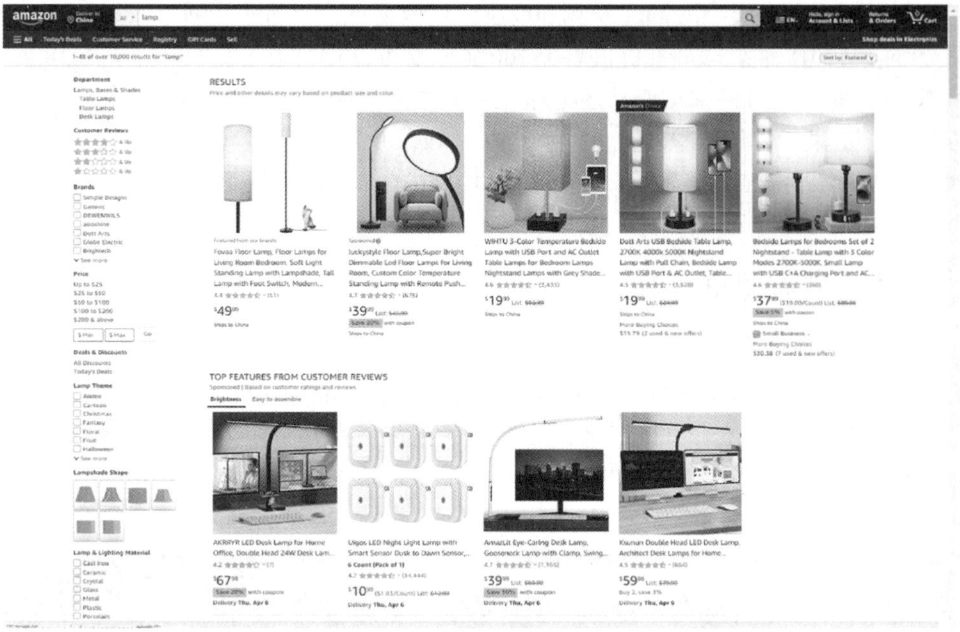

图 3-7　商品搜索页

2）商品详情页

亚马逊商品详情页基本信息如图 3-8 所示，商品详情页面左侧大概一半的篇幅显示的是该商品的高清图片。每个商品可以展示多张高清图片，并且鼠标经过图片时可以放大图片，商品详情页右侧总结了这一商品的基本信息和购买情况。产品标题包括品牌（soysout）、具体名称（眼部护理台灯）、特性（带 USB 充电端口，5 种照明模式，7 种亮度级别，触摸控制）和商品颜色（白色）。标题下方是评分等级，最高 5 颗星，本案例中商品的评分等级为 4.8 颗星。评分等级下方是商品价格、物流发货等信息。

图 3-8　亚马逊商品详情页的基本信息

商品详情页基本信息下方为推荐商品，如图3-9所示。亚马逊为消费者推荐了几个和该商品非常相近的同款产品，以便消费者能够有更多的消费选择，同时也便于消费者在这些产品之间进行比较。这种销售模式可以给消费者提供更加便捷的消费体验。让消费者省时、省心、省钱、省力。

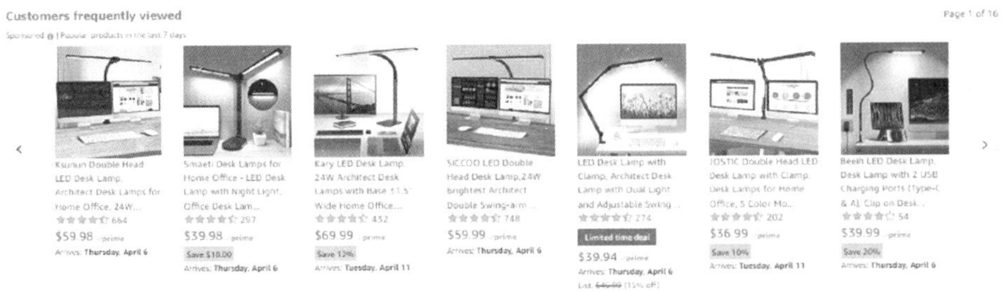

图3-9　商品推荐

在推荐商品下方，即为详细信息。在详细信息部分，亚马逊采用表格的方式对该台灯的产品细节进行描述。更重要的是该表格很有条理，使得消费者能够在众多的信息中轻而易举地发现自己本身想要的信息。如图3-10所示是商品的细节信息，包括商品重量、材料、型号、商品描述等信息，以及用户评分。

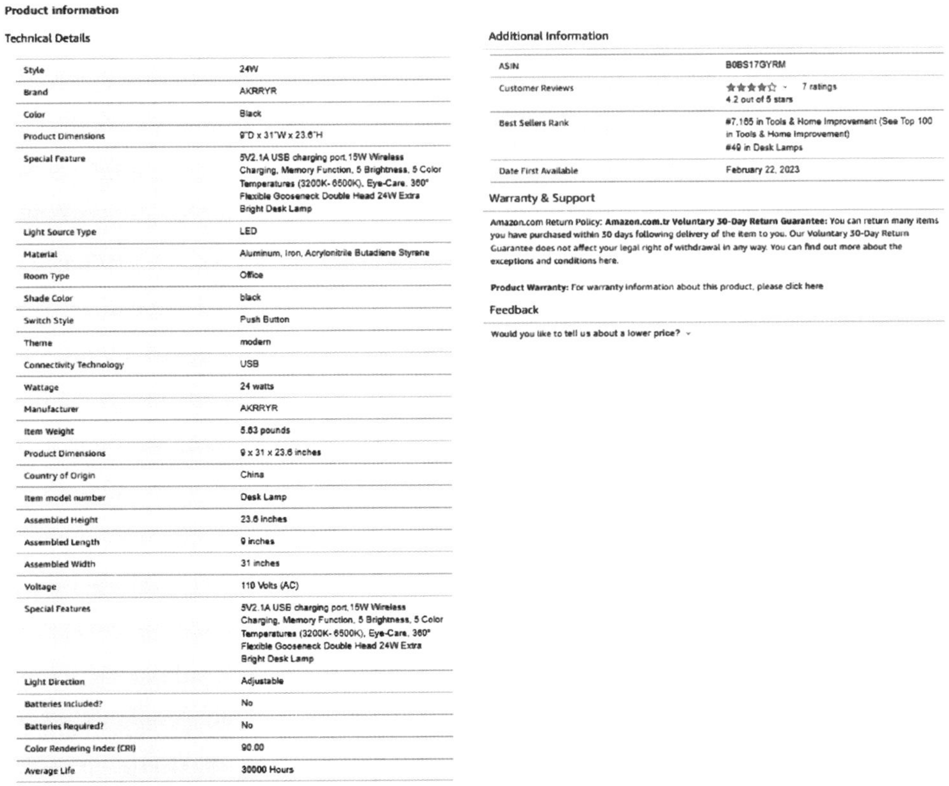

Product information

Technical Details

Style	24W
Brand	AKRRYR
Color	Black
Product Dimensions	9"D x 31"W x 23.6"H
Special Feature	5V2.1A USB charging port,15W Wireless Charging, Memory Function, 5 Brightness, 5 Color Temperatures (3200K-6500K), Eye-Care, 360° Flexible Gooseneck Double Head 24W Extra Bright Desk Lamp
Light Source Type	LED
Material	Aluminum, Iron, Acrylonitrile Butadiene Styrene
Room Type	Office
Shade Color	black
Switch Style	Push Button
Theme	modern
Connectivity Technology	USB
Wattage	24 watts
Manufacturer	AKRRYR
Item Weight	5.63 pounds
Product Dimensions	9 x 31 x 23.6 inches
Country of Origin	China
Item model number	Desk Lamp
Assembled Height	23.6 inches
Assembled Length	9 inches
Assembled Width	31 inches
Voltage	110 Volts (AC)
Special Features	5V2.1A USB charging port,15W Wireless Charging, Memory Function, 5 Brightness, 5 Color Temperatures (3200K-6500K), Eye-Care, 360° Flexible Gooseneck Double Head 24W Extra Bright Desk Lamp
Light Direction	Adjustable
Batteries Included?	No
Batteries Required?	No
Color Rendering Index (CRI)	90.00
Average Life	30000 Hours

Additional Information

ASIN	B0BS17GYRM
Customer Reviews	7 ratings 4.2 out of 5 stars
Best Sellers Rank	#7,165 in Tools & Home Improvement (See Top 100 in Tools & Home Improvement) #49 in Desk Lamps
Date First Available	February 22, 2023

Warranty & Support

Amazon.com Return Policy: **Amazon.com.tr Voluntary 30-Day Return Guarantee:** You can return many items you have purchased within 30 days following delivery of the item to you. Our Voluntary 30-Day Return Guarantee does not affect your legal right of withdrawal in any way. You can find out more about the exceptions and conditions here.

Product Warranty: For warranty information about this product, please click here

Feedback

Would you like to tell us about a lower price?

图3-10　商品详情图

商品详情页面最后显示的是商品评论，包括常见问题和购买者评论。平台举出若干常见的Q&A（问题与回答）以供消费者参考。消费者购买评价（如图3-11所示）丰富多彩，图文并茂，对其他消费者购买商品有很强的指导作用。

图3-11　商品评论

3）平台特色

（1）单一商品详情页面。

在亚马逊的网站上，每件商品都有唯一一个独立页面。即使同一个商品有多个卖家出售，在亚马逊平台上搜索商品时，只会显示一个搜索结果。同一款商品在同一个搜索结果里不会重复出现，体现了亚马逊"重商品、轻店铺"这一特征。

任何卖家在亚马逊平台上传的页面归属权都归于亚马逊，不再属于上传该商品信息的卖家，这和国内大部分电商平台的规则不同。亚马逊平台认为同一款商品，商品的介绍、图片等信息应该是相同的，没有必要出现同款商品有很多页面的情况，唯一的区别就在于价格，所以亚马逊允许多个卖家使用同一个商品页面。如果有很多卖家销售同一款商品，则亚马逊会根据卖家提供服务的品质结合卖家的销售价格向消费者推荐更优的卖家。商品的搜索排名，是该款商品的销售累计计算而得，即这款商品的所有卖家累计销售数量。所以新卖家可以利用这款产品其他卖家的累计销量，一起提高商品的搜索排名。同时，同一款商品如果多个卖家都在销售，只有一个卖家会赢得"购物车按钮"。

（2）购物车（Buy Box）功能。

购物车 Buy Box 的位置在每个商品页面的右上方，是买家浏览时最方便看见的黄金位置，只要买家单击"Add to Cart"按钮就会把该位置上卖家的产品放到买家购物车里。在同一时间段里，只有一个卖家可以得到购物车的位置。在亚马逊网上购物的消费者，约有90%会透过产品页面的购物车链接结账，只有大约10%的买家才会寻求购物车以外的链接。在亚马逊平台的运营策略中，抢占购物车是一种重要的方法，占据购物车就意味着会有大量的订单。

购物车是系统通过计算卖家的综合素质来决定分配给哪个卖家的，影响购物车的因素主要有配送方式、最终价格、卖家评分、运输时间。例如，选择亚马逊物流（FBA）配送，将大大增加获得购物车的几率；卖家的评分越高，越近期的交易得分在综合评分中所占的比重越大，获得购物车的几率越大。

（3）重产品，轻店铺。

亚马逊平台相较于其他电商平台，拥有"重产品，轻店铺"的特征。消费者并不在乎他所购买的两件商品是否来自同一个卖家。因此，客户评论是影响销量的一个重要原因。没有人愿意购买用户评论数量少、评论分数低的商品。所以获得更多更高分的用户评论对于卖家来说至关重要。

亚马逊平台的买家评论位于每款商品详情页面的尾部。亚马逊平台会给出满分为5星的顾客评分平均值，会在商品详情页面左下角较大篇幅地公布部分"顶级评论家"对这款商品的评论，也会在右下角稍小篇幅公布最近买家对这款商品的评论。在重产品、轻店铺的亚马逊平台，有一套完善的评价规则体系。

在亚马逊的平台上，所有会员都可以对商品进行评价，因为亚马逊认为购买这个商品的人可能是自己使用，也可以是作为礼物送给其他人，即使买来自己使用的商品，也有可能借给朋友或是邻居使用。所以，所有使用过这个商品的人都可以对商品进行评价。这个制度对于卖家来说是一个非常好的机会，除了通过邀请购买者提交商品评论，也可通过邀请其他人来评论商品获得更高的商品评价。在商品评价页面可以看到，评价可以进行多种过滤，其中一个选项是有效购买评论，这是指真正购买者进行的评价，消费者开始越来越重视有效购买评价了。

3.3　eBay

3.3.1　eBay发展历程

eBay（易贝网）是一个可让全球用户上网买卖物品的线上拍卖及购物的网站。其于1995年9月4日由Pierre Omidyar（皮埃尔·奥米迪亚）创立于加利福尼亚州圣荷西。1997年9月该公司正式更名为eBay。易贝网首创C2C线上交易模式，逐渐发展成为全世界最大的交易平台之一。自上市以来，易贝网业务拓展涉猎甚广，投资和收购了包括交易平台、支付，以及电商服务、平台开发等领域的多家公司。为顺应互联网发展，易贝网从最初的拍卖平台逐渐转型为渠道和服务兼备的综合互联网技术平台。易贝网的发展主要可以分为以下四个阶段，主要事件的发展历程如图3-11所示：

1）第一阶段（1995—2000年）：飞速成长，成就巅峰

前互联网时代，传统的交易方式存在信息不对称、效率较低等问题，eBay利用互联网技术提高了市场效率，成为"世界的网络交易平台"，为买卖双方提供安全、无障碍的电商平台服务。凭借特有的商业模式，eBay自上线起就深受美国国民追捧，实现并保持了高速增长。2000年，eBay实现4.3亿美元营业收入，注册用户超过2 200万，平台拍卖商品数量超过2 600亿件。

由于具备先发优势，eBay通过品类扩张以及业务类型拓展，积累了数量庞大的活跃买家和卖家，依托网络效应提升市场份额，持续巩固竞争地位。首创网上拍卖模式打开市场，定价规则确定商业模式。eBay采用拍卖模式，实现商品价值最大化，促使买卖双方达成交易。随着交易规模的不断扩大，eBay的交易模式也逐渐完善，形成拍卖、定价、拍卖与定价综合等三种交易模式，全面满足用户需求。

2）第二阶段（2001—2010年）：由强变弱，走向衰落

经历高速成长之后，电商红利耗尽，eBay开始漠视市场环境变化和竞争带来的挑战，逐渐步入衰落期。易贝网衰落的原因主要包括：第一，2000年亚马逊平台业务启动——亚马逊平台收费固定化、购物体验更优，加之行业竞争对手纷纷崛起，eBay面临着更大的竞争压力；第二，谷歌不断完善的搜索功能和各类社交网站的出现，为用户寻找商品提供了更加精准和便利的渠道，买卖双方对eBay平台的依赖程度大幅减轻；第三，用户偏好和行为发生变化——由于拍卖耗时较长，用户纷纷转向定价式网购，网拍的新鲜感消失，拍卖市场进入饱和期；第四，过度扩张及业务架构不明确——2005年易贝网斥巨资收购网络视频通话服务公司Skype，却面临着业务整合失败的困局，最

终在 2011 年将 Skype 转售给微软；先发优势和网络红利带来的规模效应曾支撑着易贝网实现快速增长，而随着电商行业竞争加剧，易贝网缺乏核心优势的商业模式开始显现出弊端，平台持续被边缘化，无法形成有效壁垒。在亚马逊等电商的发展和崛起，以及网购服务行业标准持续提高的背景下，易贝网在 21 世纪初逐渐衰落。

3）第三阶段（2011—2016 年）：战略转型，逐渐复苏

2011 年起，易贝网进行了四大战略转型，拉开了复兴的序幕。

首先，大力推进移动平台业务发展。随着移动端设备增加，eBay 管理层认定移动商务时代已经到来，并在此契机下展开深度转型，开发移动支付平台产品。eBay 移动端交易额从 2009 年的 6.2 亿美元提升至 2013 年的 220 亿美元，移动端转型战略成效显著。

其次，发力 PayPal 支付业务。为顺应手机支付的大趋势，易贝网收购移动平台支付公司 Zong，将 PayPal 业务从线上延伸至线下，在传统零售门店推出 PayPalHere 支付方式。2014 年，支付业务在 eBay 的业务构成中占比达 48%，已经超过市场业务（占比 46%）。

再次，eBay 由线上向线下渗透。eBay 收购了本地购物搜索公司 Milo，帮助商户上传店内库存情况至 eBay 平台，并通过 eBay Now 当日达服务与线下零售商户合作，将业务向线下用户进行渗透。

最后，收购电子商务和互动营销服务商 GSI Commerce，完成商业模式转型。GSI 已与阿迪达斯、全球时尚生活方式品牌 Calvin Klein 和玩具反斗城等美国知名零售品牌及企业达成合作，提供电商技术平台、订单管理和物流等电商综合服务。本次收购完成后，eBay 从拍卖零售市场转型为兼具渠道和服务的综合互联网技术型企业。

4）第四阶段（2016 至今）：走向未知，未来堪忧

2014 年，支付业务拆分后的 eBay 营收遭遇困难，帮助增长的动力消失，业务架构经历了多次的剥离和调整。管理层执行 “Back to Basics”（回归本源）计划，业务重心回归到线上交易平台。交易平台营收增速趋于稳定，但增长动力不足，eBay 由此走向迷茫。电商产业链日益完善，物流配送体系、IT 系统等基础设施的重要性日益凸显，eBay 在这些设施上的欠缺难以满足用户需求、优化购物体验，在与亚马逊等电商的竞争中逐渐落伍，最终被亚马逊实现赶超。2020 年 4 月，eBay 任命原沃尔玛电子商务首席运营官 Jamie Iannone 出任新 CEO，eBay 期待新 CEO 领导公司实现下一阶段的增长与成功。而在整个 2021 财年，eBay 净营收为 104.20 亿美元，同比增长 17%，但 eBay 全年来自于持续运营业务的净利润为 2.52 亿美元，与 2020 财年来自于持续运营业务的净利润 24.87 亿美元相比下降 90%。eBay 仍面临重重困难，能否重回巅峰还是一个未知数。

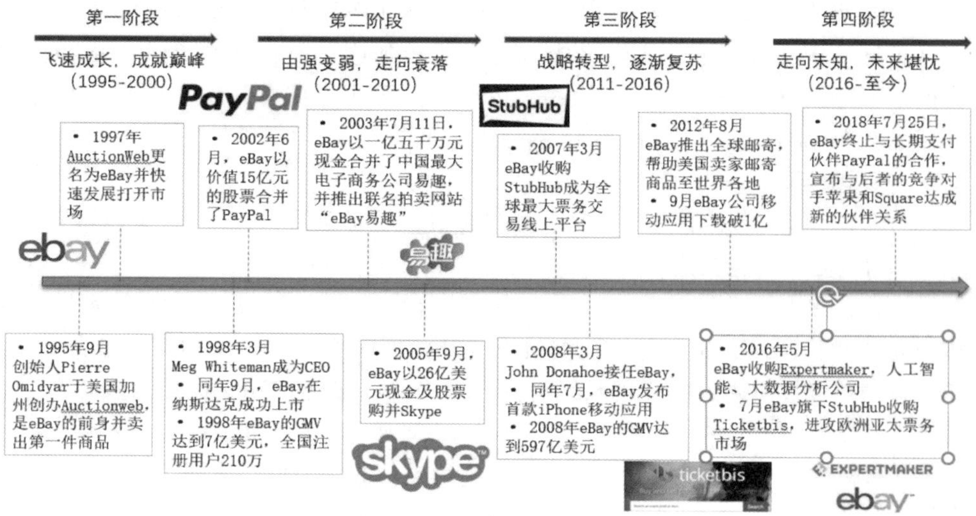

图 3-12 eBay 发展历程

图片来源：作者根据公开信息整理绘制。

3.3.2 eBay 电商平台

1）经营范围

打开 eBay 买家页面，可以清晰地看到其主要经营范围涵盖电子产品、汽配、收藏品、家具园艺、健康与美容、商业、轻工业等产品，如图 3-13 所示。

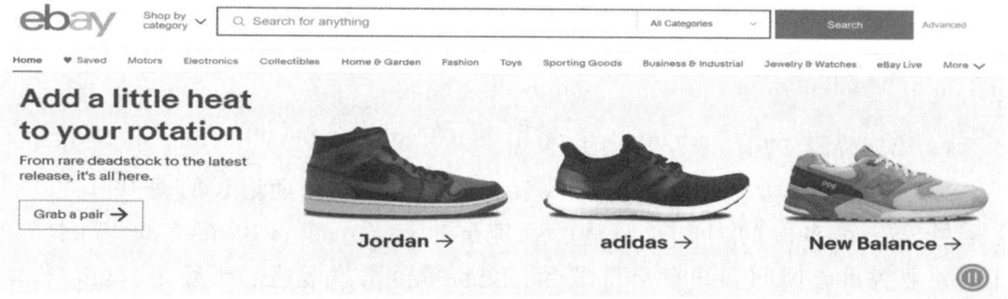

图 3-13 eBay 平台买家主页

在搜索栏搜索"oven"，将呈现如图 3-14 页面。由于 eBay 平台可以进行拍卖，因此有拍卖和立即购买选项。同时消费者可以筛选几个区间以及产品性能。eBay 默认的搜索物品排序标准，可帮助买家找到真正需要的商品。对卖家来说，这意味着可将物品展示在买家面前，而向买家提供优质的产品和服务是决定卖家在"最佳匹配"中排名的关键。获得"最佳匹配"搜索排名的考量因素包括：最近销售记录、卖家评级（DSR）、物品"标题"相关度、即将结束时间、买家满意度、物品价格和运费。

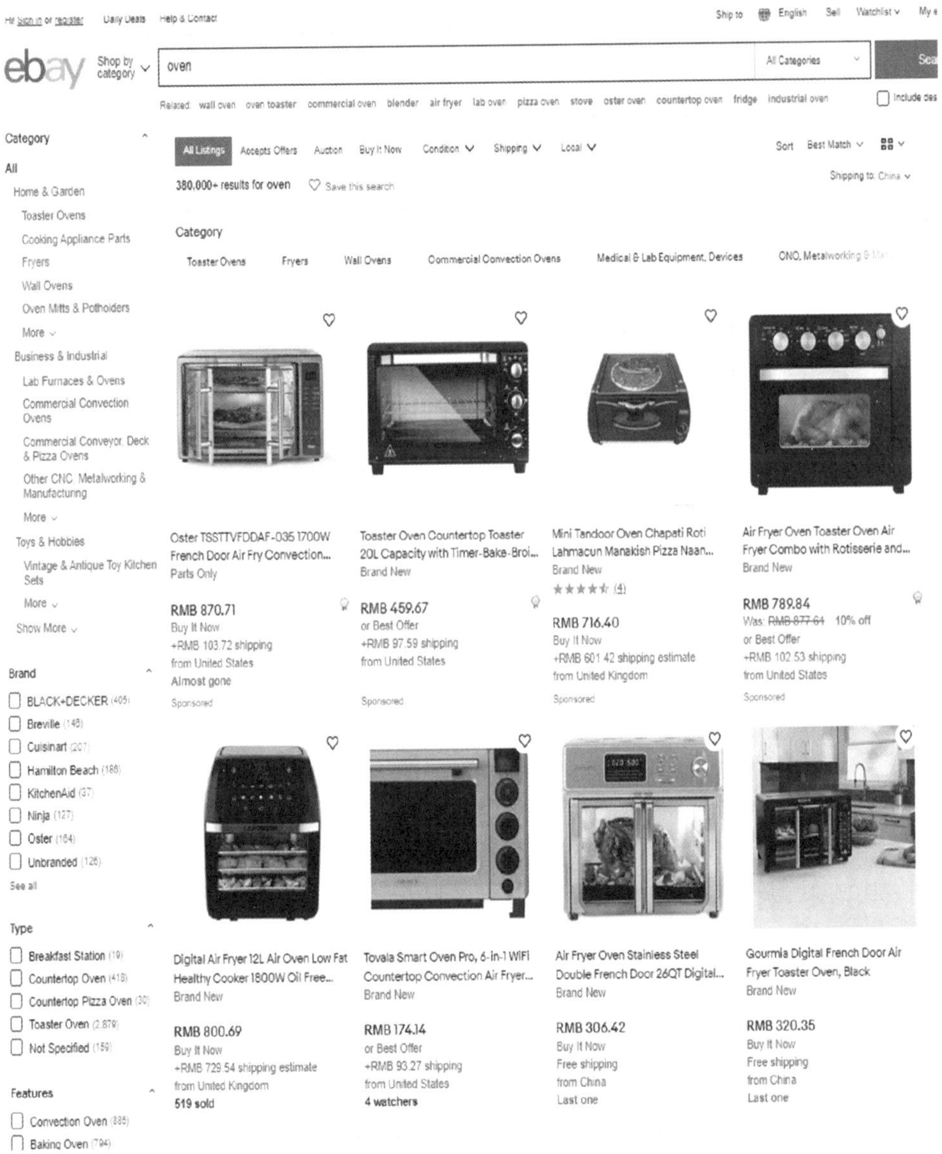

图 3-14　商品搜索页

2）商品详情页

点击感兴趣的商品，进入商品详情页，如图 3-15 所示。eBay 平台的商品详情页与亚马逊平台的详情页展示相似，eBay 与其他平台商品页面不同的地方，是在商品名称下有"物品状况"栏。在 eBay 平台，卖家可以拍卖自己使用过或者不需要的商品，因此需要卖家说明产品的使用情况。还应关注的是商品详情页面右侧的商家信息，由于 eBay 平台上经营注重商家信誉的积累，有较高信誉的卖家会更容易出单。

图 3-15 商品详情页

3.4 Wish

3.4.1 Wish发展历程

Wish是一款能带给消费者最愉悦有趣、最精准有效的移动购物体验的APP。由在线电子商务公司Context Logic公司于2011年独立设计开发。平台运用数据策略、技术手段对消费者行为和偏好进行分析，来寻找、匹配和推送个性化产品，不同用户因需求、习惯不同，看到的产品就不同。

Wish平台要求卖家提供的产品定位准确、合法合规、有质量保证、售价及运费合理并且图片文字描述真实。在订单方面，Wish要考察卖家及其商品的满足率、处理率、缺货率以及取消率和发货率，从而帮助用户找到感兴趣和心仪的产品，轻松获取精准受众。同时，卖家提供的服务也要满足平台规则，为顾客提供优质服务，提升店铺评分。Wish的发展历程主要分为三个阶段，如图3-16所示。

1）第一阶段（2011—2014年）：快速成长

2011年9月，Wish的母公司Context Logic在美国硅谷注册成立。随后Context Logic推出Wish，经营模式类似图片社交。2013年3月，Wish加入商品交易系统，正式踏入电商领域。此后，Wish将业务转型到跨境电商，并取得非常大的成功。2013年，转型不到一年的Wish，其平台交易额就达到1亿美元。2014年，为了进一步拓展中国供应商资源，Wish在上海成立了办事处，并大举进行招商活动。

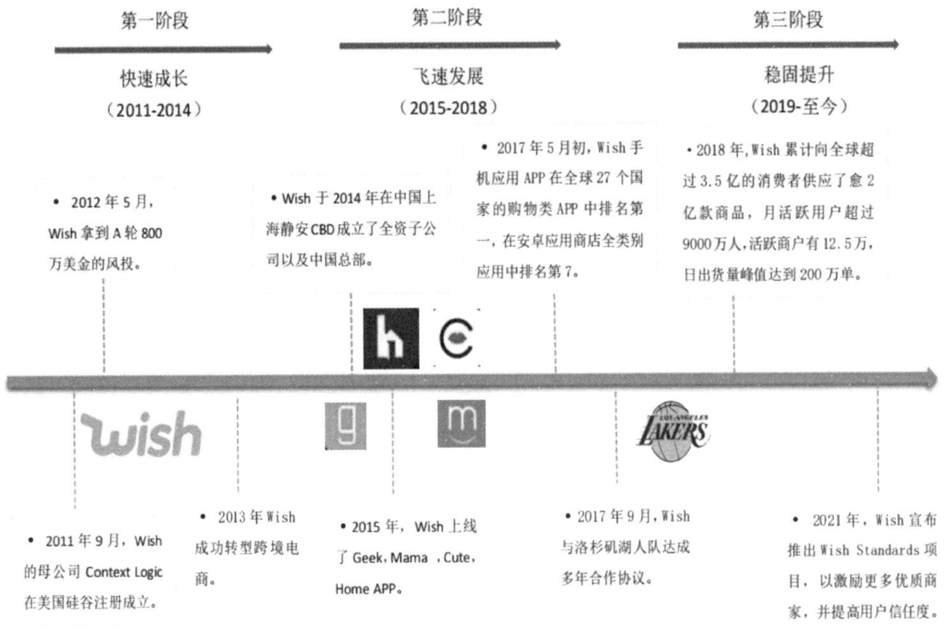

图3-16　Wish平台的发展历程

2）第二阶段（2015—2018年）：飞速发展

2015年，Wish进行"自我革命"，先是上线了科技电子产品类Geek App和母婴类Mama App，后又推出专门针对"女性经济"的化妆美容类商品的垂直应用Cute App以及针对居家产品的Home App，这些App链接展示在Wish界面的下端，如图3-17所示。Wish通过建立全品类的电商平台大获成功后，继续推出垂直类App，一方面是对潜在竞争对手的防御，另一方面也是自我革命，用竞争对手可能挑战自己的方法来挑战自己，以获得持续成功。

2014—2016年是Wish飞速发展的三年，Wish连续3年都被评为硅谷最佳创新平台，成为北美和欧洲最大的移动电商平台。同时Wish也荣列全球第六大互联网电商平台，成为全球第五家四年内总成交额达到30亿美元规模的互联网公司。截至2017年5月，Wish手机应用APP在全球27个国家的购物类APP中排名第1，在安卓应用商店全类别应用中排名第7，在美国App Store全类别应用中排名第14。《2018年度全球APP下载量排行榜》显示，Wish App荣登2018年全球购物类App下载量排行榜榜首，安装量超过1.97亿次。2018年Wish累计向全球超过3.5亿的消费者供应了超2亿款商品，月活跃用户超过9 000万人，活跃商户有12.5万人，日出货量峰值达到200万单，订单主要来自美国、加拿大、欧洲等全球各地区。

图 3-17　Wish 现有的 App 平台

3）第三阶段（2019 年至今）：稳固成长

2019 年，Wish 一直着重在提高卖家体验以及物流体验，其希望通过更具竞争力的定价，来提高卖家以及运营层面的体验。2022 年年初，面对庞大的商户基数，Wish 建立邀请制入驻机制，并推出 Wish Standards，为更多优质店铺提供增长空间，帮助平台和商户搭建起愈加紧密的合作关系，并取消了动态加价，为商户建立了更为公平、透明、健康的营商环境。如今品质化、多元化、精细化运营成为商家发展的共识，"品质出海"正是 Wish 2023 招商主旋律。

3.4.2　Wish 综合购物 APP

1）经营范围

Wish 综合购物应用是一款提供丰富多样商品的综合类商品购物应用，包括女装、男装、鞋子、时尚服饰、家居装饰、饰品、手机配件、电子产品、手表、婴儿及儿童用品、化妆美容用品、节假日礼品等。

2）主页详情页

Wish 综合购物应用支持在各类手机、平板电脑等设备上使用，并且具备较好的适用性和使用体验。Wish 综合购物应用买家主页通常只展示几个商品，如图 3-18 所示，这几个商品是经过 Wish 的特殊算法计算后，更准确地推送给目标客户，更可能符合客户需求。

买家点击自己感兴趣的商品后，进入商品详情页（如图 3-19 所示），商品详情页面依次展示商品图片、商品名称及商品评论。买家下滑页面将出现商品最近评论、商品规格与描述、买家担保及配送信息，商品详情页的更多信息如图 3-20 所示。

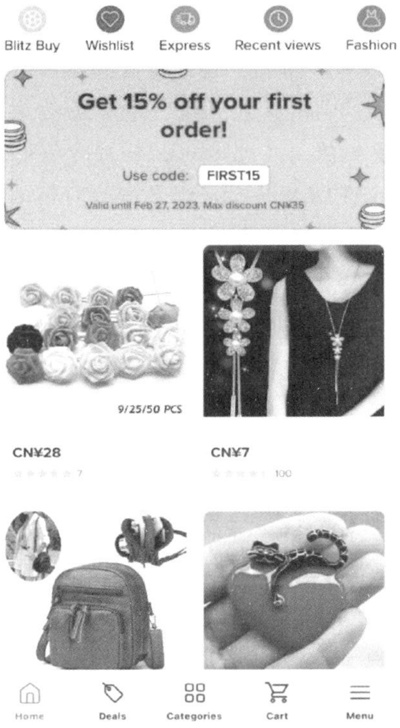

图 3-18　Wish 综合购物应用买家主页图

图 3-19　商品详情页

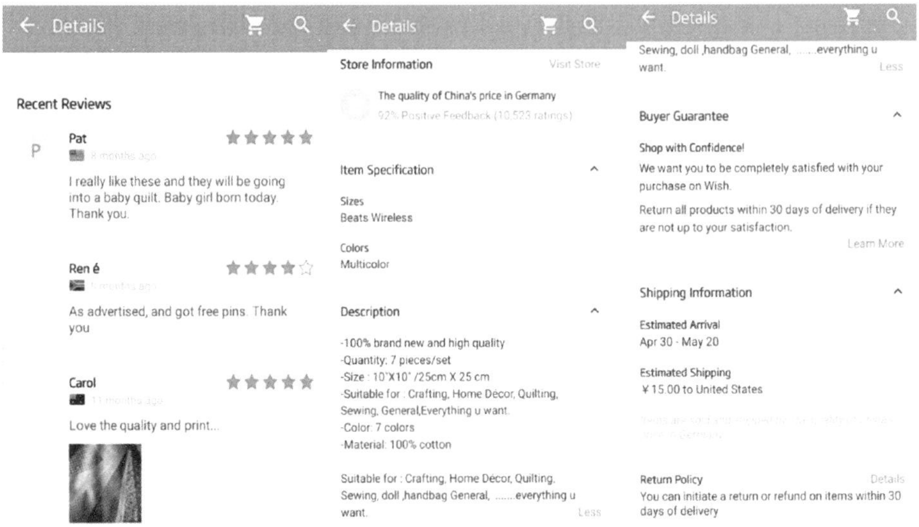

图 3-20　商品详情页的更多信息

✱ 案例专栏　　　　跨境电商的独立站运作模式

近两年，受全球跨境电商平台亚马逊的封号行动的影响，独立站模式逐渐崛起。独立站是相对于电商平台来说的，独立站不在电商平台开店，卖家自己做一个独立的网站来提供产品和服务。比如一个卖玉米的商家，注册一个cornhub.com的域名，搭建网站之后开始销售玉米，自己处理订单和物流，这就是独立站。

2022年9月，拼多多的跨境电商独立站产品Temu正式上线，字节跳动推出的新款——快时尚跨境独立站IfYoooou也受到诸多关注。在此之前，针对跨境电商领域，字节跳动还推出了TikTok Shopping、对标SHEIN的快时尚女装平台Dmonstudio以及独立跨境电商平台Fanno等数款产品。独立站的崛起主要有以下两点原因：

（1）平台商家受平台影响较大

过去很长一段时间，在跨境电商领域，外贸商家主要通过入驻亚马逊、阿里巴巴旗下跨境电商平台进行销售。早期，跨境电商平台为吸引小商家，采取免费甚至补贴的方式，并给入驻商家导流。但当电商平台壮大之后，平台开始向商家收取广告费和佣金。

对于严重依赖亚马逊等电商平台的外贸商家来说，平台的任何细小变化都会对其产生重大影响。根据深圳跨境电商协会统计，2021年4月以来，亚马逊上被以违规为由封店或扣押款项的中国卖家超过5万家，预计造成的损失超过千亿元人民币。多家已经上市的中国跨境电商企业2021年和2022年一季度业绩都受到了亚马逊封号行动的影响。以A股上市公司天泽信息（300209.SZ）为例，其在2021年7月的公告中称，旗下跨境电商子公司有棵树因涉嫌违反亚马逊平台规则，2021年前7个月新增被封或冻结站点数约340个，占2021年前5个月亚马逊平台存在销售收入的月均站点数的30%左右。2021年有棵树收入同比下降66.55%，亏损16.7亿元。在亚马逊封号行动的影响下，坚持走独立站模式的SHEIN不仅没有受到波及，业绩更是翻倍增长。

（2）独立站的技术门槛并不高

独立站能在跨境电商领域占据重要地位，和国外的市场环境有很大关系。从市场大小来说，除了美国以外，欧洲、南美洲、东南亚等地区的国家市场规模都不大，即使有如亚马逊这样的全球跨境电商巨头，但在某些国家不一定比本地电商平台或者品牌独立站有优势。同时，国外市场长期以专卖店形式为主，因此也给品牌独立站的发展提供了市场空间。此外，国外市场流量的采购精准度也对独立站的发展有深远影响。

从技术上来说，独立站建设对商家来说并不是一件难事。从建站来说，包括天擎天拓在内的跨境线上营销服务商，已经打通了独立站线上的营销环节，只需要一两周的时间就能在独立站完成线上营销的功能布局。随着越来越多的商家从亚马逊等平台退出后产生的独立站建站需求的增加，一大批做跨境物流、支付等环节的公司纷纷推出相应的SaaS（Software as a Service 软件即服务，专门用来管理和解决跨境电商生态系统中各个环节问题的云端平台）解决方案，帮助商家更快捷地建好独立站。由于独立站的技术门槛并不高，以技术见长的国内互联网大厂在跨境电商独立站的战场上优势并不大。

虽然独立站模式在如今的形势下有很大的优势，但网经社电子商务研究中心B2B与跨境电商部主任、高级分析师张周平指出，独立站模式虽然值得被借鉴，但更适合有一定体量或者规模的企业，更多的中小企业还是要根据自身的实际情况来布局。"做独立站的必要条件是要拥有自主营销推广、引流的团队或能力。"

资料来源　根据中国经营报2022年10年15日网上相关报道整理得来。

● **思政课堂**

阿里、腾讯——互联网巨头"海外会战"

说起东南亚跨境电商，很多人可能知道Shopee和Lazada，但不知道这两个平台竞争的背后，其实是阿里和腾讯在东南亚跨境零售市场展开的一番较量。

阿里巴巴切入跨境电商市场的第一个业务板块——1999年成立的阿里巴巴国际站——定位为跨境贸易B2B电商平台；2010年4月阿里巴巴上线了旗下第一个跨境出口B2C平台——速卖通（AliExpress），并在2016年入股东南亚电商平台Lazada，后又追加投资比例实现对Lazada的控股。2018年则可谓是阿里在全球范围内的电商平台"收割之年"。这一年里，阿里分别以7.30亿美元、1.94亿美元和9.45亿美元的现金对价，将土耳其领先的时尚电商平台Trendyol、南亚领先的电商平台Daraz，以及印尼最大电商平台Tokopedia收入麾下。

不同于Lazada一直深耕东南亚市场，2015年成立的Shopee从中国台湾市场取得一定成绩后，转向印度尼西亚，再将业务拓展至整个东南亚市场。2017年12月10日，Shopee虾皮母公司Sea上市，腾讯在Sea IPO前夕以战略投资者身份成为第一大股东，占股39.7%。

为何阿里和腾讯会选择东南亚市场进行跨境电商的海外拓展呢？从地理位置来看，东南亚地区是我国与沿线国家开展贸易合作的主要区域，因此越来越多的电商平台拓展到东南亚市场。为了争夺该地区的领军地位宝座，以Shopee和Lazada为首的电商企业开始从大城市向电商渗透率较低的二线城市和农村城市扩张。Lazada着重品牌的B2C模式，门槛相对较高，适合中大型卖家发展；Shopee则走低价路线的C2C模式。因此，大部分Shopee卖家会选择薄利多销的路线，通过无货源店群的模式，利用低价产品和爆款获取流量。阿里的底层逻辑是打通电商业务的基础设施，实现赋能。因此Lazada得到了阿里在技术、海外仓、物流、支付体系等多方面的支持，物流配送表现突出。而Shopee的血液里流淌着腾讯的"流量基因"，拿到了英雄联盟、王者荣耀在东南亚地区的游戏代理权，在东南亚七国市场"对症下药"，本土化营销风生水起。我们不难发现，Shopee和Lazada割据战的背后，实则是腾讯和阿里的细分市场之争。

● **本章小结**

1.速卖通（AliExpress）上线于2010年4月，是阿里巴巴旗下唯一面向全球市场打造的在线交易平台。速卖通面向海外买家，通过支付宝国际账户进行担保交易，并使用国际快递发货，是全球第三大英文在线购物网站。

2.亚马逊（Amazon），是美国最大的一家网络电子商务公司，亚马逊位于华盛顿州的西雅图。它是网络上最早开始经营电子商务的公司之一，成立于1995年，已成为全球商品品种最多的网上零售商和美国电商龙头企业，拥有着自有物流FBA，Prime会员服务等平台特色。

3.eBay全球站点包括中国、美国、英国、法国、德国、澳大利亚、阿根廷、爱尔兰、奥地利、巴西等，覆盖190多个国家和地区，拥有1.82亿用户，支持全球23种语言。eBay相对于亚马逊、速卖通平台来讲，入住门槛较低，审核条件较宽松。目前，eBay上有超过1.6亿的购物者，超过10亿的产品。

4.Wish是一款能带给消费者最愉悦有趣、最精准有效的移动购物体验的移动APP，随着智能手机的发展，人们使用互联网的方式发生了巨大的变化，Wish则抓住了这个机遇，应运而生。Wish是全球第六大电子商务公司，资金超过10亿美元，同样它也是四大电商平台里操作最简单，最容易上手，卖家入驻门槛最低的平台。

● 复习思考题

1.如果你是一个电商平台的卖家，你会优先选择入驻亚马逊、eBay、Wish、速卖通中的哪个电商平台？

2.进行跨境电商交易时，与境内电商相比有何不同？卖家会面临哪些风险？

● 小组实训

【实践目的与要求】

1.激发学生的创新创业热情，将"读万卷书"与"行万里路"相结合，领会到关于跨境电子商务企业与行业成长的重要作用。

2.了解美国、欧洲、日本亚马逊站点，新兴市场的电商平台的法律法规和禁售产品，掌握跨境电子商务平台知识产权规则，熟悉应对知识产权纠纷的策略。

【实践内容描述】

1.选择具有代表性的北美（美国）、欧洲（英国）以及日本市场作为代表，详细分析亚马逊在上述站点的法规和产品销售范围。

2.从目标用户特征、平台卖家、准入门槛和支付方式、平台的物流及其他服务等四个方面，分析在四大跨境电商平台开店的优势和挑战。

● 本章数字化资源

即学即测3　　　课外延伸3-1：速卖通的　　　课外延伸3-2：国际营商　　　知识点讲解3：亚马逊销
　　　　　　　　　海外市场——俄罗斯　　　　　环境指标　　　　　　　　售限制

第4章 / 新兴市场的数字化平台

━━━━━━━━━━━━━━━ 学习目标 ━━━━━━━━━━━━━━━

了解新兴经济体的电商市场发展情况，包括市场的特点、互联网的发达程度、跨境电商发展现状等信息的学习；熟悉不同国家的本土数字化平台，并将不同数字化平台特点进行对比；掌握利用跨境平台进行交易的基本程序，学习运营跨境店铺的方法技巧。

电商行业的不断壮大，使发展中国家的创业者看到了商机，许多新兴的数字化平台通过模仿成熟的电商平台来开创本地市场，地理、文化等方面的优势，使得他们占领了一定的市场份额。本章将对其他新兴经济体市场的电商平台进行介绍并加以总结。

4.1 东南亚 Shopee 平台

4.1.1 东南亚电商市场简介

1）东南亚电商市场的发展

东南亚人口规模已达 6.3 亿（其中青年人口占 60%），占世界总人口的 8.6%，其中近 50% 为城市人口，年龄中位数约为 29 岁。在全球面临老龄化这一严重趋势下，东南亚地区的适龄劳动人口直到 2020 年都保持持续增长的态势，人口红利的优势有利于东南亚形成更大规模的消费市场。

跨境电商的时代来临，使东南亚成为一颗冉冉升起的新星，东南亚不仅拥有较大的电商销售成长空间，其成长速度也十分惊人。作为先一步迈入成熟国家的新加坡，其国内中产阶级正在快速崛起，以约 4 000 美元人均 GDP 为迈向消费社会的指标。越南有 60% 人口在 30 岁以下，具有庞大的消费力。另外，马来西亚、印尼、泰国、菲律宾这四个国家的特点是人口红利高、拥有年轻的劳动人口、智能型手机普及率高，加速了跳过 PC 端，直接向移动端方向发展的电商市场。

2）东南亚地区互联网发展迅速

2017 年《东南亚电子商务报告》显示，东南亚是全球互联网发展最快的地区之一，2020 年网民数量达到 4.8 亿人，接近于现在东南亚人口的 80%；未来 10 年，电子商务的复合年均增长率在32%左右；到2025年，东南亚电子商务市场规模将达到880亿美元。

在互联网用户上，东南亚地区具有极为突出的数量优势。东南亚地区是全球第三大互联网用户数最多的地区，仅次于东亚地区和南亚地区。东南亚的互联网用户超过3.5亿，这使得东南亚成为2015年至2020年间全球增长最快的互联网市场。

东南亚人在移动互联网上花费的时间比全球其他任何地区都更多。东南亚人平均每天花费3.6小时在移动互联网上，其中排名第一的泰国平均每天花费4.2小时，其次是印度尼西亚，平均每天花费3.9小时。相比较之下，美国、英国、日本消费者平均每天花费在移动互联网上的时长分别仅为2小时、1.8小时、1小时。

东南亚地区的互联网用户数量和平均每天使用互联网的时长，表现出该地区在互联网使用上具有充足的发展空间，为中国卖家出口东南亚地区打下了良好的互联网基础。

4.1.2 Shopee 平台

1）平台简介

虾皮平台（Shopee）的发展最早可以追溯到其母公司Sea（东南亚游戏和电商公司），作为首家于纽交所上市的东南亚互联网企业，Sea旗下的电子娱乐、电子商务和电子金融业务在东南亚与中国台湾市场首屈一指。Sea成立于2009年，总部设在新加坡，其使命是通过技术改善本地区消费者和小企业的生活。2016年获得马来西亚国库控股公司投资，腾讯追投的1.7亿美元D轮融资。如图4-1所示，为Shopee平台首页及站点。

作为Sea的子公司，虾皮平台成立于2015年，在同年6月正式上线，之后快速发展，短短几个月在东南亚和中国台湾市场日订单量超过10万单，月成交总额超过3 000万美元，尤其是在中国台湾已经稳居移动购物APP的第一名。更可贵的是，平台的用户活跃度高，平均一个用户每次打开APP会浏览10~20个产品，转化率接近15%。虾皮平台目前覆盖7个国家和地区，包括马来西亚、印度尼西亚、新加坡、泰国、越南和菲律宾，以及我国台湾地区。同时，在我国香港、深圳和上海地区设立办公室。

2018年虾皮平台总销量达到103亿美元，同比增长149.9%，APP下载量超过2亿，员工遍布东南亚与中国。根据权威移动数据分析平台APP Annie的数据统计，虾皮平台为2018年东南亚购物类APP下载量第一名。2018年1月11日与同年12月12日大促跨境卖家单量攀升分别至8倍与10倍。另外，虾皮平台也为中国卖家提供自建物流、小语种客服和支付保障等解决方案，卖家可通过平台轻松触及东南亚7大市场。

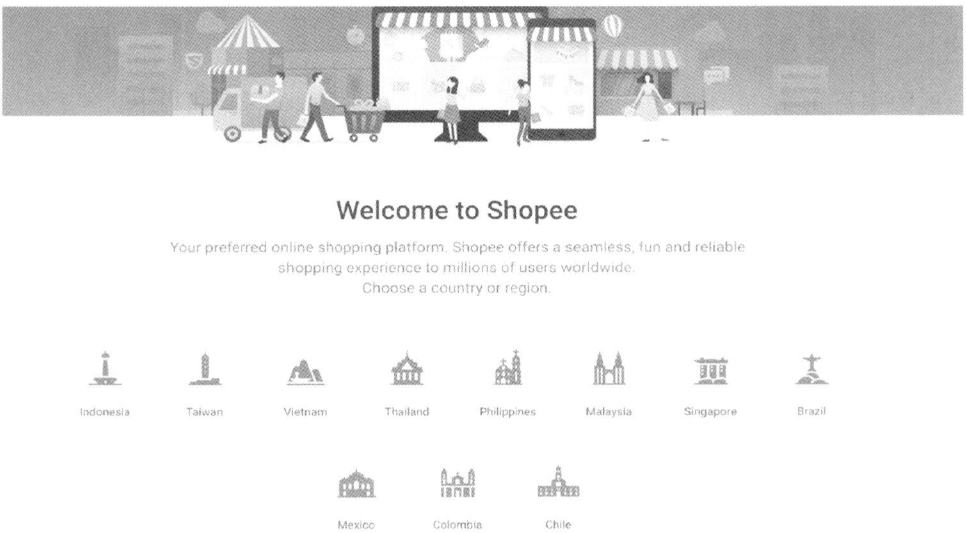

图4-1 Shopee平台首页及站点

2）发展战略

虾皮平台（Shopee）能快速占领东南亚市场，与其独特的发展战略息息相关。

第一，与欧美国家不同，东南亚并没有经历互联网PC时代，而是直接跳跃到移动时代。在智能手机的普及推广下，东南亚互联网用户（特别是年轻人）平均每天在移动端花费近4个小时，十分依赖移动设备获取信息和进行购物。根据东南亚互联网生态的特点，Shopee顺势推出专注于移动端的战略，通过简便、易于使用的交互页面优化移动端用户体验，创造适用于移动场景的运营方式吸引海量用户。

第二，社交媒体在东南亚市场上扮演着重要的角色。东南亚的年轻人每天花费大量的时间用于Facebook等社交媒体上，在网购时喜欢聊天咨询，跟卖家沟通了解更多细节。Shopee抓住市场的这一点，大力发展社群媒体，使移动社交电商化。

第三，为了吸引更多的商家、扩大市场，Shopee通过为卖家提供流量扶持、自建物流服务、小语种客服服务及产品翻译等方案缓解了商家的压力。另外，为了缓解卖家高额的物流成本压力，Shopee针对不同的站点设有相应的运费补贴政策，运费补贴将随货款，通过第三方平台Payoneer打款至卖家。

3）站点介绍

Shopee在2018年飞速发展，吸引了小米、华为、OPPO、网易严选、海澜之家、美的等相继入驻，几次大促打破历史纪录，总销售额也实现翻倍成长。Shopee目前覆盖马来西亚、印度尼西亚、新加坡、泰国、越南和菲律宾，以及中国台湾等国家和地区。

Shopee七大站点中，中国台湾和马来西亚站点是Shopee最成熟、流量最大的站点。中国台湾站点是客单价最高，物流时效最快的站点，而且可以与买家中文沟通，十分适合国内转型跨境电商的卖家。马来西亚站点物流时效在7~10天左右，且购买力逐年提高，该站点主要使用英文沟通。这两个站点同时也是中国卖家最集中的站点。印尼和泰国站点是Shopee增长速度最快的站点，未来可能成为东南亚电商的主要市场。由于两个站点都是小语种国家，语言上的障碍使得中国卖家在这两个站点的效率较低。菲律宾和越南是东南亚第二和第三人口大国，市场潜力巨大。菲律宾站点相对比较完善，且可以直接用英文沟通，转化率较高。虽然越南作为小语种国家，卖家无法直接用英文与买家沟通，但其却是目前转化率最高的站点。新加坡的电商建设是目前东南亚国家中最好的，物流时效也十分快捷，由于新加坡国内存在大量的华人，卖家不仅可以用英文与买家沟通，有时也可用中文与买家进行沟通，但新加坡市场较为有限，平台竞争激烈。

4.1.3 Shopee平台页面

虾皮平台为买家打造一站式的社交购物平台，营造轻松愉快、高效便捷的购物环境，提供性价比高的海量商品，方便买家随时随地浏览、购买商品并进行即时分享。下面，我们以虾皮马来西亚站点为例，查找商品OUTDOOR SPORTS WATCH（户外运动手表），来介绍Shopee页面的结构和特点。

1）基本信息

虾皮平台商品信息较为简单，这使得买家能更快获取到理想的信息。如图4-2所示，页面左侧显示的是该商品的高清图片，通过点击图片可以将其放大。每个商品最多可以有9张高清图片，此外，每种型号都有其相应图片展示。如图4-2所示，为商品基本信息页面。

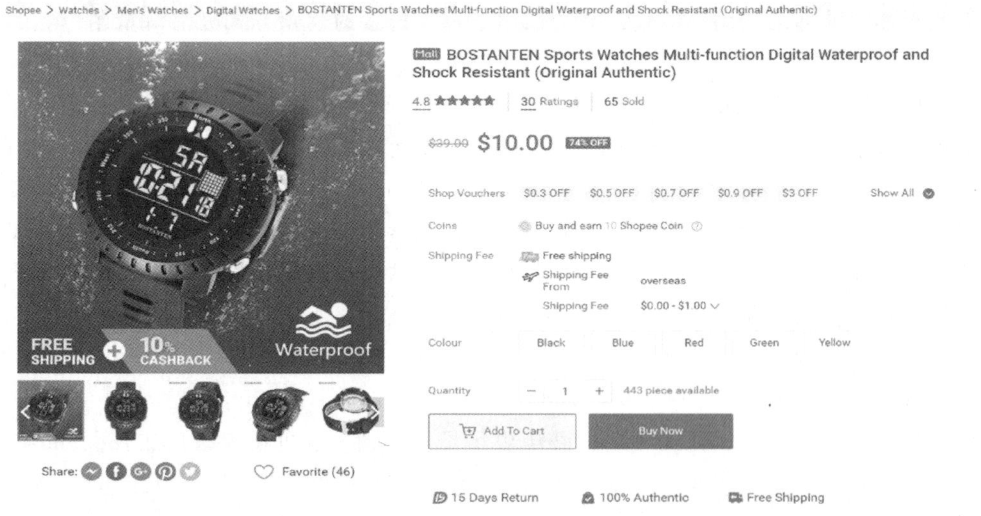

Shopee > Watches > Men's Watches > Digital Watches > BOSTANTEN Sports Watches Multi-function Digital Waterproof and Shock Resistant (Original Authentic)

图4-2 商品基本信息页面

页面右侧的文字总结了该运动手表的基本信息以及购买情况。首先是商品名称，包括品牌（BOSTANTEN）和具体名字（Men's Digital Watch Water Resistant Men's Sport Watch）。其次是消费者对该商品的评分等级，虾皮平台目前的最高评价为5颗星，该商品的评分等级为4.8颗星。评分等级右侧是商品评价和出售数量，例如，该运动手表目前有30条评价，出售数量为65个。下方是商品原价及折扣后的价格，该商品原价为39美元，在74%的折扣后，价格降低到10美元。接下来是商店的优惠券和套装优惠，该店铺目前设置了两种商店优惠券和套餐优惠。对于这款商品运送到指定城市的运费也会在页面中显示，买家在购买商品时，可以根据自身所在的城市查询商品所需的运费。接着可以看到目前该款产品的种类以及库存数量，以此手表为例，目前可供买家选择的颜色有5种，当选择特定的颜色时，具体商品的样式也会显示在页面左侧。

如图4-3所示，在基本页面下方，虾皮平台为消费者推荐了几个和该商品非常相近的同款产品，以便消费者能够有更多的消费选择，同时也便于消费者在这些产品之间进行比较，提高了消费者的购物体验。

图4-3　相关推荐的商品

2）详细信息

虾皮平台采用了表格的方式对该运动手表的产品细节进行描述，使消费者能更清晰地了解产品的主要细节。如图4-4所示是商品的规格，包括产品分类、品牌（Brand）、材料（Material）、质保（Warranty）、防水（Water Resistance）以及库存（Stock）等信息。

商品规格

分类	Shopee > Watches > Sports > Digital Sports
Brand	Bostanten
Strap Material	Rubber
Case Material	Rubber
Warranty	No
Water Resistance	Water-Resistant
库存	7510

图4-4　商品的规格

3）商品描述

如图4-5所示是来自虾皮平台卖家提供的商品描述。为了便于买家更全面清晰地了解商品，虾皮平台卖家会将商品参数、功能特性更多地展现在买家面前，这不仅提高了商品信息的全面性，也避免买卖双方因商品信息进行不必要的沟通，提高消费者的购物效率。

商品描述

Original imported products 100%

Off-the-shelf and shipped within 24 hours!

Welcome to resale / wholesale!

Follow us and get information about discounts and new items!

Import ★. Electronic movement with analog digital display. Shockproof, military (operation key 12 H / 24 H) reinforced resin belt, more ergonomic design, comfortable to wear

Super multi-function: dual zone, date and date calendar, alarm clock, waterproof, LED screen, backlight, shock resistance, stopwatch.

Material: Anti-vibration lightweight resin. Excellent ABS position and stainless steel bottom case make the watch durable

Very transparent resin material and sealed with the outer casing of the high frequency machine. Mineral window is very difficult and pressure resistant

3ATM waterproof: Do not hesitate to use your hands while taking a bath or swimming. Note: Do not press any buttons in the water.

Gift Ideas: Sports watches are great gifts, birthdays, friends' birthdays, gifts for loved ones, Mother's Day, graduation gifts, Valentine's Day gifts, or gifts for work and parties.

图 4-5　商品描述

4）商品评论

如图 4-6 所示，为虾皮平台根据消费者对商品的评分等级。消费者在浏览商品详情页时，可以根据商品评论的情况以及买家所附图片对产品进行更全面的了解，这对于尚未进行购买的消费者有很强的指导作用。以该手表为例，评论中大部分为 5 星好评，且许多买家都附上了更直观的买家秀，丰富的商品评论对提高商品的销量十分关键。

Product Ratings

4.8 out of 5
★★★★★

| All | 5 Star (27) | 4 Star (2) | 3 Star (1) | 2 Star (1) | 1 Star (0) |

With Comments (17)　With Photos (10)

jazlinajamaludin97
★★★★★
Variation: Black

Nice but too big for a lady hand but its ok thanknyou seller for ur service

2020-02-22 16:03

👍 Helpful?

图 4-6　商品的评分等级

4.2　印度 Flipkart 平台

4.2.1　印度电商市场简介

1）印度电商市场特点

2022年，印度人口规模已经达到14.12亿，人口总数占据世界第二位，并且印度人口增加的趋势依旧会持续。从人口结构上看，印度人口呈金字塔形，35岁以下人口约占总人口的65%，他们的平均年龄在28岁。这也在一定程度上推动了印度电商领域的蓬勃发展。目前来看，印度的互联网和电子商务已成为该国增长最快的行业之一。由于新冠肺炎疫情的发生，导致印度消费者行为的转变，数字消费者进一步增长，印度成为全球增长最快的数字经济体之一。

贝恩公司与 Flipkart 联合编写了一份名为《2022年印度如何在线购物》的报告。报告指出，目前印度拥有全球第三大网购用户群体，仅在2021年，印度电商市场就增加了4 000万至5 000万名网上购物用户，比2020年的在线购物者基数增长了约30%至35%。在2021年，印度在线购物人数有1.8亿至1.9亿人，印度有望在未来一至两年内超越美国，拥有的网购用户数跃居世界第二。据估计，到2027年，印度的在线购物人数将增至4亿至4.5亿人。

2）印度互联网的发展速度快

据上述报告统计，在2021年，印度的电子零售市场增长至约400亿美元，预计2022年将达到500亿美元。预计未来五年印度电商行业将以25%~30%的年复合增长率，到2027年达到1 500亿美元至1 700亿美元的规模。

印度电商行业的快速发展是多重因素的作用的结果。第一，印度的中产阶级不断扩大，有着庞大的消费潜力；第二，印度拥有着8亿多的年轻人口，他们可以更快地适应网上购物，并且大多数年轻人居住在已经建立好物流网络的城市中，具有强大的购买力；第三，尽管印度电脑普及率低，但智能手机的普及率高，这些都强有力地支持着印度电商市场的快速发展。

在2021年，印度新增网民大多来自三线城市或较小城市，其中包括Z世代（1995—2009年间出生的人），这些人将成为未来的网购消费的关键群体。他们主要将时尚品类的商品作为首选，追求更高的性价比，新的网购消费者购买的商品的平均售价比现有网购消费者低20%。同时，印度的线上卖家每年增长35%，约40%的新卖家来自二级或更小的城市。此外，印度政府推出数字商务开放网络（ONDC），尽管它还在刚刚起步的阶段，但是它的出现可能刺激印度电商市场的发展。

3）印度电商市场仍需进一步完善

目前来看，印度网购消费者的购物习惯更倾向于选择物美价廉的商品，他们对价格比较敏感，这样很容易造成恶性价格竞争，深层次的消费需求仍处于需要优化的阶段。另外，印度电商市场还存在着交通系统差、物流时效难以保证、退还率高、支付难、资金回流难、跨境产品关税较高等问题。

4.2.2 印度 Flipkart

1）平台简介

印度电商公司 Flipkart 由两名印度企业家和亚马逊的两名前员工萨钦·班萨尔和比尼·班萨尔于 2007 年创建，是印度最大电子商务零售商、全球十大电商巨头之一。其通过快速实现收支平衡后积极融资迎战亚马逊，力争独占鳌头。截至2016 年，已融资 31.5 亿美元。

Flipkart 最初与亚马逊一样，只是一个卖书的网站。目前除了销售图书和电子产品，Flipkart 还运营一个在线市场，允许第三方厂商入驻，自建物流和支付体系，销售其产品，并开始其他领域的探索，比如数字音乐。现在的 Flipkart 已经是拥有9 000 多名员工，2 200 多万用户，年销售额突破 10 亿美元的电商巨头。2018 印度反垄断监管机构批准沃尔玛以 160 亿美元收购 Flipkart77% 的股份。此后，在 2020年 Flipkart 便开始筹备 IPO 事宜，以寻求上市。该公司从 2018 年估值 210 亿美元到2021 年的 500 亿美元；预计 2023 年在美国上市；估值 700 亿美元。

Flipkart 平台的月访客数高达 6 980 万，如图 4-7 所示，为 Flipkart 购物主页面，整站用户数量超过 10 亿人，销售品类多达 3 000 万，月平均配送包裹超 8 000 万件。Flipkart 官方最新数据显示，2022 年 1 月至 5 月期间，其平台时尚产品订单量超 2 亿件，这些订单包括男士 T 恤、手表、太阳镜、女士服装和鞋类，平台时尚品类卖家达到近 17.5 万名。Flipkart 平台每月访问量超 2.31 亿次，仅次于亚马逊印度站，在印度电商市场上沃尔玛和亚马逊形成了双巨头的垄断局面。

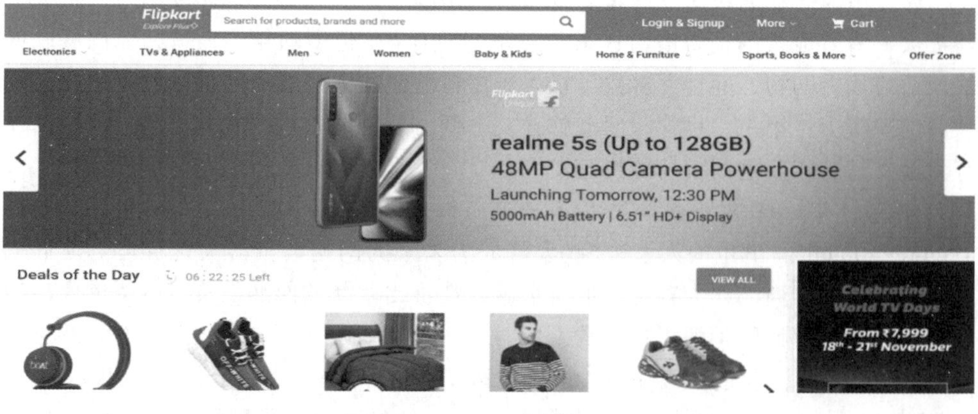

图 4-7　Flipkart 购物主页面

2）Flipkart 平台发展战略

Flipkart 能够在印度电商市场大获成功并处于领先地位，这离不开它卓越的发展战略。

（1）平台物流优势。在2009年，Flipkart成立自己的物流公司ekart，数十万件商品可以在2~4天内送达（包括二、三线小城市），并且商品金额满足一定条件就可以免运费。凭借着安全、便利、快速的服务，Flipkart开始取得消费者的信任。并且物流覆盖1 000座城市以上，对于Flipkart平台的卖家来说，入驻后不需要考虑商品的物流问题，只需要提供商品提货点给到Flipkart，平台的物流合作商会协助运输。2014年2月，ekart也开始承接其他电商公司的物流与快递业务。另外，由于印度的数字银行基础设施并不发达，Flipkart还开展了货到付款和30天退货服务，这既消除顾客对于线上交易的疑虑，又为业绩带来另一波增长。

（2）Flipkart的目标客户不只是大城市和高收入人群。在Flipkart的消费者中，约有三分之二来自中小城镇，因此采取了三大方案强攻以上消费主力：①提供操作简易、画面美观的移动App，提升消费者使用体验；②开发多功能且操作直觉化的功能，帮助供应商更轻松地通过平台销售产品；③强化自动分货系统与物件扫描系统，可以将商品更快速地送达到顾客手中。Flipkart不仅有高档产品，也有服装、食品等生活用品。

（3）在2022年4月，Flipkart推出10分钟卖家注册流程、产品轻松上架和简化付款政策。又在同年7月，将这些措施进行延伸。Flipkart宣布为其卖家推出一系列新的市场政策和功能。这些举措旨在为卖家降低运营成本，重点吸引中小卖家在Flipkart开展销售业务。其中包括简易结算、简化费率计算、降低结算成本、降低平台佣金、推出增长计划、人工智能主导的编目支持等。除降低卖家运营成本外，Flipkart还为产品Listing设置了统一的退货成本，使卖家退货成本降低了15%。Flipkart还将为所有货物提供最低成本的包装选择，从而进一步为卖家节省成本。

4.2.3 Flipkart平台页面

Flipkart作为印度综合电商平台，主要销售书籍、服装、3C产品和电子产品等品类，同时也有自主品牌"DigiFlip"。平台页面简洁明了，除了英语，平台支持印度本地语言，这也为印度2亿多农村买家提供便捷愉悦的网购体验。Flipkart平台海量的商品和直白的简介，能够满足消费者日常所需以及便于他们快速准确地找到自己想要购买的商品，同时消费者可通过平台页面直接下载Flipkart的App，方便消费者随时随地进行网购。接下来，以查找full screen mobile phone（全面屏智能手机）来介绍Flipkart页面的结构和特点。

1）基本信息

Flipkart平台商品信息全面而又有序，这有利于消费者充分地了解商品的特性，找到自己最心仪的商品。如图4-8所示，页面的最左侧显示的是该商品的高清详情图片，当鼠标指针放到图片上时，此时鼠标经过的商品细节部分就会放大，你可以清楚地看到商品的每个细节。每个商品可以由多张图片展示，消费者可以清楚地了解该商品的信息。如果消费者比较想将这个商品列为备选，还可以直接点击左边商品大图的右上角的爱心图形将它收藏，便于下一次直接寻找到这个商品。

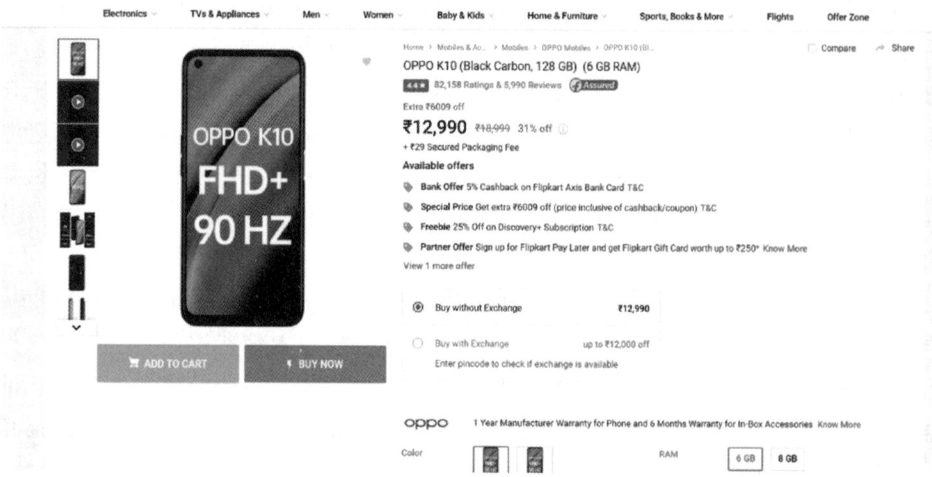

图 4-8　商品基本信息页面

　　页面的右侧总结了该手机的基本信息，首先是商品名称，其中包括手机品牌（OPPO）、手机型号（K10）和手机存储容量（128GB，6GB RAM）；其次是购买过该商品的消费者对该商品的评价等级，Flipkart 平台最高评分是 5 颗星，该商品的评分为 4.4，在评级右侧的是购买过该商品的消费者对它的评级和评价。例如，该手机有 82 430 条评分以及 6 008 个评价。下方是该商品的折扣力度和商品的价格。该商品的原价是 18 999 卢布，在优惠了 6 008 卢布后，价格为 12 990 卢布。下面是购买该商品可使用的一系列优惠条件，对于该手机而言，一共有 9 条优惠方式。接下来就是关于商品的颜色、内存大小以及售后服务，消费者可以根据自己的喜好选择自己想要的款式，对于该手机而言，手机制造商提供 1 年保修期以及 6 个月的配件保修。

　　2）详细信息

　　Flipkart 平台会对该手机的重要信息进行突出介绍，可以让消费者更快更准确地了解该手机的主要信息。手机的突出亮点信息，包括内存和存储空间、手机尺寸、相机功能、电池容量、处理器功能等信息。

　　3）商品描述

　　Flipkart 平台会对商品的具体信息进行描述，便于消费者能够全面地了解商品的具体信息。如图 4-9 所示，Flipkart 平台会将该手机所具备的功能详尽地为买家展示出来，所以可以为买家节省自己搜集资料时间，也可以提高买家的购物体验。

Specifications

General

In The Box	Handset, USB Cable, Charger, Sim Ejector Tool, TPU Protective Case, Quick Start Guide, Warranty Card
Model Number	CPH2373
Model Name	K10
Color	Blue Flame
Browse Type	Smartphones
SIM Type	Dual Sim
Hybrid Sim Slot	No
Touchscreen	Yes
OTG Compatible	Yes
Quick Charging	Yes
Sound Enhancements	DIRAC Effect, Standalone Audio Decoder Chip WCD9370
SAR Value	Head: 1.16 W/kg, Body: 0.85 W/kg

图 4-9　商品描述

4.3　巴西 Mercadolivre 平台

4.3.1　巴西电商市场简介

1）巴西电商市场的发展

巴西国土总面积851.49万平方公里，是南美洲面积最大的国家，居世界第五。2022年10月，巴西总人口2.15亿，人口平均年龄为33.5岁。巴西人口分布不均，大西洋沿岸人口稠密，内陆地区较为稀少，人口高度集中在少数大城市，如圣保罗、里约热内卢、萨尔瓦多和巴西利亚等。总的来说，巴西人口主要集中在东南沿海地区。

巴西电商市场相比于欧美国家而言，起步晚，潜力大。根据IBGE公布的调查显示，2021年，互联网覆盖了该国90.0%的家庭，大多数巴西人选择通过手机等移动设备来访问互联网。由于疫情的影响，巴西消费者的网购频率大幅度增加，并且巴西人民的线上购物意愿强烈，中老年时尚消费也正在兴起，NielsenIQ数据显示，2021年老年人订单量占巴西在线订单量的33.9%，首次超过35至49岁的中年人群体，强大的消费力使得巴西跨境电商领域呈现出前景一片大好的发展趋势。

2）巴西互联网的发展

巴西的互联网基础建设完善，互联网覆盖率高。巴西是全球第九大电子商务零售市场，拥有拉丁美洲最大和最发达的电子商务。根据DataReportal的调查数据，巴西约有1.65亿互联网用户，上网人群占总人数的86%，互联网渗透率达到77%。巴西网民平均每天上网时间超过了10小时。越来越多的巴西网民开始热衷于网上购物。NielsenIQ数据显示，2021年巴西电商总额为2 189亿雷亚尔，其中国内电商销售额为 1 827 亿雷亚尔，跨境电商为 362 亿雷亚尔，跨境电商也大受巴西网民的青睐。此外，巴西人民是世界上最热衷于社交媒体的人群之一，网民们平均每天花费在社交媒体上的时间超过 5.4 个小时。巴西的网红经济也是互联网发展的极强推动力，巴西素有"拉美第一网红大国"之称，在网红推广下，也推动着消费者进行电商消费。

3）进入巴西电商市场需要注意的问题

虽然巴西目前的电商行业蓬勃发展，但是值得注意的是：作为移民大国，巴西人口的种族构成十分复杂，文化差异显著，被形象地称为"民族大熔炉"。因此，对于想要进入巴西的跨境电商卖家而言，要想打开巴西的消费市场，一定要充分了解巴西的文化以及人们的生活习性，例如，巴西人避讳黄棕色，反感深咖色，以及"OK"手势对巴西人而言是一种侮辱的动作等等，因此在进行跨境电商活动时，要注意这些细节问题，避免引起不必要的麻烦。

4.3.2　Mercadolivre 平台

1）平台简介

Mercadolivre（美客多）是巴西本土最大的 C2C 平台，可以称之为"巴西的淘宝"。平台聚集了超过 52 000 卖家，注册用户达到 5 020 万，访问量位列全球 TOP50。经营范围覆盖 18 个国家和地区（巴西、阿根廷、智利、哥伦比亚、哥斯达黎加、厄瓜多尔、墨西哥、巴拿马、秘鲁、多米尼加、巴拉圭、委内瑞拉、葡萄牙、玻利维亚、危地马拉洪都拉斯、尼加拉瓜和乌拉圭），其中巴西是最大的站点国家，其近 40% 的流量来自巴西。目前，对中国卖家开放了墨西哥、巴西、智利、哥伦比亚四大站点。其产品类别包含电子、书籍、娱乐、美容和个人护理、家居用品汽车、摩托车以及房产、服务、玩具和游戏等。

Mercadolivre 公布的 2022 年第三季度财报数据显示，其商品交易总额（GMV）、商品销量等打破历史纪录，达到历史最高水平，2022 年第三季度独立买家数量已达 4 250 万件，同比增长 10%。墨西哥、巴西、阿根廷主要站点表现依旧强劲。在 11 月进行的美客多大促 Buen Fin、黑色星期五等购物高峰，将继续推动美客多的电商业务保持攀升态势。

2）平台特点

Mercadolivre 由一个拍卖网站发展到如今拥有庞大用户量的网络销售平台，与平台突出的特点密不可分，主要包括：

（1）自有在线销售支付平台。在 Mercadolivre 的电子交易平台之外，它还有类似于支付宝的支付平台 MercadoPago（南美洲最大的电子支付平台之一），用以实现支付选项的多样化；

（2）自有广告公司 Mercado Publicado；

（3）经营名为 Mercado Libre Classificados 的房地产和汽车部门，经纪人每月支付平台费用在 Mercado Libre 商城上售卖房产和汽车；

（4）自有金融体系公司 MercadoCrédito 的信用流程适用于买家和卖家。信用额度的费率类型通过借款人资料确定。

3）站点介绍

目前 Mercadolivre 覆盖了拉丁美洲的 18 个国家和地区，在 Mercadolivre 的 18 个站点中，巴西、墨西哥、哥伦比亚、智利这四个站点的流量最大。巴西是拉美电商发展的中流砥柱，由于多民族的原因，消费多元化，网购潜力强，3C 产品、美妆、家具、时尚服饰和饰品是巴西电商市场的热门品类。墨西哥是拉美电商第二大电商市场，墨西哥 25 岁以下人口占比 43%，年轻人比例大，相较于其他国家，墨西哥人对跨境购物的接受度更高。电子产品和时尚品类一直处于墨西哥网购热销榜中。电商用户渗透率为 44%，消费者更注重性价比，对跨境购物的接受度高。相对于巴西和墨西哥站点来说，智利站点属于比较新兴的电商市场，发展潜力巨大，消费人群中有超过 65% 的人群属于中高家庭收入，智利站仍有非常大的开发前景。哥伦比亚跨境电商发展具有许多优势，如清关快、全年促销形式多等，并且消费者在选择购物时，有超过 77% 的人会选择在网上进行搜索，时尚类、旅游类及科技类产品是哥伦比亚消费者们的热购品类。

4.3.3　Mercadolivre 平台页面

如果卖家选择入驻美客多平台，可以通过一个账号运营于多个国家，实现不同市场的多样化管理。平台支持多语言模式，竭力为用户打造一个轻松、愉快的网购平台。如图 4-10 所示，为 Mercadoliver 购物主页面，以美客多巴西站点为例，查找商品 computador de notebook（笔记本电脑），来介绍 Mercadolivre 的页面结构和特点。

1）基本信息

美客多平台提供的商品信息清晰明了，便于买家快速找到浏览页面读取商品信息。如图 4-11 所示，该页面左侧显示了某商品的高清图片，点击左侧图片可以将其放大，每个商品可以展示 1 至 9 张图片不等。

图 4-10　Mercadoliver 购物主页面

图4-11 某商品基本信息页面

页面右侧的文字总结了该笔记本电脑的基本信息。首先是该商品的销量，目前，该商品的销量为1 113件。其次，就是关于商品名称，包括品牌名称（Positivo）和商品型号（DUO C4128B），同时也会将该商品的一些核心信息标注出来供大家直观地去了解商品。紧接着就是消费者对该商品的评分等级、商品的价格等内容，例如，该笔记本电脑一共有79条评论，评分等级最高为5分，已经购买过该商品的消费者对该笔记本电脑的评分为4.6分。需要注意的是，该笔记本电脑是在巴西笔记本电脑销量中排名靠前的商品，所以它还登上了美客多的畅销排行榜。该笔记本电脑的原价为2 299雷亚尔，在经历了34%的折扣后，价格降为1 511雷亚尔。最后是为消费者简洁地列出该商品信息，以突出该商品的核心卖点，以便买家可以更快速了解商品信息。例如，该笔记本电脑使用的是英特尔赛扬处理器，显示屏尺寸为11.6英寸液晶屏，屏幕是可触摸屏等功能信息。在图片最右侧显示的是该商品的物流、售后等服务说明，以该笔记本电脑为例，提供的是免费送货服务，并且可以在7天之内免费退货，以及12个月的厂家保修等服务。

如图4-12所示，在基本页面下方，美客多也会为消费者推荐与该商品类似的产品，供消费者进行选择参考，也便于消费者直接进行比对，如消费者对其的评分、价格、型号、内存容量等以表格方式进行展示对比，可以让消费者直观地看到各个商品之间的区别，便于消费者选择对自己而言最优的那个商品。

2）详细信息

美客多平台采用表格形式列出了关于该笔记本电脑的详细信息，使得消费者可以更加详细地了解此商品。商品的细节信息包括品牌、屏幕的特性和详细功能、商品的重量与尺寸、处理器的信息、操作系统、规格等信息。

Compare com outros produtos similares

	Notebook Positivo DUO C4128B cinza táctil 11.6", Intel Celeron N4020 4GB.. (Este produto)	Notebook Positivo Motion Q4128C gray 14.1", Intel Atom Z8350 4GB de RA... Ver produto	Notebook Acer Aspire 3 Intel Celeron N4020, 4gb Ram, Ssd 128gb Nvme,... Ver produto	Notebook Acer Aspire 3 A31534c2bv Celeron 4gb Ddr4 Ssd 128gb Ver produto
Opiniões	★ ★ ★ ★ ⯪ (79)	★ ★ ★ ⯪ (592)	★ ★ ★ ★ ⯪ (465)	★ ★ ★ ★ ⯪ (41)
Preço	R$ 1.511	R$ 1.157	R$ 1.748	R$ 1.499
Cor	Cinza	Gray	Preto	—
Memória RAM	4 GB	4 GB	4 GB	4 GB
Capacidade máxima suportada da memória RAM	4 GB	4 GB	12 GB	—
Capacidade do SSD	128 GB	128 GB	128 GB	128 GB
Interface do SSD	eMMC	eMMC	—	—

图4-12　美客多推荐的相关商品

3）商品描述

美客多平台的卖家提供的商品描述，卖家以文字形式将商品信息进行补充，生动地为消费者展示出该商品的特点和功能，并且将商品功能与消费者日常生活的应用结合，可以让消费者更有代入感地去了解此商品，在全面展示商品信息的同时，又能提高消费者的购物欲。

4）商品评论

美客多平台展示了该商品的评分等级以及买家对于该商品的评价。丰富生动的文字评价对于想要购买这种商品的消费者而言具有很大帮助。例如，对于该笔记本电脑的评分中，大部分人给予了5分的评价，并且许多的买家给予详细的使用体验。这些对于想要购买这个商品的消费者而言都具有极高的参考价值。

4.4　俄罗斯OZON平台

4.4.1　俄罗斯电商市场简介

1）俄罗斯电商市场的发展

俄罗斯是世界上国土面积最大的国家，但是总人口只有1.46亿，人口地区分布极为不均衡，人口主要集中在俄罗斯的欧洲地区。俄罗斯的人口呈现城市化的特征，城市人口占总人口的比重大约为74%，并且全国近14%的人口主要居住在首都莫斯科及莫斯科周边的莫斯科州等地区，这也使得俄罗斯欧洲地区的电商发展更具有优势。

俄罗斯互联网行业的发展速度非常迅猛。一方面，互联网普及程度深。2021年俄罗斯互联网上网人数为1.24亿人，互联网渗透率高达84.35%（我国渗透率为73%），俄罗斯已经超过德国成为欧洲地区互联网用户数量最多的国家，并且其中约90%属于手机上网用户，移动互联网普及率高达73.38%。另一方面，俄罗斯线上交易需求也在不断上涨，根据ecommerce DB的数据，俄罗斯2021年的电子商务收入为297亿美元，增长了16%，高于2021年全球15%的电子商务市场增速。俄罗斯电商企业协会（ACIT）的数据显示，在2022年第一季度，俄罗斯人在线上花费了1.25万亿卢布，同比增长59%。

2）俄罗斯跨境电商的发展

俄罗斯是一个传统的工业化生产强国，轻工业发展不足，这也导致俄罗斯很多日常生活用品严重依赖进口。诸多欧美品牌退出俄罗斯市场后，俄罗斯消费者需求上涨的空白市场给予了跨境电商非常大的发展机会。俄罗斯消费者购物时看重商品的性价比，而中国的供应链正好与其互补，中国物美价廉的国产品以及多样化的品牌设计，在俄罗斯消费市场受到广泛的欢迎。中国海关总署统计数据显示，2002上半年中俄贸易额达到977.14亿美元，同比增长29%，其中中国对俄出口362.67亿美元，增长5.2%。

3）进入俄罗斯电商市场的注意事项

俄罗斯幅员辽阔，人口稀少，造成俄罗斯电商发展过程中一大难题：物流运输。大部分的买家都集中在俄罗斯的中西部地区，卖家可能无法将物流覆盖整个俄罗斯，运输时效难以保证，人力成本也非常高。物流基础设施不足导致在线订单的交付成为了俄罗斯电子商务中尤其薄弱的环节。当下，俄罗斯整体受国际环境影响较大，想要进入俄罗斯电商市场的中国跨境卖家机遇与风险并存，卖家们需要更谨慎对待俄罗斯跨境物流问题，寻找不同的物流替代方案，做好充足的准备。

4.4.2　OZON平台

1）平台简介

OZON成立于1998年，是目前欧洲第四大电商市场，是俄罗斯市场唯一的多品类综合B2C电商平台。OZON是跨境电商界的一匹新黑马，有"俄罗斯亚马逊"之称，平台SKU最小存货单位超1 100万种，主要为在线销售图书、电子产品、音乐、电影等。平台由俄罗斯人Vladimir Evtushenkov创立，公司尤其重视配送服务质量，在很多城市设立了快递柜，还推出了快递上门的服务。OZON平台拥有俄罗斯电商行业最完善的物流设施，并为俄罗斯客户提供横跨十一个时区的门到门配送服务。目前，OZON宣称可以为俄罗斯40%的人口提供次日达服务。

如图4-13所示，为OZON购物主页面。OZON目前的活跃用户数量高达1 600万，每天有超过300万的独立访客。平台在2021年第一季度销售同比增长高达135%，未来几年OZON将保持高速发展。目前，OZON入驻门槛较低，开店不需费用，也没有平台租金月费等费用，账期是每个月两次，整体风险较低。

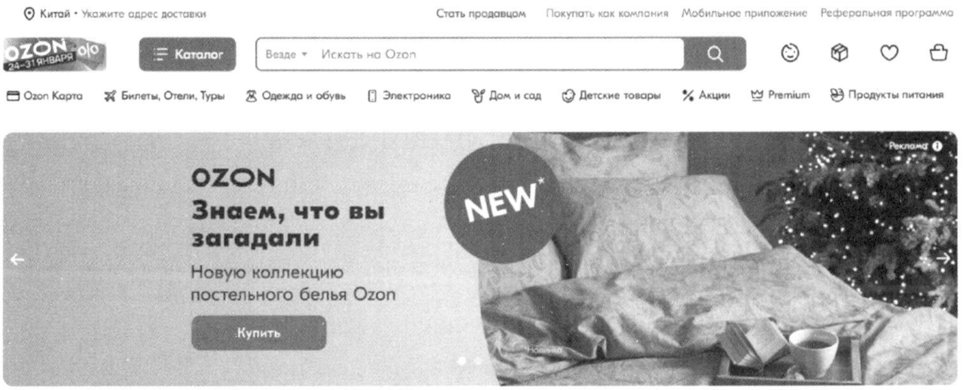

图 4-13　OZON 购物主页面

2）OZON 平台发展战略

受国际形势的影响，OZON 更加专注于发展与"友好国家和地区"的合作，特别是中国电子商务的大发展能够为 Ozon 带来更多商机。2020 年 11 月下旬，俄罗斯电商 OZON 宣布将在中国开设代表处，希望吸纳更多中国卖家入驻平台，为俄罗斯用户提供更多中国商品，以扩大网站商品范围和种类，满足俄罗斯消费者对中国商品日益增长的需求。数据显示，中国商品订单占了 OZON 环球总订单的九成以上，中国市场无疑是 OZON 环球重点布局区域之一。

如果中国卖家想加入 OZON 平台，将如何实现"把商品卖到俄罗斯"呢？OZON 介绍，中国卖家在获得俄罗斯用户的订单之后，有两种发货渠道：一是自己选择国际物流服务，二是借助 OZON 物流合作伙伴提供的服务。如果选择使用 OZON 物流合作伙伴提供的服务，中国卖家在收到 OZON 平台生成的订单之后，须自行打包备货并将其运送到在中国境内的接收点。这些接收点分布在香港、深圳、义乌、东莞、珲春、广州、佛山、杭州等地。接下来，OZON 的物流合作伙伴将包裹运输到俄罗斯，OZON 收到包裹后凭借自身发达的物流网络将其派送给俄罗斯买家，中国卖家的货款可以选择收取美元或人民币。2022 年 9 月，OZON 通过发展物流合作伙伴项目，与中国邮政、菜鸟等多家中国物流企业建立合作关系，缩短从中国到俄罗斯的货物运送时间。OZON 认为，这项合作业务可以帮助中国卖家实现又快速又优质的货物运输。OZON 管理层指出，得益于物流合作伙伴这种配送方式，OZON 环球参与从中国到俄罗斯配送过程的每一步，而消费者可以在个人账户中跟踪每个包裹的进度。OZON "物流合作伙伴"服务将平均交付时间缩短至了 20 天，对于非合伙物流公司而言，这个时间周期可能为一个月或者更长。

4.4.3　OZON 平台页面

OZON 为买家创造了一个操作简单、搜索方便的多品类综合平台，其鲜明的色彩为买家营造了轻快舒适的购物氛围。下面，通过查找商品 Кроссовки（运动鞋），来介绍 OZON 页面的结构和特点。

1）基本信息

如图4-14所示，页面左侧展示的是某运动鞋商品的高清图片，通过点击图片可以将其放大，每个商品可以展示多张图片，有些商品的展示还可以采用视频形式来进行丰富。另外，不同款式的商品都有相应图片进行展示。

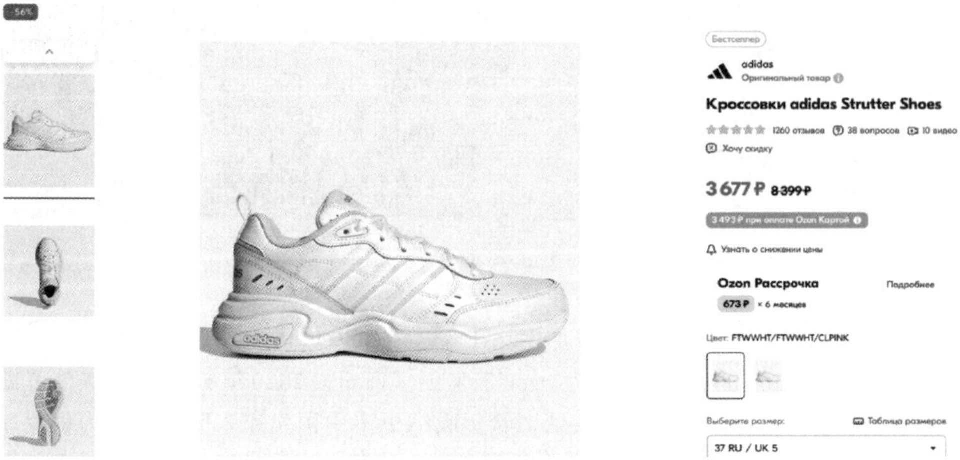

图4-14　商品基本信息页面

页面右侧显示了该运动鞋的基本信息和购买情况等。首先是商品的名称（Strutter Shoes）和品牌名字（adidas）。其次是消费者的消费评级和评价，以该运动鞋为例，OZON平台目前的最高评价为5颗星，该商品的评分等级为4.8颗星。接下来就是商品的价格以及优惠力度。例如，该运动鞋的原价为8 399卢布，在经过了56%的折扣后，优惠价格为3 677卢布。最后就是关于该运动鞋的尺码表和种类，买家可以根据自己的需求来选择不同的鞋码进行购买。

如图4-15所示，在基本页面下方，OZON平台为消费者推荐了一些该商品非常相似的产品，以便消费者能够有更多的消费选择，同时也便于消费者在这些产品之间进行比较，找到最适合自己，性价比最高的商品。另外，OZON平台还为消费者提供了一些可以与该运动鞋搭配在一起购买的产品，这对平台增加销量，满足消费者的购物需求有很大的帮助。

2）详细信息

OZON平台采用了表格形式对运动鞋产品的细节进行描述，使得消费者可以更清晰地了解商品的细节之处。例如，在该运动鞋中，细节描述包括了材料（Материал）、鞋码（Российский размер）、穿着季节（Сезон）等信息。

3）商品描述

OZON平台的卖家对商品进行了细节描述，这起到了对产品信息进行补充完善的作用，生动的文字也让买家在挑选商品时更加具有代入感，了解商品的全面信息，提高购物效率。

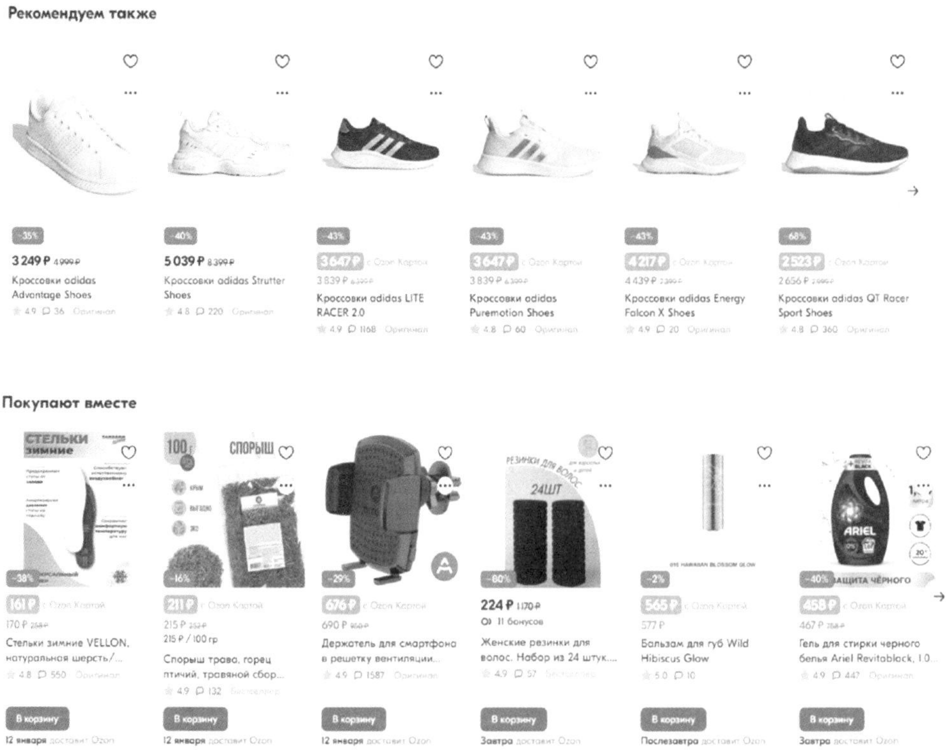

图4-15 OZON平台推荐的相关商品

4）商品评论

消费者在浏览此商品时，可以通过买家们的评论以及图片展示来更加直观地看到该商品的真实样子，可以令消费者们得到一些意想不到的收获。此外，买家们还可以上传视频来进行评价，对还未购买的消费者们更具有参考价值。

✱ **案例专栏**

跟很多国家一样，目前俄罗斯的电商市场竞争激烈，前五大电商平台为Wildberries、Ozon、Yandex market、俄罗斯速卖通、SberMarket，这五大电商平台占了俄罗斯在线零售规模的62%。其中，前两家Wildberries（市场占比24%）、Ozon（市场占比18%）加起来占了整个俄罗斯电商42%的市场。虽然市场份额相当，但Wildberries跟Ozon两家定位又不一样，Wildberries主要以非标品的快时尚服装出名，而Ozon是俄罗斯目前发展最成熟的全品类B2C电商平台，超过1.5亿个SKU，覆盖了30个品类，其中卖得比较火的品类主要是3C、小家电、服装、建筑材料等。

Ozon作为俄罗斯最早的电商平台之一，从1998年成立至今，也经历了从线上零售商到对外开放，成为一个综合平台的转变，最开始Ozon是一个自营零售商，以图书起家，之后主要以消费电子、图书为主，这样的发展路径跟亚马逊相似，所以由此也获得了"俄罗斯亚马逊"的外号。到了今天，Ozon平台超过80%的营收由第三方卖家贡献，真正实现了向平台的转型。数据显示，Ozon在2021年GMV达4450亿卢布，截至目前，平台卖家超过15万（其中本土卖家14万、国际卖家1万），从平台卖家构成上来看，Ozon的第三方卖家占比较高。

对于中国人来说，Ozon是一个陌生的平台，但其实这家俄罗斯公司一直非常善于运用资本的力量，除了曾获得过日本乐天的投资，在2020年还入美股纳斯达克，市值最高一度达到150亿美元。

作为全世界国土面积最大的国家，俄罗斯幅员辽阔，从东到西横跨了11个时区，这给电商平台带来了巨大的物流挑战，目前Ozon是俄罗斯自建仓储物流投入最多、规模最大的公司。超过150万平方米的仓库和超过2.4万处商品自提点，覆盖了整个俄罗斯的主要城市，甚至部分边缘城市。在俄罗斯，上门取件非常不现实，所以自提点就是一种非常本土化的物流网点，除了消费者可以通过自提点取货和退换货，很多卖家也通过自提点发货。

作为俄罗斯最活跃的电商平台，Ozon这两年明显加快了平台开放的脚步。先是在2020年开启了全球招商，目前有来自中国、土耳其、韩国、哈萨克斯坦等45个国家和地区超过1万个卖家，其中来自中国的卖家占比最高。

2020年对Ozon来讲是比较特别的年份。这一年，Ozon成功在纳斯达克上市，也是俄罗斯唯一一家在美股上市的电商公司。2020年疫情之后，全球电商都迎来了一个快速的增长，上市以后的Ozon也需要思考未来的增长在哪里。未来增长一定在俄罗斯，不过作为一个消费品制造业比较薄弱的国度，必须走出去吸引更多的品牌，吸引更多的海外的卖家入驻，来加大商品的供给。到了2022年，Ozon又做了两个大动作，一是8月在土耳其开设国际办事处，开始品牌招商，二是近期宣布在深圳设立办公室，构建中国业务。这也是顺势而为，因为在此之前，Ozon国际进口包裹的95%都来自中国。选择在2022年进入中国，设立Ozon中国办公室，加大对中国的投入，Ozon中国区总裁Simon Huang透露，一方面是为了招募更多中国高质量品牌，进入俄罗斯市场；另一方面，Ozon也看到中国品牌和卖家有很强烈的出海寻找新渠道的需求。同时，将在中国投资并搭建更高效快捷的综合物流解决方案帮助商家更快惠及俄罗斯全境的消费者。

4.5 中东Souq平台

4.5.1 中东电商市场简介

1）中东电商市场的发展

中东电商市场具有天然的优势：消费人群年轻、市场需求量大、购买力强。根据世界银行的统计，2022 年中东总人口接近 6 亿人，人口结构非常年轻，如沙特阿拉伯 35 岁以下人口占比 75%，土耳其、埃及等国家的人口平均年龄都在 30 岁以下。国际货币基金组织（IMF）的数据显示，海湾六国（沙特阿拉伯、巴林、科威特、阿曼、卡塔尔和阿联酋）的人均 GDP 在 2.3 万~8.4 万美元，尤其是卡塔尔和阿联酋 2022 年的人均 GDP 预计分别高达 8.3 万美元和 4.8 万美元，属于典型的高收入人群。这种强大的消费能力和消费意愿使得中东电商市场的规模完全可以媲美欧美已经成熟的电商市场了，这也让中东电商市场充满着无穷的活力和吸引力。

2）中东电商市场互联网建设发达

中东地区的互联网普及率比较高，平均互联网普及率超过 60%，以海湾六国为首的国家互联网普及率达到 90% 以上，但是其电商渗透率还不到 20%，电商市场还有广阔的发展空间。根据迪拜南部电子商务区与全球市场调研机构欧睿国际联合发布的报告显示，2021 年中东地区电子商务市场规模约为 317 亿美元，预计到 2025 年将超过 490 亿美元。根据 BMI 的数据，自 2020 后，新冠疫情催化了中东消费者对线上购物的强大需求，尤其是女性的消费力非常强大，中东很大一部分资金涌向电商领域。综合多个报告来看，中东地区电商发展潜力巨大。

3）中东地区跨境电商发展

当前，中国与科威特、阿联酋等中东国家签署了电子商务合作的谅解备忘录并建立双边合作机制，共同为电子商务创造良好的发展环境，支持双方企业开展项目合作。2021 年，中国同阿拉伯国家联盟共同发表《中阿数据安全合作倡议》，阿拉伯国家成为全球首个与中国共同发表数据安全倡议的地区，进一步推动双方数字合作取得更大成果。中国和中东国家在电商领域的密切合作助力了中东消费者购买中国商品。另外，中东地区的轻工制造业不发达，十分依赖进口产品，消费者对价格敏感度低，更注重产品的品质。中国丰富的商品种类恰好能够满足高品质要求的当地消费者，越来越多的中东消费者青睐"中国制造"。在未来，中国卖家在开拓中东市场时，进行充分调研的基础上，要注意将自己商品进行本土化和品牌化，这样才能更好地立足中东电商市场。

4.5.2　Souq 平台

1）平台简介

Souq 成立于 2005 年，总部位于迪拜，是中东地区成立最早，也是综合实力最强的全品类跨境电商平台。Souq 提供从电子产品到时尚、养生、美容、母婴和家居用品等 31 大类 100 万种产品，购物主页面如图 4-16 所示。Souq 平台拥有 600 万用户，并且月独立访问量可达 1 000 万。

图 4-16　Souq购物主页面

目前，亚马逊和 eBay 在中东的部署较弱，Souq 正好填补了这一空白。其创始人是土生土长的中东人，深谙阿拉伯文化和消费者习性，将西方的电商模式嫁接到中东并进行了本地化改造。根据目前网站的情况，Souq 已经开始考虑拓展其他的业务，已建立了自己的物流系统 QExpress 和支付系统 PayFort，在波斯湾的主要城市以及埃及等地都建有仓库。此外，Souq 还推出了自己品牌的平板电脑，并表示将加快业务规模化进程，与更多第三方零售商合作。2017年3月28日，亚马逊公司以5.8亿美元全资收购 Souq，自此，Souq 就成了"亚马逊中东站"。中东电商发展进入了全新的阶段。

2）平台发展战略

2020年7月，亚马逊正式上线中东站。中东站上线后，原 Souq 网站上所有的客户凭证、购物愿望清单、订单、交货地址、付款方式和客户支持查询等信息都会转换到新的 Amazon 账户上，亚马逊正在逐步将卖家的库存从 Souq 卖家中心转移到亚马逊卖家中心，卖家可以使用他们的 Souq 登录凭证登录到亚马逊卖家中心账户。亚马逊收购行为让 Souq 处于技术创新的前沿，而亚马逊团队和 Souq 的高管团队们也一直提出新策略来稳固平台发展。

第一，注重平台卖家的发展。亚马逊中东站对于卖家的入驻诚意十足，例如，对卖家免月租费用、低价 FBA 头程拼货计划、低销售佣金、免仓储费/库存移除费的亚马逊物流新选品计划、免费提报站内活动等对于卖家的众多福利。此外，在卖家大会上，也为卖家们传授经验技巧：对产品实行精准分类、产品的自动定价以及卖家考核等措施来维持平台的可持续发展。

第二，中东消费者趋于年轻化、社交媒体化，中东民众在社交媒体上花费的时间越来越多。Instagram、YouTube、Snapchat、TikTok 为中东最受欢迎的网红营销平台，而亚马逊中东站点也迎合了中东消费者的偏好，大力发展移动电商，注重社交媒体的营销方式。

第三，中东人民的节日非常多，亚马逊也抓住了这一点，采取了不同的节日营销方式，像迪拜购物节、斋月等重大节日都会进行大型促销活动。又如中东地区特有的"白色星期五"，由于受宗教文化等习俗的影响，中东民众认为白色代表着美丽和圣洁。因此，Souq将"黑色星期五"引入中东时就将其改名为"白色星期五"。目前，"白色星期五"已经成为中东电商消费者翘首以盼的购物狂欢节。

4.5.3　Souq平台页面

目前，Souq被收购后，亚马逊中东站与其相融合，打造了在中东地区综合实力最强的电商平台。亚马逊中东站为消费者提供了海量产品，使得买家们足不出户就可以快乐购物。接下来，以亚马逊埃及站点为例，查找商品 سماعات（无线耳机），来介绍亚马逊中东站页面的结构和特点。

1）基本信息

亚马逊中东站所展示的商品信息浅显易懂，即使是网购新手也能够快速上手进行网购。如图4-17所示，页面右侧展示的是关于蓝牙无线耳机的高清图像，可以将鼠标悬停在图片上将其放大，便于买家查看商品的细节，一个商品可以展示多张图片。

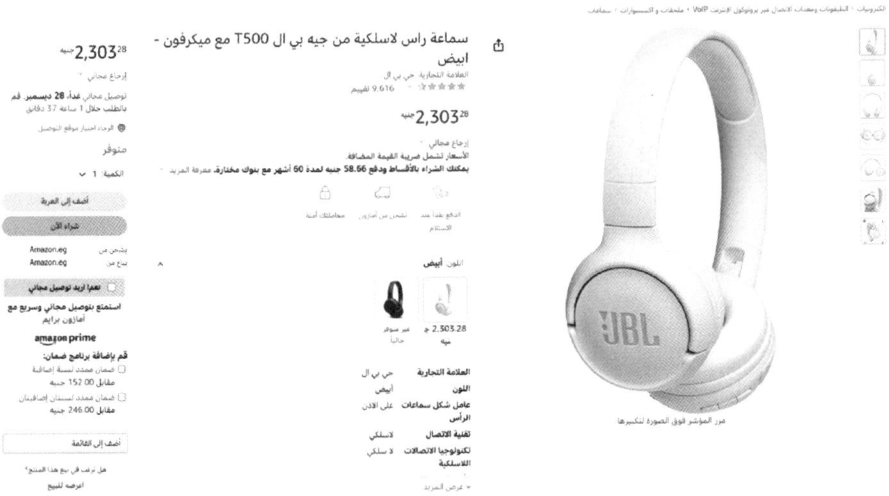

图4-17　商品基本信息页面

页面的左侧陈列了该无线耳机的基本信息以及售卖情况。首先是商品的名称，其中包括它的品牌名称（ال يدي ج）和商品型号（T500）。其次是关于商品的消费评级，满分为5分，目前这款无线耳机的评分为4.6分，并且有9 616个点评。在评分的下方是关于该商品的价格以及关于支付的一些信息，例如，该款无线耳机的价格为2 303.28磅，并且可以进行分期付款。在价格下面还标明了在未使用该无线耳机时，可以免费退货，买家无须支付任何运费。接下来是关于该商品的不同款式和商品的简单介绍，例如，这款无线耳机除了白色以外，还有黑色可供买家选择。最后，在最左侧为商品的购买渠道，买家可以自行选择想要购买的数量下单，填好收货地址后还可以选择免费送货的服务。另外，在下单时，针对该商品买家还可以选择购买保修计划，比如购买质保服务来延长保修时限。

如图 4-18 所示，在基本页下面，亚马逊中东平台为消费者提供了与该款无线耳机可以搭配购买的套餐，例如，与有线耳机一起搭配购买。在基本页的下方，亚马逊中东平台为消费者推荐了几款和该商品非常相似的产品，方便消费者进行对比选择，也为消费者在查找同类产品时提供了便利。

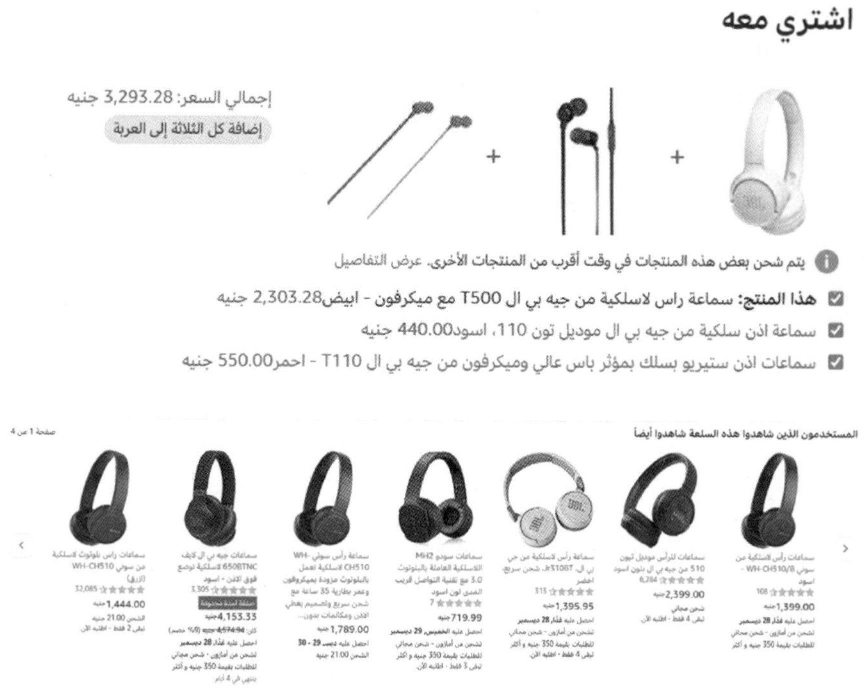

图 4-18　搭配购买商品

2）详细信息

亚马逊中东站对该无线耳机的产品细节进行了描述，使消费者可以更加清楚地了解产品信息。例如，对该产品的细节描述，包括自带麦克风，具有降噪功能，兼容设备为手机等信息。

3）商品描述

如图 4-19 所示，这款无线耳机有来自品牌方的商品描述，以图文形式向消费者生动地展示了该款无线耳机的优点和应用场景，既可以让消费者综合地了解到商品信息，又可以使得商品的内容展示更加具体。这为消费者在进行网购时营造了良好的购物氛围。

توصيل متعدد النقاط
تبديل سهل من جهاز مزود بخاصية البلوتوث إلى آخر. انتقل من مقطع فيديو على الجهاز اللوحي إلى اتصال على هاتفك.

تحكم من دون استخدام اليدين
الكل في واحد: جهاز تحكم عن بعد بزر واحد مع ميكروفون يسمح بتحكم سهل بالموسيقى وإجراء الاتصالات مباشرة من سماعات الرأس.

صوت باس بي ال نقي
توفر سماعات الرأس صوت البيس النقي الذي تشتهر به بي ال، والذي يمكن إيجاده في معظم المناسبات الشهيرة حول العالم.

بلوتوث
تمتع بصوت لاسلكي فائق الوضوح واتصالات مريحة من دون استخدام اليدين.

مساعد الصوت
قم بالوصول إلى سيري أو جوجل ناو من مكبر الصوت بضغطة زر واحدة.

مريحة للارتداء
يسمح لك الطوق الناعم والمريح باستخدام السماعة لفترة طويلة دون أي انزعاج.

图 4-19　商品描述

4）商品评论

买家们给予这款无线耳机的评分以及使用评价。当前该款无线耳机的评分为 4.6 分，共 9 616 个买家对其进行打分。同时，消费者们还可以选择使用英语或者阿拉伯语的评价，便利消费者的同时，也无形之中提升了消费者的购物体验。

4.6　非洲 Jumia 平台

4.6.1　非洲电商市场简介

1）非洲电商市场的发展

非洲是世界上最年轻的大陆，拥有巨大的人口红利。2022 年，非洲人口突破 14 亿大关，联合国发布的《世界人口展望》报告显示，非洲人口平均年龄 19.4 岁，远低于世界平均年龄。这种年轻化的人口结构将为非洲的互联网、电商、社交电商等领域发展带来得天独厚的优势。

近年来，非洲经济飞速发展，跨境电商的崛起为中非的密切往来提供了稳固的贸易桥梁。非洲对于中国制造的好感度较高，非洲本地商品中有 90% 都来自中国，因此做非洲跨境电商有着良好的基础，不太容易出现信任危机。此外，由于非洲的生产力不足，很多产品依赖进口，我国丰富且物美价廉的产品品类能够满足非洲民众的需求。非洲跨境电商仍处于刚刚起步的阶段，中国卖家的这种优势将有利于开拓非洲跨境电商市场。

非洲是目前世界上增长最快的经济体之一，全球十大增长最快的经济体中，非洲就有六个。《非洲电子商务白皮书》报告显示，预计到2025年，非洲电子商务规模将达到750亿美元。其中，尼日利亚、肯尼亚、南非、摩洛哥和埃及电子商务发展遥遥领先，这五个国家是非洲大陆最大的经济体，占整个非洲电子商务市场的78%，其电商市场趋于成熟，电商前景优越。

2）非洲地区的互联网普及情况

非洲地区互联网的普及率一直在上升，当前，非洲大约有4.65亿互联网用户，互联网普及率约为40%，预计到2025年，非洲互联网用户将达到近5亿。并且随着移动互联网的推广普及和智能手机等移动设备的扩张，非洲民众也越来越多地应用社交媒体软件。Statista统计数据显示，2022年非洲的社交媒体用户数量超过3.75亿，占全球社交媒体用户总数的8.18%。到2025年，非洲网购人数可能会达到5.2亿人。

虽然与其他大洲相比，非洲的互联网和电商规模相对较小，但是近几年非洲的电商发展已经呈现爆发式的发展，未来的成长空间巨大。

3）非洲经营电商的主要问题

在非洲经营的电商面临的三大主要问题是：固有观念使用现金消费；恐怖主义、暴力犯罪；交付失败、延迟收款。如何迎接挑战获得更好的发展机遇，是众多非洲电商平台所需要解决的问题。但随着越来越多非洲居民在电商平台购物，消费者的观念在不断更新。撒哈拉沙漠以南的7个国家，电子商务已经占到了他们GDP（国内生产总值）的1%~3%，预计到2025年，在非洲主要国家市场的电商销售额会占到总零售额的10%，未来10年的年增长率甚至会达40%。

4.6.2 Jumia平台

1）平台简介

Jumia是非洲电子商务巨头，成立于2012年，由德国风险投资公司RocketInternet（火箭互联网）投资成立。该公司拥有多个线上垂直运营平台，在14个非洲国家提供服务，业务包括在线外卖服务Jumia Food、旅游订票服务Jumia Flights和广告分类网站Jumia Deals等，还有由支付系统Jumia Pay和送货服务组成的电商物流基建服务Jumia Services。Jumia也允许非洲的第三方商家在平台售货，目前有超过8万个活跃卖家在使用平台的支付、物流和数据分析服务。该平台最受欢迎的商品是智能手机、洗衣机、流行饰物、女性护发产品、32寸的彩电等。如图4-20所示，为Jumia购物主页面。

截至2016年，Jumia已覆盖非洲电商GDP的90%，拥有300万客户。每天超过50万家非洲企业在Jumia平台成交订单。Jumia作为非洲第一大电子零售商，旗下有酒店、旅游、生鲜、电商、租车等诸多产业链。其足迹遍布23个非洲国家，也是除亚马逊、京东之外，目前全世界第三家拥有自己末端物流派送的电商企业。

图 4-20　Jumia 购物主页面

2）Jumia 平台的优势

Jumia 作为非洲第一大电商平台，具有"非洲亚马逊"之称，Jumia 平台优势主要表现在以下方面。

第一，注重流量的作用。Jumia 在 Facebook 上拥有超过千万的粉丝数。并且正在非洲建立网红营销网络。Jumia 推出了专有的 KOL 管理平台，能够以完全自动化的方式获取、管理、跟踪和补偿 KOL，从而帮助卖家有效地扩展渠道。

第二，提供物流保障。作为全世界第三家拥有自己末端物流派送的电商企业，持续扩大在非洲的电商物流网络，解决电商交易中的物流痛点，提高广大消费者的线上购物体验。

第三，采用固定汇率。非洲的汇率波动不稳定，这给做跨境电商业务的卖家造成很大困扰。为此，Jumia 平台采用的是固定汇率，这样能够降低卖家因为汇率波动而产生的损失。这一点优势也是许多电商平台所不具有的。另外，Jumia 还会配备本地客服团队，消除跨境电商卖家可能存在的语言沟通不当等问题，更高效地处理消费者的问题。

4.6.3　Jumia 平台页面

Jumia 平台致力于为买家打造洋溢着热情、最受买家喜爱和信赖的线上购物环境，希望通过互联网科技的力量为消费者提供多种多样的创新且优惠的商品以及更加方便、舒适的购物体验。下面，通过查找商品 LED TV（液晶电视），来介绍 Jumia 平台的页面结构和特点。

1）基本信息

Jumia 平台提供的信息简洁而全面，让买家们可以直接锁定商品，获取商品的关键信息。如图 4-21 所示，页面左侧显示的是该商品的高清图片，通过点击图片可以将其放大。每个商品可以放置多张图片进行展示。

图 4-21　商品的关键信息页面

页面的中间部分显示了该液晶电视的基本信息和销量。首先是商品名称（32 Inches LED TV）和品牌名字（WEYON）。其次就是消费者对该液晶电视的评价以及该商品的评分。目前，该商品有496条买家评价，Jumia平台目前的最高评价为5颗星，该商品的评分等级为4.4颗星。最后，就是关于该商品的价格相关信息，该液晶电视当前价格为62 000奈拉。页面的最右侧显示的是该商品送货地址以及运输费用的详细信息。以该液晶电视为例，买家填好自己的收货地址后，可以选择送货上门（Door Deliver）或者在取货站（Pickup Station）自行取货，这两种送货方式的运费会有所差别。

2）详细信息

如图4-22所示，Jumia平台采用了表格形式向消费者展示了商品的信息，便于消费者更透彻地了解商品的主要细节。例如，在该液晶电视中，平台为消费者展示了商品的尺寸（Panel size）、画质（Excellent Picture Quality）、净重（Net Weight）、保修期（Warranty duration）等信息。

Specifications

KEY FEATURES

- Panel size: 32
- Excellent Picture Quality （1366*768）
- Excellent Sound Quality (Built in 2 pcs 8W Speaker)
- Aspect Ratio: 16:9
- Refresh Rate: 60Hz
- With Base Stand Dimension :731*190*474mm
- Without Base Stand Dimension:731*76*433mm
- Net Weight （With The Base） ≈5KG
- HDMI: 2
- USB: 2
- Warranty duration: 1 year
- Life Time >30000
- Power Consumption-TV ON ≤50W
- Power Consumption-Standby ≤1W

WHAT'S IN THE BOX

1 x 32 inches LED TV 32LK500BPTA1 x Operation Manual1 x Base Stand1 x Remote Control

Also, it comes in blue/white packaging

图 4-22　商品的信息

3）商品描述

如图4-23所示，是来自Jumia平台卖家提供的产品描述，为了方便买家更详细地了解商品特性和应用范围，卖家也会运用丰富而生动的文字描述为消费者介绍商品，这会让买家在购物时准确把握产品性能，又增加购物时的趣味。

Product details

WEYON 32 inches LED TV　+1 Years Warranty - Black 32LK500BPTV
Clear, detailed picture:
See every image as the director intended with enriched colors.
Ultra clean view:
Analyzing original content with an advanced algorithm, Ultra Clean View gives you higher quality images with less distortion. Enjoy the clear picture.
HD picture quality:
LED distributes the LED lights on the back of the panel, so that the backlight can be evenly transmitted to the entire screen, the brightness and color gamut are guaranteed, the backlight rendering image is more accurate, and the picture details are more delicate and realistic. LED technology allows you to go beyond the screen into a fully immersive world.

Accurate color reproduction :
The 1366*768 high-definition resolution makes the image lifelike and restores natural and true colors, so you can enjoy a colorful viewing experience.
Excellent Sound Quality:
Built in 2 pcs 8W Speaker, you can enjoy the premium feel of premium acoustics, and the Smart Volume, it will automatically adjusts program volume, eliminating the sudden sound fluctuations that typically occur when switching channels or when TV commercials are playing.
Abundant connection ports :
This LED TV has 2 HDMI ports to accommodate a Blu-ray player or HD game console, 2 USB port for connecting your USB flash drive / hard drive to listen to music or view pictures, 1 earphone out and 1 coax out.
Warranty Period is 1 Year .

图 4-23　产品描述

4）商品评论

买家对于商品的评分等级以及评价对于没有购买过的消费者而言就具有很大的参考价值。以该液晶电视为例，很多买家给予的评分都是5分，并且会附上自己的使用感受，以及自己的意见，从而丰富了商品的内容。

4.7　大洋洲 Trademe 平台

4.7.1　大洋洲电商市场简介

大洋洲是七大洲中最小的一个洲，其有两个经济实力雄厚的发达国家：澳大利亚和新西兰，这两个发达国家的国土面积约占大洋洲的90%。近年来，澳大利亚和新西兰的经济稳步发展，产业发展日趋多样化，电商产业也正在不断兴起，这两个国家的电商市场已经成为大洋洲电商发展的主力军。

1）澳大利亚的电商发展

澳大利亚的网购基础非常强大。其人口总数为2 574万人，人均GDP超过了6万美元，远超世界平均水平。澳大利亚互联网和智能手机普及率为78%，达到全球第三，民众平均每天花费10个小时在互联网上，并且网民的年龄段分布较为平均，从青少年到老年群体都习惯于进行网购消费。目前，澳大利亚电商总收入为272.85

亿美元，预计到2025年将增长到350亿美元，时装、电子设备以及运动器材等品类深受澳大利亚消费者的欢迎。

澳大利亚将迎来电商增长的新时机随着《区域全面经济伙伴关系协定》（RCEP）于2022年1月1日正式生效，我国与东盟、澳大利亚和新西兰之间的立即零关税比例均超过65%，RCEP成员将通过10年左右时间，基本实现90%的产品享受零关税，这对于中国的跨境电商卖家来说是非常有利的。

2）新西兰地区电商发展迅速

新西兰人口总数超过500万人，人均GDP为4.9万美元，新西兰的互联网渗透率超过90%，新西兰作为一个发达经济体，虽然在电子商务领域起步较晚，但是发展速度却是很快的。疫情的出现加速了新西兰民众的购物习惯的转变，同时，推动了新西兰电子商务的发展进程。新西兰邮政电子商务聚焦的最新报告显示，2021年新西兰买家网购支出了76.7亿美元，创造了在线消费的新纪录，与2019年相比，在线支出增长了52%。根据新西兰国家统计局的数据，仅仅是在2020年，就有超过200万人进行网购。在线购物已经成为新西兰人日常购物方式的重要组成部分。另外，"先用后付"支付模式的出现激发了新西兰人民的网购热情，越来越多的人使用这种电商模式及支付方式，他们的支出也越来越多。

4.7.2 Trademe平台

1）平台简介

大洋洲电商之王Trademe，也是新西兰最大的电商平台，成立于1999年，现拥有390万名用户，网站日访问量达8.48万人次。Trademe独占新西兰全国近3/4的流量，是新西兰人的最基本选择，该平台在2015年被评为新西兰最具影响力的品牌。如图4-24所示，为Trademe购物主页面。平台热销品类主要包括儿童玩具（如乐高系列）、家居产品、运动产品电子产品、汽车、摩托车和船用配件等。但是需要注意的是，Trademe平台仅局限在新西兰和澳大利亚这两个地方进行买卖，澳大利亚卖家需要有新西兰银行账号，而且该平台禁止销售澳大利亚的汽车配件和房地产商品。

2）平台优势

作为澳大利亚和新西兰的本土电商平台，Trademe在与亚马逊、eBay等电商平台的竞争下还能获得成功离不开它自身的战略优势。

首先，大洋洲与中国的季节相反，这对于一些季节性产品的卖家而言，刚好可以反季节销售，实现全年热销。对于有实力的卖家，季节性的压仓问题解决起来也会容易很多。还有一个重要的优势就是，Trademe的中国卖家非常少，对于商品性价比高的中国卖家而言，跟外国卖家竞争，压力小得多，利润也非常可观。

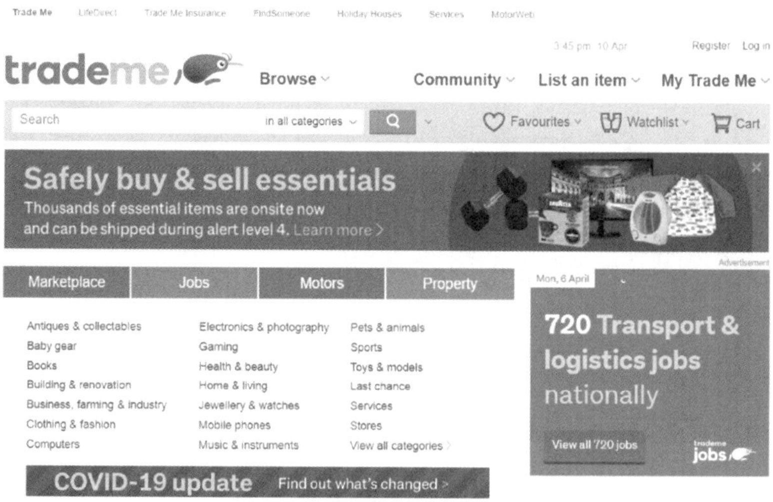

图4-24　Trademe购物主页面

其次，Trademe也是新西兰的数据流量王者。Trademe占据新西兰国内网站总流量的70%，是新西兰本土最大的电商平台，几乎所有的新西兰人都是Trademe会员。由此可见，Trademe在有着极大数据流量的同时，用户黏性也比较高，这也表明把握了Trademe也相当于把握了大洋洲市场。[①]

最后，Trademe是新西兰最大的电商平台，其在线汽车销售、房地产分类信息、在线酒店预订方面的业务位居全国第一。此外，Trademe旗下还运营了新西兰第二大招聘网站、第二大交友网站，涉及范围广，其影响力不容小觑。

4.7.3　Trademe平台页面

Trademe平台为买家创造了一个综合性的电商平台，在Trademe上，商品应有尽有，为买家们提供了一个多样化、创新性的购物体验。Trademe平台热销的品类包括玩具、家具产品、电子产品、时尚服装、汽车、船配件等几大产品品类。下面，通过查找商品Bench（长椅），来介绍Trademe页面的风格和结构。

1）商品的基本信息信息

Trademe平台展示的页面比较简约，可以让买家清楚地浏览商品信息。如图4-25所示，页面左侧展示的是商品的高清大图，每个商品可以展示多张图片。在图片的左上角会注明运费情况和折扣力度。以长椅为例，该商品属于免费送货，折扣力度为20%。在页面右侧介绍了商品的基本信息。首先是商品的名称（Stacking Garden Bench with Cushion Solid Teak Wood Tblttbi）。其次是商品结束售卖的时间，以该长椅为例，结束时间为1月16日（星期一）的晚上9：16。最后就是关于商品的价格以及折扣力度。例如，该长椅的原价为1 643.99美元，在20%的折扣后，价

---

① 根据2022年10月25日速卖通卖家网相关报道整理得来。

格降为 1 315.19 美元。在付款时，买家也可以选择"先买后付"的支付方式。

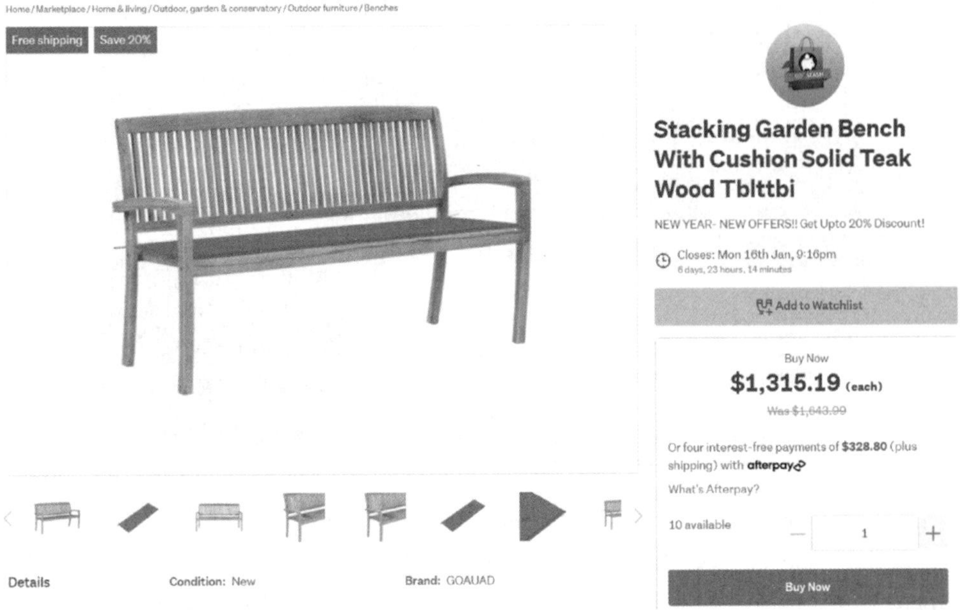

图 4-25　商品的基本信息页面

2）详细信息

Trademe 平台将产品的信息进行陈列，便于消费者可以直观地了解产品款式、尺寸等信息。商品的细节描述，包括产品的重量（Product Weight）、材质（Material）、尺寸（Bench dimensions）等信息。

3）商品描述

Trademe 平台为广大消费者提供了翔实的商品描述，包括交换货时间、发货地点以及商品的应用场景的信息。便于消费者们更充分地了解商品的特性，避免了出现由于信息不对称而产生的争议，也进一步提高了消费者的购物体验。

4.8　韩国 Gmarket 平台

4.8.1　韩国电商市场简介

韩国消费者对中国的商品较为喜爱，我国是韩国最大贸易伙伴和最大进口来源国。根据韩国国家统计局的数据，2022 年下半年，中国商品在韩国市场销售额增速达到 61%。再加上《区域全面经济伙伴关系协定》（RCEP）的生效，零关税产品扩张到 86%，中韩之间的跨境电商发展会更上一层楼。

1）韩国电商市场的发展

韩国是全球电商市场最为发达的国家之一，世界银行发布的"2019 年经商便利度榜单"中，在共189个国家中韩国排名第五。虽然韩国的电商市场非常发达，但是依旧呈现较高的发展速度。根据韩国统计局公布的数据，2021年韩国在线交易额达1 358亿美元，比起2020年增长了21%。韩国网民主要通过手机等移动设备进行线上购物，时尚类产品最受韩国消费者的喜爱，电子类产品、玩具和健康护理类等产品也广受韩国网民的欢迎。在韩国，社交媒体也是非常重要的营销渠道，社交媒体的渗透率接近90%，韩国网民最常用的社交媒体平台有YouTube、Instagram、Twitter和TikTok等。

韩国人口总数约有5 200万人，人均GDP为3.48万美元。eMarketer数据显示，截至2022年1月，韩国的互联网用户数量为4 800万人，互联网普及率高达98%，韩国的电商渗透率达到77%，预计到2025年电商渗透率将达到83%。韩国网民的高消费能力再加上良好的互联网基础设施，为韩国电商发展提供了坚实的基础。

2）韩国跨境电商优势显著

韩国消费者非常在意物流时效，中国卖家在经营韩国跨境电商业务时，有一个显著且独特的优势——物流。由于中韩两国距离比较近，所以相比于其他国家的跨境电商交易来讲，具有物流时效快、运输成本低的优势。另外，韩国的物流发展迅速，韩国共有500多家在线物流服务商，提供产品存储、库存管理、包装、运输和退货等服务。CJ Logistics、乐天和UPS是韩国最常用的物流服务公司。

4.8.2 Gmarket平台

1）平台简介

Gmarket成立于2000年，是韩国最大的综合购物网站，是易贝网旗下子公司，也是韩国最流行的C2C购物平台，在韩国在线零售市场中的商品销售总值方面排名第一。其主要销售书籍、MP3、化妆品、电脑、家电、衣服等，目前业务覆盖全球近100个国家。该网站提供中、英、韩版本以便于用户浏览。根据最近Gmarket网上买家年龄分布的统计数据，绝大多数买家分布在20岁~30岁，平台客户满意率高，口碑极佳。

Gmarket早在2009年就发布了韩国第一个移动购物APP。此后，其移动电商以每年30%的速率增长，到目前移动交易额已占总销售额的9%。其移动端的"虚拟商店"项目反响很好，用户可在广告所展示的产品图片上晃动手机进行购物。产品图片都带有二维码，手机可以扫描到数据，然后切换到购物页面，供消费者在线下单。如图4-26所示为Gmarket购物主页面；同时，Gmarket提供了一种在不同设备之间能兼容的购物服务，若顾客在电脑上的购物没完成，还可以继续在手机上进行。

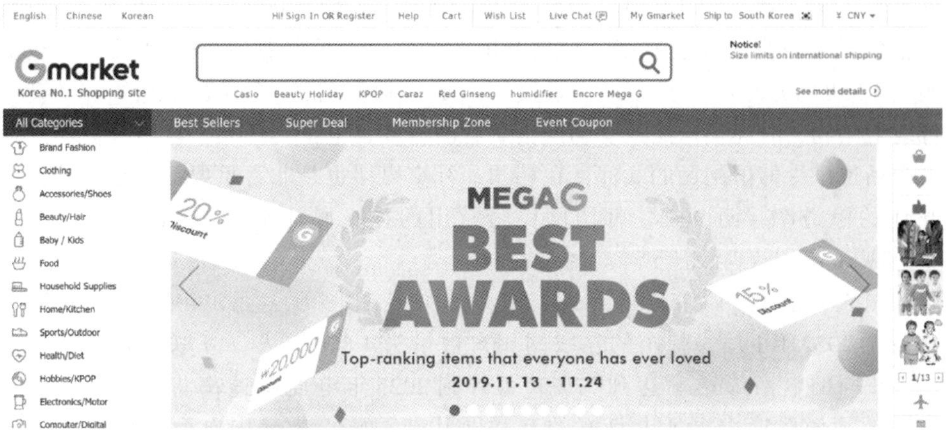

图 4-26 Gmarket 购物主页面

2）平台发展优势

Gmarket 平台成为韩国最大的电商平台离不开平台自身的发展优势。一方面，与其他电商平台相比，Gmarket 平台的入驻门槛比较低，中国卖家入驻需要准备好护照、营业执照等基础文件外，只需要"卖家有懂韩语的运营人员"即可。另一方面，Gmarket 平台会为首次购买的用户提供半价优惠，这无疑吸引了许多消费者。平台的优惠券也种类繁多，几乎每天都会进行发放，针对不同的活动、品类，也会有不同的优惠券和代金券。

3）商品描述

为了便于买家更全面清晰地了解商品，Gmarket 平台卖家会采用图文结合的形式来丰富商品的内容，使得商品信息以更饱满的形式向买家展现。这可以提高商品信息的全面性，也用生动的描述详细地展示了商品的功能。

4）商品评论

消费者可以附上自己的买家秀，并发表自己的使用心得来表达对该商品的评价。精美的买家秀无形中也可以提高商品的销量，这对还没购买的消费者而言，有很大的参考作用。

● 思政课堂

"网上丝绸之路"全面铺开

随着"一带一路"倡议的实施，我国与"一带一路"沿线国家的基础设施互通互联网络正在快速发展之中，物流体系更加通畅。跨境电商不仅极大地便利了人们的生活，也颠覆了传统的供应链，正在塑造全新的世界贸易体系。

为促进跨境电商发展，我国出台了多个针对跨境电商的关、检、税、汇等监管政策，仓储、物流及支付等配套服务政策。例如，对一些来自"一带一路"国家的特定货品给予先入境后报关、关税优惠等；先后设立了广州、郑州、宁波等跨境电商试点城市，在跨境电商的发展方面进行了探索和创新；从海上丝绸之路到陆上丝绸之路的各节点城市，包括沪闽津粤四大自贸区以及西安、重庆等城市在内，纷纷组建各种形式的跨境电商平台，一条"网上丝绸之路"正在全面铺开。

根据商务部统计，"一带一路"沿线总人口约44亿人，经济总量约21万亿美元，分别约占全球人口总量的63%和经济总量的29%。同时，与传统企业走向海外市场相比，借助跨境电商的优势，中国制造凭借其价廉物美的特性已经吸引了"一带一路"沿线国家相当多消费者的喜爱。2022年中国跨境电商市场规模达15.7万亿元，较2021年的14.2万亿元同比增长10.56%。此外，2018—2021年跨境电商市场规模（同比增速）分别为9万亿元（11.66%）、10.5万亿元（16.66%）、12.5万亿元（19.04%）、14.2万亿元（13.6%）。在传统外贸形势日益严峻的背景下，跨境电商成为中国商品开辟海外市场的新通道。

在进口方面，借助跨境电商的优势，中国消费者未来可以更便利地享受如印度红茶、波斯地毯、越南沉香、泰国银饰、波兰琥珀等优质的海外产品。而"四八新政"后的跨境进口电商平台也可以借"一带一路"倡议的红利，突破发展空间，争取优质产品供应链。大龙网、敦煌网、兰亭集势、米兰网、跨境通等平台成为中国和全球商家的中介，有效促进了资源的全球流通。我国的出口跨境电商卖家品类主要分布在3C电子产品、服装服饰、家居园艺、户外用品、健康美容、鞋帽箱包等。中国商品物美价廉的优势，注定会支撑中国品牌在海外市场的崛起。

● **本章小结**

1.跨境电商显现出越来越多的"蓝海市场"，尽管这些"蓝海市场"目前的消费力和体量仍然不及欧美成熟市场，但是他们的成长速度飞快，发展潜力巨大。商家们经过合理化分析，选择入驻"蓝海市场"，也会有意想不到的收获。

2.东南亚市场最受当地欢迎的电商平台为Shopee平台；Flipkart平台的成长速度惊人，成为继亚马逊印度站之后的新兴力量；巴西美客多平台是巴西本土最大的C2C平台，拥有着庞大的用户群；俄罗斯的OZON是跨境电商平台中的一匹黑马，潜力无穷；Souq平台目前已经被亚马逊收购，随即建立了亚马逊中东站，联合打造了中东地区综合实力最强的电商平台；非洲的本土电商平台Jumia在非洲地区的地位不可撼动，素有"非洲亚马逊"之称；Trademe在大洋洲地区一枝独秀，在澳大利亚和新西兰发展遥遥领先；Gmarket电商平台在韩国广受欢迎，为韩国消费者提供潮流时尚的商品。

● **复习思考题**

1.如果你是一个跨境电商卖家，你会优先选择入驻哪个跨境电商平台？原因是什么？

2.当你的店铺收到买家给予的差评，你将会如何处理此事？

3.入驻新兴市场的数字化平台时，要做好哪些准备？

4.在面对东南亚市场时，请描述你作为一个卖家的选品思路。

● 小组实训

【实践目的与要求】

1.激发学生的创新创业热情，将"读万卷书"与"行万里路"相结合，领会到关于跨境电子商务企业与行业成长的重要作用。

2.体会东南亚、非洲等新兴经济体市场在全球跨境电子商务行业的重要性。

【实践内容描述】

1.基于PEST模型，利用网络调研了解本章介绍的国家或地区的政治法律情况、经济发展情况、社会文化风俗、开展电子商务的技术发展情况等，发现开展跨境电子商务业务的机遇与威胁。

2.与亚马逊、阿里巴巴、速卖通等电商平台进行对比，新兴市场的电商平台有什么优势？请列举说明。

● 本章数字化资源

| 即学即测4 | 课外延伸4-1：昆明积极建立南亚东南亚跨境电商平台 | 课外延伸4-2：全球电商蓝海市场——巴西 | 知识讲解4：新兴市场的数字化平台 |

第 2 篇　实操运营

第5章 /跨境电商选品分析

————学习目标————

　　了解跨境电商选品的基本思路，掌握基于卖家、市场、产品定位的选品方法，能够通过网站观察、大数据选品等方法进行科学的选品，掌握利用选品软件进行选品分析的设置与指标。

　　经营跨境电子商务店铺，卖家要思考的第一个问题便是"我应该卖什么？"，这往往也是跨境电子商务运营过程中最难的问题之一。只有对海外市场有着深刻的了解，并且有着清晰的选品思路，才能让自己的产品从众多产品中脱颖而出。因此，本章将为读者介绍跨境销售的海外市场特点，并利用这些市场信息来进行选品优化。

5.1　选品前的市场调研

　　卖家在进行选品时，首先应当从自身出发，对自身在市场中的定位有一个清晰的判断。通过确定自身的定位，卖家可以制定适应自身生产销售能力的市场策略，据此确定主要的销售市场和销售产品品类。

5.1.1　基于卖家特征的定位

　　进行选品之前，卖家应该对自身的设计、生产和销售能力做出评估，对自己在电商市场中的定位有一个清晰的认识。卖家定位及相应市场选择见表5-1。

表5-1　　　　　　　　　　　　卖家定位及相应市场选择

类型	卖家特征	较优市场决策
大卖家	拥有较强供应链或（及）设计生产体系；销售市场较为固定	空白市场；寡头市场；产品差异化
小卖家	没有独立供应链及生产能力；销售市场灵活多变	非标准品或长尾市场空白点；供需关系

　　卖家的类型分为大卖家和小卖家两种。大卖家拥有较强的供应链，使得其产品的运输更为快捷，运输成本也更低；而更为完善的设计生产体系使得大卖家能够持

续更新产品，有效控制产品的生产成本。

大卖家的规模优势使其在产品的设计、生产和销售环节都拥有小卖家不具备的先机，因此，不但可以选择大胆进入市场的空白点，探寻新的市场可能，也可以选择维持现有市场的布局，通过产品的更新迭代逐步扩大市场规模，形成较强力的垄断；还可以选择在现有市场的基础上进行差异化的产品设计，进一步细分市场，加强对各个层面人群消费的吸引力。

小卖家虽然不具备像大卖家那样的规模优势，但是较小的投入使得小卖家具备了更多的灵活性。小卖家在选择市场时，可以选择非标准品市场以及长尾市场的空白点。非标准品市场的特点是商品种类丰富，消费者需求极其多样，而长尾市场的特点也是如此。大卖家受到标准化规模生产的限制，无法满足每一个消费者的需求。而小卖家通过这样的市场选择能够更好地发挥灵活多变的优势，通过充分钻研消费者的细分需求，实施精准销售的策略，最大化地挖掘市场潜力。

5.1.2　基于销售市场特征的分析

卖家明确了自己的定位之后，便需要选择跨境电子商务平台进行接下来的主要销售市场分析。显然，不同的跨境电子商务平台拥有不同的主要销售市场，如亚马逊的主要销售市场是美国、加拿大、墨西哥等美洲国家和英国、法国、德国等欧洲国家，Wish平台的主要销售市场也是欧美地区，但集中在移动端市场，速卖通平台的主要销售市场则集中在俄罗斯和巴西等发展中国家，而Shopee平台和Lazada平台的销售市场则主要是马来西亚、印度尼西亚和新加坡等东南亚国家。不同国家和地区的消费行为有着显著的区别，因此在进行具体选品前对所选平台的主要销售市场进行分析便显得十分重要。

1）自然特征分析

消费市场的自然特征主要包括地形特征、气候特征、人口特征等自然形成的特征。例如，如果主要消费市场的主要地形是山地或者丘陵，则不适合售卖自行车类产品，而适合销售冲锋衣等户外产品；如果主要销售市场位于热带地区，则不适合销售外套、羽绒服等保暖衣物，而应该考虑短袖、短裤等清凉衣物；对于那些老龄化日渐加重的销售市场可以考虑多销售老年保健产品，对于那些人口年龄结构较为年轻的国家则可以考虑母婴类的产品。通过分析这些简单易得的自然特征，卖家可以有效缩小选品范围，避免一些无谓的销售成本，为之后更精细化地选品做好铺垫。

2）消费习惯特征分析

除了自然特征，卖家还应该关注消费市场中消费者的消费习惯。显然，不同国家和地区的消费者有着不一样的消费习惯。卖家应该通过浏览目标消费市场比较热门的社交工具、时尚网站、媒体平台等了解当地的流行元素、时事热点和风土人情，从而对目标消费者的消费习惯有一个较为详细的了解。比如"这个国家中最受民众喜爱的颜色是哪个？""有没有具有特殊象征意义的动植物？""最受人们喜爱的公众人物有哪些？""最受人们喜爱的室内外休闲活动有哪些？""有哪些需要注意的民族信仰"等等，这些问题涉及的元素都可以融入卖家的选品中去。通过消费习惯特征的分析，卖家可以了解消费者的大致需求，从而有效避开选品盲区。

✱ 案例专栏　　　SHEIN凭什么征服了美国的年轻人？

2021年5月，应用追踪公司App Annie和Sensor Tower数据显示，SHEIN取代亚马逊（AMAZON）成为美国IOS和Android平台下载量最多的购物应用。根据胡润研究院发布的《2022年中全球独角兽榜》，来自广州的SHEIN以4 000亿元人民币位列全球第五大独角兽企业。那么，SHEIN是一家什么样的公司？是如何在竞争激烈的服装B2C中脱颖而出的？

SHEIN是一家国际B2C快时尚电子商务公司。主要经营女装，但也提供男装、童装、饰品、鞋、包等时尚用品。公司总部设在南京，并在美国、比利时、广州、深圳、佛山、迪拜（阿联酋）等多个国家或城市开设分支机构，目前已经进入了北美、欧洲、中东、俄罗斯、印度等市场。2012年，公司创立SHEIN自有品牌，依托中国供应链优势，不断整合行业资源，建立从设计开发到纸样打版，从面料采购到成衣制造，从电商营运到售后服务的完备的供应链体系，实现产、研、销一条龙。公司拥有超过百人的设计师队伍，日出新款200多件，新款从设计到成衣只用2周时间，拥有完备的仓储物流系统，主要市场的物流到达速度为1周以内。依托自有的强大IT技术实力，SHEIN自主研发各业务后台的IT支持系统，运用IT技术提升业务效率，结合跨境电商的特点，不断优化业务流程，使得各个业务环节无缝链接。

SHEIN的核心竞争力之一，是低价。打开SHEIN的网站，你几乎很难离开。新人注册后，限时七天的折扣券直接送到你眼前，而高达70%的价格抵扣也让你开始怀疑，卖家还赚钱吗？来自南卡罗来纳大学的22岁女孩Laura是一个在Instagram拥有36 000名关注者的大学运动员。"如果我把自己在SHEIN买的东西发布到个人账号，SHEIN每个月将给我六件商品的免费额度。"Laura这样告诉路透社的记者。

SHEIN的核心竞争力之二，是快速。欧美零售研究机构Fung Global Retail & Technology早在2017年就发布了相关报告认为，消费者对即时性的需求，反过来倒逼了零售商的生产周期越来越快。彼时，ZARA还是传统时尚业的颠覆者，他们成为快时尚的创造者，但没想到这个名词很快就成为历史。通常，Zara在1~2周内生产商品；但SHEIN从设计到生产，只需要五天。SHEIN有能力在单日上1 000件新品。这个能力，是英国超快时尚品牌一周的水平。而在当年2月7日和8日连续两天，SHEIN就分别上了1 636件和2 462件新品。

SHEIN的核心竞争力之三，是品牌。年轻人对SHEIN的忠诚，可以被理解为在DTC（Direct to Customers）品牌蓬勃发展期，品牌拥有足够的、与消费者直接对话的能力。对美国青少年来说，SHEIN几乎是一个由他们自己创造的品牌。他们是这个品牌的忠实粉丝，同时也是素人推广者。

资料来源　根据在https://zhuanlan.zhihu.com/p/353749481发表的文章整理得来。

5.1.3　基于平台定位的调研

1）根据平台定位确定销售品类

网站综合性定位对产品集成的要求，从品类结构（产品、销售、订单）看，分别为儿童用品、摄像器材、汽车配件、手机周边、服装服饰、电脑周边、电子、美容保健、家居园艺、首饰手表、办公用品、体育用品、玩具收藏品、游戏配件等。并且利用网站定位，即网站的目标市场或目标消费群体，通过对网站整体定位的理解和把握，选择适合定位的品类进行研究分析。

从产品宽度方面看，充分研究该类别，拓展品类开发的维度，全面满足用户对该类别产品的不同方面的需求，拓宽了品类宽度的同时，也提升了品类的专业度。开发产品时，应考虑该品类与其他品类之间的关联性，提高关联销售度和订单产品数。

从产品深度方面看：

（1）每个子类的产品数量要有一定的规模，品种足够丰富；

（2）产品有梯度（如高、中、低三个档次），体现在品相、价格等方面；

（3）挖掘有品牌的产品进行合作，提高品类口碑和知名度；

（4）对目标市场进行细分研究，开发针对每个目标市场的产品。

例如，英国浏览量第四的电商平台Wayfair主要销售家具和家居用品，Wayfair设立了栏目ideas提供风格搭配、创意设计、购买指南等信息，引导消费者购买，并提供多种打折活动。Wayfair会公布自己的畅销产品，主要是厨具、家居类产品。而英国用户浏览量第五的电商平台Not on The High Street首页推荐的是各种礼物。以送礼对象、送礼时间进行分类，一目了然和非常便捷，还会对即将到来的节日设有单独的宣传板块，并推荐专属的商品。因此，两个平台的定位差异非常大（如图5-1所示）。

2）平台垂直类APP开发类目

随着移动电子设备和网络的更新迭代，APP购物的方式变得越来越方便。也正是因为现代的生活和工作节奏越来越快，消费者对于移动APP购物方式的依赖性也越来越大，APP平台销售越来越受到各大跨境电商平台的重视。通常卖家认为在跨境电商平台网站中上传的产品全部都会同步出现在该平台的主APP上，所以往往会忽视平台开发的垂直类子APP。而越来越趋于专业化的垂直类子APP却是未来跨境电商平台发展的一个重要方向，因此，对平台垂直类子APP的了解对于卖家来说也是十分有必要的。以移动电商购物平台Wish平台为例，2013年Wish正式进军外贸电商领域，至今上线的垂直类子APP整理如表5-2所示。

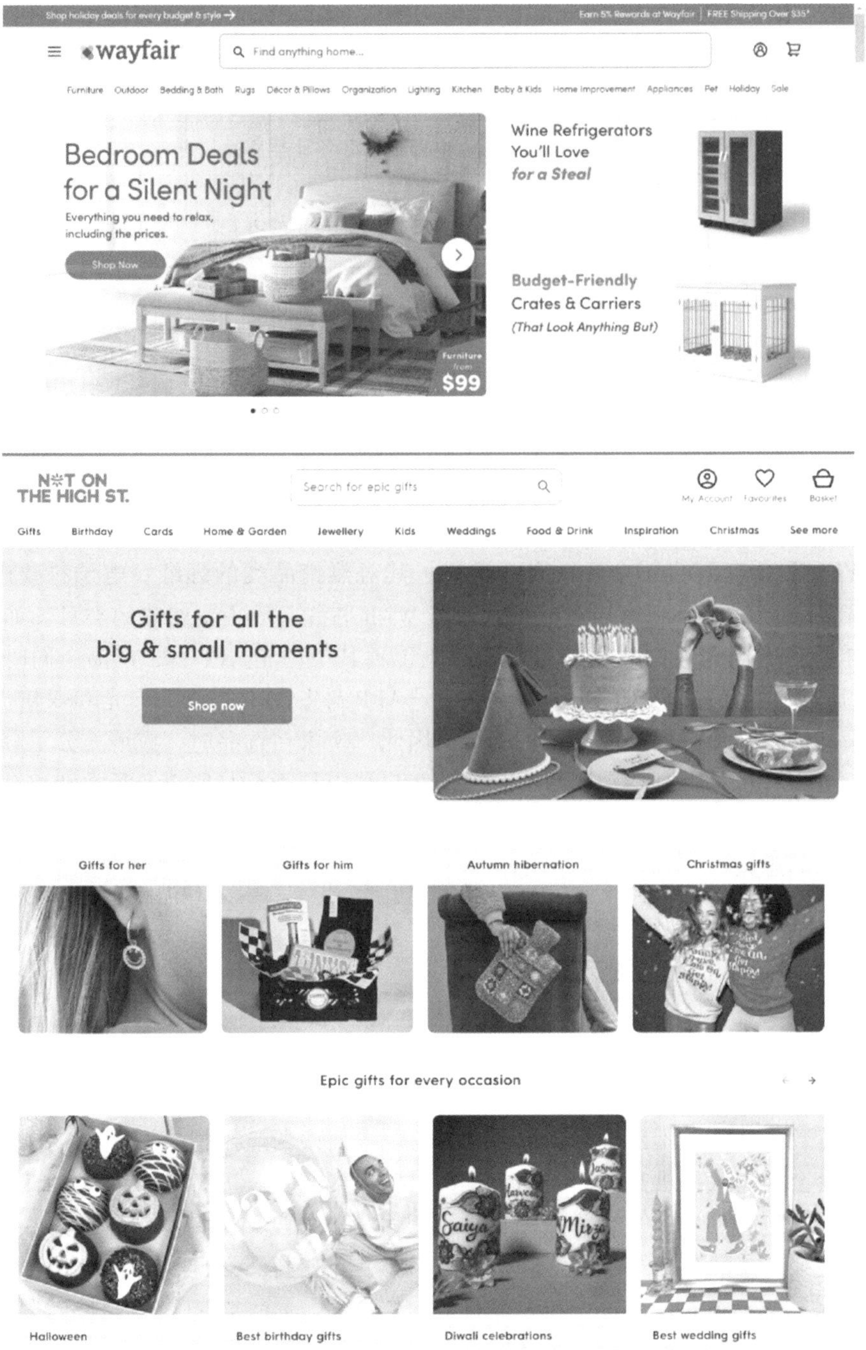

图 5-1 综合性网站平台定位对比

表5-2   Wish垂直APP上线时间

上线时间	上线APP	针对用户	主营产品
2013年03月	Wish	所有用户	综合性电商平台，各种类商品均有
2014年12月	Geek	年轻的现代科技型用户	智能手机、智能手表、耳机、户外电子设备等3C类产品
2015年02月	Mama	中青年家庭主妇型用户	母婴用品、童装、生活用品、厨房用具等居家类产品
2015年06月	Cute	年轻的时尚型用户	口红、眼影、眉笔、卸妆水、化妆刷等美妆类产品和洗面奶、面霜、面膜等护肤用品
2015年09月	Home	中青年居家型用户	沙发、床、地板、墙漆等家具类产品

Wish平台旗下的APP开发充分反映了其对热销品类的理解，电子科技产品、母婴产品、美妆产品和家居产品便代表了Wish平台上最主要的热销类目。如果卖家选择销售这四大类的产品并且将产品上传到其中的子APP中，产品会同时出现在Wish主APP上，该产品则可能获得从子APP到主APP的双重曝光和双倍流量，这无疑能够更好地保证产品的销售业绩。因此，卖家在选品时，应该充分了解所选的跨境电商平台是否有移动客户端，移动客户端中是否有与所选产品类别相对应的垂直类子APP，如果有的话，应该充分利用该类平台，将这类产品的选品作为一条重要的选品思路。

5.2　跨境电商选品方法

5.2.1　网站观察法

随着数字经济的不断发展，大数据在跨境电商中的应用越来越广泛。很多跨境电商平台会为卖家提供热销品类的信息，以此来帮助卖家进行选品决策。

以亚马逊为例，该平台为卖家提供了很多市场信息，热销产品名单（Best Sellers）、新发布商品热销榜（Hot New Releases）、涨速排行榜（Movers & Shankers）、心愿排名（Most Wished For）和礼品排名（Gift Ideas）。这些榜单的排名都根据亚马逊平台销售情况实时变化，亚马逊会根据产品品类不断更新信息。热销产品信息对于新手卖家来说非常有用，卖家可以逐个记录每个产品类别下的前20位的热销产品，然后进行第二步筛选，即筛选哪些商品有能力持续供给；再进行第三步筛选，找出可以提供差异性独特品牌的商品，并能够通过合理定价获得消费者的青睐；或是哪些商品可以低价提供，进行跟卖。而新发布商品热销榜和涨速排行榜为卖家提供了新的市场热点的信息，对于有信心和实力开发新的产品的卖家而言比较有用。心愿排名和礼品排名则往往是潜在市场信息的"聚集地"，卖家可以对其中的产品进行分析，寻找市场中可能存在的空白点，从而挖掘巨大的商机。

例如，在 Pet Supplies 一级类目下，我们选择了排名前二十位的商品进行调查与筛选，如图 5-2 所示。由于近年来养宠物的人数在不断地增加，于是宠物便携箱的销量也有了很大的提升。接下来我们对比排名第1、2、4的猫咪便携箱。排名第2的集装箱式的猫咪便携箱产品本身的自重较大，再加上宠物的体重之后，使用起来就会较为麻烦。所以对于购买者来说会有一定的局限性，并且在使用过程中会因为连接问题而造成一定的安全隐患。排名第4的产品主要聚焦于功能性的猫咪便携箱，可以将猫咪便携箱展开，来使得地方扩大。但是由于这个猫咪便携箱的出口数较多，会使得猫不一定从哪个出口跑出去，导致猫有可能会因此而丢失。同时拉链较多，使用次数过多后也可能会产生一定的质量问题。而排名第1的产品价格较为适中，在市场中较有竞争力；这种类型的猫咪便携箱较为轻便，自重较小且拉链数量较少，使用周期较长；销售量较大，且购买者的评分在4.5分以上。

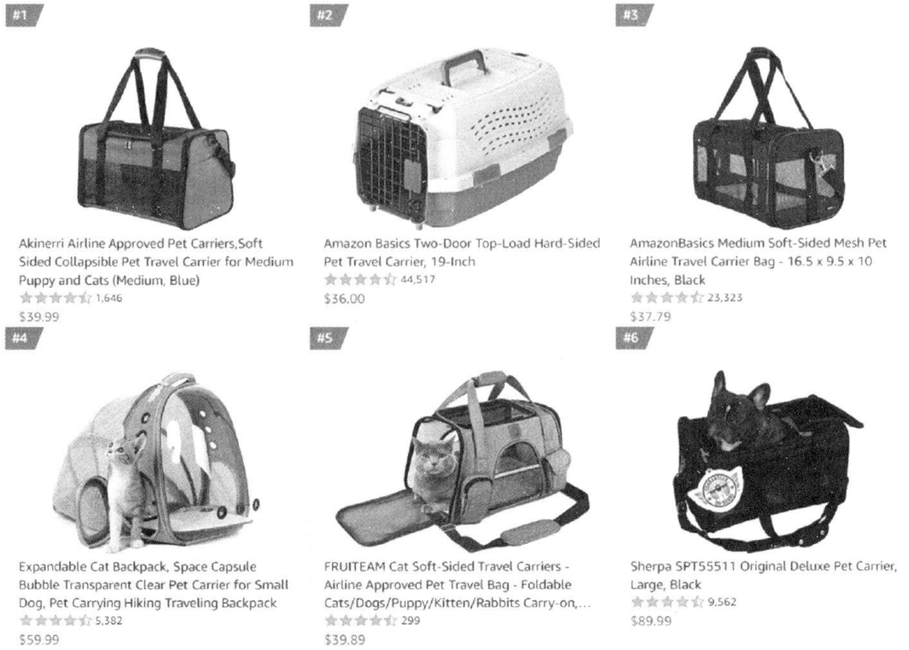

图 5-2 亚马逊热销排名榜

5.2.2 评论优化法

前文提到的选品思路基本上都是卖家从头开始进行全新的选品，但其实在平台上还有很多热卖产品本身仍存在改进的可能，即该类产品无法满足消费这类产品的买家，但买家因为找不到更好的替代品而只能选择购买现有的产品。如果卖家能够寻找到现有产品更好（更低价或更优质）的替代品，那么卖家将会迅速抢占原有产品的市场，达到事半功倍的效果。

一个有效地改进现有产品的方法是通过分析消费者的评论来进行选品。消费者的评论能够直观有效地体现消费者对该类产品的具体需求。为了提高效率，卖家要对消费者的评论加以甄别，一般而言，评分在2~4分的评论参考价值不如评分为5分的好评和1分的差评（满分为5分）。5分的好评能够帮助卖家迅速了解消费该类产品的消费者最希望该类产品具备怎样的品质，而1分的差评则更加重要，它们能让卖家了解现有的该类产品哪些品质未能满足消费者的需要，卖家可以基于此进行选品的改进从而抢占现有市场。

1）评论优化法例子一

例如，在后疫情时代背景下，全球人民对健康安全问题日益重视，有关身体保养与放松的产品逐渐得到人们的青睐。我们以亚马逊平台Healthy&household类目下的评论分析为例。在Healthy&household一级类目下，畅销品为精油、筋膜枪、体重秤等，如图5-3所示。精油大类在前十名产品中占比较高，但精油中含有大量化学物品，且精油均价偏低，在10~15美元之间，存储过程中对温度等环境因素要求高。筋膜枪价格适中，市场容量大，并且不属于现象型产品；体积小，好运输，且不受温度等环境因素约束；且商品评价大多在4.5分以上。

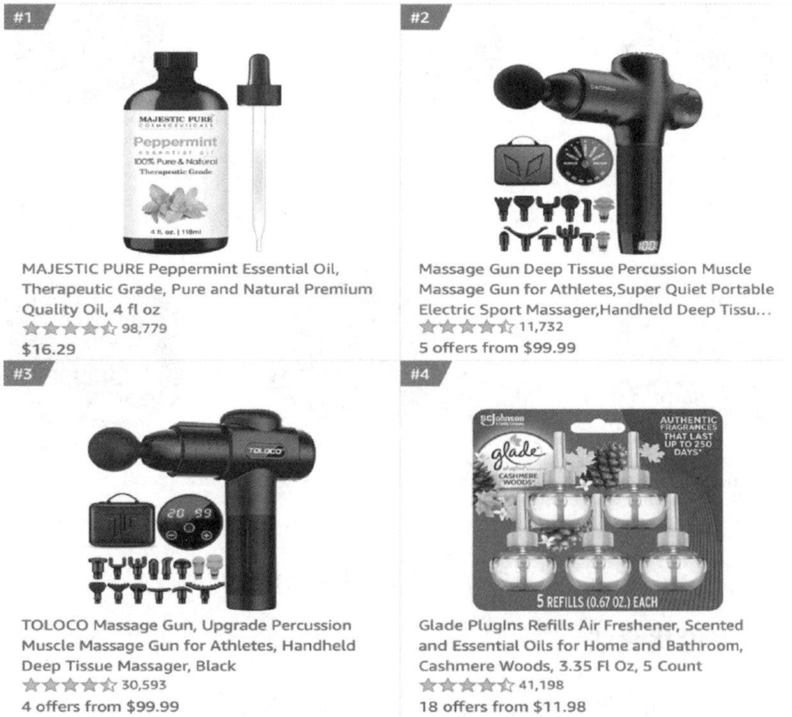

图5-3　亚马逊Healthy&household类目下的畅销榜

　　但是，从筋膜枪的已销售产品的差评中（如图5-4所示），我们发现两个问题：第一，产品质量问题，在99%电量的情况下，筋膜枪仍然无法使用。第二，售后问题，在询问卖家后并未得到有效的解决方案。因此，未来在销售筋膜枪产品时要确保产品质量的检测，也要完善售后服务制度，并在产品页面中展示出筋膜枪使用方法的文字说明与视频讲解。

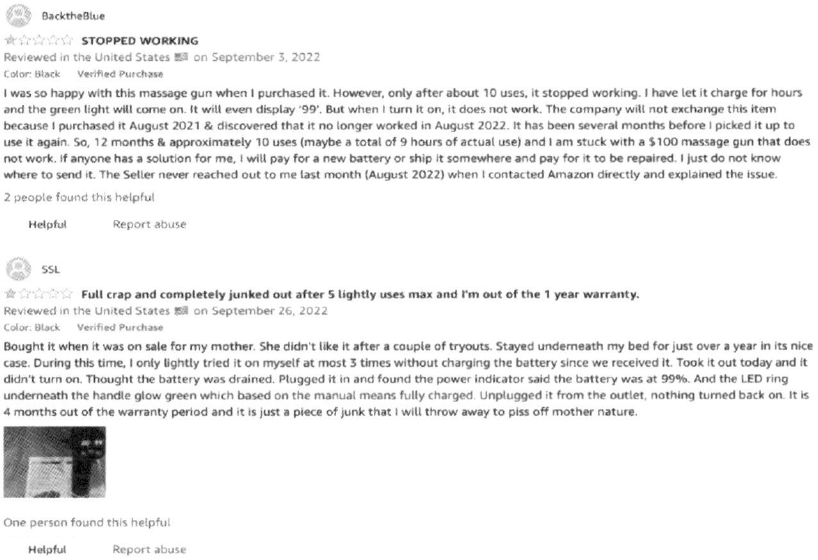

图5-4　亚马逊平台筋膜枪的差评

　　2）评论优化法例子二

　　下面以印度市场为例，分析亚马逊热销电子产品的选品改进。为了更好地掌握产品可以改进的方向，我们对所有评论进行了初步的筛选，将限制条件设定为"Top reviews""All critical"，如图5-5所示。

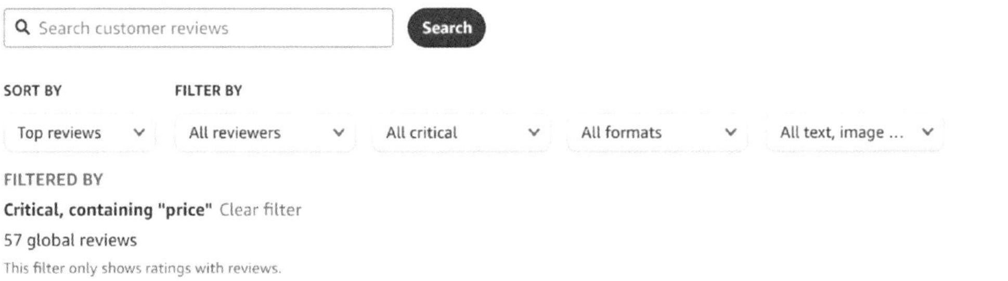

图5-5　亚马逊产品的评论

　　在浏览顶部数十条差评后，我们捕捉到关于产品电池和相机两方面的差评最多。于是我们又利用亚马逊网站自带的评论筛选功能，对"battery"和"camera"进行了进一步的筛选，以求能够更加具体地捕捉到用户的感受，如图5-6所示。

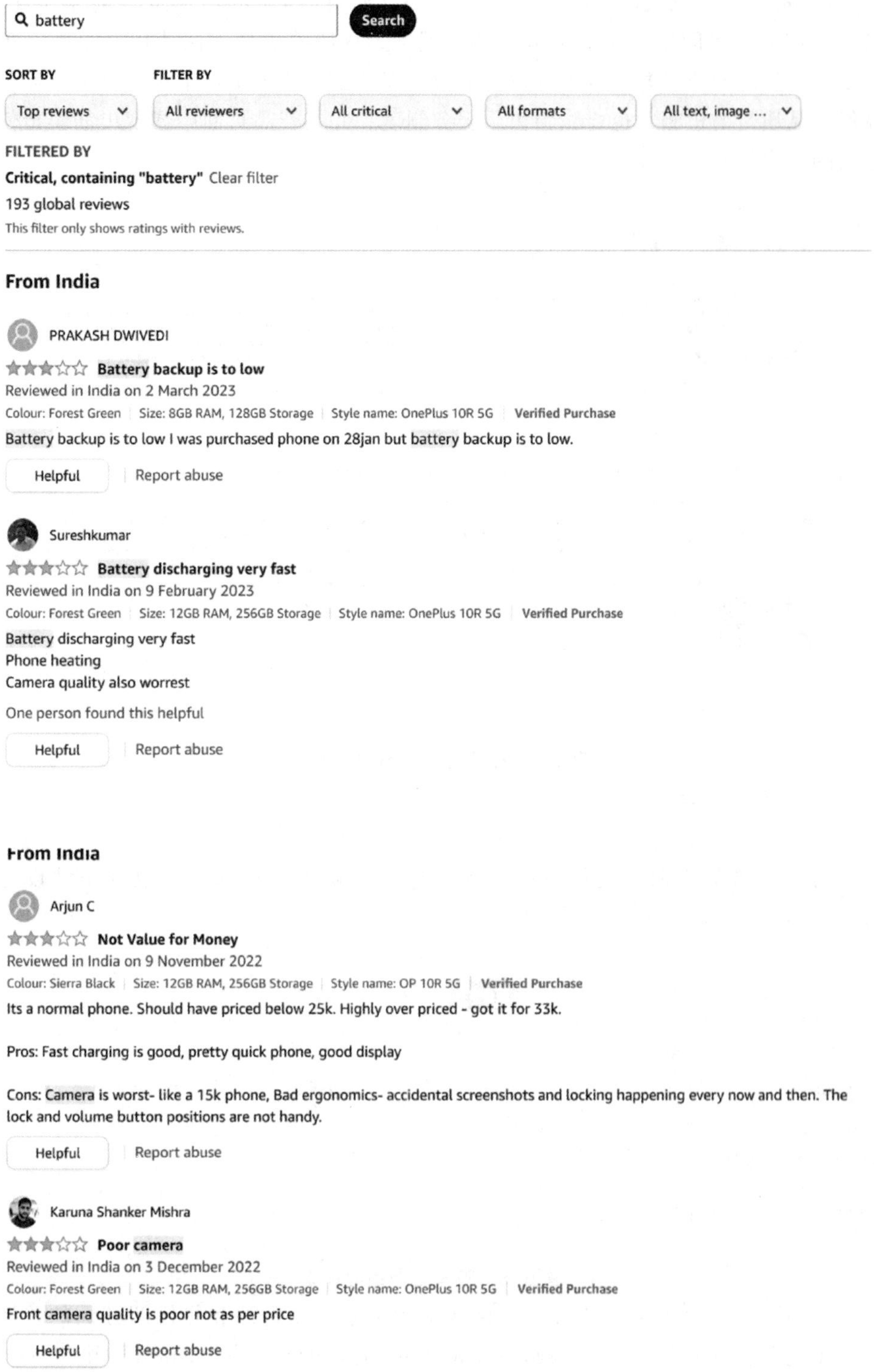

图 5-6　亚马逊热销产品负面评论

电池放电快、续航短是电池方面存在的最大问题，也是很多消费者反映的问题。相机像素不如同价位其他手机也是手机产品存在的问题之一。

5.2.3 节假日选品法

跨境电商平台的卖家还可以根据产品上架时间的不同来确定自己的选品策略。节假日往往是人们的消费旺季，人们为了满足庆祝、出游、送礼、迎客等各种娱乐、社交活动，会进行大量的消费。这些节假日既包括国庆、圣诞等传统节假日，也包括 Black Friday（黑色星期五）、双十一等纯粹因为购物而诞生的消费节日。充分了解目标消费市场的节假日情况，并制定相应的节假日销售日历给卖家进行选品指明了又一条思路。卖家在进行选品时应对产品的上架时间作出预先估计，避免因为错过旺季导致产品出现滞销，从而带来较大的仓储成本和退货风险。例如，2月的泰国有很多节日，这为 Shopee 平台泰国站带来了节假日促销和备货的机会，如图5-7所示。

图5-7 泰国的2月节假日

❈ **案例专栏** 跨境电商选品的基本准则

也许，我们无法指出，卖家应该选择哪一件商品销售才能获得利润。但是，在这里我们总结了网上销售畅销的产品特征：

（1）小而轻的商品。网络销售一定涉及物流问题，小而轻的产品在尺寸和重量方面都具有优势，并且能降低运输成本。这样我们的产品可以在广泛的范围内销售。

（2）价格在20~200美元之间的商品。这个价格范围的产品盈利率是比较可观的，而且可以快速地收回投资。价格过高的商品销售风险更高。

（3）售价可以100%加成的商品。这是一个选品的重要标准。如果价格比生产成本高一倍，在去除了销售佣金和运输费用后，利润率可达50%。

（4）一般竞争程度的商品。尽量选择商品竞争不是特别激烈的产品。热销商品可能有很多竞争者，但是竞争程度小的商品不一定就是差的产品。可以尝试销售竞争程度合理的商品。

（5）关注非必需品。必需品如食品、服装等，虽然每天的销量大，可是竞争异常激烈。新卖家可以考虑一下非必需品的销售，例如我们不卖水果，但是卖水果盘；我们不卖饮料，但是卖纸杯和吸管。这些商品通过市场定位和市场营销很容易获得消费者的青睐。

（6）关注耐用品。耐用品对于物流的要求比较低，不容易破碎或损坏。这样你可以获得更好的用户评价和用户反馈，有利于你未来的销售。

（7）容易更新的产品。如果你已经建立了忠实的消费群体，继续向现有消费者销售要比开发新市场容易得多。所以，如果你的产品使用一定时间后需要更新或是替换，那你的销量就会不断地保持增长。例如净水器中的滤芯，通常每3个月就要更换一次。

（8）非机械类的商品。机械类商品对销售团队的素质要求比较高，而且需要售后服务。如果你的专业特长不在这个领域，你无法解决客户所遇到的难题。建议卖家不要选择机械类商品。

（9）当销售业绩不断提高后，你可能会考虑拓展业务。那么你的产品能否保证产品供应呢？是否存在供货不足或是原材料供给困难的问题呢？在开店之初，你就应该考虑好这些问题。

（10）避免销售对温度敏感的商品、危险品或是网站禁售品。

5.3 大数据选品

在实际选品过程中，卖家还可以通过运用市面上的各类数据分析软件来进行选品。下面给读者介绍几种选品分析工具。

5.3.1 谷歌趋势

谷歌趋势（Google Trends）是谷歌推出的一款基于搜索日志分析的应用产品，它通过分析谷歌在全网范围内的搜索结果，告诉用户各个时期，某一搜索关键词在谷歌（Google）被搜索的频率和相关的统计数据。谷歌趋势有两个主要的功能：一是查看关键词在谷歌网站的搜索次数及变化趋势，二是查看网站流量。由于拥有上述功能，谷歌趋势对于搜索引擎优化以及市场营销、电商卖家、外贸等从业者来说都是非常好的一个帮手。卖家可以通过谷歌趋势了解户外帐篷的热门区域，如图5-8所示，通过谷歌趋势对"帐篷"这一关键词进行分析，了解到户外帐篷在目标市场英国的搜索热门子区域热度由高到低分别为苏格兰、威尔士、英格兰，而其搜索热度的时间变化按年度呈现周期性变化，其中每年的6到8月为搜索高峰期。

图 5-8　通过谷歌趋势，搜索了解户外帐篷在英国的热度和热门子区域

　　我们还可以通过谷歌趋势进行相关主题和相关查询的分析。相关主题的分析展示了商品用途及受关注度较高的户外运动。如图 5-9 所示，与帐篷相关的主题主要是户外运动，主要用途是露营。而通过相关查询的分析为我们展示了近期热度较高的帐篷类型。除此之外，谷歌趋势还可以综合其他地区搜集的热度数据，给出市场建议。

图 5-9　通过谷歌趋势，进行相关主题、相关查询的分析

5.3.2　关键词分析

关键词抓取软件作为跨境卖家常用的关键词工具之一，可以用来进行同行业的竞争分析。通过此关键词工具和关键词软件，卖家可以执行高级关键字研究和关键词跟踪，以了解竞争对手在系列广告中宣传的内容，从而获得竞争对手的完整深入分析，包括统计数据，预算，附属机构和广告文案等。关键词抓取软件的主要功能有查找竞争对手及其关键词、每日系统更新和警告报告、通过特殊关键词和搜索引擎进行深度域名跟踪、广泛的点击付费情况和自然搜索数据挖掘等。

这里我们选取知名的英国户外帐篷公司 Overstock 公司作为分析对象。如图5-10所示，从关键词概览分布中我们可以看到，与关键词相匹配的短语共有 2 819个，概览列举了点击量排名靠前的五个短语，同时还展示了它们对应的每次点击付费。而其他相关的关键词只有194个，它们对应的点击量也远小于短语匹配的数量。

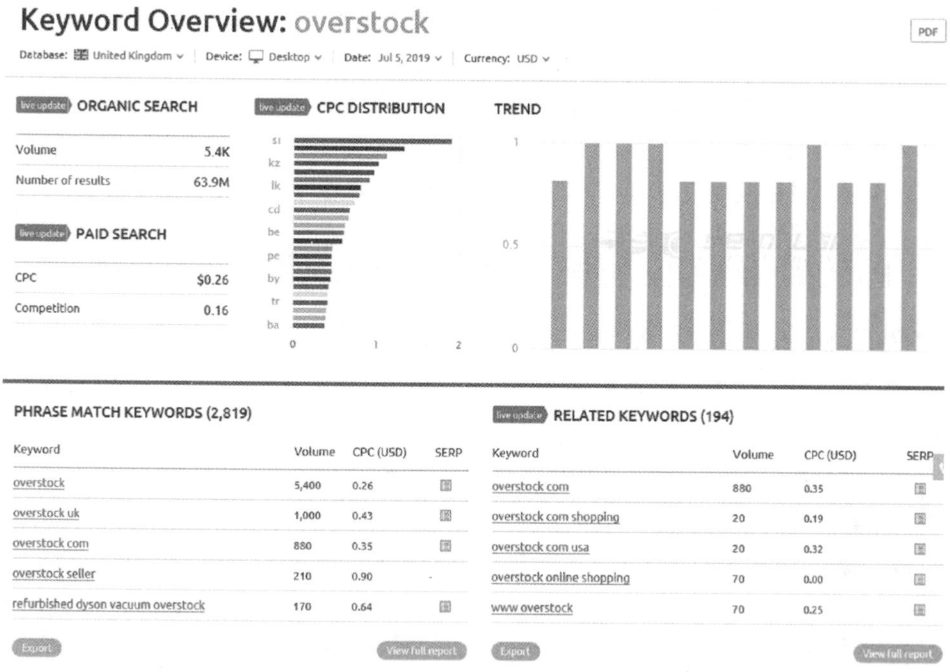

图5-10　利用关键词抓取软件调查 Overstock 公司的关键词设置

使用关键词抓取软件还可以查询对手网站的竞价，直接输入竞争对手的网址，在下面的选项 domain（范围）选择目标国家，点击搜索。以 Overstock 为例，如图5-11所示：

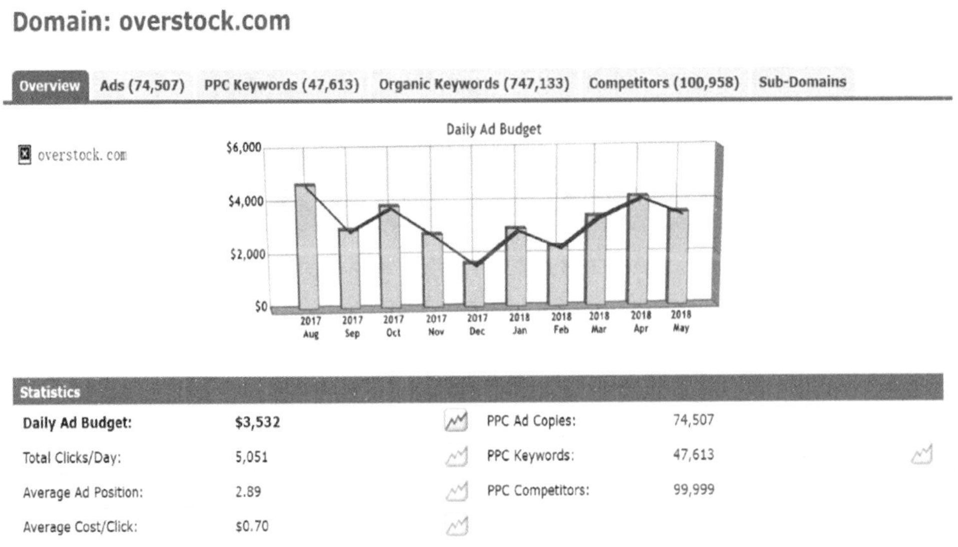

Domain: overstock.com

图 5-11　利用关键词抓取软件调查 Overstock 网站的流量与广告设置

从上图中我们可以看到，Overstock 这个网站一共有投放 74 507 个谷歌广告（ads），一共购买了 47 613 个谷歌付费关键词（PPC Keywords），一共有 747 133 个关键词带来了自然流量（Organic Keywords），一共有 100 958 个竞争对手在关键词上和它形成了竞争关系（Competitor）。

从图 5-11 中的具体数据我们可以分析得到：该公司每日点击量高达 5 051 次；关键词搜索每次点击 0.7 美元；日均广告推广预算 3 532 美元；冬季处于产品搜索量的低谷期，夏季处于高峰期。该公司在过去一年中，充分进行了广告推广，其中在夏秋季帐篷使用率增加，推广更有效率。从上述帐篷公司的数据分析我们得出了户外帐篷产品在英国的大致销售情况，英国户外帐篷销售的旺季在 5 到 9 月份之间，产品广告的点击量从 16 万到 335 万，说明产品的热度也十分可观。

5.3.3　其他选品分析工具

随着跨境电子商务的不断发展，市面上出现了很多为跨境电子商务服务的一站式服务平台，亚马逊船长便是其中一个。卖家只需要注册一个账户便可以对接开店、选品、运营、CPC 优化、经营数据分析、物流、支付、测评等所有服务，解决所有跨境服务问题。

1）亚马逊船长

卖家下载注册登录亚马逊船长（https：//www.captainbi.com/）后，可以看到如图 5-12 所示的操作界面。卖家可以选择"选品"标签进行选品，在这里我们可以看到各大电商平台的畅销品数据。例如，我们输入"USB charger"字样，选择美国市场销售排名前 200 商品进行检索，便会出现展示结果。

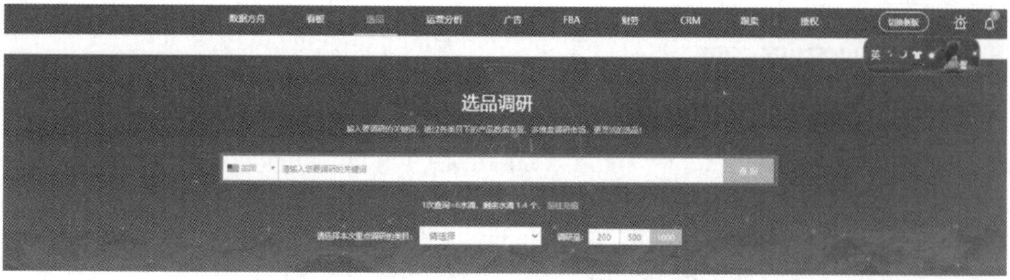

图5-12　亚马逊船长的工作台操作页面

我们从这个类目的价格分布散点图和不同价格区间的商品数量分布（如图5-13所示）可以明显地看出，该品类的商品价格大部分集中在10~100美元的区间，而商品数量分布最多的是0~40美元的区间，说明如果卖家想要选择这个品类的话，产品的价格不要高于50美元。从品牌垄断性来看，Anker、三星和亚马逊自营产品的品牌识别度较高，但三类产品的市场份额比较有限。从上架时间分布可以看出该品类的生命周期较短，几乎各个时间该品类都有产品上架。亚马逊的商品往往会有多个分类，商品在一级和末级行业的数量分布则可以帮助卖家了解到售卖品类比较热门的有哪些。除了基本分析，卖家还可以查看评论分析和店铺品牌分析，获取消费者对该品类的需求以及品牌垄断度的信息。

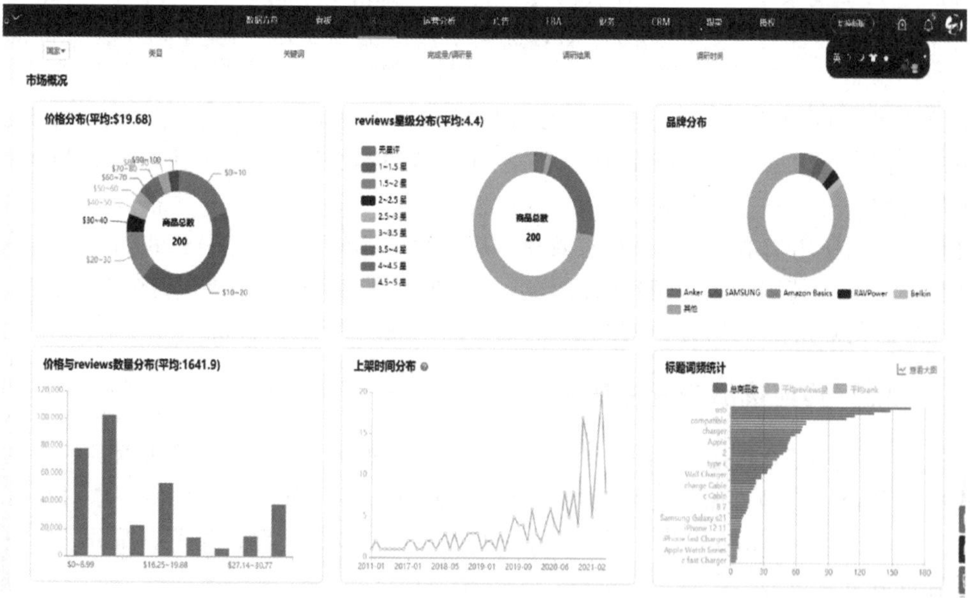

图5-13　亚马逊船长数据选品搜索结果综合页面

除了分析品类销售情况，我们还可以通过亚马逊船长了解每个热销品类的销售情况。回到搜索结果页，我们点开该品类热销排行第一名的链接，可以看到商品的详情，同时下面的购物车价格趋势、类目排名、评论趋势、月销售量、卖家数量、品牌、上架时间等销售信息的历史统计也为卖家提供了选择产品的参考与依据（如图 5-14 所示）。

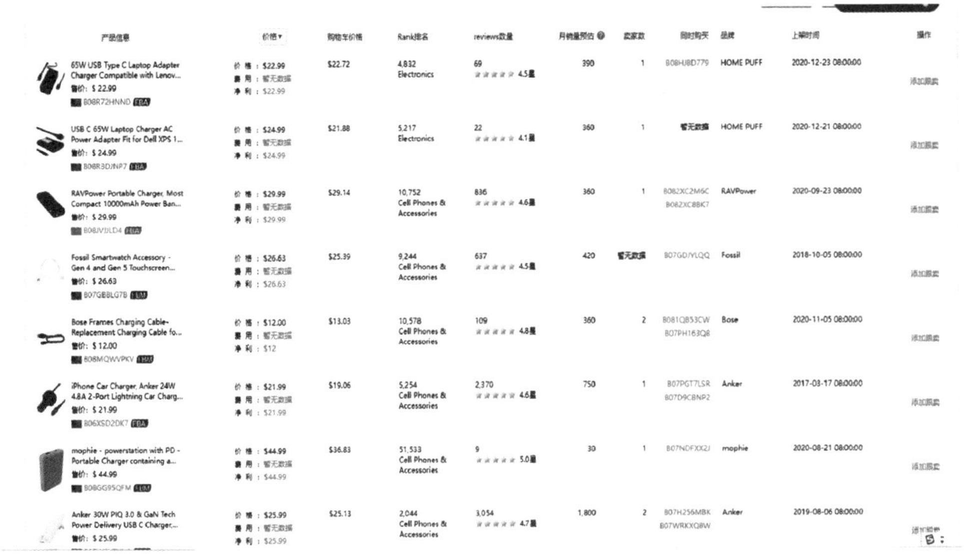

图 5-14 亚马逊船长数据选品搜索结果汇总展示

2）鸥鹭

登录专业的亚马逊数据分析平台——鸥鹭的账户，选择"产品"模块中的产品搜索，可以看到提供了包括完全自定义选品模式、全品类铺货、精品铺货、潜力爆品、新品热卖、品牌对标选品、店铺对标选品、爆品缺货等 8 种常用选品模式，大数据选品方法是选择利用常用筛选条件进行热卖潜力爆品电子产品的选品（如图 5-15 所示）。根据热卖潜力爆款的条件维度设置筛选条件，比如月销量 500~1 000，好评率 60%~80%。

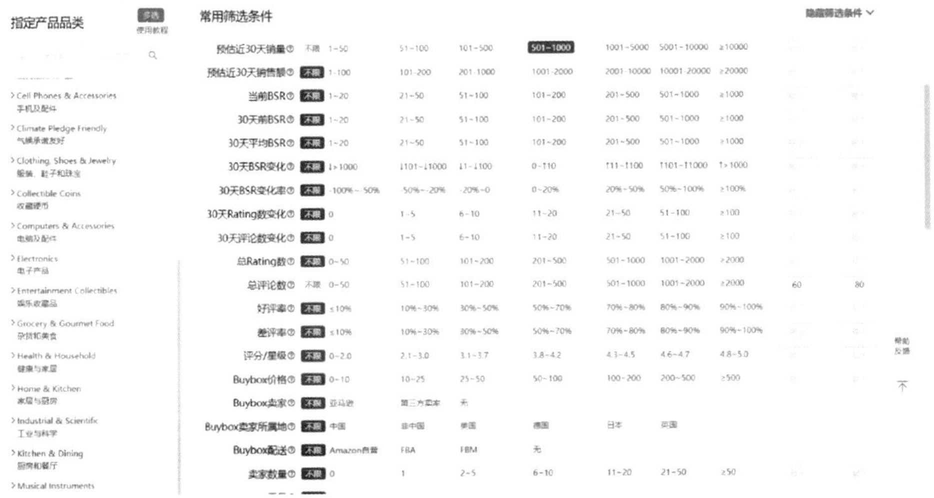

图 5-15 鸥鹭数据选品搜索结果汇总展示

按条件筛选后，我们可以看到符合筛选条件的产品，产品销量都在 5 000 以上，产品评分均在 4.6 分以上（如图 5-16 所示）。找到符合基本条件的产品后，接下来进行更具体的数据分析，点击产品标题，进入产品详情页面。

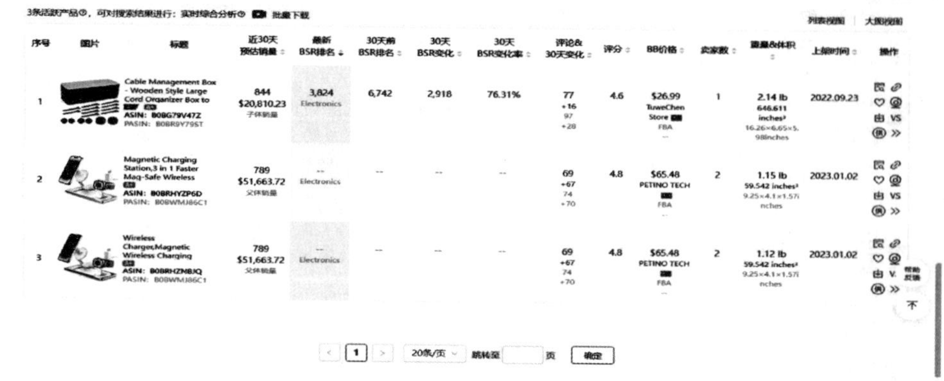

图 5-16　鸥鹭数据分析汇总展示

通过变体对比数据，我们可以看到不同变体的评论数据分布，它反映了不同变体受市场欢迎的程度及其市场占比。如图 5-17 所示，我们可以看到在 color 偏好方面：purple、black、silver 等占比非常高，这告诉我们，未来我们在备货的时候，需要重点关注这几个颜色，避免卖爆而缺货，同时也避免其他不畅销的颜色备货太多而积压库存，占用流动资金。

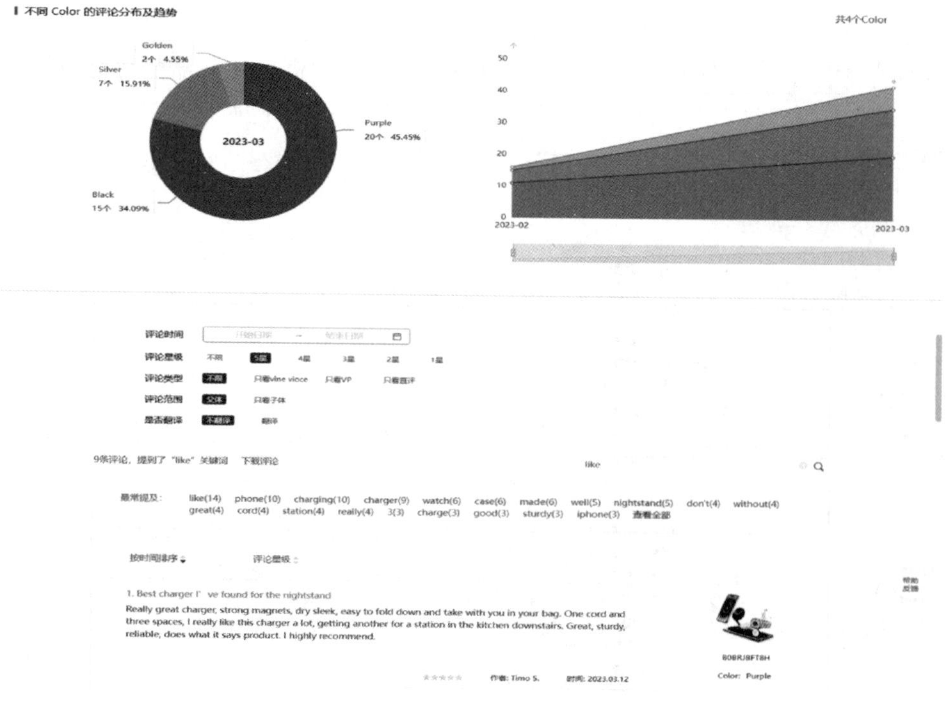

图 5-17　鸥鹭对评论数据的分析展示

为了能够在竞争中取得优势，现在我们要做的是分别查看好评和差评的内容。通过好评我们可以知道目前该产品有哪些方面是让买家满意的，我们需要保持的。我们筛选5月份以后的5星评论，然后选择最常提及的词like，可以看到包含like单词的评论有234条，然后再细看评论内容，可以看到买家对于产品特性非常满意的点在哪，如方便、便宜等。这些特点是我们必须保持的。

● **思政课堂**

宠物赛道，出海新增长

自2020年疫情暴发以来，宠物为人类提供的情绪价值日益凸显，宠物行业也迎来"黄金时代"。据APPA（美国宠物行业协会）统计：美国领养宠物的意愿明显增加，从2020年的6%提升至2021年的14%，美国宠物市场规模在2021年已达到1 236亿美元。

过去10年来，随着国民养宠需求崛起，国内宠物赛道增长飞速。但步入2022年，国内宠物消费需求增长放缓，行业竞争进入到白热化阶段。出海赛道中，具备宠物用品生产优势的企业提早布局了跨境电商，在早年间吃尽了流量红利。但随着平台政策愈发严格、流量价格飞涨，一些入场晚、不具备品牌属性、没有议价能力的宠物类平台卖家陷入了价格战漩涡。在此背景下，也有一众宠物企业开启了DTC品牌出海之路。与过往跨境电商重销售、轻品牌的卖货模式不同，这些DTC宠物出海品牌通过颇具创新性的产品，配合品牌营销和社交媒体打法，直接与海外消费者沟通互动。

当前，美国宠物食品赛道头部格局基本稳定，小企业突围难度大，避峰布局其他赛道或为明智之举。一方面，美国宠物食品赛道发展起步早，雀巢旗下Purina、Mars等食品生产巨头入场时间早，通过多次外延并购扩展产品线，形成超高市占率；另一方面，对于很难广泛触达消费者渠道网络的小企业而言，突破龙头品牌的包围、建立自身竞争优势难度较大。

过去5年来，东南亚宠物关注热度持续上升，市场热度增速赶超成熟地区美国。东南亚各国宠物食品以狗粮为主，但宠物猫食品赛道增速更高，其中，猫零食赛道增速最快。印尼以高规模、高增速领跑东南亚宠物食品市场，菲律宾各食品赛道增速显著；近5年来，两国猫食赛道平均增速均超50%。越南宠物主以宠物吃饱为主，干、湿粮需求大，而泰国则讲究吃饱吃好，零食赛道较其他国家销量显著。

● **本章小结**

1.卖家在进行选品时，首先要基于卖家自身的定位，对其自身的设计、生产和销售能力进行评估；其次还要考虑销售市场的基本情况，对主要消费市场进行自然特征分析和消费者习惯分析；再次，要根据跨境电商平台特点确定销售品类，从平台获取热销产品类目；最后，要根据消费者自身属性进行选品，可以从消费者的人群特征、消费者的评论等角度进行分析。

2.跨境电子商务平台的卖家可以根据产品上架时间的不同来制定自己的选品策略，可以根据不同的消费季节进行选品，也可以根据不同的节假日进行选品。

3.在实际选品过程中，卖家还可以利用数据分析软件进行选品。可以利用谷歌趋势查看关键词的搜索趋势及变化情况，还可以利用关键词抓取软件查找竞争对手及关键词等相关信息，卖家亦可以通过亚马逊船长获取消费者对某一产品品类的需求状况以及品牌垄断信息等。

● 复习思考题

1.总结在不同市场不同平台选品时应该注意什么问题。

2.如果你是卖家，你会选择哪个品类和市场作为跨境电商业务的第一次尝试？为什么？

3.尝试使用本章介绍的软件，来分析一下雨衣产品加拿大市场的竞争情况。

● 小组实训

【实践目的与要求】

1.明确跨境电子商务选品的考虑因素和风险。

2.掌握不同分析工具的使用方法；能够应用这些工具进行目标客户和潜在市场分析。

3.学会应用大数据分析工具进行选品，以及选品的成本核算。

【实践内容描述】

1.选定一个目标市场，根据目标市场的节假日信息，制作大卖日历。

2.通过网站榜单浏览对比方法，进行更精细的选品，明确自己所管理的品类的最优产品投放市场，进行区域化用户需求分析。

3.以亚马逊平台为例，选择一个站点，使用选品精灵/亚马逊船长/SELLOS软件，分析你要销售商品的历史统计信息，可以通过关键词的搜索来完成。

4.在义乌网、1688网、中国好产品网等网站上进行选品细化与供应商选择。

● 本章数字化资源

即学即测5

课外延伸5-1：2022全球宠物市场白皮书

课外延伸5-2：福州滨海直播互联网产业基地挂牌成立两个"选品中心"

知识点讲解5-1：亚马逊平台选品案例

知识点讲解5-2：出口市场调研

第6章 /创建账户与商品页面

———学习目标———

了解跨境电商店铺创建账户的资料准备，熟悉四大主流跨境电商平台创建账户的操作流程；学习商品页面的文案准备及撰写要素，重点掌握文案的策划流程，熟悉写作技巧；进一步学习商品页面的操作步骤，了解其专业术语及产品分类，学会如何上架单品和批量上传商品。

6.1 创建账户

目前跨境电商平台主要有亚马逊、速卖通、eBay、Wish 等，商家若想在跨境电商平台进行产品营销，必须先创建自身账户，才能进一步操作实施。各个跨境主流平台对创建账户的资料准备、操作步骤各有不同，但又有异曲同工之处。本节先分析创建账户的资料准备，再详细介绍各个平台的流程步骤，以便清晰地了解各平台具体的实际操作。

6.1.1 创建账户的资料准备

在各大跨境电商平台创建账户时会填写一些信息，商家须提前了解注册时所填内容，做好相关资料的准备。跨境电商平台创建账户通常需要准备以下几种材料：

（1）申请人的基本信息，如姓名、电子邮箱、手机号、身份证号、住址。

（2）公司相关信息，如联系方式、法定代表人身份证正反面（电子扫描件）、营业执照（电子扫描件）。

（3）一张双货币信用卡，简单来说就是国际信用卡，可以用于外币支付，带有 Visa 或者 MasterCard 的标识，并确保其双币信用卡有充足的额度。

（4）一个收款账户，且可支持外币收款，如中国卖家常用到的就是第三方收款服务商，如 Payoneer、WorldFirst、PingPong、连连支付等。

（5）可能还需要 VAT 增值税号，VAT 是欧盟国家普遍使用的售后增值税，即指货物售价的利润税。欧盟国家要求出口电商企业在当地业务和服务中履行其税务申报义务。

6.1.2 速卖通平台创建账户

1) 速卖通平台创建账户的操作流程

速卖通平台商家想入驻并发布商品大致要经过注册认证、类目准则、品牌经营、提交资料并审核、缴纳店铺保证金五个基本流程，如图6-1所示,。

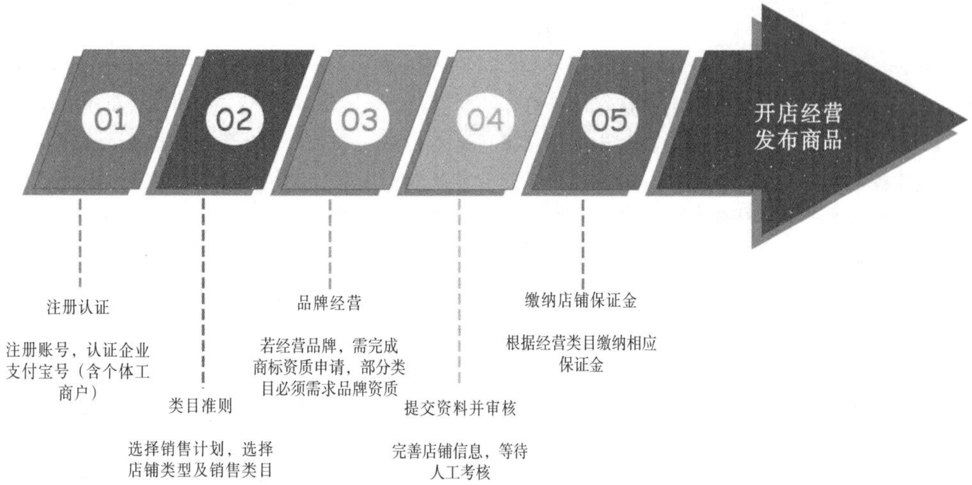

注册认证
注册账号，认证企业
支付宝号（含个体工
商户）

品牌经营
若经营品牌，需完成
商标资质申请，部分类
目必须需求品牌资质

缴纳店铺保证金
根据经营类目缴纳相应
保证金

类目准则
选择销售计划，选择
店铺类型及销售类目

提交资料并审核
完善店铺信息，等待
人工考核

图 6-1　速卖通入驻流程图

第一步，登录 https：//login.aliexpress.com/，进入速卖通注册页面，单击"登记"，如图6-2所示，选择"你的地点"，然后填写注册过的电子邮件地址并设置密码，单击"创建账户"。

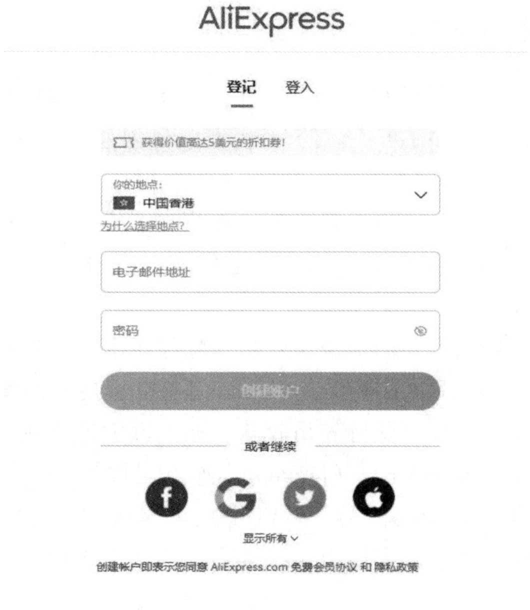

图 6-2　速卖通注册页面

第二步，系统将向注册的电子邮件地址发送验证。此时，立即点击"查看邮件"，系统会自动跳转到邮件登录页面，点击链接完成邮箱验证。

第三步，填写账户信息，进行手机验证。填写个人信息后点击确认按钮，弹出手机号码验证页面。填写的手机号码将在1分钟内收到系统发送的验证码，并将收到的验证码填写在下面的验证码栏中。此时，速卖通账户已经注册完毕。

第四步，企业实名认证。速卖通注册成功页面如图6-3所示，点击"企业认证"后，系统会跳转到支付宝登录页面，此时需要填写企业认证的支付宝账号，进入支付宝登录页面。

图6-3 速卖通注册成功页面

第五步，绑定支付宝，并进行授权。如果支付宝未通过认证，请转到支付宝页面完成支付宝认证，或使用其他支付宝账户进行实名认证。如果您提交的支付宝账户已经通过支付宝实名认证，请检查您的认证信息是否有误。如果是错误的，请登录您的支付宝账户管理页面进行修改。如果是正确的，那么认证后，创建账户正式完成了。

2）速卖通平台的会员与收费模式

卖家入驻速卖通是需要缴纳一笔年费的，也叫技术服务费，它会根据类目的不同来决定年费金额。如服装、鞋包、珠宝、手表、美容、母婴玩具、运动设备等这些类目的年费是1万元人民币，手机等电子产品的年费为3万元人民币，而某些特殊类目的年费可能达到5万元人民币。与此同时，速卖通平台为了提高卖家卖货的积极性，会根据卖家每年的销售额，返还相对应的年服务费，奖励的比例为返还年费的50%和100%两档。

但从2019年11月起，速卖通取消原有的年费激励返还机制，新入驻的卖家无须再缴纳年费，而是需要按入驻类目缴纳一定的保证金。一个店铺只能选择一个经营范围（即一个经营大类），保证金也就收取该经营大类的费用。当卖家不想继续在平台经营店铺时，完成所有交易订单后，平台会退回保证金。如果店铺有违规扣款行为，平台会按规则进行扣款惩罚。同时，店铺每销售一个商品，速卖通就要按照订单的销售金额收取一定比例的佣金。类目不同，佣金的比例也是不同的，大概在5%~8%不等。

6.1.3 亚马逊平台创建账户

1）创建账户的操作流程

由于亚马逊平台站点非常多，分为北美、欧美、亚洲等平台，本节以北美的美国站点为例介绍开店流程，主要分为准备注册资料、官方审核（招商经理审核）、通过链接注册、进入注册页面注册、添加收款卡、品牌备案分类（账号）审核、添加产品的FBA、缴纳年费并发布商品，具体流程如图6-4所示。

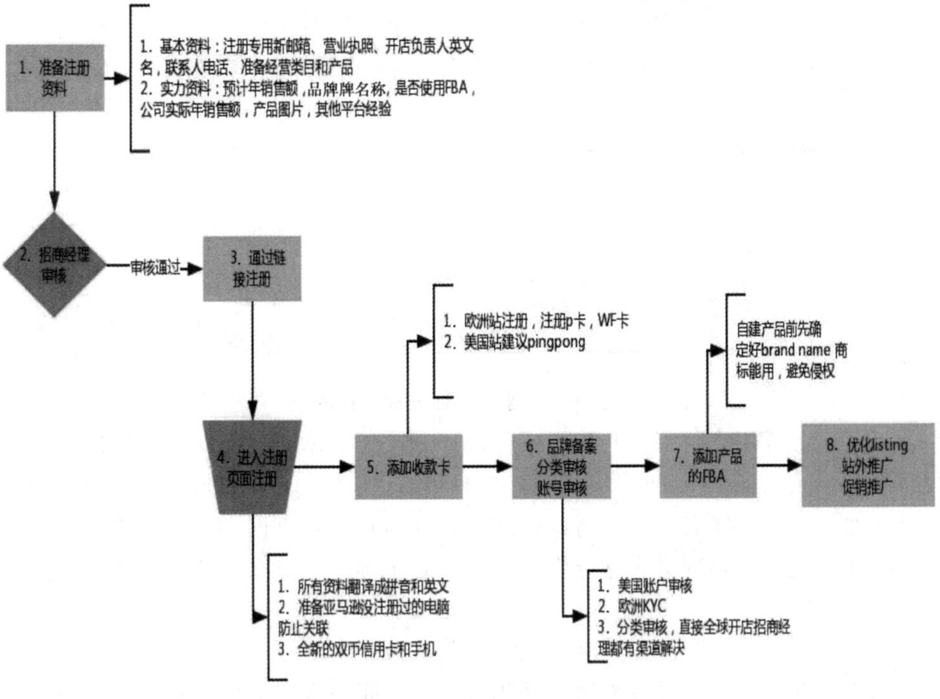

图6-4 在亚马逊平台站点的开店流程图

第一步，进入亚马逊官网的卖家注册页面，单击创建"Amazon账户"进行注册，会出现如图6-5所示页面。然后按照页面提示输入名字、邮箱、密码等信息，注意，名字可以输入法定代表人姓名的拼音。

第二步，页面跳转到验证邮箱的步骤，输入注册邮箱，注册邮箱会收到亚马逊官方发来的邮件，里面有6位数的验证码，在亚马逊注册页面输入验证码就可以进入下一步了。

图6-5 亚马逊创建账户页面

第三步，亚马逊会要求设置详细的公司信息，根据情况如实选择公司地址、业务类型、企业名称即可，如图6-6所示。填写后还会有验证环节，可以选择短信验证或电话验证，只要能接收到验证码即可。务必要保证信息正确，完成此步骤点击下一步后将无法返回修改。

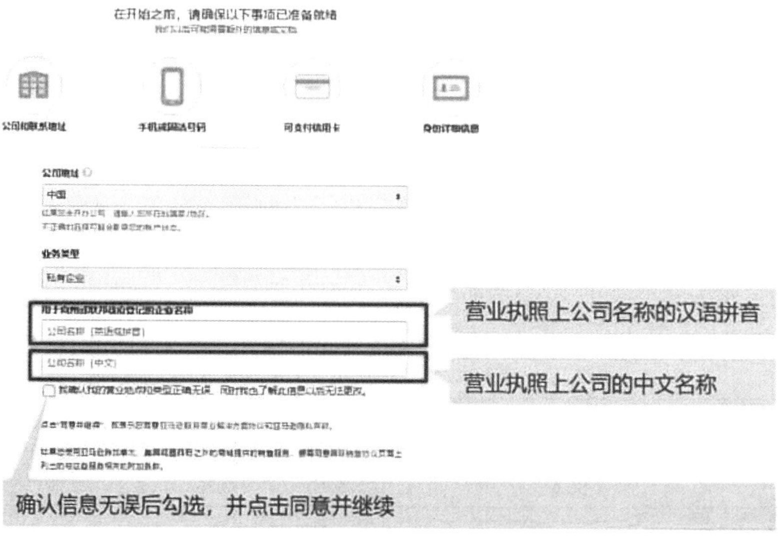

图6-6 设置详细的公司信息页面

第四步，需完善卖家信息，即法定代表人的个人信息，如国籍、居住地、联系方式。注意，此时还需填写受益人信息，受益人必须是公司所有人或管理者或持股25%以上的人。

第五步，完善账户信息，添加持卡人和账号的注册信息。

第六步，填写店铺相关信息，如名称、产品的相关属性。名称需要用英文，产品需明确是否有商品编码、是制造者还是品牌代理商、品牌产品是否有注册商标。

第七步，身份验证环节。此步骤需上传法人及营业执照照片，上传后提交即可进入验证环节，商家可以选择"实时视频通话"，然后预约视频验证时间。届时，准备好相应的证件，在规定时间验证即可。

同时，亚马逊会邮寄给商家带有验证码的明信片，收到后在注册网页填写完成验证，并提交审核已填写的信息。验证完成后，亚马逊会通过邮件通知商家，商家可以登录卖家中心查看结果，如图6-7所示。

图6-7 亚马逊注册完成页面

2）选择卖家身份

亚马逊全球开店业务平台分为北美平台、欧洲平台、亚洲平台以及南美平台。北美平台主要分为美国、加拿大、墨西哥；欧洲平台主要分为英国、德国、意大利、法国、西班牙；亚洲平台主要是日本、印度、中国、新加坡；南美平台主要是巴西。无论在哪个站点开店，亚马逊都提供了两种开店方式，即专业卖家和个人卖家。专业卖家可以获得更多的反馈资源，如订单报告、在产品展示页面优先排序、仅允许专业卖家参与的10类产品类别销售等优势。当然，两种不同身份开店模式的成本也不同。表6-1比较了不同站点两种方式的开店费。

表6-1　　　　　　　　　　北美、欧洲以及日本开店收费标准

	美国站点	英国站点	日本站点
专业卖家	$39.99/月+销售费	£25/月+销售费	¥4 900/月+销售费
个人卖家	$0.99/件+销售费	£0.75/件+销售费	¥100/件+销售费

注：以上信息更新时间为2023年4月13日。

3）设置收款账号

在完成了上述步骤后，亚马逊平台还会提醒卖家设立收款账户。付款账户绑定的信用卡用于支付平台费用和佣金费用，而对于在平台上销售的产品，亚马逊会在一个会计周期内与卖家结算，并把扣除了亚马逊管理费用的余额转移至卖家指定的收款账户。因为卖家收款不是在商品销售后立刻获得，所以收款账号的设置可以稍后再准备。卖家收到亚马逊平台账款的方式有如下三种：

第一种，在开店平台所在国家开设当地银行账户。为了顺利获得亚马逊平台的转移付款，卖家需要提供一个亚马逊支持的国家或地区的银行账号。目前，亚马逊支持在澳大利亚（AUD）、加拿大（CAD）、欧元区（EUR）、印度（INR）、新西兰（NZD）、英国（GBP）、美国（USD），以及开设的银行账号，但仅能以开户地的货币进行支付。

第二种，使用亚马逊卖家货币转换器（ACCS）服务。如果卖家没有在开店平台所在国家开设银行账户，可以选择使用亚马逊卖家货币转换器服务。表6-2为亚马逊卖家货币转换器针对各个平台支持的货币。如果卖家的银行账户在以下国家开设，卖家就能借助亚马逊卖家货币转换器在卖家所在的当地银行账户直接收到当地货币的款项。无论卖家居住在哪国，卖家的银行账户只能收到亚马逊卖家货币转换器支持的国家和货币的付款。例如，英国卖家在美国亚马逊平台上开店，但开设的收款账户不是美国银行账户而是英国账户，则必须接受使用亚马逊卖家货币转换器收款，每一笔付款都会自动转换成英镑打入卖家当地银行账户。卖家可以单击"货款汇总"页面上的"查看汇率"按钮了解转款到卖家银行账户的汇率。使用亚马逊卖家货币转换器服务的相关所有费用和收费都已包括在汇率中。

表6-2　　　　　　　　亚马逊卖家货币转换器服务的货币种类

平台（Amazon.__）							
付款货币	.com	.ca	.co.uk	.de	.dr	.it	.es
欧元（EUR）	✔	✔	✔	✔	✔	✔	✔
英镑（GBP）	✔	✔	✔	✔	✔	✔	✔
美元（USD）	默认	✔	✔	✔	✔	✔	✔
澳元（AUD）	✔	✔	✔	✔	✔	✔	✔
加元（CAD）	✔	✔	✔	✔	✔	✔	✔
印度卢比（INR）	✔	✔	✔	✔	✔	✔	✔
新西兰元（NZD）	✔	✔	✔	✔	✔	✔	✔

注：以上信息更新时间为2023年4月13日。

第三种，使用第三方货币兑换服务。在开店平台所在国家开设银行账户，虽然可以充分掌控自己的财务账户，但开户过程比较复杂，需要卖家在该国建立合法的企业实体，还要咨询法律、税务和银行顾问。而中国的卖家，如果没有上述国家或地区的银行账户，也可以用中国的银行账户接收亚马逊以人民币结算的货款，但需要通过第三方支付机构来绑定银行卡，例如 Payoneer。所以第二种和第三种方式是卖家常用的收款方式。

6.1.4　eBay平台创建账户

1）账号创建的流程

eBay平台不需要缴纳保证金，所以入驻流程也较为简单，只需要注册两类账号，并完善信息即可，如图6-8所示。

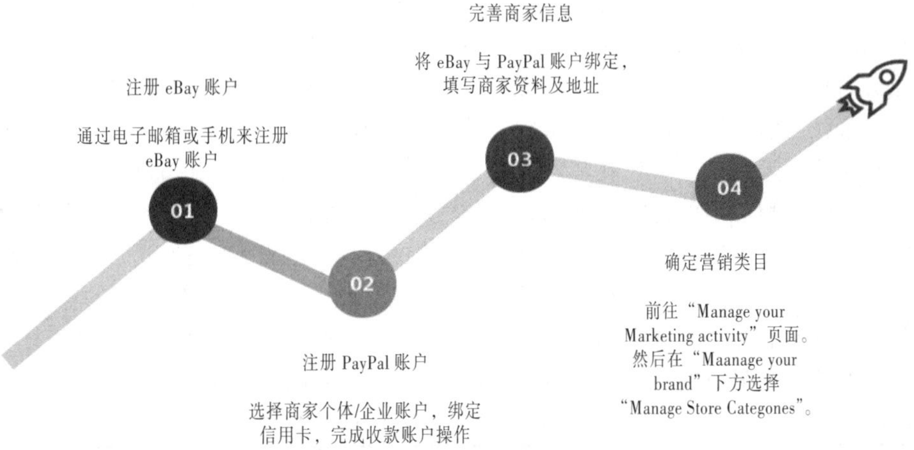

图6-8　eBay入驻流程图

第一步，登录www.ebay.com，单击左上方"注册"按钮。进入 eBay 注册页面后，如图 6-9 所示，设置电子邮箱地址账号及密码，或输入手机号，填写图中验证数字，单击"创建账号"进行下一步操作。

第二步，完成验证。注册电子邮箱后会收到 eBay 发来的一封邮件。点击邮件链接以完成验证。同时，单击"以短信向我提供验证码"，随后输入收到的验证码即可。

第三步，确认条款。阅读 eBay 平台使用条款，并点击"继续"。

第四步，注册 PayPal 资金账户。登录 PayPal 官网，进入注册页面，选择商家账户（分为个人及企业）。填写注册邮箱，并按照图 6-10 所示，填写注册信息。然后进入"我的 PayPal"界面，点击确认邮箱地址，还需要激活电子邮件地址和设置密保问题，激活收款功能。

创建一个帐户

◉ 个人账户　○ 企业账户 ⓘ

使用您的电子邮件或手机

| 名 | 姓 |

| 电子邮件 |

| 密码 👁 |

通过创建帐户，您同意我们的<u>用户协议</u>并确认阅读我们的<u>用户隐私声明</u>。

【创建账号】

图6-9　eBay注册页面

创建登录

| 邮箱地址 |

| 密码 | 重新输入密码 |

提供公司信息

| 姓 | 名 |

| 公司名称或您的全名 |

| 🏳 ∨ | +86 电话 |

| 省/直辖市 ∨ | 市/县 |

| 地址（不可使用邮政信箱地址） |

| 邮政编码 |

您的首选币种是什么？

| 美元 ∨ | ❼

图6-10　PayPal注册信息页面

　　第五步，绑定eBay账户与PayPal账户。登录eBay账户，点击右上角"我的eBay"，点击账户—PayPal账户—连接到我的PayPal账户，填写地址。接下来，输入Paypal账号和密码，这样便完成了eBay账户与PayPal账户的关联，eBay开店注册也就成功了。

2）账号类型

虽然入驻 eBay 是完全免费的，不过在经营 eBay 店铺的过程中，会涉及订阅费、产品刊登费、成交费等等。

第一，店铺订阅费。eBay 卖家主要有两种类型：非店铺卖家和店铺卖家，其中店铺卖家是需要缴纳一定的店铺订阅费的，主要有 5 个档次，年度订阅最低收费标准为 4.95 美元。eBay 店铺卖家收费是分为月度收费和年度收费两种的，其中年度订阅的费用折算后要比月度订阅费用要低一些，但都是以月为单位支付费用的。

第二，产品刊登费。eBay 对卖家的产品刊登是有条数限制的，一般非店铺卖家每月有 50 条免费刊登商品页面的条数，超出的话，是会按收费标准进行费用收取的。

卖家店铺等级越高，就有越多的免费刊登商品页面条数，而且超过后刊登费用也会比较低。

第三，成交佣金。跟其他平台一样，eBay 也是会收取一定的平台产品成交佣金的，不同类目产品收取的佣金比率也不一样，一般费率在 3.5%~9.15% 之间。非店铺卖家的成交费会比较高，是需要收取 12% 的佣金的。还需要注意的就是，如果账号下降为 below standard 的话，那么成交费会增加 4%。

6.1.5 Wish 平台创建账户

1）创建账号流程

Wish 平台相较于 eBay，它的入驻流程要稍微繁琐一些（如图 6-11 所示），更倾向于有其他电商平台运营经验的商家入驻，并且平台对商家身份验证核实环节更加严格。

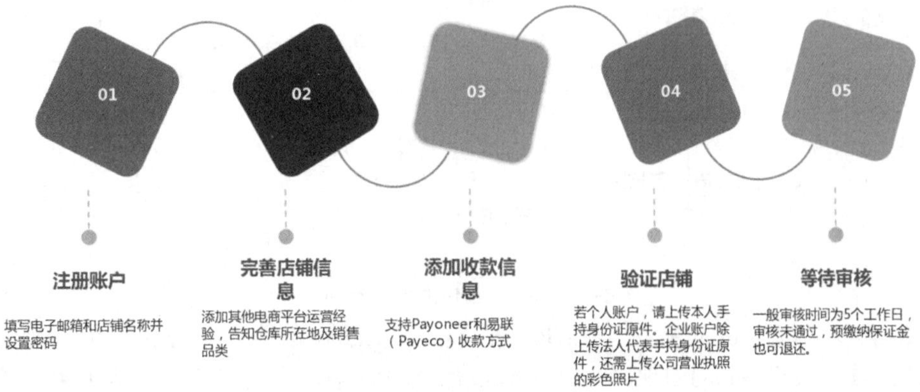

01 注册账户
填写电子邮箱和店铺名称并设置密码

02 完善店铺信息
添加其他电商平台运营经验，告知仓库所在地及销售品类

03 添加收款信息
支持 Payoneer 和易联（Payeco）收款方式

04 验证店铺
若个人账户，请上传本人手持身份证原件。企业账户除上传法人代表手持身份证原件，还需上传公司营业执照的彩色照片

05 等待审核
一般审核时间为 5 个工作日，审核未通过，预缴纳保证金也可退还

图 6-11 Wish 入驻流程图

第一步，登录 china-merchant.wish.com 并单击"免费使用"。如图 6-12 所示，在 Wish 注册页面，填写注册邮箱，输入密码，并填写手机号码以及右边

显示的图片验证码和短信验证码。当完成以上所有步骤之后，"单击创建你的店铺"。

图6-12　Wish注册页面

第二步，进入"Wish与商户协议"页面，阅读Wish商户协议，并在全部阅读完后点击最下方的选框。

第三步，进入"邮箱验证"页面。Wish将发送验证邮件至注册时使用的邮箱，单击"立即查收邮件"，会收到一封验证邮件，单击"确认邮箱"后会直接跳转到商户后台。

第四步，进入"告诉我们您的更多信息"页面，如图6-13所示。输入店铺名称，店铺名称一旦确定将无法更改。然后，输入姓氏、名字、所在的国家、省份、城市、街道地址以及邮政编码。点击"下一步"继续注册流程。

第五步，进入"实名认证"界面。请选择Wish账号类型"个人"或者"企业"，下面以企业账号认证为例进行说明。如图6-14所示，输入公司名称及统一社会信用代码。之后上传清晰的营业执照彩色照片。下一步会要求填写法定代表人姓名和身份证号码。准备好拍照工具、法定代表人本人身份证、深色笔以及一张A4白纸，并且需要在15分钟之内完成认证操作。

图 6-13 "告诉我们您的更多信息"页面

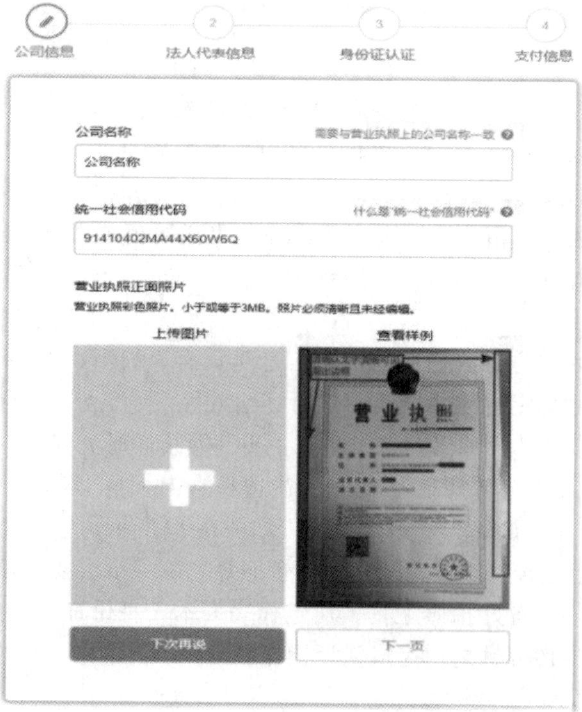

图 6-14 实名认证页面

第六步，在上传验证照片后，点击"下一步"进入支付的选择。此处将会添加收款信息，以便Wish业务开展后能正常收到货款。可选择多种收款方式，如bills、Payoneer、Payeco等。接下来，需要在"缴纳预缴注册费"页面，通过选择Payoneer、UMPay联动支付、PayPal三个支付提供商来支付2 000美元。至此，商户注册流程已全部完成。

2）会员模式

在Wish开店之前是不收年费租金的，但从2018年10月1日0时（世界标准时间）起完成注册流程的所有商户账户，都需要缴纳2 000美元的预缴注册费，如果之后卖家不想继续经营Wish店铺，平台会退回；不过如果卖家违规，也是会从预缴注册费中扣除的。

在Wish平台开店同样有佣金和手续费。产品售出后，Wish将从每笔交易中按一定百分比或按一定金额收取佣金，即卖出物品之后收取这件物品收入（售价+邮费）的15%作为佣金。在Wish账户里面提现的时候，会收取一定比例的手续费。不同的渠道收取的费用是不一样的，比如使用Payoneer从Wish收款是免费的，提现起始手续费为1%或更低。使用PayPal，会收取1%手续费，PingPong是1%或更低。

6.2　商品页面的文案准备

在发布新商品之前，卖家需要准备好所售商品的文案资料和图片，并在后台界面设置搜索关键词。文案具有传播商品信息的价值，可以让目标受众对商品的认知从无到有，从而为后续的市场推广、商品营销创造良好的环境。一个好的电商文案（以下简称"文案"）可以提高商品转化率，增加品牌影响力。本节通过介绍文案种类，分析文案撰写要素以及写作技巧来了解文案准备工作。亚马逊、易贝网、速卖通、对上传产品的具体要求有所不同，但基本操作步骤仍是一致的。本节以亚马逊平台的规则为例，详细介绍商品上架前的资料准备。

6.2.1　文案分类

对于文案撰写工作来讲，创作者了解文案有哪些类型是十分重要的，不同种类的文案，其写作方法及应用场景是不同的，本小节重点讲述以下四种类型。

1）横幅广告文案

横幅广告文案是最早出现的电商文案类型，一般呈现为矩形，以jpg、gif、Flash等格式的图片呈现，分为静态横幅、动态横幅、互动横幅三类，通常出现在店铺首页（如图6-15所示）。由于手机等移动设备的普及，横幅广告文案亦可成为主图文案，一般设计为竖直形状，主图文案呈现在电商平台的自然搜索结果页面中，从而吸引用户点击。

图6-15　李宁旗舰店横幅文案广告

2）详情页文案

详情页文案是对商品的具体功能、特点等情况进行描述的文案，是最普遍使用的电商文案形式，它的作用在于向客户介绍商品（如图6-16所示）。消费者通过商品详情页文案中的图文来具体了解商品，因此详情页文案是否美观大方将很大程度上决定消费者是否购买。

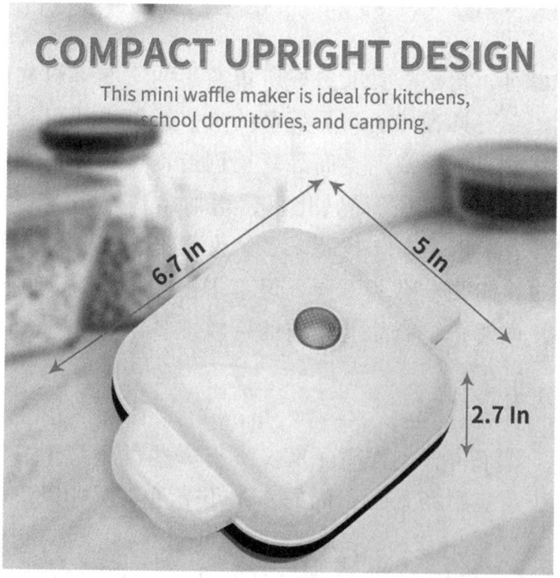

图6-16　华夫饼制作锅具细节图

3）品牌文案

品牌文案是比较流行的电子商务文案形式，其通过企业故事形式向用户传达企业文化，从而促进商品销售，通常出现在卖家的自建网站中。一个好的品牌文案应该设计一个新颖的标题，吸引用户的注意，同时要注意体现品牌优势，强调本品牌的个性化与独特性。例如山东济南的泉城红薯网站（如图6-17所示），内容突出了品牌发展历程与品牌优势，强调了山东济南当地红薯甘甜的品质优势。

图 6-17　山东济南的泉城红薯网站

4）营销推广文案

营销推广文案是利用文案在各大网站平台上营销产品，质量好的推广文案一旦被大量转发，其带来的客流量是非常巨大的，并能产生一定的经济效益。营销推广主要有几种表现形式：

（1）文案中插入店铺网址、推荐网址。

（2）以搜索引擎优化的方式推广关键词。

（3）采取媒体形式介绍品牌或商品。

（4）通过电子邮箱向目标用户发送海报。

6.2.2　文案撰写的要素

文案的撰写有一定规范，从全国知名企业的电商文案中，很容易看出这些企业的商品定位、创新点以及特色服务。因此，对于电商文案来说，需要考虑的是怎么样用最快的方式、最直接的语言传递完整的信息，这就需要掌握一些基本的撰写要素。下面以亚马逊平台为例，详细介绍文案撰写：

1）产品标题

产品标题对于卖家而言是至关重要的，因为好的标题有助于买家很快地搜索到产品。卖家编辑产品标题时一定要尽可能地言简意赅，不要出现像价格、促销等字样。产品标题是消费者了解商品的重要信息来源，所以标题的描述一定要准确。

（1）标题应包括产品品牌及描述（Product Brand and Description）、品类（Product Line）、材料或原料（Material or Ingredient）、颜色（Color）、尺寸（Size）、数量

（Quantity）。例如，Best Token 2-piece Vintage Pillow Cover Case Without Insert 18"x 18"（Blue）、Breville BJE200XL Compact Juice Fountain 700-Watt Juice Extractor。

（2）首位必须是品牌；若无品牌首位标明无品牌"Generic"。

（3）标题不能有公司、促销、物流、运费或其他有与商品无关的信息。例如，Best seller（畅销）、Free Delivery（免运费）。

（4）如果是批量销售，商品名称后一定注明一批是多少。例如，a pack of 10（一包10个）。

（5）标题长度不能超过150字符，空格算作1个字符，不能出现特殊字符或标点符号。首字母大写，除了冠词和介词（a、the、for）。

2）搜索关键词

搜索是买家用于在亚马逊网站上查找商品的主要方式。买家通过输入关键字进行搜索，而关键字将与商品输入的搜索词进行匹配。选择恰当的搜索词可提高商品的可见性和销量。商品的名称、UPC、制造商、销售商自动添加为搜索选项，所以卖家在设置关键词时不必再添加上述信息。商品名称中的每个词都可被单独搜索，所以蓝色中号双人床枕头套（300纱线密度）比蓝色枕头套更好。

卖家可以设置五个关键词小组，每个小组关键词最多50个字符。可以将近义词或是同义词作为搜索关键词。例如：Jacket or Blazer都可表示为休闲西服外套，Airplane or Aeroplane都表示飞机。对应于不同的库存管理功能，默认的关键词元素也不同，如果通过添加新产品方式建立商品页面，那么商品名称、品牌/设计者/制造商、搜索词、动作关键字都被默认为商品关键词，见表6-3。

表6-3　　　　　　　　　　　　　　　关键字元素

库存管理功能	用作关键字的元素
添加新商品	商品名称、品牌/设计者/制造商、搜索词、动作关键字
文本文件模板	标准商品编码（UPC、EAN、全球贸易项目代码）、商品名称、品牌/设计者、制造商/制造商零件号（制造商零件号）、搜索词1－搜索词5
商品上传数据（XML）①	商品名称、标准商品编码（UPC、EAN、全球贸易项目代码）品牌/设计者、制造商/制造商零件号、搜索词（最多250个字符）

---

① 对于高级卖家，可以利用XML（可扩展标记语言）来管理亚马逊系统。XML是一种包含结构化信息的文档标记语言，在XML文档中，数据以文本字符串的形式存储。XML允许卖家将其系统与亚马逊系统集成，与平台的系统进行通信，使用预定义的API（应用程序编程接口）来发布文件至亚马逊系统，并接受来自亚马逊系统的文件。当处理大量数据时，卖家可以使用XML很方便地发送和接收数据。一旦XML集成全面实施和测试，就会很少需要人工干预，甚至不再需要人工干预。

3）商品照片

为了创造最佳的购物体验，一定要提供商品照片，有效的产品图片可激发客户的想象力并促使他们购买产品。在搜索结果页面，每个商品只会显示一个图片，即主图；当商品页面被单击打开后，在商品详情页面的左侧能看到更多的商品图片，称之为副图。通常来讲，主图是从整体展示商品的最主要的图片，而副图可以是细节展示或是使用场景展示，见表6-4。

表6-4　　　　　　　　　　　　　　副图的功能

商品核心卖点展示	商品内部空间大小展示
商品适用规格和功率	使用场景直观展示

亚马逊平台对商品图片的要求比较严格：图片必须是照片，而非绘画，不允许有水印或文字，背景简单明了，不会对产品本身形成干扰。图片在尺寸、颜色等方面与产品说明相符，可在图片上识别出产品，图片描绘了完整的产品照片中商品应占据至少85%的页面范围，见表6-5总结了主图常见的错误。上传照片时应注意以下事项：

（1）每件商品必须有主图，主图是第一个图，也是显示在搜索页面的图。主图至少1 000 ×1 000像素。

（2）主图必须纯白背景（RGB值255，255，255），无水印、无任何文字、无边框，不能出现所售商品以外的配件或商品，不能带有包装盒。

（3）副图建议多角度展示商品，副图可以不是纯白背景，但不允许有商品、水印或文字。

表 6-5   主图常见的错误

	错误	正确
背景必须纯白		
背景必须无任何文字		
背景必须无水印		
背景必须展示单一图片		
主图不能带有包装盒		

4）产品描述文案

产品描述分为两个部分，一个是产品要点简介，显示在商品报价后，概括商品的主要特点，来吸引消费者的注意力，卖家需要用一些简洁的语句对产品进行描述，而这种描述最好能够抓住买家的兴趣点。另一个是商品详细信息，可以用图文并茂的方式详细介绍产品的尺寸、参数、性能、服务等各个方面。商品信息必须以开店的亚马逊商城的当地语言发布。如果卖家要在亚马逊德国站或亚马逊日本站开店，则商品详情必须相应为德语或日语。

（1）产品要点简介

精心制作的产品要点简介可以增加销售额。客户依赖这些产品要点来理解关键的产品功能，因为其中突出展示了与产品有关的、重要的或与众不同的元素，如图6-18所示。制作产品要点时，请遵守以下原则：

图6-18 产品要点描述

① 突出展示希望客户考虑的几个关键特点，比如尺寸、适龄性、产品的理想条件、技能水平、成分含量、原产地等。

② 保持一致的顺序。如果第一个产品要点是原产地，那么应为所有的产品保持相同的顺序。

③ 重申标题和说明中的重要信息。

④ 请在每条要点开头使用大写。

⑤ 请以句段书写，不要在结尾加入标点符号。

⑥ 请勿包含促销和定价信息。

（2）商品详细信息

在介绍产品详情时，不要仅仅提供简明扼要的简单说明。一份精心撰写的产品说明可以帮助客户想象拥有或使用产品所带来的体验，例如感受、触摸、产品的体验、使用和优势等，这有助于激发客户的想象。对比下列两种表述，看看哪种更有吸引力？

① 专为音频专业人士打造的、坚固耐用的麦克风。

② 秉承 SM58® 的传统，Beta 58A 动态麦克风早已成为声乐家和巡回演出歌手的首选。Shure Beta 58A 是一款高输出超心型动态声学麦克风，专为专业扩声和项目工作室录音而设计。它在自身的整个频率范围内都保持了真正的超心型模式。这确保了极高的反馈前增益、最大程度地把其他音源隔离以及最低程度的离轴音色。Beta 58A 拥有极为适合人声特写的成形频率响应。即便遭遇粗暴操作，这款麦克风的卓越性能也不会受到影响，因为它那坚固的结构、经得起考验的减震架系统以及加固的钢制网罩有助于抵御各种损害。Beta 58A 的典型用途包括主唱、和声和演讲。

另外，对于亚马逊品牌注册（Brand Registry）的卖家而言，可以利用图文结合的 A+ 页面，来真实展示商品的属性。A+ 页面就是图文版商品详情页面，通过它可以使用额外的图片和文本进一步完善商品描述部分。在图片的选择上，卖家应选择能够突出产品特性、卖点、细节、尺寸和使用环境的图片。

6.2.3 文案策划流程与写作技巧

1）文案策划流程

（1）明确商品卖点，挖掘用户痛点。

卖家要对现有的市场做调查和市场需求分析，明确做广告文案的真正目的，还要确定商品所对应的用户人群。找到用户所需的商品的卖点，这样用户才会被文案的标题或图片展示的内容吸引。在互联网时代，进行市场调查的方法灵活多样，如经常浏览竞争对手的店铺，看买家是如何评价的，尤其要重点关注"差评"。"差评"就是买家的痛点，卖家从中也可以发掘出自己商品的卖点。

（2）跟紧时代步伐，抓住热点话题。

热点话题是指某一时期受大众关注的新闻和信息，通常能够吸引大量的关注，具有丰富的流量资源，可以为商品推广或销售提供大量的目标基础。要抓住热点话题的时效性，时效一般在一周左右，所以文案创作在热点话题的前三天就要发布，否则人们对热点关注的兴趣会减退。当然，商品文案的创作内容，一定要与热点话题联系起来，只有与热点话题有一定相关性的推广文案，才能获得更快的营销效果，否则容易事倍功半，得不偿失。

（3）撰写自创内容。

卖家切记不要从一些社交网站、自媒体或者视频号去搬运内容，这样会使用户失去新鲜感，应最大可能地创新内容。卖家根据前期的调查和自己的想法，拟定文案的标题，写出文案内容，最后再对已经写好的文案进行反复检查和筛选，确保没有错别字和语句不通顺的问题。

（4）增加视觉冲击。

文案的视觉冲击力就是通过文案内容、文字、色彩、图片、视频等个性化设计，给人留下深刻持久的印象并增强文案宣传作用的过程。图片作为电商文案中不可缺少的元素，它的作用不仅仅是好看，或者带给消费者视觉冲击力，更重要的是好的图片能够表达大量文字所描述的内容，节约了文案的空间，也节约了消费者理解文案的时间。如图6-19所示，Adidas的广告文案，突出了品牌的运动气息，并说明了活动折扣力度。

图6-19 Adidas广告文案

2）写作技巧

（1）采用精简结构。

对于文案，重点不在于字数多少，而在于提供多少信息才能够成功地吸引到消费者。如果希望通过文案挖掘潜在客户，那么就没必要提供全部细节，而是要给予他们足够的吸引力。统计数据表明，在互联网大环境下，消费者对一篇文案关注的平均时间不超过2秒，所以电商文案须在用户低效浏览方式下，尽快吸引消费者的注意力，突出文案重点，更加简洁精练地传递文案信息。

（2）以买家角度阐述。

消费者在购买产品时，往往会思考产品会带给自己什么好处。因此卖家在撰写文案时，应尽可能从买家角度出发，拉近彼此之间的距离，例如，特仑苏牛奶满足了血脂高、减肥等人群健康的需求。

（3）从"物"到"人"。

商品是一种物品，再好的商品也是为人服务，并没有情感。如果将商品与人进行绑定，会促使消费者在购买时的社交情景转化，例如哈根达斯的经典广告文案"爱她，就带她去哈根达斯"。男女之间通过哈根达斯达到间接表白的目的，或情侣在谈恋爱时，就会想到这个品牌，以表达给对方深情之意。

（4）嫁接文化符号。

每一个国家都有自己的文化底蕴，传统优秀文化往往是其精华，对人们具有强大的凝聚力和号召力。如果产品附带有优秀传统文化，那么人们购买欲望会大大增加。功夫茶从取名可以得知，是以中国功夫为背景，宣传自己家茶具有老牌、耐泡等特点，被广大消费者所喜爱。

✿ 案例专栏   飞科剃须刀

飞科是一家知名的以技术研发和品牌运营为核心竞争力，集剃须刀及小家电研发、制造、销售于一体的无区域集团企业。自1999年成立以来，飞科一直都在用品质说服所有人，即便是不请大牌明星、不动用流量，也照样拥有无数忠实的消费者。前段时间飞科又上线了一款新型剃须刀，短短几天的时间就卖掉了近百万台，令业界同行只有眼红的份儿。不过他们其实也习惯了，因为飞科的剃须刀每次都很抢手。其实父辈有不少人都在使用飞科剃须刀，一用就是七八年，刀锋依旧锋利如新。这大概也是为何飞科能够屹立不倒，即便是飞利浦和吉列这种国际大牌也不能撼动分毫，甚至被称为"性价比之王"的小米都无法与之匹敌。

当然，飞科在运营方面也下了很大功夫。飞科品牌店铺入驻了快手、抖音等短视频平台，飞速适应平台调性，完成内容、运营手段的多维升级，在短短三个月达到了日均GMV（商品成交总额）20W+的亮眼成绩。维持了基本的日均销量之后，飞科开始不断探索日播+大场摸高的组合打法，整体的日均GMV也实现了从20W提升至100W左右的水平。

飞科不断成长稳步提升，在"5·20"表白日活动期间再创佳绩，达到GMV近600W，超出原定目标85%之多，其辉煌战绩背后又隐藏了什么样的营销策略？在人们的传统思想中，购买剃须刀是男士的需求，企业应当投入更多广告资源给男性，但是飞科改变了传统营销战略，在与情侣相关等节日营造了许多广告文案，让女性购买后赠予另一半的男性。我们分别通过情人节、七夕节两个活动广告文案来分析飞科营销成功之处。

本节上述内容讲过从"物"到"人"的文案撰写技巧，将冰冷的物品转化成人的温情。飞科的广告文案采取了图文结合方式，将情侣关系通过剃须刀方式进行绑定，"爱ta，就送他（飞科剃须刀）"广告标语更是刺激了女性的购买欲望，解决了过情人节不知道送男友什么的苦恼。同时，通过简洁的话术，介绍了本次活动的折扣力度，给活动引入了巨大流量，促成了飞科剃须刀爆品。

在中国传统节日七夕节中，飞科针对剃须刀系列FS927产品进行特定包装，如图6-20所示，由于"限定"包装，一改单调的外观图文，以牛郎织女牵手的漫画刻印在外包装上，深受女性喜爱，也能表达对男友的深情，进而带动活动销量。同时，广告文案的"我携星辰以赠你，仍觉星辰不及你"的自创内容，提升了飞科剃须刀的格调，使其与众不同。最后，用精简文字结构说明了产品的性能和功能，没有拖泥带水的过多介绍，使整个文案看起来非常简洁。

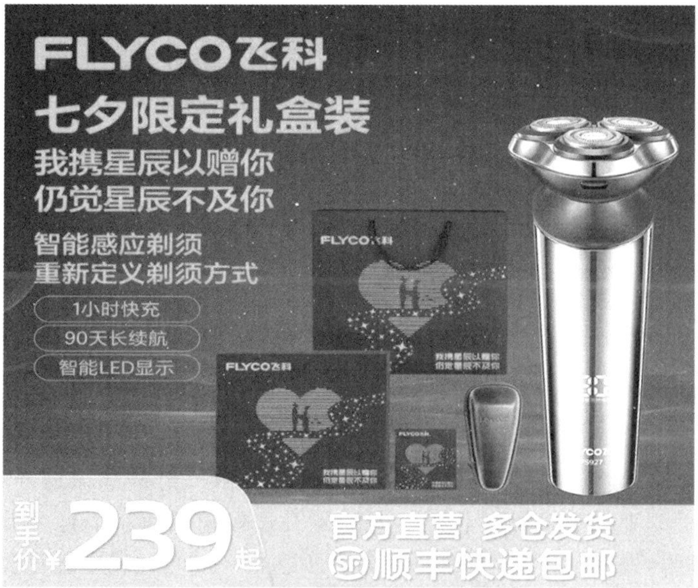

图6-20 飞科七夕节广告文案

6.3 创建商品页面的步骤

以亚马逊为例，主要有两种方式来创建商品页面：单个添加新商品和批量上传商品。如果选品较少（少于50件商品），可以使用单个添加新商品发布工具，逐件发布商品信息更为便利。如果拥有专业卖家账户，选品数量较大，并且这些商品已经在亚马逊平台上发布过，可以使用批量上传工具，通过修改UPC/EAN代码来建立自己的页面。不过，无论是以哪个方式建立商品页面，都需要首先确定商品发布的类别。

6.3.1 了解专业术语

在亚马逊的平台上，大家经常见到各种产品代码，想要在平台内熟悉操作，必须先了解一下这些代码。

1）SKU

SKU（Stock Keeping Unit，库存量单位（库存进出计量的单位）），由卖家创建的唯一编码，用来对产品页面的产品进行统一编号管理。亚马逊公司通过使用卖家库存文件中SKU，把卖家的产品和当前亚马逊目录中已经存在的合适的产品详情页面关联起来。而对于电商行业而言，SKU是指一款商品，每款都有出现一个SKU，同一款商品，如有不同颜色、尺寸、型号等属性，则视为不同的SKU。例如，一件衣服有黑、白两种颜色，S、M、L三种尺寸，则SKU数量为6（2×3）。亚马逊的很多报告，如销售报告将使用SKU来区别产品。

2）UPC or EAN

UPC（Universal Product Code，商品通用条码），适用于美国和加拿大。在亚马逊上可以通过UPC搜到对应产品，UPC乃上传产品必备元素之一。EAN（European Article Number，商品通用条码），和UPC近义，适用于欧洲站。UPC或是EAN是一个12位或13位的条形码。每一个UPC或是EAN只能有一个商品页面。通常来说，在亚马逊销售的每个产品都应该有UPC或EAN代码，但某些产品可以申请豁免或例外。

3）GTIN

GTIN（Global Trade Item Number，全球贸易项目代码），也可作为产品的唯一代码，但不如UPC和EAN的使用更广泛。

4）ASIN

ASIN（Amazon Standard Identification Number，亚马逊标准识别号），是由亚马逊生成用来标识亚马逊商品的代码。每个亚马逊经销的商品都有一个唯一对应的10位的ASIN编码。所以当卖家创建商品页面建立SKU时，亚马逊也会生成唯一一个ASIN与之关联。

5）GCID

GCID（Global Catalog Identifier，亚马逊内部生成的品牌标识符），当品牌在Amazon成功备案后，亚马逊会自动分配独一无二的，十六位字符，包括字母和数字。GCID与ASIN不同的是，ASIN针对的是商品页面，而GCID直接与商品相关联，而且永久不变。获得GCID的优势是可以增强卖家在共享商品详情页面时对页面编辑权的影响力。GCID是自动被创造并且分配到每个产品，并不会出现在产品页面或是库存管理页面。

6.3.2　确定产品分类

1）产品分类

产品分类是指产品归属于哪个类别。买家浏览路径的每个步骤被称作分类节点。有时候消费者会在搜索框内搜索产品，同时在左侧产品类别中缩小搜索范围。卖家正确地找到商品所属节点对于商品浏览至关重要。

分类越准确和详尽，亚马逊就越能将卖家的商品放置到网站中相关的分类节点下。采用以下方法以帮助确保在浏览结构中正确放置卖家的商品：从ICG（商品分类指南）中为卖家的商品选择尽可能具体的商品类型。如果卖家选择了不明确的一般描述词，商品可能不会被显示出来，因为买家往往会浏览至定义更加清晰的商品分类。目前，亚马逊一级分类主要有：①鞋靴；②服装服饰；③箱包、腕表首饰；④母婴用品；⑤玩具；⑥美妆护肤；⑦家具厨具、食品；⑧电子数码；⑨户外运动；⑩办公用品。每个一级类目之下都有更详细的二级类目，如图6-21所示，就是亚马逊的二级产品分类，例如鞋靴类目中包括男鞋、女鞋、童鞋、运动户外鞋和热门运动鞋。二级类目后有对应的三级类目，例如女鞋类目中包括了高跟鞋、芭蕾鞋、乐福鞋等等。详细的分类能够帮助消费者快速找到自己想要品类。

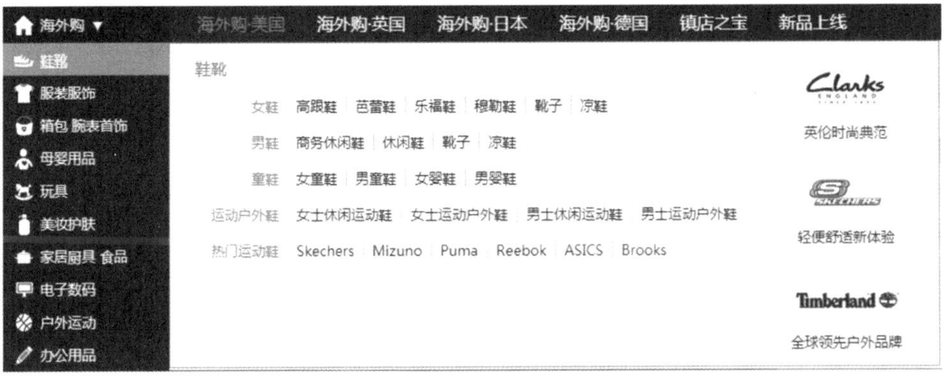

图 6-21　亚马逊二级产品分类图

2）类目错放

（1）定义。

类目错放是指商品实际类别与发布商品所选择的类目不一致，分为有意错放类目和无意错放类目。有意错放类目是指有意使发布商品时选择的类目与商品实际类目不符合以骗取曝光的行为。无意类目错放是指因为用户对平台和类目结构了解不够深入而导致发布商品时选择的类目与商品实际类目不符合。

（2）类目错放的惩罚。

如果类目相关度太低的话，类目错放会影响页面的曝光和后期排名。如果卖家跨类目做变体的话，可能页面会被移除，也可能被亚马逊警告，更严重的可能被移除销售权限。

（3）如何避免类目错放。

首先，要对亚马逊平台的各个行业、各个类目有所了解，知道自己所售商品从物理属性上来讲应该放到哪个大类目下；其次，可以在线上通过商品关键词查看此类商品的类目展示作为参考；最后，根据自己所要发布的商品逐层查看类目层级，也可以参考使用商品关键词搜索推荐类目，从而在类目推荐列表中选择最准确的类目，发布的同时要注意正确填写商品重要属性。

6.3.3　单个添加新商品

由于亚马逊平台采取了单一商品详情页面的规定，这意味着一个商品只能有一个商品详情页面，销售同一个商品的卖家只有商品定价权，而没有页面编辑权。因此，卖家在发布新产品之前，首先要确定这个商品是否已经在亚马逊平台上存在商品详情页面。如果是，则卖家选择跟卖；如果没有，则可以添加新商品。

1）添加新商品：跟卖

添加新商品是在卖家账户库存下拉菜单中提供的在线工具，通过卖家平台中的添加新商品页面发布待出售商品。如果已经有人在亚马逊上销售了该商品，那么卖家必须使用现有商品详情页面创建报价。需要注意的是，要确保所销售的产品与页面产品完全一致，并且拥有产品的销售权。在发布商品之前，务必准备好以下信息。

（1）UPC、EAN 或 ISBN（国际标准书号）：大部分商品都有一个唯一识别码，比如 UPC、EAN 或 ISBN。该识别码可确保商品详情页面上显示的信息是准确的。

（2）商品图片：商品图片能够让买家清楚看到所销售的商品，并可用于突出特殊的功能特性。请将商品图片调整为合适的尺寸，并做好上传的准备。

（3）报价详情：报价包括商品的价格、状况、数量和配送选项，可以随时更新报价信息。

（4）关键词和搜索词：使用准确有效的关键词有助于买家更轻松地找到商品。

以跟卖一款望远镜为例，具体操作步骤如下：

（1）从库存下拉菜单中选择添加新商品，然后搜索该类目商品在亚马逊上的销售情况。如果您搜索商品编码（如 UPC 或 ISBN），则可以获得更准确的搜索结果。例如，搜索"望远镜"，如图 6-22 所示。

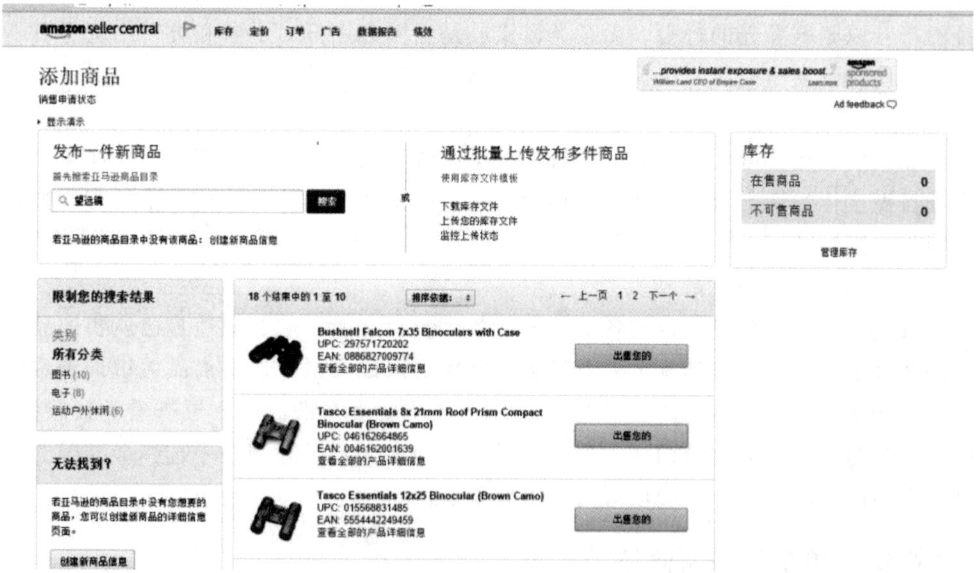

图 6-22　添加新商品网页图

（2）如果卖家找到了想发布的商品，单击"销售您的"按钮，添加报价详情，如图 6-23 所示，报价详情包括以下信息：商品价格、数量、状况、配送选项等。例如，写上价格"20"，保存更改。

15 分钟后，在产品详情页面中即可看到刚才操作的报价。在这个案例中，望远镜的跟卖不需要审核，但是有些商品的跟卖还需要通过亚马逊的审核才可以销售。

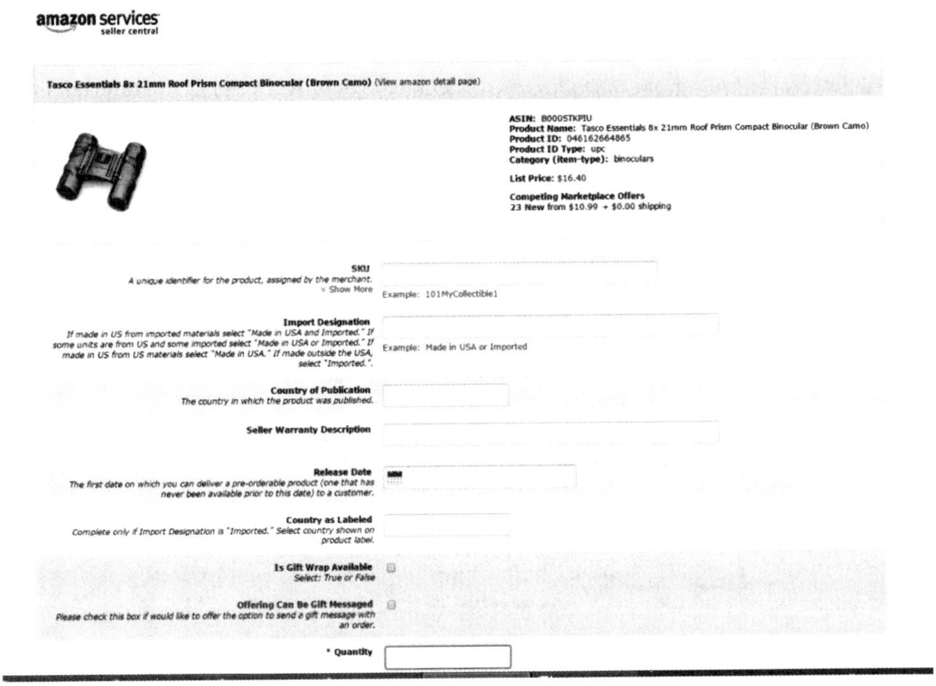

图 6-23　添加报价详情网页图

2）添加新商品：创建新页面

如果亚马逊上没有卖家准备销售的商品，那么卖家可以发布新商品，亚马逊将创建一个新的商品详情页面。例如卖家想要卖一个望远镜，具体操作步骤如下。

（1）点击"创建新产品"按钮，选择想发布的商品所对应的分类。选择的分类越精确，买家越容易找该商品。如果卖家不清楚产品的具体分类，可以通过搜索关键词"Binoculars"，得到图 6-24 所示界面，选择第一个产品类别，点击进入。

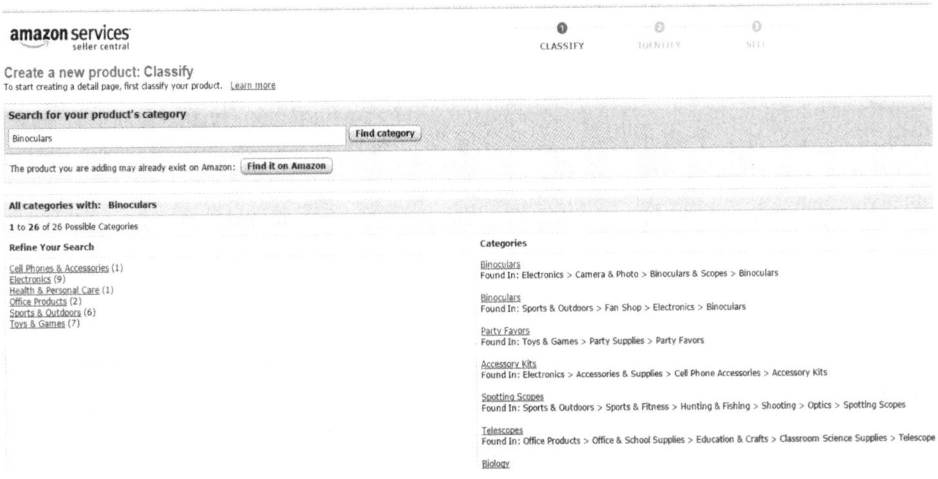

图 6-24　创建新产品网页图

（2）第一个标签页是要求输入重要的商品信息，包括产品标题（Product Name）、制造商（Manufacter）、品牌（Brand Name）、产品识别码（Manufactuer Part Number）、每单位商品包含的数量（Package Quantity）、材质（Material Type）、颜色（Color）等，然后保存并完成报价，如图6-25所示。

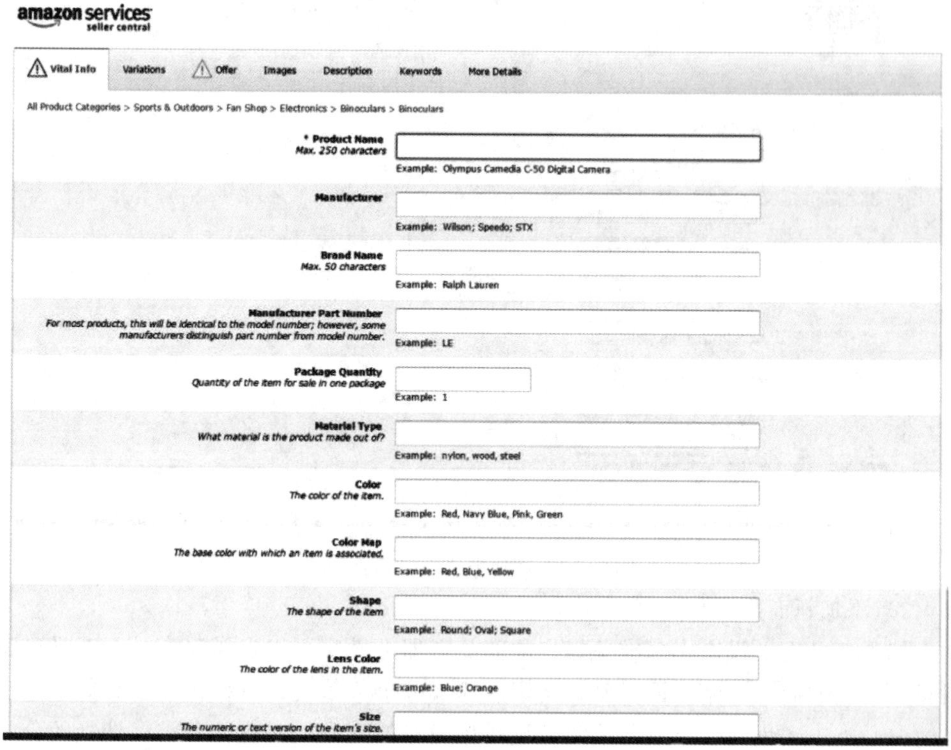

图6-25　商品标签页网页图

（3）第二个标签 Variations（子产品）页面允许在建立"父"产品后，继续建立"子"产品。例如商家要销售的望远镜有2种颜色（black、green）和2个大小（8mm、12mm），那么在 Variations 的 Variation Theme（子产品主题）中选择"Color Size（颜色尺寸）"表示子产品区分的主题，点击"Add Variation"，如图6-26所示。于是，生产了4个"子产品"。亚马逊平台允许卖家单独修改每个子产品的信息。最后填入具体的子产品的报价信息。

（4）第三个标签"Offer"页面会要求卖家填写更为详细的产品信息，包括SKU、进口地点、产品发布国家、卖家保证描述、产品发布日期、价格、物流等等。

（5）第四、五、六标签页面要求卖家依次上传图片、填写产品描述、设定关键词等信息。

（6）提交的信息会在15分钟内发布到亚马逊，之后卖家便可以通过搜索和浏览查看报价。

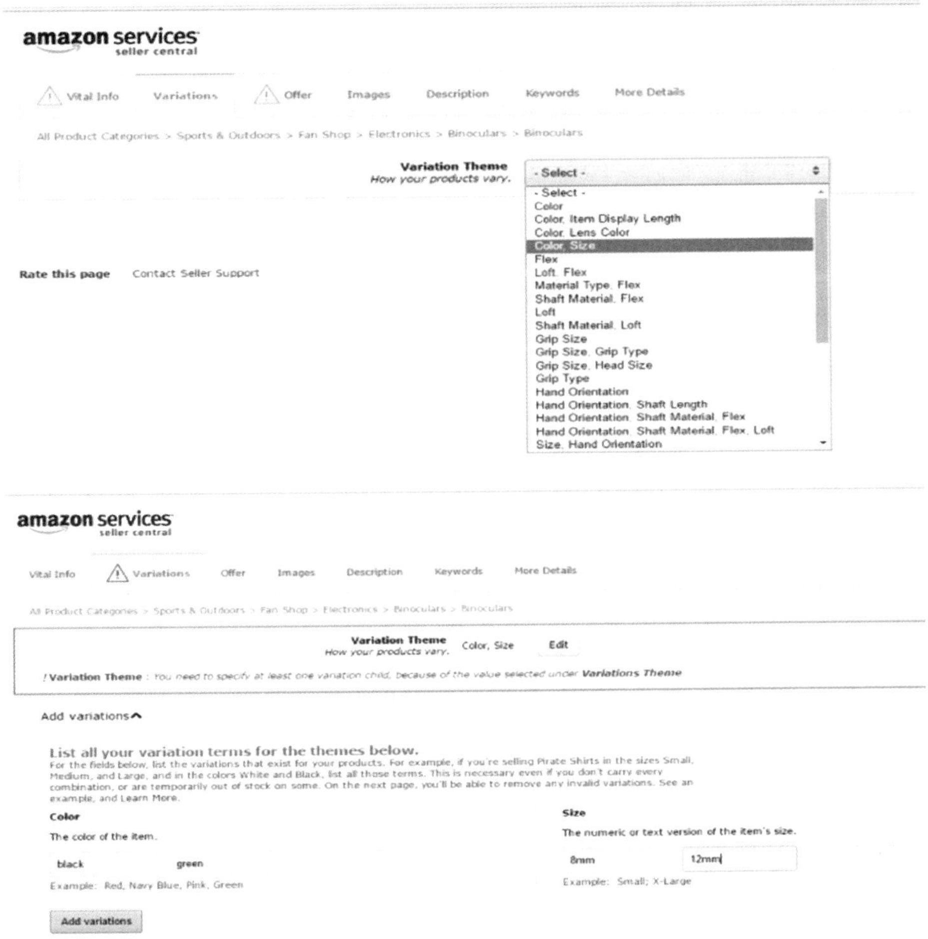

图6-26 添加子产品网页图

6.3.4 批量上传商品

如果卖家上传的商品数量较多，则可以使用卖家平台的"批量商品上传"功能，以上传Excel模板文件的方式上架商品。库存文件模板是一种Microsoft Excel电子表格，包含描述商品所需的多个数据列，卖家按要求填写信息即可完成产品的上传。大部分库存文件模板均专为特定的商品类别设计。根据卖家的使用目的，亚马逊提供了多种商品上传模板格式。

批量上传的具体操作步骤如下：

（1）进入亚马逊卖家账户，单击库存（inventory），然后批量上传商品（add product via upload）。

（2）下载模板，根据商品类别，单击download template（下载模板），下载要上传的类目的模板。在Excel软件中打开库存文件模板时，可以在工作簿底部看到表

6-6所示选项卡。

表6-6   选项卡描述

选项卡	描述
说明	有关如何使用模板的概述
数据定义	模板中每个字段的详细审查。本选项卡为每一字段提供标签名称、定义、使用实例、认可值和示例
有效值	可在模板选项卡中找到数据类型对应的有效值列表
模板	使用"数据定义"选项卡中列出的规格在实际工作表中输入商品数据。本工作表包括两行，一行帮助亚马逊确定您正在使用的模板，另一行包含列标题（标签名称），代表库存文件的每一字段
示例（可选）	如何为不同的商品准确地格式化数据示例

（3）按要求填写完，上传库存文件。亚马逊平台自带检查功能，帮助卖家检查批量上传文件的正确性。卖家可以在上传商品文件前，检查是否满足文件条件。

（4）点击上传，完成页面的批量创建。

● 思政课堂

希音为什么可以成功

当前，经济全球化趋势下跨境电商企业越来越多，中国的服装企业中能在海外闷声发展，在国内却悄然无声的企业，仅有希音（SHEIN）。SHEIN是一家国际B2C快时尚电子商务公司，主要经营女装，同时也经营男装、童装、饰品、鞋、包等时尚用品。2022年希音估值达千亿美元，国内位居第五，而它仅仅是一个服装电商的贸易公司，并且根据胡润研究院发布的《2022年中全球独角兽榜》，来自广州的希音以4 000亿元人民币位列全球第五大独角兽企业。

希音并非一家高科技企业，起初跟淘宝、京东电商平台上的商家相似，近几年才转型做电商平台的，主营业务还很单一，虽然经营男装、童装、饰品、鞋、包等时尚用品，但主营女装。希音创始人是一位白手起家的山东大汉——一个做网络推广出身的理工男。正是这位不懂服装不懂时尚不懂生产的理工男，借用中国工厂，利用互联网俘获了全球女人的心，收割了万千少女的钱包。那究竟希音采取了哪些战略部署及营销策略战略措施呢？

第一，在产品设计方面，希音采取线上线下相结合的方式。线上利用网络数据，线下利用买手和供应商对各类元素采集后，收入素材库，设计师再进行数字化操作、模块化组装，其保障希音每日上新 2 000 款/天。而快时尚寡头 ZARA，每周也只能上新 2 次，每次上新也才 13 款/天。这就实现了量级的差别。第二，在技术与运营方面，技术运营全球网站抓数据，分析趋势，预测流行。利用多孕育少的策略，不断试错不断调优。不断孕育爆品，定向突破。第三，在供应链方面，进行数字化、标准化改造。背靠广州番禺小作坊式服装供应链基地，对其进行材料和工艺的标准化、数字化改造。快速建立了小单快返的供应链机制。第四，在渠道模式方面，实现去中心化。希音在渠道招商对象中，没有门槛，没有层级，没有类别。扁平化的模式和极低的进入门槛吸引了大大小小的网红进行二次传播。第五，在用户方面，进行深度的数字化/互动化运营。希音商城是用户秀自己的舞台，利用"自建站+社交媒体"的方式维系与用户的高频互动，并获取客户的深度标签。在其商城评价栏中给予了人性化的展示平台，充分抓住并利用了时尚女性爱 show、爱分享的心理需求。总之，希音，充分利用了数字化思维，解开了互联网的数据密码，打通了供应链，抓住了用户心理，成就了品牌的辉煌。

当然，希音商城的广告文案也是塑造其品牌的非常重要的一点。从图 6-27 可以看出，希音商城主页的文案非常的简洁大方，并没有五彩缤纷得让人眼花缭乱，右上角有一个活动倒计时，突出活动的时效性，中间部分用浅色打底，运用文字表达出"在这适合消费的日子，好好地款待自己"，站在了用户的角度出发，在忙碌快节奏的工作日中寻找属于自己的购物快乐时光。同时，如图 6-28 所示，希音也为童装筹办活动，海报文案中利用校车为背景，写照了孩子们的欢快时光，整体青春感十足，并在右下角展示了活动力度，促使了家长进行购买下单的欲望。希音在抓住互联网红利流量和供应链优势的基础上，同时注重了商城广告文案的撰写创作，不断地塑造自己的品牌，据相关报道，短短 5 年的发展，其已超过时尚巨头 ZARA 和优衣库，APP 下载量在北美已超过亚马逊。

图 6-27 希音商城女装首页

图6-28　希音商城童装首页

● 本章小结

1. 企业要想在跨境电商平台开设店铺，必须创建账户。只有创建自身账户，才能进一步操作实施。创建账户时要填写一些信息，商家须提前了解注册时所填内容，准备好个人基本信息、公司相关资料、双货币信用卡、收款账户、VAT增值税号等资料。各个跨境主流平台对创建账户的资料准备、操作步骤各有不同，请根据各个平台要求来进行操作，但都有填写个人信息、店铺信息、身份验证等环节。

2. 各个跨境电商平台对于商家入驻的准入条件不同，依据卖家选择的会员形式，收费标准也不同。速卖通取消原有的年费激励返还机制，新入驻的卖家无须再交纳年费，而是需要按入驻类目交纳一定的保证金金额，其中保证金较低的是服装、鞋包、珠宝、美容、母婴玩具等类目。亚马逊全球开店业务平台分为北美区域、欧洲区域、亚洲区域以及南美区域，针对不同国家不同站点，以及专业卖家和个人卖家两种开店模式，收取费用也不同，其中美国月费站点较贵，英国站点月费较便宜，并且每个站点都会收取一定金额的销售提成。

3. 文案具有传播商品信息的价值，可以让目标受众对商品的认知从无到有，从而为后续的市场推广。所以商家在发布新商品之前，需要准备好所售商品的文案资料和图片。了解横幅广告文案、详情页文案、品牌文案、推广文案等文案种类，掌握设计产品标题、设计搜索关键词、商品照片、产品描述文案等撰写要素，是创作文案的重要基础。商家既要熟悉文案策划流程，即明确商品卖点、抓住热点话题、撰写自创内容、增加视觉冲击，又要掌握采用精简结构、从买家角度阐述、从"物"到"人"、嫁接人类文化符号等写作技巧，才能创作出高质量的广告文案。

4.以亚马逊跨境电商平台为例，主要通过单个添加新商品和批量上传商品两种方式来创建商品页面。首先，商家需要亚马逊平台的各种产品代码，如SKU、UPC or EAN、GTIN、ASIN、GCID等，以便于商品发布操作。其次，商家需要确定产品的分类，一级类目下的二级类目、三级类目，以帮助确保在浏览结构中正确放置卖家的商品，方便消费者购买。

● 复习思考题

1. eBay平台的新入驻商家需要交纳年费和保证金吗？有什么与其他平台不同的收费模式吗？

2. 速卖通以预缴保证金的形式替代了收取年费，两者相比较哪个模式更好？

3. 以下商品名称的描述，是否有问题？为什么？

New phone Case for Ipad

Free shipping Generic Boss Ultimate Ears Triple Earphones

4. 请搜索亚马逊美国站点的商品，看看什么样的产品标题更能吸引消费者？

● 小组实训

【实践目的与要求】

1. 培养学生网络调研的能力和洞察新领域的能力，提高学生利用平台信息据分析实际问题的能力。

2. 熟悉卖家开通账户的完整操作流程，增进对跨境电商平台的了解。

【实践内容描述】

1. 登录 www.amazon.com，在网页最底部点击"Sell on Amazon"—"Start Selling"，然后开始创建账户，并思考账户创建过程中需要准备哪些资料。

2. 登录 https://www.opple.com.cn/activity/yuanrui2pro/网站，根据欧普小灯塔台灯产品描述页面，创作出适合于亚马逊发布商品规则的文案。文案撰写结合本章所阐述知识内容，编写出具有吸引力、优质的商品文案，并模拟按照亚马逊平台要求，包括标题、搜索关键词、产品描述，拍摄产品照片和产品视频。采用英文形式将商品进行发布。

● 本章数字化资源

即学即测6

课外延伸6：亚马逊平台产品发布
指导（英文）

知识点讲解6-1：新品发布的文案
准备

知识点讲解6-2：页面图片设置

知识点讲解6-3：页面标题设置

第7章 /跨境电商物流

────学习目标────

掌握跨境电商不同的物流方式；掌握不同跨境电商物流方式的优劣势；了解不同跨境电商物流方式在使用时的注意事项；熟悉不同跨境电商物流方式的成本核算。

7.1 跨境电商物流概述

跨境电子商务物流是跨境电子商务配套服务最根本的构成部分，它同跨境电子商务电子支付一起，共同支撑着我国跨境电子商务的发展。在互联网信息时代的大背景下，跨境电商物流这一行业的迅速发展，对推动跨境电商规模的不断扩大以及我国对外贸易的进一步发展都发挥着不可替代的重要作用。因此，对于我国跨境电子商务而言，跨境电子商务物流有着非比寻常的重要意义。

7.1.1 跨境电商物流的定义

我国国家标准《物流术语》对于物流的定义是：物品从供应地向接收地的实体流动过程。具体来说，就是根据实际需要，将运输、储存、搬运、包装、流通加工、配送、信息处理等基本功能实施有机结合。而跨境物流是指以海关关境两侧为端点的实物和信息有效流动和存储的计划、实施以及控制管理过程。跨境电商物流的定义为：在电子商务环境下，依靠互联网、大数据、信息化与计算机等先进技术，物品从跨境电商企业流向跨境消费者，最终实现跨越不同国家或地区的物流活动。换句话说，它主要为跨境电子商务进出口企业提供跨境物流和跨境海关通关一体化服务，帮助跨境电子商务进出口企业以更快速度、更低成本、更快捷的方式和更高的质量、标准，规范地完成跨境电子商务运营工作。

7.1.2 跨境电商物流的特征

跨境电商物流有以下这些特点：

（1）距离远、时间长、成本高、流程复杂、可控性差。这是跨境电商物流与国内电商物流的标志性差异。除了基本的产品配送之外，跨境物流还会涉及清关报关等一系列的税务问题。

（2）形式多样化。由于跨境电商物流所涉及的环节比较多，因此在各个层级就产生了诸多形式，比如头程清关就可分为海运、陆运、空运、专线等。

（3）竞争表现为地域性和行业单一性。跨境电商的崛起带动了物流行业的发展，竞争程度日益激烈，但受其自身财务实力、管理和技术能力的限制，以及各地物流市场相互分离等因素影响，就会局限在某区域某行业企业之间的竞争。比如长三角地区，跨境物流公司之间的竞争；或者某单一行业之间资源的竞争，例如3C行业、电子产品制造业等行业的竞争。而跨地区和跨行业的竞争反而较少。

（4）由单一服务走向多元化的服务。随着跨境电商需求的增多，大多数跨境物流公司从单一提供运输服务开始转向多元化服务，比如与海外仓储公司之间的合作就是鲜明的代表。在跨境电商物流这一链条上，提供头程清关、仓储、配送，以及与FBA相关的诸多衍生和替代服务，如海外仓贴标换标等。

7.1.3　跨境电商物流存在的问题

1）跨境物流成本较高

跨境电商物流成本主要包含运输成本、关税、海外物流成本等，虽然跨境电商会尽可能地控制物流成本，但是海关关税、国外重派、国外仓储等因素，存在一定的控制难度，这就导致物流成本居高不下。

2）跨境电商物流和跨境电商的发展不协同

当前跨境电商客户需求展现出更加多样化和个性化的特点。安全将货物送达客户手中很显然已经不再能很好地满足现在的物流需求。客户要求的不仅是物流时效，更是物流服务。

3）物流信息对接不充分

物流在我国出现的时间要比国外晚，发展得也没有国外完善。跨境物流涉及运输、报关、查验、仓储、配送等一系列环节，与国内物流相比最明显的特征就是需要报关。国际物流要实现与目的国或地区的物流信息对接和整合，但系统性的网络并没有实现，这就使得跨境电商物流成本增加。

4）跨境物流信息不够透明

跨境物流的运输发生在国与国（地区与地区）之间，与国外物流商信息对接不到位的话，容易造成物流信息无法及时跟踪，国外客户因为看不到准确的物流信息，最终会降低客户满意度。

7.2　跨境电商物流模式

跨境电商的迅速发展离不开跨境物流的有力支撑。卖家在面对业务订单时，首先要考虑的问题就是选择合适的物流模式。一个合适的物流模式，对买卖双方都是有利无害的，不仅可以节约成本，还可以优化客户体验。我国跨境电商有四种类别，分别是：邮政系列、商业快递、专线物流以及海外仓，如图7-1所示。接下来，我们对上述四大类别分别进行概述。

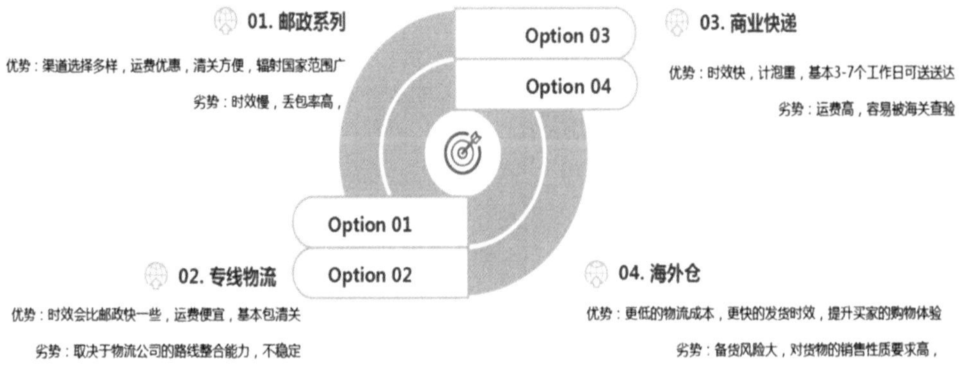

01. 邮政系列
优势：渠道选择多样，运费优惠，清关方便，辐射国家范围广
劣势：时效慢，丢包率高

03. 商业快递
优势：时效快，计泡重，基本3-7个工作日可送达
劣势：运费高，容易被海关查验

Option 03
Option 04
Option 01
Option 02

02. 专线物流
优势：时效会比邮政快一些，运费便宜，基本包清关
劣势：取决于物流公司的路线整合能力，不稳定

04. 海外仓
优势：更低的物流成本，更快的发货时效，提升买家的购物体验
劣势：备货风险大，对货物的销售性质要求高，

图7-1 我国跨境电商的四种类别

7.2.1 邮政包裹模式

当前，我国出口跨境电商有超过七成的包裹是通过邮政系统进行投递的。邮政系统的优势在于其涵盖范围广泛，涉及各国的邮政系统。但由于其时效不稳定、信息不会实时更新等问题，出口跨境电商在选择邮政发货时，要留意货运的时效等因素。邮政国际物流出口业务下的优先类包括国际（地区）特快专递、中速快件、e特快；标准类包括e邮宝、挂号小包、跟踪小包、国际包裹、e速宝；经济类包括平常小包、e速宝小包；海外仓配服务包括中邮海外仓、中邮FBA。下面我们对国际（地区）特快专递、e邮宝、平常小包进行较为详细的介绍。

1）国际（地区）特快专递

国际（地区）特快专递简称"国际EMS"，这是中国邮政与各国（地区）邮政合作开办的中国大陆与其他国家和地区寄递特快专递（EMS）邮件的快速类直发寄递服务，可以为用户快速传递各类文件资料和物品，同时提供多种形式的邮件跟踪查询服务。该业务与各国（地区）邮政、海关、航空等部门紧密合作，打通绿色便利邮寄通道。

（1）尺寸要求。

根据发往的目的地不同，会有不同的尺寸限制和标准，如图7-2所示。

（2）服务优势。

第一，覆盖面广：揽收网点覆盖范围广，目的地投递网络覆盖能力强。

第二，收费简单：无燃油附加费、偏远附加费、个人地址投递费。

第三，全程跟踪：邮件信息全程跟踪，可随时了解邮件状态。

第四，清关便捷：享受邮件便捷进出口清关服务。

尺寸限制   ×

序号	目的地	收寄规格	
		限重（千克）	最大尺寸限制
6	马来西亚	30	标准1
7	蒙古	20	标准2
8	泰国	30	标准1
9	新加坡	30	标准1
10	印度尼西亚	30	标准2
11	越南	31.5	标准1

标准1：任何一边的尺寸都不得超过1.5米，长度和长度以外的最大横周合计不得超过3.0米。
标准2：任何一边的尺寸都不得超过1.05米，长度和长度以外的最大横周合计不得超过2.0米。
标准3：任何一边的尺寸都不得超过1.05米，长度和长度以外的最大横周合计不得超过2.5米。
标准4：任何一边的尺寸都不得超过1.05米，长度和长度以外的最大横周合计不得超过3.0米。
标准5：任何一边的尺寸都不得超过1.52米，长度和长度以外的最大横周合计不得超过2.74米。

图7-2 特快专递对不同的尺寸限制和标准

2）国际e邮宝

e邮宝业务是中国邮政为适应跨境轻小件物品寄递需要开办的标准类直发寄递业务。该业务依托邮政网络资源优势，境外邮政合作伙伴优先处理，为客户提供价格优惠、时效稳定的跨境轻小件寄递服务。暂不受理延误、丢失、破损、查验等附加服务。主要针对轻小物件的空邮产品，是一种经济型国际邮寄服务。它为中国卖家提供发向美国、英国、法国、加拿大和澳大利亚等国家和地区的包裹邮寄服务。大多数国家只收取2千克以内的货物，其中英国、以色列支持5千克以内的货物，俄罗斯支持3千克以内的货物。支持按总重计费，50克为首重，续重按照每克计算，免挂号费。

（1）尺寸要求。

单件最大尺寸：长、宽、厚合计不超过90 CM，最长一边不超过60 CM。圆卷邮件直径的两倍和长度合计不超过104 CM，长度不得超过90 CM。

单件最小尺寸：长度不小于14 CM，宽度不小于11 CM。圆卷邮件直径的两倍和长度合计不小于17 CM，长度不小于11 CM。

（2）服务优势。

第一，在线打单：在线订单管理，方便快捷。

第二，时效稳定：重点路线全程平均时效（参考时效）7~15个工作日，服务可靠。

第三，全程跟踪：提供主要跟踪节点扫描信息和妥投信息，安全放心。

第四，平台认可：主流电商平台认可和推荐的物流渠道之一，品牌有保障。

3）国际平常小包

国际平常小包是中国邮政基于万国邮联网络，针对2千克以下小件物品推出的经济类直发寄递服务，通达全球200多个国家和地区。可通过线上与线下两种渠道进行发货，为客户提供经济实惠、清关便捷的轻小件寄递服务。

（1）尺寸要求。

最大：长、宽、厚合计900 MM，最长一边不得超过600 MM，公差不超过2 MM。圆卷状的，直径的两倍和长度合计不超过1 040 MM，长度不得超过900 MM，公差2 MM。最小：至少有一面的长度不小于140 MM，宽度不小于90 MM，公差2 MM。圆卷状的，直径的两倍和长度合计不小于170 MM，长度不得少于100 MM。

（2）服务优势。

第一，平台认可：平常小包业务是最早在主流电商平台上线的物流解决方案之一，可通过线上线下两种渠道发货。

第二，交寄便利：全国大部分地区可交寄平常小包，线上渠道提供上门揽收、客户自送等多种交寄方式。

第三，性价比高：平常小包为经济型产品，性价比高。其中提供平台+服务的路向还会提供1~2个境外段关键节点反馈信息。

第四，渠道多样：部分路向提供航空、陆运多种运输方式。

7.2.2　商业快递模式

商业快递模式可以分为两种：一种是国际快递，另一种是国内快递。这里我们着重介绍国际商业快递。国际商业快递有四大巨头，分别是：DHL、TNT、UPS、FedEx。但在2016年，TNT被FedEx收购，成为其旗下的子公司。现在的国际三大商业快递巨头，是指DHL、UPS和FedEx。这些国际快递商通过自建的全球网络，利用强大的IT系统和遍布世界各地的本地化服务，为网购中国产品的海外用户带来极好的物流体验。国际商业快递的主要特点是：保证时效性、服务好、丢包率低，例如通过UPS寄送到美国的包裹，最快可在48小时内到达。然而，优质的服务伴随着高昂的价格。一般中国商户只有在客户时效性要求很强的情况下，才使用国际商务快递来派送商品。除此之外，侵权产品、含电池、特殊类产品基本上都不能邮寄。

1）DHL

（1）业务简介。

DHL全称敦豪航空公司，它是排位全球第一的海运和合同物流提供商，可以为顾客提供从文件到供应链管理的全系列物流解决方案。DHL出口服务包括：DHL快递环球快递、DHL快递正午特派、DHL朝九特派。此外，DHL快递提供了一系列完善广泛的可选服务，包括非标准派送、灵活的结算选项以及气候中和运输等。图7-3为DHL国际服务概览。

国际服务概览

	DHL快递环球快递	DHL快递正午特派	DHL快递朝九特派 （十点半特派至美国）
服务描述	标准转运时间工作日结束前递送	标准转运时间中午12点之前递送	标准转运时间9点前递送（10:30至美国）
退款保证	无	有*	有*
覆盖的国家或地区数量	超过220	98	28
尝试派送次数	2	2	2
最大单件重量(非托盘)	70kg	70kg	30kg
单票最大件数	–	10	10
最大单件尺寸(长 x 宽 x 高)**	120 x 80 x 80cm	120 x 80 x 80cm	120 x 80 x 80cm
最大托盘重量	1 000kg	不接受托盘货	不接受托盘货
最大单票重量	3 000kg	300kg	300kg
最大托盘尺寸(长 x 宽 x 高)	300 x 200 x 160cm	不接受托盘货	不接受托盘货

*详细条款与细则 – 请参考 mydhl.express.dhl 了解详细信息。
**不接受包装缺失、包装不充足或在运输途中容易损伤设备、其他包裹或人员的货物。DHL快递保留不接受货物或将货物退还至发件人的权利。这些网络规定如发生调整将提前30天通知。

图 7-3 DHL国际服务概览

DHL总运费=基础运费+可选服务费+附加费

　　基础运费根据发往的地区和国家以及货品的重量，会有不同的等级，比如发往1区的0.5千克的文件的基础运费为168元人民币；可选服务包括特殊派送、关税支付服务、包装材料等具体服务，价格从几十元到几百元不等；附加费包括燃油附加费、安全服务费等，价格同样有着较大差别。此外，DHL还可以提供单据移交报关行、货物移交报关行等海关服务。具体收费标准及细则可通过链接（mydhl.express.dhl）进行查询。

　　（2）运营优势。

　　第一，服务区域，派送网络遍布世界各地。

　　第二，价格，5.5千克以下的物品发往美洲、英国有价格优势，20千克以下小货和21千克以上大货的运价较为便宜。

　　第三，时效，正常情况下2~4个工作日通达全球。

　　第四，专线，建立了欧洲专线以及周边国家专线服务，服务速度快、安全、可靠、查询方便。

　　2）UPS

　　（1）业务简介。

　　UPS全称为联合包裹服务公司，是世界上最大的几家快递承运商和包裹快递公司之一。适合发小件，特别是对美国、加拿大和英国等国家和地区。UPS国际快递服务类型分为四大类，分别是：

　　第一，UPS Worldwide Express Plus（1~3 business days by 9AM）——全球特快加急。这是UPS国际快递服务里最贵的一种。

第二，UPS Worldwide Express（1~3 business days by12PM/Noon）——全球特快。

第三，UPS Worldwide Saver（1~3 business days）——全球速快，被称为红单。

第四，UPS Worldwide Expedited（2~5 business days）——全球快捷，被称为蓝单。这是最慢的，但收费也是最便宜的。

关于 UPS 的运费，UPS 官方网站提供快递运费计算器（如图 7-4 所示），卖家填入目的地、启运地、发运日期和重量等基础信息后就可以获取相关的运费报价。

图 7-4　UPS 运费计算器

举个例子：假设卖家要在 2023 年 3 月 18 日从北京运输一件货物至英国，该货物海关价值为 11RMB，包裹大小为 10×20×18 CM，重量为 2 千克。在 UPS 运费计算器中输入以上详细信息，就可以得到 UPS 提供的四种服务的费用，其中 UPS World-wide Express Plus 运费为 1 129.66RMB（如图 7-5 所示），这其中包括 UPS Worldwide Express Plus 费用、燃料附加费、旺季附加费。

包裹	货运			打印 🖶 查找地点 ⧉

请提供关于您的货件的信息，包括目的地、起运地、发运日期和重量。必填字段标有 ★。

① 地点与时间? ✎

运输至：
LONDON, SE028 英国
办公地址

发送地址：
BEIJING, 100000 中国大陆
办公地址

寄件日期：
2023年3月18日, 星期六

海关价值：
111 RMB

关税类型：
03 - 低值

② 输入详细信息以显示成本 ✎

包装：
我的包装
10 x 20 x 18 厘米

包裹重量：
2 千克

包裹数：
1

申报价值：：
111 RMB

其他资源/工具
• 区域和费率

显示结果：
BEIJING, 100000, 中国大陆 到 LONDON, SE028, 英国

服务	时间 ▼	费用 ▼ (所有包裹)
UPS Worldwide Express Plus **UPS最晚取件时间:** 下午 3:30 星期六 2023年3月18日 **安排取件方式:** 下午 2:30	**递送时间:** 上午 9:00 星期四 2023年3月23日	1,129.66 RMB * 计费重量: 2.0 千克 查看详细信息 (现在运输 ❯)
UPS Worldwide Expedited **UPS最晚取件时间:** 下午 3:30 星期六 2023年3月18日 **安排取件方式:** 下午 2:30	**递送时间:** 当天结束之前 星期五 2023年3月24日	574.86 RMB * 计费重量: 2.0 千克 查看详细信息 (现在运输 ❯)
UPS Express Saver **UPS最晚取件时间:** 下午 3:30 星期六 2023年3月18日 **安排取件方式:** 下午 2:30	**递送时间:** 当天结束之前 星期四 2023年3月23日	663.54 RMB * 计费重量: 2.0 千克 查看详细信息 (现在运输 ❯)
UPS Worldwide Express **UPS最晚取件时间:** 下午 3:30 星期六 2023年3月18日 **安排取件方式:** 下午 2:30	**递送时间:** 下午 12:00 星期四 2023年3月23日	701.66 RMB * 计费重量: 2.0 千克 查看详细信息 (现在运输 ❯)

费率估算值以起运地（发件方）国家或地区的出口费率为基础。
UPS 计算的估算结果: 2023年3月15日, 星期三 上午 4:41 美国东部时间
* 费率包括 燃料附加费 ⑦。要了解费率明细，请选择每项服务旁的查看详情。

保证和通知 ⧉

图 7-5　UPS 运费情况

关于 UPS 燃油附加费：UPS 使用指数式附加费，且每周进行调整。附加费的更改将于每周的星期一生效。附加费的征收将以美国能源信息署（U.S.Energy Information Administration，EIA）所公布的美国墨西哥湾沿岸地区（U.S. Gulf Coast，USGC）航空煤油价格调整前两周的价格为准，四舍五入精确到美分。例如，2017 年 2 月 6 日当周的附加费以 2017 年 1 月 23 日当周的美国墨西哥湾沿岸地区（USGC）航空燃料价格为准征收。

（2）运营优势。

第一，服务区域，覆盖 200 多个国家。

第二，提供全球货到付款服务，免费、及时、准确的上网查询服务，加急限时派送服务，有超强的清关能力。

第三，价格，价格 3.5~6.5 折不等，主力打造美国专线、北美特惠。

第四，时效，正常情况下 2~4 个工作日通达全球，特别是美国 48 小时能到达。

3）FedEx

（1）业务简介。

FedEx 即联邦快递公司，1984 年进入中国，是拥有直飞中国航班数目最多的国际快递公司，拥有较为先进的电子查询网络，但是整体而言价格偏贵。根据包裹的不同重量，FedEx 可以提供相应的托运服务，具体来说，包裹重量在 68 千克及以下可以选择联邦快递国际特早快递服务、联邦快递国际优先快递特快服务、联邦快递国际优先快递服务、联邦快递国际电商逸服务；包裹重量在 68 千克以上时，可选择联邦快递国际优先快递重货服务。

第一，国际特早快递服务：晚上发出包裹，最早第二天醒来时候托运顺利完成，准时递送，代理清关，是直接上门的服务。图 7-6 为国际特早快递服务出口价目图。

第二，国际优先快递特快服务：紧急之时、关键之时，利用面向亚洲、美国、加拿大和欧洲指定市场的门到门快递服务，在 10：30 或中午之前送达货件。图 7-7 为国际优先快递特快服务 10 千克及 25 千克出口价目图。

第三，国际优先快递服务：门到门优先特快服务，一天结束前送达，面向全球 220 多个国家和地区。图 7-8 为国际优先快递服务 10 千克及 25 千克出口价目图。

第四，国际电商逸服务：当 B2C 业务需要迅速的递送服务时候，可选择此类物流服务。

第五，国际优先快递重货服务：提供高级航空货运服务，满足可叉起或捆绑在垫木上的组合单件的托运。它快速、可靠，最重要的是，它可以按卖家的方式打包。图 7-9 为国际优先快递重货服务出口价目图。

（2）关于 FedEx 的运费细则。

第一，所有价格都不包含任何税项、服务附加费和燃油附加费。

第二，必须使用联邦快递提供的包装材料；多件托运不得使用联邦快递的快递封或联邦快递的快递袋寄件。如联邦快递的快递封重量超过 0.5 千克即作为联邦快递快递袋收费。联邦快递的快递袋超过 2.5 千克将以国际优先快递的费率收取。

第三，需要注意，国际特早快递服务只适用于特定的邮区编号。

第四，美国西部地区包括：科罗拉多州、爱达荷州、犹他州、亚利桑那州、内华达州、加利福尼亚州、俄勒冈州和华盛顿州。

第五，联邦快递 10 千克及 25 千克快递箱建议分别最多只可载重 25 千克及 44 千克。当使用联邦快递 10 千克或 25 千克快递箱，且所寄货物超过 44 千克时，将会被收取额外费用。

IF Export

FedEx Express 联邦快递

中国快件出口标准价目图
（适用于广东及福建省以外地区）
国际特早快递服务
（此价格不包括燃油附加费和其他附加费）[1]

生效日期：2023年1月2日

人民币		F	G	1	2
主要目的地		法国	巴西	美国西部[2]	美国其他地区
快递封 (FedEx Envelope)[3]	0.5千克	475	558	508	506
快递袋 (FedEx Pak)[3]	0.5千克	535	574	524	524
	1.0	740	788	719	719
	1.5	934	999	903	911
	2.0	1 106	1 184	1 061	1 073
	2.5	1 309	1 395	1 260	1 260
国际特早快递服务 (IF)	0.5千克	641	815	563	573
	1.0	811	1 024	741	749
	1.5	981	1 233	919	925
	2.0	1 151	1 442	1 097	1 101
	2.5	1 321	1 651	1 275	1 277
	3.0	1 507	1 875	1 464	1 470
	3.5	1 693	2 099	1 653	1 663
	4.0	1 879	2 323	1 842	1 856
	4.5	2 065	2 547	2 031	2 049
	5.0	2 251	2 771	2 220	2 242
	5.5	2 421	2 982	2 409	2 431
	6.0	2 591	3 193	2 598	2 620
	6.5	2 761	3 404	2 787	2 809
	7.0	2 931	3 615	2 976	2 998
	7.5	3 101	3 826	3 165	3 187
	8.0	3 271	4 037	3 354	3 376
	8.5	3 441	4 248	3 543	3 565
	9.0	3 611	4 459	3 732	3 754
	9.5	3 781	4 670	3 921	3 943

图 7-6　国际特早快递服务出口价目图

联邦快递10千克及25千克快递箱

FedEx Express 联邦快递

联邦快递10千克及25千克快递箱
（适用于广东及福建省以外地区）

详情通见《收费分区索引》

分区	A	B	C	D	E	F	G	H	1	2
主要国家及地区	香港，澳门	台湾，新加坡，韩国	日本	印度尼西亚，菲律宾，蒙古	澳大利亚，新西兰，柬埔寨	德国，英国，法国	巴西，智利，阿根廷	南非，阿拉伯联合酋长国	美国西部[2]	美国其他地区，加拿大，墨西哥

出口
中国快件出口推广价目图
国际优先快递特快服务
（此价格不包括燃油附加费和其他附加费）[2]

生效日期：2023年1月2日

联邦快递10公斤快递箱 (41.5 x 34 x 27 厘米)

分区	A	B	C	D	E	F	G	H	1	2
10公斤及以下	991.00	1,302.00	1,416.00	1,478.00	1,639.00	2,211.00	2,464.00	3,446.00	2,205.00	2,205.00
10公斤以上至20公斤每公斤加收	84.00	118.00	128.00	127.00	124.00	220.00	235.00	276.00	234.00	234.00

货件超过20公斤：价格以25公斤快递箱计算。

联邦快递25公斤快递箱 (56 x 44 x 35 厘米)

分区	A	B	C	D	E	F	G	H	1	2
25公斤及以下	1,839.00	2,489.00	2,703.00	2,755.00	2,886.00	4,414.00	4,822.00	6,211.00	4,554.00	4,554.00
25公斤以上至44公斤每公斤加收	84.00	118.00	128.00	127.00	124.00	220.00	235.00	276.00	234.00	234.00

图 7-7　国际优先快递特快服务 10 千克及 25 千克出口价目图

出口
中国快件出口推广价目图
国际优先快递服务
（此价格不包括燃油附加费和其他附加费）[2]

生效日期：2023年1月2日

联邦快递10公斤快递箱 (41.5 x 34 x 27 厘米)

分区	A	B	C	D	E	F	G	H	1	2
10公斤及以下	944.00	1,241.00	1,350.00	1,408.00	1,562.00	2,107.00	2,347.00	3,283.00	2,101.00	2,101.00
10公斤以上至20公斤每公斤加收	80.00	113.00	122.00	121.00	118.00	209.00	224.00	263.00	223.00	223.00

货件超过20公斤：价格以25公斤快递箱计算。

联邦快递25公斤快递箱 (56 x 44 x 35 厘米)

分区	A	B	C	D	E	F	G	H	1	2
25公斤及以下	1,752.00	2,372.00	2,576.00	2,626.00	2,750.00	4,206.00	4,595.00	5,918.00	4,339.00	4,339.00
25公斤以上至44公斤每公斤加收	80.00	113.00	122.00	121.00	118.00	209.00	224.00	263.00	223.00	223.00

图 7-8　国际优先快递服务 10 千克及 25 千克出口价目图

中国 快件出口推广价目图

适用于国际优先快递重货服务
门到门服务费率（DTD）
（此价格不包括燃油附加费和其他附加费）

生效日期：2023年1月2日

人民币		A	B	C	D	E	F	G	H	1	2
国际优先快递重货服务 International Priority Freight (IPF) 重量（公斤）Weight	68-99	90.00	158.00	166.00	176.00	224.00	267.00	343.00	346.00	257.00	274.00
	100-299	84.00	158.00	157.00	173.00	222.00	261.00	335.00	343.00	243.00	265.00
	300-499	80.00	147.00	147.00	169.00	222.00	252.00	323.00	338.00	226.00	245.00
	500-999	80.00	142.00	139.00	163.00	219.00	235.00	303.00	338.00	214.00	241.00
	1000+	80.00	142.00	139.00	161.00	219.00	230.00	299.00	333.00	214.00	239.00

中国 快件出口推广价目图

适用于国际优先快递重货服务
门到机场服务费率（DTA）
（此价格不包括燃油附加费和其他附加费）

人民币		A	B	C	D	E	F	G	H	1	2
国际优先快递重货服务 International Priority Freight (IPF) 重量（公斤）Weight	68-99	87.00	156.00	162.00	173.00	220.00	259.00	335.00	340.00	252.00	265.00
	100-299	83.00	154.00	155.00	170.00	218.00	255.00	326.00	333.00	238.00	260.00
	300-499	79.00	143.00	143.00	166.00	218.00	245.00	318.00	331.00	222.00	240.00
	500-999	79.00	139.00	136.00	158.00	214.00	232.00	297.00	331.00	209.00	235.00
	1000+	78.00	138.00	135.00	157.00	213.00	226.00	291.00	326.00	208.00	234.00

中国 快件出口推广价目图

适用于国际优先快递重货服务
机场到门服务费率（ATD）
（此价格不包括燃油附加费和其他附加费）

人民币		A	B	C	D	E	F	G	H	1	2
国际优先快递重货服务 International Priority Freight (IPF) 重量（公斤）Weight	68-99	87.00	156.00	162.00	173.00	220.00	259.00	335.00	340.00	252.00	265.00
	100-299	83.00	154.00	155.00	170.00	218.00	255.00	326.00	333.00	238.00	260.00
	300-499	79.00	143.00	143.00	166.00	218.00	245.00	318.00	331.00	222.00	240.00
	500-999	79.00	139.00	136.00	158.00	214.00	232.00	297.00	331.00	209.00	235.00
	1000+	78.00	138.00	135.00	157.00	213.00	226.00	291.00	326.00	208.00	234.00

中国 快件出口推广价目图

适用于国际优先快递重货服务
机场到机场服务费率（ATA）
（此价格不包括燃油附加费和其他附加费）

人民币		A	B	C	D	E	F	G	H	1	2
国际优先快递重货服务 International Priority Freight (IPF) 重量（公斤）Weight	68-99	85.00	151.00	158.00	168.00	213.00	255.00	326.00	329.00	242.00	261.00
	100-299	82.00	150.00	150.00	166.00	212.00	248.00	321.00	324.00	231.00	254.00
	300-499	78.00	141.00	142.00	161.00	211.00	240.00	309.00	324.00	217.00	235.00
	500-999	75.00	136.00	132.00	154.00	209.00	226.00	289.00	324.00	206.00	229.00
	1000+	75.00	135.00	131.00	153.00	209.00	219.00	284.00	319.00	205.00	226.00

图 7-9 国际优先快递重货服务出口价目图

（3）关于 FedEx 的附加费以及其他信息。

FedEx 共设置六种附加费：燃油附加费、旺季附加费、递送区域以外/领取区域以外附加费、附加服务费、超大货件服务费、优先通知/优先通知增值/按需温控干预附加费。这里我们着重介绍一下燃油附加费，其他附加费以及相关信息，大家可以登录 FedEx 官方网站（https://www.fedex.com/zh-cn/home.html）查看。

FedEx 服务所收取的燃油附加费率将根据每周发布的美国墨西哥湾沿岸地区（USGC）每加仑煤油型喷气燃料现货价格进行调整。这些指标中的价格由美国能源部发布，FedEx 对信息的准确性或完整性不负任何责任。FedEx 保留在未经通知的情况下对货件的燃油及其他附加费进行核定的权利。任何此类附加费的征收金额和期限完全由 FedEx 自行决定。

（4）运营优势。

第一，服务区域，通达全球 220 个国家和区域，美洲和欧洲在价格和时效方面尤其具有优势。

第二，时效，正常情况下 2~4 个工作日即可通达全球。网站信息更新快，网络覆盖全，查询响应快。

第三，服务，FedEx 提供国际快递预付款、货到付款以及报关代理服务，通关能力强，客户可以免费、及时、准确地上网查询服务。

第四，价格，货通全球，无偏远地区派送附加费用。到中南美洲以及欧洲区域的价格有明显优势，到东南亚21千克以上的大货，FedEx的价格只有DHL、UPS的一半，但运输速度一样快。

7.2.3 专线物流模式

跨境专线物流一般是通过航空包舱方式运输到国外，之后再通过合作公司进行目的国的派送。专线物流的优势在于其能够集中大批量到某一特定国家或地区的货物，通过规模效应降低成本。因此，其价格一般比商业快递低。但在时效上，专线物流稍慢于商业快递，但比邮政包裹快很多。常见专线物流方式有中环旗下的"俄邮宝"和"澳邮宝"、俄速通、燕文专线、Aramex专线等。

1）中环的"俄邮宝"和"澳邮宝"

（1）业务简介。

"俄邮宝"是中环运物流与俄罗斯领先的物流公司PONY EXPRESS联手推出的中俄跨境物流，2013年7月19日正式开通，是专门针对中俄跨境电子商务卖家的物流服务。该项目已经进入第二阶段，送达地区为俄罗斯全境。

（2）优势。

第一，时效。俄邮包货运周期在15至25天，采用的是俄罗斯专线。

第二，价格。以100g为计价单位，整体价格和香港小包挂号、EMS等常用物流服务方式相比更有优势。

第三，服务。卖家可以直接填写英文面单，货到仓库即可上网查询，从收货地开始到海外买家收货，全程在线跟踪，充分保障货物安全。

第四，赔付。从卖家货物交付给中环运公司当天开始计算，货物30天以上送达买家手中，运费全额退还。丢件单件赔付300元人民币。

（3）计费标准。

俄邮宝服务的起步价为38元，每100克增加6元人民币，挂号费6元（7—9月免收挂号费）。重量100克为38RMB，200克为44RMB，以此类推，2 200克为164RMB。运送时效15~25天，30天不到费用全额退还。丢包赔付，300元/票。

2）燕文专线

（1）业务简介。

燕文成立于1998年，是国内领先的跨境出口综合物流服务商，与速卖通、亚马逊、Wish、eBay等全球大型跨境电商平台建立了长期、稳定的合作关系。经过多年发展，燕文建立了高度协同的物流网络，在全国已设置六大分拨中心和37个集货转运中心，服务通达全球200余个国家和地区，是国内跨境出口物流行业中服务覆盖和通达范围最广的公司之一。

燕文专线共包括燕文澳大利亚线-普货、沃尔玛燕文专线快递-普货、沃尔玛燕文专线快递-特货、燕文专线快递-普货、燕文专线快递-特货、燕文专线追踪-

普货、燕文专线追踪–特货、燕文专线惠选–普货、燕文化妆品专线、燕文美国快线–普货、燕文美国快线–特货、燕文英国 RM 快线–普货、燕文英国 RM 快线–特货、燕文英国 YODEL 快线–普货、燕文英国 HERMES 快线–普货、燕文法国快线–普货、燕文德国快线–普货、燕文化妆品快递、KM 燕文专线追踪–普货、KM 燕文专线追踪–特货等部分。

燕文专线服务概述及计价方式，见表 7–1。

表 7–1　　　　　　　　　　燕文专线服务概述及计价方式

	燕文澳大利亚快线–普货	燕文专线快递–普货	燕文专线快递–特货	燕文化妆品快递
发货概述	通达澳大利亚全境，直出尾程派送单号，可接 22 千克以内、最长边<100 CM，体积≤0.25 立方米货物的快递服务，8~10 个工作日可送达。价格为人民币计价，没有燃油附加费。禁走含磁含电产品，禁寄国际航空条款规定的不能邮寄或限制邮寄的所有货物比如烟酒、刀具、电子烟、打火机、毒品、军火等	是一种时效快速的专线类产品，通关派送能力强，可提供全程追踪服务，参考时效为自然日。（美国为 8~10 天；日本为 3~7 天；奥地利、葡萄牙为 10~12 天；西班牙为 9~13 天。价格为人民币计价，没有燃油附加费	这同样是时效更快的专线类产品，通关派送能力强，可提供全程追踪服务。价格为人民币计价，无燃油附加费。计价方式同上文的燕文专线快递–普货，这里就不加以赘述	是通往美国的、接受化妆品类物品（不含酒精）的快递服务。化妆品价值不得超过 800 美元。从揽收到妥投预计 10~12 个自然日送达。价格为人民币计价，不包含燃油附加费
计价方式	操作费/件＋运费/千克，按克计费，起重 50 克，不足 50 克按 50 克计费。价格为人民币计价，没有燃油附加费	操作费/件＋运费/千克，按克收费，英国无起重，其余国家起重 50 克，不足 50 克的部分按 50 克计价。价格为人民计价，没有燃油附加费	同燕文专线快递–普货	同燕文专线快递–普货

注：以上是燕文专线服务下的四种快递服务类型，关于其他类型的快递服务，可登录燕文官网 https://www.yw56.com.cn/学习了解。

3) Aramex专线

（1）业务简介。

Aramex国际快递创建于1982年，其提供的服务范围包括国际和国内快递、货运代理、物流和仓储、档案和信息管理、电子商务和网络购物等等。Aramex在全球310多个国家和地区雇佣8 100多名员工，其强大的联盟网络可覆盖全球。

（2）提供货运服务类型。

第一，陆运。

Aramex运营着中东最大、最先进的陆路货运网络之一，在英国和爱尔兰配备GPS跟踪技术的现代车队。多样化的零担运输（LTL）和整车运输（FTL）解决方案，再加上战略性的枢纽，可以为货物提供快速和可靠的运输。

第二，空运。

Aramex的全球空运网络提供一系列快速且经济高效的物流服务，可以满足客户业务需求的解决方案。确保完整的门到门运输和顺利通关，同时先进的技术和遍布全球的办事处网络允许对客户的货件进行高级跟踪，从下达运输订单的那一刻起直到它到达最终目的地。

第三，海运。

由全球网络、高技能的专家团队和设备齐全的技术提供支持系统，覆盖全球主要航运公司和贸易路线。致力于在整个运输过程中管理客户的货物，从收集到海关最终交付。

（3）优势。

Aramex快递是国际货物邮寄到中东国家的首选。时效非常有保障，正常时效为3个工作日，一般时间均为2~5天，主要优势在中东、北非、南亚等地区较为显著。

第一，运费价格优势：寄往中东、北非、南亚等地区价格具有显著的优势，是DHL的60%左右。

第二，时效优势：时效有保障，包裹寄出后3到5天可以投递，大大缩短了世界各国间的商业距离。

第三，无偏远费用优势：抵达全球各国都无须附加偏远费用。

第四，包裹可在Aramex官网跟踪查询，状态实时更新信息，寄件人每时每刻都跟踪得到包裹最新动态。

（4）计费标准。

超过15千克按续重单价计费，然后外加燃油附加费，再乘以折扣。更多具体细则，请进入Aramex官方网址（https：//www.aramex.com）查看。

7.2.4 海外仓储模式

1）海外仓简介

海外仓服务指为卖家在销售目的地进行货物仓储、分拣、包装和派送的一站式控制与管理服务。选择这类模式的好处在于，仓储置于海外，不仅有利于海外市场价格的调整，同时还能降低物流成本。拥有自己的海外仓库，可以从买家所在国发货，从而缩短订单周期，完善客户体验，提升重复购买率。结合国外仓库和当地的物流特点，最终确保货物安全、准确、及时地到达终端买家手中。确切来说，海外仓储包括头程运输、仓储管理和本地配送三个部分。

第一，头程运输：中国商家通过海运、空运、陆运或者联运将商品运送至海外仓库。

第二，仓储管理：中国商家通过物流信息系统，远程操作海外仓储货物，实时管理库存。

第三，本地配送：海外仓储中心根据订单信息，通过当地邮政或快递将商品配送给客户。

2）海外仓的常见模式

目前，海外仓有三种模式，分别是第三方海外仓、平台海外仓以及自营海外仓。

（1）第三方海外仓。

第三方海外仓模式是指由第三方企业（多数为物流服务商）建立并运营的海外仓，并且可以提供多家跨境电商企业的清关、入库质检、接受订单、商品分拣、配送等服务。谷仓海外仓还可提供仓储、转运、分销、供应链金融等一站式服务。第三方企业帮助跨境卖家打通了国际贸易的壁垒。

（2）平台海外仓。

FBA仓是亚马逊提供的包括仓储、拣货打包、派送、收款、客服与退货处理的一条龙式物流服务。FBA仓的物流水平是海外仓行业内的标杆，FBA仓的日发货量、商品种类、消费者数量都远远超过第三方海外仓，可以想象到FBA巨大的管理难度，但是除了运费贵、退货麻烦外，FBA的物流几乎让卖家无可挑剔。

（3）自营海外仓。

目前，第三方海外仓的服务水平还比较初级，不能满足客户的个性化需求，有不少电商企业选择自建海外仓。另外，FBA也非尽善尽美，所以有不少跨境商家企业选择自己建立并且运营海外仓，仅为本企业的产品提供仓储、配送等服务，但是自营海外仓的成本较高，一般只有做到大体量的公司才会去自建海外仓。整个跨境物流过程都是由跨境商家企业自身控制。

3）海外仓面临的问题和挑战

虽然海外仓能够解决跨境物流中的诸多问题，但它也不是十全十美的，跨境电商物流在选择海外仓时还面临着以下的挑战：

（1）对信息技术要求高。

海外仓运营中最核心的问题便是对于信息技术的要求很高。商家将商品放置于海外仓，当境外客户下单后，便需要进行远程下达操作指令，同时也要实时监管库存情况，这需要极高的信息技术。

（2）对商品性质有要求。

商家会把商品批量地预先存储在海外仓里，存在一定的库存风险，这就需要商品本身是畅销产品，具有高周转率，不然可能导致爆仓。

（3）多文化的管理困难。

海外仓在境外的处境其实是一种"尴尬"的存在。对境外来说海外仓应该是被看作一家有实际交易的公司，而非简单的"仓库"，它需要缴纳各种税。另外，海外仓本土化管理还需要有本土的经营、本土的员工，需要从语言、文化、信仰上都和本土的消费者一致的人员参与到整个企业的营销、管理、经营之中。

7.3 主要跨境电商物流的平台

下面我们来了解一下四大跨境电商物流平台：速卖通、亚马逊、eBay、Wish的相关服务细则。

7.3.1 速卖通物流

速卖通是阿里巴巴旗下的面向国际市场打造的跨境电商平台，被广大卖家称为"国际版淘宝"。速卖通平台可以提供六种物流模式，分别是：经济类物流、简易类物流、标准类物流、快速类物流、海外仓物流、优选仓物流。速卖通不同物流模式线路名称见表7-2。

1）速卖通提供的物流模式

（1）经济类物流。

经济类物流适用于轻小件、低货值、非急需、耐磨损类货物的运输，物流成本低，速度比较慢，仅允许使用线上发货，大部分国家小于等于5美元才能使用，弊端是目的国包裹妥投信息不可查询（如中国邮政平常小包，菜鸟超级经济等）。

（2）简易类物流。

简易类物流适用于轻小件、非急需、耐磨损类货物的运输，提供邮政简易挂号服务，金额、目的国、重量有限制，是高质量的平邮渠道，走少数重点国家，可以查询包含妥投或买家签收在内的关键环节物流追踪信息。注意此类物流在大部分国家只有金额小于等于8美元才能使用，西班牙和巴西小于等于10美元可用。

（3）标准类物流。

标准类物流适用于中等价值及重量、刚需品货物的运输，速度比较快，物流渠道丰富，物流成本相对适中，适合2千克以内的小包，没有金额限制，包含邮政挂号服务和专线类服务，全程物流追踪信息可查询（如E邮宝、中国邮政挂号小包，燕文航空挂号小包、AliExpress无忧物流-标准等）标准类物流包含物流纠纷处理以及售后赔付一站式的物流解决方案，可以保证卖家权益，减少损失。

表7-2   速卖通不同物流模式线路名称

物流模式	线路展示名称
经济	菜鸟超级经济、菜鸟特货专线-超级经济、菜鸟专线经济、中国邮政平常小包+、4PX新邮经济小包、中外运-西邮经济小包、顺丰国际经济小包、菜鸟超级经济-顺友、菜鸟超级经济-燕文
简易	AliExpress无忧物流-简易、菜鸟特货专线-简易
标准	AliExpress无忧物流-标准、AliExpress无忧物流-自提、e邮宝、无忧集运-沙特、无忧集运-阿联酋、菜鸟特货专线-标准、139俄罗斯专线、递四方专线小包、Asendia、中东专线、安骏小包挂号、比利时邮政、CDEK俄罗斯专线、希杰物流、中国邮政挂号小包、中国邮政大包、出口易、CNE、燕文航空挂号小包
快速	AliExpress无忧物流-优先、DHL、EMS、E特快、顺丰速运、TNT、FedEx IP、FedEx IE
其他	卖家自定义——中国

（4）快速类物流。

快速类物流适用于高价值、易损坏货品的运输，包含商业快递和邮政提供的快递服务，速度非常快，但物流成本十分昂贵，全程物流追踪信息可查询（如EMS，DHL，UPS，AliExpress无忧物流-优先等）。注意此类物流需要考虑关税申报的问题。

（5）海外仓物流。

海外仓物流适用于大件、贵重货品和爆款，这是已备货到海外仓的货物所使用的海外本地物流服务，直接从海外仓进行发货，发货简单，物流时间得到大幅缩减，可以实现更低的物流成本，更方便订单的处理。

（6）优选仓物流。

优选仓物流是速卖通全新推出的端到端跨境综合供应链解决方案。为商家提供协助选品、爆品孵化、供应链计划、仓储、无忧物流全球配送、物流纠纷处理、售后赔付的一站式物流解决方案，适用于已经备货到国内优选仓的货物所使用的专属仓发物流服务，因为直接从优选仓进行发货，物流时间也会被缩短。

根据货品不同的实际支付金额以及发往的不同国家，速卖通平台有相关的物流政策规定。比如订单实际支付金额大于5美元的货品，收货国家是美国，那么可选择快速类的物流模式，也可以选择AliExpress无忧物流-标准、e邮宝。但不可选择经济类和简易类物流模式。

2）速卖通物流的基本服务

速卖通物流的基础服务有三大类：

（1）线上物流服务商：菜鸟物流。

菜鸟物流作为速卖通最重要的物流服务商，提供线上发货、线上生产物流单号、运费在平台直接扣除等便捷服务。其为中国发货的商家提供4个等级的物流线路，包括经济类线路、简易类线路、标准类线路和快速类线路。

（2）对接的第三方物流（3PL）。

除了菜鸟，速卖通还对接了一些优质的第三方物流商（3PL）作为补充，为商家提供全程物流服务，包括商业快递或专线，如DHL、FedEx等。但与菜鸟线路不同的是，3PL需要商家线下和物流商议和结算，平台不介入双方的合作与纠纷处理。

（3）商家自定义物流。

对于一些特殊品类，商家还可以自己在线下找一些成熟的跨境物流合作，发货给消费者，由于商家自定义物流时效和妥投率比菜鸟线路差，且在出现丢货和纠纷时，没有赔付保障，故建议务必慎重选择，以降低自定义物流对商家造成的资损和消费者投诉风险。

图7-10展示的是速卖通跨境直发链路与海外仓物流链。

菜鸟物流/3PL/商家自定义物流

支付 卖家 首公里/转运仓 报关 清关 目的国揽收仓 买家

海外仓商家直发物流链路

海外仓菜鸟仓配链路

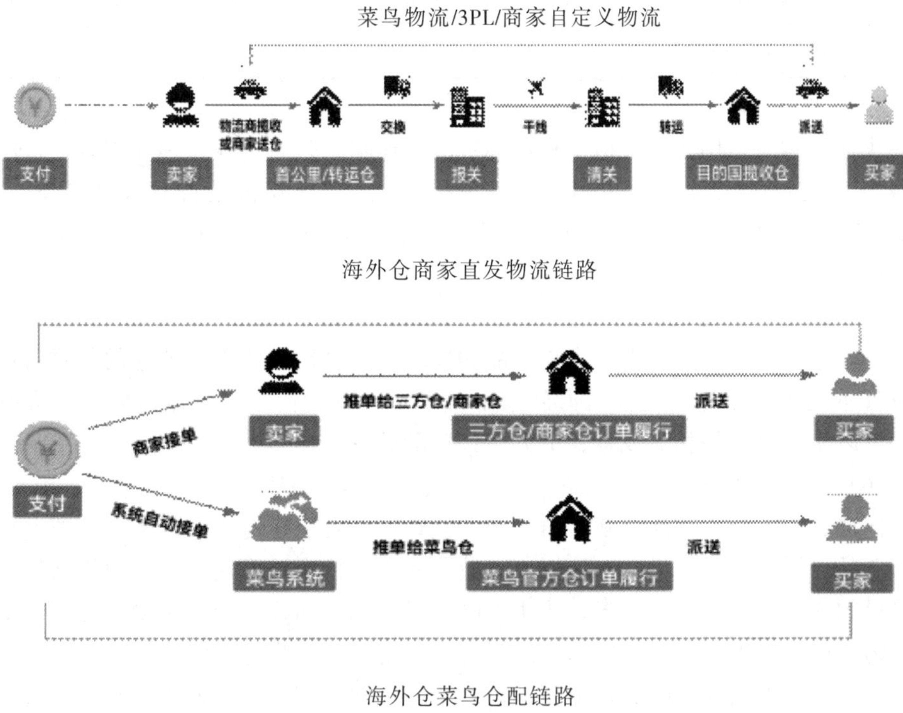

图7-10 速卖通跨境直发链路与海外仓物流链

7.3.2 亚马逊物流

1）亚马逊物流介绍

亚马逊物流（FBA）全称为Fulfillment By Amazon，是指卖家将商品批量发送至亚马逊运营中心之后，由亚马逊负责帮助卖家存储商品；当商品售出后，由亚马逊完成订单分拣、包装和配送，并为这些商品提供买家咨询、退货等客户服务，帮助卖家节省人力、物力和财力。对于中国卖家而言，即为将商品配送至海外亚马逊仓库，并由亚马逊完成后续配送及售后服务。图7-11，为亚马逊物流流程图。

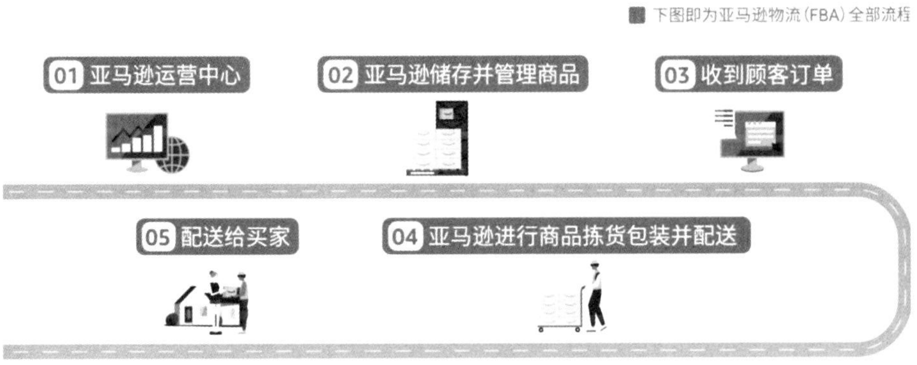

图7-11　亚马逊物流流程图

2）亚马逊物流优势

（1）触及海量 Prime 会员。

Prime 会员相较一般的亚马逊买家，拥有更高的忠诚度，更大的购物需求。使用亚马逊物流（FBA）配送的商品会带有 Prime 标记，更易触及亚马逊全球海量、优质的 Prime 会员，帮助曝光及销量提升。

（2）次日达/隔日达配送服务。

符合要求的商品将有资格享受亚马逊 Prime 隔日达或次日达服务，帮助卖家加快配送速度，改善客户体验，提高买家复购率。

（3）赢得"购买按钮"。

亚马逊物流（FBA）的配送及售后服务有助于提高买家对卖家商品的客户满意度，获得更多的商品评价，从而为卖家的商品赢得"购买按钮"的机会。

（4）全天候专业服务。

亚马逊使用当地语言为亚马逊物流（FBA）商品提供全天候专业客服，帮助卖家回复买家咨询，降低时间成本，运营省心更省力。

3）亚马逊物流费用

亚马逊物流基本费用包括仓储费、配送费和其他费用。

（1）仓储费。

按照商品实际占用的保管空间每月收取库存保管费用。特别的，对于储存在亚马逊运营中心超过一定限期的商品，将额外收取长期仓储费，有库存限制且超量储存的库存，超量部分将收取仓储超量费。以美国站点为例：

第一，月度仓储费以及危险品的月度仓储费。图7-12为美国站点月度仓储费以及危险品的月度仓储费。

第二，长期库存仓储费。长期库存仓储费适用于在亚马逊运营中心存放271~365天以及超过365天的商品。图7-13为美国站点长期库存仓储费用。

月度库存仓储费

亚马逊一般会在次月的7日到15日之间收取上个月的库存仓储费。费用因商品尺寸分段和一年中的不同时间而异，具体参见下表：

月份	标准尺寸	大件
1—9月	每立方英尺 0.83 美元	每立方英尺 0.53 美元
10—12月	每立方英尺 2.40 美元	每立方英尺 1.20 美元

危险品的月度库存仓储费

对通过亚马逊物流危险品计划进行销售，且需要进行特殊处理和按危险品储存的商品，需要按照下表计算新月度库存仓储费：

月份	标准尺寸	大件
1—9月	每立方英尺 0.99 美元	每立方英尺 0.78 美元
10—12月	每立方英尺 3.63 美元	每立方英尺 2.43 美元

图7-12 美国站点月度仓储费以及危险品的月度仓储费

库存清点日	在运营中心存放271天至365天的商品	在运营中心存放365天以上的商品
每月15日	每立方英尺 1.50 美元	每立方英尺 6.90 美元或每件商品 0.15 美元

图7-13 美国站点长期库存仓储费用

第三，库存仓储超标费超量费的收取取决于超过仓储限制的天数，美国站点按照每立方英尺10美元收取。图7-14为美国站点库存仓储超标费。

分类	月份	英国	德国、意大利、西班牙、荷兰和波兰	法国	瑞典
		以立方英尺为单位	以立方米为单位		
"服装、鞋靴和箱包"分类	1—9月	0.43 镑	16.69 欧元	17.19 欧元	175.50 瑞典克朗
	10—12月	0.60 镑	23.11 欧元	23.81 欧元	242.90 瑞典克朗
所有其他分类(标准尺寸)	1—9月	0.71 镑	27.82 欧元	28.65 欧元	292.10 瑞典克朗
	10—12月	1.00 镑	38.52 欧元	39.68 欧元	404.50 瑞典克朗
大件商品	1—9月	0.46 镑	18.00 欧元	18.54 欧元	189.00 瑞典克朗
	10—12月	0.64 镑	25.00 欧元	25.75 欧元	263.00 瑞典克朗

图7-14 美国站点库存仓储超标费

（2）配送费。

根据每件商品的尺寸和重量，按件收费，不同平台的收费标准不同。

第一，美国站点。图7-15为美国站点服装配饰类商品配送费用。除服装配饰以外的商品配送费用。

尺寸分段	"服装与配饰"分类中的商品配送费用		不含"服装与配饰"分类中的商品	
	发货重量(不再计算包装重量)	每件商品的配送费用	发货重量(不再计算包装重量)	每件商品的配送费用
小号标准尺寸	不超过4盎司	3.43美元	不超过4盎司	3.22美元
	4至8盎司(不含4盎司)	3.58美元	4至8盎司(不含4盎司)	3.40美元
	8至12盎司(不含8盎司)	3.87美元	8至12盎司(不含8盎司)	3.58美元
	12至16盎司(不含12盎司)	4.15美元	12至16盎司(不含12盎司)	3.77美元
大号标准尺寸	不超过4盎司	4.43美元	不超过4盎司	3.86美元
	4至8盎司(不含4盎司)	4.63美元	4至8盎司(不含4盎司)	4.08美元
	8至12盎司(不含8盎司)	4.84美元	8至12盎司(不含8盎司)	4.24美元
	12至16盎司(不含12盎司)	5.32美元	12至16盎司(不含12盎司)	4.75美元
	1至1.5磅(不含1磅)	6.10美元	1至1.5磅(不含2磅)	5.40美元
	1.5至2磅(不含1.5磅)	6.37美元	1.5至2磅(不含1.5磅)	5.69美元
	2至2.5磅(不含2磅)	6.83美元	2至2.5磅(不含2磅)	6.10美元
	2.5至3磅(不含2.5磅)	7.05美元	2.5至3磅(不含2.5磅)	6.39美元
	3至20磅(不含3磅)	7.17+0.16美元/半磅(超出首重3磅的部分)	3至20磅(不含3磅)	7.17+0.16美元/磅(超出首重3磅的部分)
小号大件商品	不超过70磅	9.73+0.42美元/磅(超出首磅的部分)	不超过70磅	9.73+0.42美元/磅(超出首磅的部分)
中号大件商品	不超过150磅	19.05+0.42美元/磅(超出首磅的部分)	不超过150磅	19.05+0.42美元/磅(超出首磅的部分)
大号大件商品	不超过150磅	89.98+0.83美元/磅(超出首重90磅的部分)	不超过150磅	89.98+0.83美元/磅(超出首重90磅的部分)
特殊大件商品	超过150磅	158.49+0.83美元/磅(超出首重90磅的部分)	超过150磅	158.49+0.83美元/磅(超出首重90磅的部分)

图7-15 美国站点服装配饰类商品配送费用

第二，欧洲站点。图7-16为欧洲站点标准尺寸配送费，图7-17为欧洲站点大件配送费。

第三，日本站点。图7-18为日本站点配送费。

（3）其他费用

计划外费用，按照具体情况收费。

第一，移除订单费用：卖家可以让亚马逊退还或弃置储存在亚马逊运营中心的库存。

第二，退货处理费：对于在亚马逊上出售，且属于亚马逊为其提供免费退货配送的买家退货商品。

第三，计划外服务费：如果库存抵达亚马逊运营中心时未经过适当的预处理或贴标，亚马逊可以提供这些服务。

本地&亚马逊物流欧洲整合服务(Pan-EU)（标准尺寸）						
尺寸	英国 （英镑）	德国 （欧元）	法国 （欧元）	意大利 （欧元）	西班牙 （欧元）	荷兰 （欧元）
小号信封：=80 克	1.61	2.14	2.63	3.00	2.46	1.67
标准信封：=60 克	1.71	2.33	2.73	3.13	2.76	1.81
标准信封：=210 克	1.87	2.47	3.26	3.26	3.09	1.99
标准信封：=460 克	1.99	2.63	3.73	3.48	3.32	2.11
大号信封：=960 克	2.43	2.97	4.34	3.77	3.47	2.55
标准包裹：=150 克	2.68	3.48	4.65	4.46	3.64	2.81
标准包裹：=400 克	2.89	3.89	5.50	5.03	4.28	3.16
标准包裹：=900 克	3.12	4.37	6.40	5.72	4.61	3.63
标准包裹：=1 400 克	3.33	5.10	6.77	6.46	5.31	4.33
标准包裹：=1 900 克	3.64	5.58	6.97	6.71	5.40	4.74
标准包裹：=2 900 克	5.16	6.21	9.33	7.59	6.14	5.50
标准包裹：=3 900 克	5.62	6.81	9.74	7.93	7.51	5.52
标准包裹：=5 900 克	5.78	7.16	10.22	9.05	7.76	5.74
标准包裹：=8 900 克	6.59	7.70	11.12	10.03	7.78	6.05
标准包裹：=11 900 克	6.97	7.99	11.65	10.76	7.79	6.45

图 7-16　欧洲站点标准尺寸配送费

本地&亚马逊物流欧洲整合服务(Pan-EU)（大件）						
尺寸	英国 （英镑）	德国 （欧元）	法国 （欧元）	意大利 （欧元）	西班牙 （欧元）	荷兰 （欧元）
小号大件：=760 克	4.52	6.40	8.87	8.40	6.54	5.81
小号大件：=1 260 克	5.24	6.42	9.24	8.87	7.17	5.96
小号大件：=1 760 克	5.40	6.45	9.85	8.96	7.26	6.02
标准大件：=760 克	5.37	6.47	8.88	8.90	6.58	5.86
标准大件：=1 760 克	5.67	6.77	10.02	9.04	7.29	6.12
标准大件：=2 760 克	5.80	7.56	10.52	9.05	7.99	7.15
标准大件：=3 760 克	5.83	7.62	10.96	9.67	8.05	7.21
标准大件：=4 760 克	5.86	7.65	11.03	9.71	8.31	7.24
标准大件：=9 760 克	7.01	8.03	11.89	11.01	12.16	7.53
标准大件：=14 760 克	7.50	8.71	12.76	12.23	13.13	8.28
标准大件：=19 760 克	7.86	9.24	13.40	12.61	14.24	8.38
标准大件：=24 760 克	8.71	10.43	13.40	13.42	14.25	8.45
标准大件：=29 760 克	8.72	10.44	14.93	14.09	15.82	8.46
大号大件：=4 760 克	9.74	9.16	16.26	9.85	10.46	8.33
大号大件：=9 760 克	10.65	10.51	19.81	11.21	14.03	9.61
大号大件：=14 760 克	11.25	10.84	20.86	12.34	15.15	10.28
大号大件：=19 760 克	11.79	11.44	21.88	12.74	16.38	10.86
大号大件：=24 760 克	12.83	12.63	23.92	14.28	17.75	12.03
大号大件：=31 500 克	12.86	12.66	24.47	14.36	20.35	12.05

图 7-17　欧洲站点大件配送费

2023 年 4 月 1 日及之后亚马逊物流配送费用			
单件商品	尺寸	发货重量	配送费用
小号	小于 25 厘米×18 厘米×2.0 厘米	小于 250 克	288 日元
标准尺寸	小于 35 厘米×30 厘米×3.3 厘米	小于 1 千克	318 日元
	小于 40 厘米	小于 2 千克	434 日元
	小于 50 厘米	小于 2 千克	465 日元
	小于 60 厘米	小于 2 千克	485 日元
	小于 80 厘米	小于 5 千克	514 日元
	小于 100 厘米	小于 9 千克	603 日元
大件	小于 60 厘米	小于 2 千克	589 日元
	小于 80 厘米	小于 5 千克	712 日元
	小于 100 厘米	小于 10 千克	815 日元
	小于 120 厘米	小于 15 千克	975 日元
	小于 140 厘米	小于 20 千克	1,020 日元
	小于 160 厘米	小于 25 千克	1,100 日元
	小于 180 厘米	小于 30 千克	1,532 日元
	小于 200 厘米	小于 40 千克	1,756 日元
超大尺寸	小于 200 厘米	小于 50 千克	2,755 日元
	小于 220 厘米		3,573 日元
	小于 240 厘米		4,496 日元
	小于 260 厘米		5,625 日元

图 7-18　日本站点配送费

7.3.3　eBay 物流

1）SpeedPAK 物流简介

SpeedPAK 国际派送方案是 eBay 联合物流战略合作伙伴橙联股份有限公司共同打造，以 eBay 平台物流政策为基础，为 eBay 大中华区跨境出口电商卖家量身定制的国际派送解决方案。平台通过匹配平台物流政策，提供包含中国境内 185 个城市上门揽收、目的地分拣、出口报关、国际运输、进口清关、终端配送、物流轨迹追踪等端到端的整体服务。其旨在提供优质稳定的物流服务，为卖家降低物流管理成本，提高物流派送时效，提升买家平台购买体验。SpeedPAK 物流解决方案共设置四种服务模式：经济型服务、标准型服务、标准带电型服务、SpeedPAK Mini 服务。图 7-19 至图 7~22，分别为经济型服务、标准型服务、标准带电型服务、SpeedPAK Mini 服务派送区域。

（1）经济服务型、标准服务型、标准带电型服务产品共有特性。

第一，下单平台：eBay eDIS 物流平台（网址：www.edisebay.com），简称"eDIS 平台"。

第二，物流轨迹：门到门全程追踪。

第三，揽件范围：中国境内 185 个城市提供揽收服务（1 件起揽）。

第四，A-Scan 时效：根据实际上门揽收时间记录 A-Scan 节点，且在取件后 24 小时内完成 A-Scan 上网。

服务等级	运送范围	计费方式	重量限制	包裹尺寸限制	订单金额限制	物流时效	是否接受带电
经济型	德国, 法国, 西班牙, 意大利, 奥地利, 比利时, 克罗地亚, 捷克, 丹麦, 芬兰 希腊, 匈牙利, 爱尔兰, 荷兰, 挪威, 波兰, 葡萄牙, 俄罗斯, 斯洛伐克, 斯洛文尼亚, 瑞典, 瑞士, 土耳其, 乌克兰, 安道尔, 阿尔巴尼亚, 波士尼亚, 保加利亚, 白俄罗斯, 塞浦路斯, 爱沙尼亚, 法罗群岛, 冰岛, 列支敦士登, 立陶宛, 卢森堡, 拉脱维亚, 摩纳哥, 摩尔多瓦, 黑山共和国(蒙特内格鲁), 马其顿, 马耳他, 塞尔维亚, 圣马力诺, 罗马尼亚	以1克计费	2千克以内	最长边=60 cm 长+宽+高=90cm	=1000欧元	10-15工作日(德、法、西) 12-18工作日(意大利或其它欧洲主要国家)	N
	英国	以1克计费	2千克以内	最长边=60 cm 长+宽+高=90cm	=135英镑	10-12工作日	N
	英国经济轻小件	以1克计费(30克以内的包裹只收取首重的价格)	750克以内	长=35.3cm 宽=25cm 厚=2.5cm	=135英镑	12-14工作日	N
	德国经济轻小件	以1克计费	实际核重1千克以内	长=36cm 宽=26cm 厚=2cm	=1000欧元	10-15工作日	N
	澳大利亚经济轻小件	以1克计费	250克以内	长=36cm 宽=26cm 厚=2cm仅适用于可适当弯曲,带有柔韧性的物品	=1000欧元	25-30工作日	N
	澳大利亚	以1克计费	2千克以内	最长边=60 cm 长+宽+高=90cm 圆筒形: 长=90cm及长+(直径x2)=104cm	=1000澳元	10-15工作日	N
	加拿大	以1克计费	2千克以内	最小尺寸限制: 9*14CM 最长边=60 cm 长+宽+高=90cm 圆筒形: 长=90cm及长+(直径x2)=104cm	=1000加币	10-15工作日	N
	新西兰	以1克计费	3千克以内	长=39.5cm 宽=45.5cm 厚=7cm	=400新西兰币	10-15工作日	N

图7-19 经济型服务派送区域

第五，ERP对接：提供API对接方式，可对接第三方ERP系统或卖家自有ERP。

（2）SpeedPAK Mini服务产品特性。

第一，下单平台：eBay eDIS物流平台（网址：www.edisebay.com），简称"eDIS平台"。

第二，物流轨迹：半程追踪，无尾程妥投信息。

第三，揽件范围：中国境内185个城市提供揽收服务（1件起揽）。

服务等级	运送范围	计费方式	重量限制	包裹尺寸限制	订单金额限制	物流时效	是否接受带电
标准型	美国	50克起重以1克计费	31.5千克以内	最长边=66cm，（长+(宽+)*2=274cm	卖家同一天寄到同一个买家的包裹总金额=800美金	8-12工作日	Y(不接受纯电)
	德国，法国，西班牙，意大利，奥地利，比利时，瑞士，捷克，丹麦，匈牙利，爱尔兰，荷兰，波兰，葡萄牙，俄罗斯，瑞典	以1克计费	2千克以内	最长边=60cm，长+宽+高=90cm	=1000欧元	8-12工作日(德、法、西)8-14工作日(意大利及其它主要欧洲国家)	法、意、西可发带电(不接受纯电)
	英国	以1克计费	10千克以内	最长边=60cm，长+宽+高=90cm	=135英镑	8-12工作日	Y(不接受纯电)
	澳大利亚	50克起重以1克计费	30千克	最小尺寸：10*15cm 其它尺寸限制：宽+高=70cm，最长边=105cm，体积=0.25m³	=1000澳元	8-12工作日	Y(不接受纯电)
	加拿大	50g起重以1g计费	30千克	最小尺寸：10*15cm 其它尺寸限制：最长边=200cm，长+(宽+高)×2=300cm	=20加币	8-12工作日	N
	以色列	50克起重以1克计费	20千克	最小尺寸：14x9x1cm 最大尺寸：0x60x60cm，长+周长<200cm	=75美金	8-12工作日	N
	新西兰	50克起重以1克计费	30千克	最长边=150cm，包裹体积=0.123cbm	=400新西兰币	8-12工作日	N

图 7-20　标准型服务派送区域

第四，A-Scan时效：根据实际上门揽收时间记录 A-Scan 节点，且在取件后 24 小时内完成 A-Scan 上网。

第五，ERP 对接：提供 API 对接方式，可对接第三方 ERP 系统或卖家自有 ERP。

第六，仅支持带电产品：接受内置或配套锂电池产品及配套干电池产品，不接受纯电池产品。

（3）产品优势。

第一，政策支持：SpeedPAK 以 eDIS 物流平台政策为基础，推出高度契合 eDIS 物流平台政策的物流服务。

第二，服务稳定：大数据智能监控物流服务质量，建立预警机制，保障全年服务稳定。

第三，透明跟踪：eDIS 平台提供全程物流轨迹，自动同步至 eBay 主站，买卖双方可实时掌握货物运输进度。

服务等级	运送范围	计费方式	重量限制	包裹尺寸限制	订单金额限制	物流时效	是否接受带电
标准型	美国	50克起重以1克计费	31.5千克以内	最长边≤66cm，长+(宽+高)*2≤274cm	卖家同一天寄到同一个买家的包裹总金额≤800美金	8-12工作日	Y(不接受纯电)
	英国	以1克计费	10千克以内	最长边≤60cm，长+宽+高≤90cm	≤135英镑	8-12工作日	Y(不接受纯电)
	法国	以1克计费	20千克以内	最长边≤60cm，长+宽+高≤90cm	≤1000欧元	8-12工作日	Y(不接受纯电)
	意大利	以1克计费	5千克以内	最长边≤60cm，长+宽+高≤90cm	≤1000欧元	8-12工作日	Y(不接受纯电)
	西班牙	以1克计费	20千克以内	最长边≤60cm，长+宽+高≤90cm	≤1000欧元	8-12工作日	Y(不接受纯电)
	澳大利亚	50克起重以1克计费	30千克以内·	最小尺寸：10*15cm宽+高≤70cm，最长边≤105cm，体积≤0.25m3	≤1000澳元	8-12工作日	Y(不接受纯电)

图 7-21 标准带电型服务派送区域

服务等级	运送范围	计费方式	重量限制	包裹尺寸限制	物流时效	是否接受带电
Mini服务	奥地利，爱尔兰，比利时，意大利，保加利亚，立陶宛，捷克共和国，卢森堡公国，德国，拉脱维亚，丹麦，马耳他，爱沙尼亚，荷兰，西班牙，波兰，芬兰，葡萄牙，法国，罗马尼亚，英国，瑞典，希腊，斯洛文尼亚，克罗地亚，斯洛伐克，匈牙利	以1g计费	2斤以内	最小尺寸限制：10*15cm最大尺寸限制：最长边≤60cm，长+宽+高≤90cm	20~32工作日	Y不接受纯电

图 7-22 SpeedPAK Mini 服务派送区域

2）eBay物流的发货方式及费用计算

（1）自发货。

自发货是指卖家自行选择第三方物流公司，一般包括专线物流、国际快递和小包三种方式。专线物流是海运专线和空运专线，海运物流发货，费用计算公式：运费=运价×运费吨=基本运费率×（1+附加费之和）×货运量。每个航期的费用收取标准都不一样，卖家要向物流运输公司了解清楚；空运专线是按产品实际重量或体积重量计费，运输费用计算：体积重量（千克）=货物体积（CBM）/0.006、体积重量（千克）=长（CM）×宽（CM）×高（CM）/6 000；国际快递是按产品的首重+续重计费，费用公式：首重运费＋（总重量/千克×2－1个首重）×续重运费。21千克以下的产品选择DHL，大件产品选UPS。

（2）海外仓。

eBay拥有海外仓的服务，卖家可以选择第三方海外仓，运费比较便宜，而且物流的选择形式也比较多。海外仓的仓储费用计算公式：仓储费+订单出入库处理费+换标费+运费，海外仓的仓储费是按照货物的体积、按每立方米计算的。除了仓储费，还有头程运输费，费用依照卖家选择的服务收取。

eBay也推出了一个运费计算器，卖家输入商品的重量、体积、目的地等信息，即可计算出一个相对较精准的运费，这样卖家就可以和自发货、海外仓等方式进行对比，选择一个更便宜的物流方式了。eBay 运输费用是开店费用中占比较大的一项费用，因此卖家要多对比，这样才能选择一个费用低、服务好的物流公司，有效地提升产品的整体运输时效。

7.3.4 Wish 物流

1）Wish 物流简介

Wish 作为全品类销售、全球覆盖的跨境电商销售平台，汇聚了来自世界各地的卖家和买家，在其开发的移动端推广产品，并借助大数据进行分析客户需求。

现在越来越多想做跨境电商的卖家选择 Wish 平台，要想做好 Wish 运营就要对平台的物流发货方式有清晰的了解和认识。Wish 服务平台日渐受欢迎，服务平台发展潜力很大，门槛也较低，很多想创业的人都会来此发展。但想开好店铺不是很容易的，务必全方位掌握 Wish 平台的物流服务规则标准：

第一，须在 5 天内发货完毕。如果订单在 5 天内未完成，订单将被退回，相关产品将被下架。对于此类退款订单，每笔订单将罚款 50 美元。

第二，如果卖家店铺里面的退款订单太多，平台就会将其归纳为不良店铺，关闭账户。自动退款率是指由于政策而自动退款的订单数量与收到订单总数之比。该比率很高的话，会直接关闭账户。

第三，如果卖家不履行自己的义务，会暂停账户。完成率是已完成订单数量与已收到订单数量的比率。如果该数值太低，那么卖家账户会被禁止使用。

第四，卖家使用的必须是正规化的物流运营商，且所有步骤必须符合平台政策，还要能提供最后一千米物流信息的公司去配送产品。

第五，买家下单后，卖家却没有在规定时间内进行发货的话，会被罚款。如果物流服务提供商未能在订单生成后的以下指定时间内确认发货，卖家就被按照产品单价的 20% 或 1 美元进行罚款。

第六，物流单号虚假会受处罚。如果提供的物流信息是假的话，平台会处罚卖家。

第七，虚假履行订单政策。以欺骗消费者为目的的订单将导致消费者浏览量减少，罚款 10 000 美元。

第八，对于订单被取消的政策。如果订单在到达目的地前被取消或退款，卖家要按照每个违规订单缴纳 2 美元。卖家要想把自家店铺运营好，最主要的就是放平心态，仔细解决每个问题。不违反平台所规定的任何政策是最基础的，只要不触碰平台的底线，那么在运营过程中不会出现太大问题。

2）Wish 平台常用物流发货方式

（1）WishPost。

该物流方式是 Wish 平台和优质的物流服务商达成合作，共同推出的针对 Wish 商品的专属物流，提供下单、揽收、配送、跟踪查询等服务。其产品主要包含欧洲小包、中邮小包、E 邮宝、Wish 达等，可以覆盖全球 214 个国家和地区，每日处理订单量超过150万单。

WishPost的优势在于拥有极强的价格竞争力，可配送范围覆盖面积极大，在服务上也为商户提供了极大的便利和支持，可以满足大多数商户的基本需求。

（2）Wish HUB。

Wish HUB是一项为了降低成本、提高送达效率而产生的物流服务。它与其他几种物流项目不同点在于：它是一个为了辅助各大物流项目订单包裹的高效寄送与分配而存在的产物，而并非是一个自带物流产品的物流项目。

（3）Wish EPC。

Wish EPC是一个目的在于降低物流时间和物流成本的物流服务项目。选用该物流方式的包裹通常抵达上海EPC的处理中心的时间将会在96小时之内，并且对由于物流原因退货的订单，也将进行70%货值投保。

（4）A+物流计划。

该物流方式是一种针对某些国家的路向进行托管式物流的服务，将会以统一、综合的物流解决方案整体增强所支持路向国的物流表现和用户体验。

实际上以上各种物流方式，它们的本质区别是每个物流都将解决不同的难题。Wish站在全局的视角上，能够统筹商户和平台的力量，多种物流渠道相辅相成，互相配合，目的在于为卖家开辟更优惠、更高效的物流渠道，解决困扰商户的物流痛点。事实上，绝大多数的中小型商户都曾选择过WishPost作为他们的物流服务商，他们的大多数货物均会选择该种物流方式。

2）费用计算

Wish邮寄快递费用采用首重+续重的计费模式进行计算。其中该物流发往各国的价格各不相同，例如俄罗斯、美国、法国、英国的计费分别为：

（1）俄罗斯。

物品在30克及以下的收费标准为4.65元/件，30克以上部分将按照153.47元/件/千克的价格进行续重。

（2）美国。

物品在30克及以下的收费标准为3.94元/件，30克以上部分将按照130.22元/件/千克的价格进行续重。

（3）法国。

物品在30克及以下的收费标准为3.52元/件，30千克以上部分将按照116.40元/件/千克的价格进行续重。

（4）英国。

物品在30克及以下的收费标准为3.33元/件，30克以上部分将按照110.12元/件/千克的价格进行续重。

Wish物流费用=快递费+挂号费，邮政国际小包发往英国是90.5元/千克，E邮宝发往美国是80元/千克；以E邮宝为例，运费=0.185×80+9（挂号费）=23.8元。

不同地域、不同平台、不同体量甚至不同品类的卖家，每个月各自支出的运费成本有所不同。因此，一方面，卖家可以寻求低收费的物流商进行合作，另一方面，可以基于自身的销量和订单，与物流商签订长期合作协议，并享受运费折扣，基本的折扣都会在 9 折左右，而淡季时运费的折扣力度可能会达到 8.5 折。

3）Wish 国际快递配送费用计算相关细则

（1）计费重量单位。

国际快递行业，一般 20.5 千克以下（含 20.5 千克），每 0.5 千克为一个计费重量单位，不足 0.5 千克，按 0.5 千克计算；20.5 千克以上，每 1.0 千克为一个计费重量单位，不足 1.0 千克，按 1.0 千克计算。

（2）首重与续重。

国际快递一般以第一个 0.5 千克为首重（或起重），每增加 0.5 千克为一个续重。通常起重（道重）的费用相对续重费用较高。

（3）实重与材积。

实重，是指需要运输的一批物品包括包装在内的实际总重量。当需寄递物品体积较大而实重较轻时，因运输工具（飞机、火车、船、汽车等）承载能力及能装载物品体积所限，需采取量取物品体积折算成重量的办法作为计算运费的重量，称为体积重量或材积。体积重量大于实际重量的物品又常称为轻泡物。

（4）计费重量。

按实重与材积两者的定义与国际航空货运协会的规定，货物运输过程中计收运费的重量是按整批货物的实际重量和体积重量两者之中较高的计算。

（5）包装费。

一般情况下，国际快递公司都是免费包装，提供纸箱、气泡袋等包装材料，但很多物品如衣物，不用特别细的包装就可以，但一些贵重、易碎物品，快递公司还是要收取一定的包装费用的。包装费用一般不计入折扣。

● 思政课堂

京东物流的海外合作

京东物流是京东集团旗下的独立运营子公司，成立于 2007 年。它提供全链条、一体化的物流服务，包括仓储、配送、快递、冷链等多项服务，覆盖 31 个省份和香港特别行政区，并开展了国际物流业务。目前，京东物流已经在全球超过 200 个国家和地区建立了覆盖面广泛的物流网络，并在泰国、印度尼西亚、越南等国家与当地的物流企业合作，提供跨境物流、仓储和配送等服务。同时，京东物流还在全球各地投资建设自己的物流中心和配送站点，以提高物流效率和服务质量。

京东物流作为中国最大的自营物流公司之一，在海外仓领域有所布局。2018 年，京东推出了"全球开荒计划"，通过建设和合作的方式，扩大了其在全球范围内的物流网络。其中包括在美国、欧洲、东南亚等地区建立了数个海外仓库。2022 年 8 月，京东物流与 Anakku 达成了战略合作，为 Anakku 在马来西亚全境的超 1 000 家门店提供货物仓储及物流配送服务，并帮助 Anakku 实现全渠道订单 24 小时内出库，仓配履约效率提升 30% 以上，通过一体化物流解决方案助推客户实现业绩增长。据了解，在与京东物流合作前，Anakku 一直苦于仓储准确率低、发货效率慢及时效不稳定等物流供应链难题。面对这些问题，京东物流全面进行仓内规划，针对 Anakku 的整体货量、车辆、人员等进行了深度的调研梳理，基于客户的独特需求制订了端到端的一体化供应链物流解决方案。在运输服务方面，京东物流与 10 余家尾程运输公司展开合作，并对其进行统一管理、效率监控，以提升配送效率并帮助客户节省管理成本；同时针对仓内用工模式，进行数据化分析，根据不同时段、不同产品进行人员最优分配，提升整体运营效率。经过各个环节的供应链优化，Anakku 全渠道订单已实现 24 小时稳定发货，吉隆坡及周边订单可实现稳定的次日达，较马来西亚物流行业平均水平加快了 1 倍。对于客户配送海岛等偏远地区的需求，马来西亚团队搭建了海陆联运的运输解决方案，帮助客户解决了偏远门店的补货难题。

值得一提的是，即便遇到大促等订单高峰期，京东物流仓配网络也能从容应对。京东物流亚太区马来西亚国家经理赵锦坤谈到，针对 2022 年 12 月以来本地客户的圣诞和春节促销，京东物流采用了弹性的生产制度，与客户供应链规划部门进行联动，对高峰期单量提前做出预测，力求将客户出货计划精确到日，并进行动态排产。"12 月 Anakku 的出库件量增长 100% 以上，但仓内生产井然有序，全月无订单积压。我们对大促的有力保障进一步增强了客户与京东物流合作的信心，改变了当地客户对物流行业大促即爆仓的刻板印象，让客户切实感受到一体化供应链的高效履约实力。"

在此次合作之后，Anakku 还期待与京东物流在更多领域开展合作，Ng Meng Guan 谈到，"期待与京东物流的合作不只解决物流的问题，未来还希望京东物流助力 Anakku 开拓更深层次的供应链合作，借助京东物流的供应链能力开发中国国内市场。"

事实上，京东物流持续进行海外基础设施建设，推进一体化供应链物流解决方案出海，助力更多海外客户实现降本增效。在马来西亚，京东物流运营多个自营仓、协同仓，为客户提供 B2B、B2C 仓储物流服务，此外还提供正逆向一体化解决方案、BC 同仓一盘货库存管理等增值服务，以及海运、空运、卡派尾程、拖车等物流服务。

京东物流在马来西亚不仅服务像 Anakku 这样的海外客户，还为多个国内 3C 品牌提供端到端的供应链物流服务，最快 24 小时完成履约，高效、稳定的物流保障赢得了众多客户认可。以某手机品牌为例，京东物流为其新品进行首发物流保障，18 小时即完成跨境空运、清关和送仓全程履约，赢得了客户赞叹。

经过多年持续投入，京东物流链网融合建设成果已经显现，物流网络已触达全球。截至 2022 年 6 月 30 日，京东物流已在全球运营近 90 个保税仓库、直邮仓库和海外仓库，总管理面积近 90 万平方米，跨境网络总仓储面积同比增长超 70%。京东物流沉淀的这一套覆盖海外仓及跨境仓的国际物流供应链能力，已为多行业客户提供了一盘货发多个平台、多个渠道的一体化服务，极大地助力海外客户降本增效和高质量发展。京东物流以自主创新为驱动力，不断推出智能化、数字化、绿色化的服务方案，致力于成为全球领先的智慧物流企业。

● 本章小结

1.跨境电子商务物流是跨境电子商务服务最根本的构成部分，是依靠各种先进技术来实现物品跨越不同国家和地区流动的过程。随着跨境电商的需求不断增加，跨境电商物流的形式也在逐渐多样化并且由单一服务走向多元化服务，但是相比于国内电商物流，它有着距离远、时间长、成本高、流程复杂、可控性差的标志性特征。

2.本章较为详细地介绍了我国当前的跨境电商的四大类别：邮政、专线、商业快递、海外仓。邮政快递渠道选择多样，运费优惠，清关方便，辐射国家范围广，但是它的时效慢，丢包率高；商业快递时效快，基本3~7个工作日可送达，但是运费高昂，且容易被海关查验；专线物流的时效比邮政快一些，运费便宜，但它的服务水平较不稳定，取决于物流公司的路线整合能力；海外仓拥有更低的物流成本，更快的发货时效，能够提升买家的购物体验，但它的备货风险大，对货物的销售性质要求更高。

3.速卖通、亚马逊、eBay、Wish这四个跨境电商服务平台有各自的服务细则和规定，根据卖家的需求，提供合适的物流服务。速卖通下可提供经济类、简易类、标准类、快速类、海外仓、优选仓六种物流模式；亚马逊物流为卖家提供包括存储管理商品，在收到顾客订单后，将商品拣货包装并配送给买家以及售后服务的一站式服务；eBay下的SpeedPAK可提供经济、标准、标准带电、Mini四种服务模式，旨在为出口电商卖家提供量身定做的国际派送解决方案；Wish物流平台门槛比较低，但要想将它的优势最大化，就要务必全方位掌握它的服务规则标准。

● 复习思考题

1.跨境电商物流的特征及现存问题。

2.分析国际商业快递现有几大巨头，并简述其中一个的运营优势。

3.简述常见的专线物流方式及其内容。

4.简述海外仓面临的问题和挑战。

● 小组实训

【实践目的与要求】

1.培养学生网络调研的能力，提高学生物流成本核算能力。

2.熟悉不同类目产品的海外仓费用构成。

【实践内容描述】

假设产品：①100个尺寸为40×38×15 CM 的玩具（尺寸、重量）；②50双30×20×15 CM 的 Keen NEWPORT H2 儿童凉鞋；③包装尺寸为60×40×5cm 的 Perry Gate 高尔夫球用 条纹收纳包80个，根据亚马逊欧洲站和日本站的收费标准，对比3月份仓储成本。

1. 欧洲站点

（1）月度库存仓储费，如图7-23所示。

| 分类 | 月份 | 英国 | 德国、意大利、西班牙、荷兰和波兰 | 法国 | 瑞典 |
		以立方英尺为单位	以立方米为单位		
"服装、鞋靴和箱包"分类	1—9月	0.43镑	16.69欧元	17.19欧元	175.50瑞典克朗
	10—12月	0.60镑	23.11欧元	23.81欧元	242.90瑞典克朗
所有其他分类(标准尺寸)	1—9月	0.71镑	27.82欧元	28.65欧元	292.10瑞典克朗
	10—12月	1.00镑	38.52欧元	39.68欧元	404.50瑞典克朗
大件商品	1—9月	0.46镑	18.00欧元	18.54欧元	189.00瑞典克朗
	10—12月	0.64镑	25.00欧元	25.75欧元	263.00瑞典克朗

图7-23 欧洲站点月度库存仓储费

（2）长期仓储费，如图7-24所示。

对于非媒介类商品，亚马逊将按照每立方英尺4.30英镑的标准收月度仓储费；对于媒介类商品，亚马逊将按照每立方4.30英镑或每件商品最低0.10欧元/0.10英镑的标准（以较大值为准）收取月度长期仓储费。

商品	玩具和游戏		DVD	
媒介类商品或非媒介类商品	非媒介类商品		媒介类商品	
尺寸	28.0×20.2×5.0厘米	28.0×20.2×5.0厘米	19.2×13.5×2.4厘米	19.2×13.5×2.4厘米
件数	1	2	1	2
存放时间	超过365天	超过365天	超过365天	超过365天
适用的长期仓储费(按每立方英尺4.30英镑收取)	0.43英镑	0.86英镑	0.09英镑	0.19英镑
适用的最低长期仓储费	不适用	不适用	0.10英镑	0.20英镑
实际长期仓储费	0.43英镑	0.86英镑	0.10英镑	0.20英镑

图7-24 长期仓储费计算示例

2. 日本站点

（1）非服装、鞋靴类商品月度库存仓储费和服装、鞋靴类商品月度库存仓储费，如图7-25所示。

商品类别	月份	小件/标准尺寸	大件/超大件
非"服装"及"鞋靴"类商品	1—9月	5.160日元×[商品尺寸(立方厘米)]/(10厘米×10厘米×10厘米)×[存放天数]/[当月天数]	4.370日元×[商品尺寸(立方厘米)]/(10厘米×10厘米×10厘米)×[存放天数]/[当月天数]
	10—12月	9.170日元×[商品尺寸(立方厘米)]/(10厘米×10厘米×10厘米)×[存放天数]/[当月天数]	7.760日元×[商品尺寸(立方厘米)]/(10厘米×10厘米×10厘米)×[存放天数]/[当月天数]

商品类别	月份	所有尺寸
"服装"及"鞋靴"类商品	1—9月	3.10日元×[商品尺寸(立方厘米)]/(10厘米×10厘米×10厘米)×[存放天数]/[当月天数]
	10—12月	5.50日元×[商品尺寸(立方厘米)]/(10厘米×10厘米×10厘米)×[存放天数]/[当月天数]

图7-25　非服装、鞋靴类商品月度库存仓储费

（2）长期仓储费计算示例，如图7-26所示。

日本站点对存放超过365天的商品按照每立方米17.773日元的标准收取长期仓储费。（包含10%消费税）

商品	尺寸	存放时间	适用的长期仓储费	适用的最低长期仓储费	实际长期仓储费
玩具	25厘米×18厘米×2厘米	超过365天	16日元	不适用	16日元
图书	19厘米×12.5厘米×2厘米	超过365天	8日元	10日元	10日元
CD	15厘米×13厘米×1.4厘米	超过365天	5日元	10日元	10日元

图7-26　长期仓储费计算示例

● 本章数字化资源

即学即测7

课外延伸7-1：昆明高新保税物流中心跨境电商业务正式运行

课外延伸7-2：沈阳两个国际货运包机航线开通助力跨境电商物流提速

知识点讲解7：亚马逊物流的操作流程

第8章 /跨境电商营销

学习目标

了解并熟悉跨境电商营销的基本概念及营销方式；掌握常见平台的站内推广，重点学习亚马逊进行站内推广常用的商品推广、展示广告、头条搜索和官方旗舰店的操作方法，熟悉并掌握亚马逊进行站外推广常用的谷歌推广和社交媒体推广的操作方法；并将所学站内和站外推广的方法，应用在实际业务中。

流量之于网店，相当于心脏之于人体，其重要性不言而喻。人没有心脏就无法生存，同样，网店没有流量，也就只能面临倒闭。就像开实体店，大多数人会选择在繁华的商业街道而不是一个无人问津的小巷中，因为只有这样商家的产品才能被更多的人看到。酒香不怕巷子深的时代已然过去，获取更多的流量是提高店铺销量的重要途径。本章将介绍站内平台推广和站外平台推广的具体方法，并以亚马逊平台为例介绍平台推广的具体操作。

8.1 跨境电商营销概述

在研究跨境电商营销之前，有必要阐述一下网络营销这一概念。网络营销实际上就是通过互联网这一工具提高企业品牌的曝光度，以达到现代企业开拓市场的目标。它与传统营销本质上一样，都是企业营销战略中的一部分。网络营销主要有电子邮件营销、社交媒体营销、广告营销、媒体营销、搜索引擎营销等诸多手段。实际上，跨境电商营销就是电子商务企业运用网络营销手段，跨越关境地理限制，来实现企业营销的最终目标，即实现企业品牌及相关产品的宣传。

8.1.1 跨境电商营销的基本概念

目前，受市场需求、资源、劳动力成本等多方面因素影响，各国对外贸易的综合成本不断攀升，而互联网的跨地域和低成本让跨境电商应运而生。以敦煌网、阿里巴巴、亚马逊为代表的跨境电商迅速崛起，促使国际贸易进入了新时代，对保持对外贸易持续稳定增长起到了重要作用。

与传统外贸相比，跨境电商可以有效地节约资源和降低对外贸易的综合成本。电商平台拥有商品智能检索、商品信息公开、消费者反馈公开、传播速度快、支付便捷等多方面优势，为中小型企业进入国际市场开辟了捷径，也为本土知名品牌提供了提升国际知名度的良机。

1）跨境电商营销的概念

跨境电商营销即企业在国际市场环境中，通过巧妙结合社会化媒体营销、搜索引擎营销、电子邮件营销等各种营销手段，利用数字化的信息和网络媒体的交互性来实现跨境电商销售目标的一种新型市场营销方式。

2）跨境电商营销的特点

与其他传统营销不同，跨境电商营销具有全球性、虚拟性、便捷性、实时性、精准性五种特点。

（1）全球性。

跨境电商营销的目标对象并非局限于某一个国家或地区的消费者，而是全球范围内的客户；通过网络营销形式跨越空间的限制，企业可以随时随地进行全球范围内的营销推广。

（2）虚拟性。

在当今日益复杂和富有竞争性的市场环境中，企业靠发放传单、投递媒体广告等传统营销方式显然是行不通的，而跨境电商营销采用平台化、网络化等虚拟技术可以在全球范围内挖掘潜在客户。

（3）便捷性。

在传统的店铺销售中，企业与消费者之间的沟通较为困难，而在网络环境下，企业可依靠公告板、网站论坛、E-mail 等形式，加强企业与顾客之间的联系，有效了解顾客的需求信息，增强消费者与企业之间的互动，帮助企业实现销售目标。它提高了企业进行营销活动的效率，充分运用到销售活动的各方面，综合运用对企业有用的许多信息，以便企业更好地进行市场营销。

（4）实时性。

企业不管是在跨境电商平台还是在自身网站上，都可以在展现商品的后台记录中收集用户的点击浏览量、关注量等有效信息，并且第一时间反馈给市场运营部，进行营销策略调整。与此同时，用户也可以通过平台，实时地将意见反馈给企业商家，有利于第一时间解决用户需求以培养长期粉丝用户。

（5）精准性。

传统营销方式如发传单、赠送礼品、平面广告、媒体广告等，并不能有效对目标客户进行营销，而跨境电商营销可以通过社交媒体营销进行互动，并且通过搜索引擎对搜索关键词用户进行归类，通过大数据分析精准投放广告。

3）跨境电商营销的功能

现代企业的国际贸易活动中，跨境电商营销占了较大一部分，它的功能可以总结归纳为增加销售量、推广企业品牌、收集用户信息、维护用户关系四个方面。

（1）增加销售量。

不管是传统营销还是跨境电商营销，营销的最终目的都是卖出产品，增加销售量。例如，跨境电商企业都会通过在平台上发放优惠券或直接折扣等促销手段来促进销售。

（2）推广企业品牌。

传统营销模式只能通过投放广告、发放传单等方式，或者通过企业网站建设向访问用户来进行品牌宣传，企业品牌推广具有一定局限性。随着"互联网+"时代的到来，跨境电商企业利用移动互联网的快速发展，创立自己的APP及社交媒体企业账户，增加了用户与企业的黏性，并且通过口碑相传，源源不断地吸引新用户加入。

（3）收集用户信息。

企业通过查看跨境电商平台后台数据的访问记录，可以了解访问用户喜爱的产品，并进行大数据分析，间接地完成网上市场调研；同时，对用户购买记录以及评价进行分析，可以帮助企业改善用户产品及服务体验。

（4）维护用户关系。

以用户为核心的营销策略是企业长期发展、保持竞争优势的重要策略之一，只有不断维护良好的用户关系，增加企业与用户的黏性，才能使跨境电商营销取得良好成效。跨境电商营销通过与用户的互动，增进了企业与用户的良好关系。

8.1.2　跨境电商营销方式

想要了解跨境电商营销方式，可以从它的发展时间线上依次展开，大致可分为以下六个阶段。

1）电子邮件营销

电子邮件营销（E-mail Direct Marketing，EDM）是较早的跨境电商营销方式，它诞生于20世纪70年代，但受互联网发展初级阶段制约，使用互联网的人数不多，所以电子邮件营销并未得到快速发展。20世纪80年代，随着个人计算机的普及，电子邮件营销兴起，电子邮件在青年人群体当中迅速传播。到了20世纪90年代中期，互联网浏览器的迅速发展，使电子邮件营销呈现出了传播速度快、成本低的特点。

2）搜索引擎营销

20世纪末，新闻网站、门户网站逐渐走上舞台，如Yahoo、Google等搜索引擎网站开始兴起，搜索引擎营销成为跨境电商营销的主流。搜索引擎营销（Search Engine Marking，SEM）是基于搜索引擎平台的网络营销，利用人们对搜索引擎的依赖和使用习惯，在人们检索信息的时候将信息传递给目标用户。搜索引擎营销以最少的投入获取最多的流量，并产生商业价值，电商的核心是引流，引流的核心就是搜索引擎。

3）电商平台站内营销

21世纪初，速卖通、亚马逊进军跨境电商平台领域，将外贸营销手段开始从线下转向线上。各个企业纷纷在平台上开设店铺，通过装修企业店铺及商品推广来提高自己的知名度，推广企业品牌；在平台活动中进行促销，如全场打折、发放优惠券、满赠等方式，吸引用户下单，大幅增加销售量。随着互联网的不断发展，越来越多人们习惯了网购，而电商平台是大多数人网购的第一选择，这也为电商企业带来了商业契机。

4）社交媒体营销

社交媒体营销（Social Media Marketing，SMM）是伴随着社交媒体的诞生而兴起的一种新型营销方式，国内外社交媒体基本在2010年左右形成雏形。社交媒体营销就是利用社交媒体来进行营销、公关关系和客户服务维护开拓的一种方式。不同的社交媒体在引流效果、推广定价等方面会存在差异，商家要学会运用不同社交媒体的长处来进行营销推广，从而达到预期的效果。社交媒体相当于一个“网络社区”，是人们可以互相交流的工具和平台，如新浪微博、微信、博客等。国外的社交媒体平台有Fackbook、Pinterest、Twitter等。

5）自媒体营销

2015年开始，我们迎来了自媒体时代。许多人认为自媒体是在社交媒体之后才诞生的，其实并非如此。社交媒体与自媒体互有交集，交集的部分为“社交媒体上的自媒体”。自媒体是指普通大众生产制作、通过网络等各种途径分享的传播方式。自媒体是以社交媒体这一平台为载体的。国内自媒体平台有头条号、搜狐号、小红书、今日头条等综合类平台，同时也有火山、快手、抖音等视频媒体；国外的自媒体平台主要有YouTube、TikTok等。在自媒体时代，每个人都有话语权，这个时代铸造了众多平民明星，平民英雄，与此同时也打造出最多网红品牌。跨境电商企业可以自行建立营销号，推送企业文化及商品，从而推广企业品牌；也可以通过与网红博主合作，撰写文章引流商品，通过“无利益方”的口碑宣传，往往会取得意想不到的效果。

6）电商直播营销

在2016年国内游戏平台如斗鱼、虎牙就已经开始接入商业广告，通过与官方合作商达成协议，让不同粉丝体量的主播在游戏直播时帮忙介绍企业产品。2018年初，淘宝、京东等电商平台开始孵化网红体系，探索企业店铺与网红主播结合的道路，开启了“电商+直播”的营销模式。

目前，电商直播仍保持着较高的增长速度，互联网技术的不断更迭与优化，实现了用户的精准推送，同时物流系统、支付方式体系不断完善，为电商直播行业发展保驾护航。在新冠疫情冲击下，跨境电商只能通过线上营销的方式来进行，而线上直播以较低的成本获得较高的投资回报率，所以越来越多商家及品牌方愿意投入更多资源发展电商平台。

✲ 案例专栏　　Shopee平台的电商直播

Shopee是东南亚地区最火爆的跨境电商平台，也是很多国货出口东南亚的首选平台。2021年第一季度Shopee的订单量就达到了11亿，同比增长153%，成长速度非常惊人。而在Shopee、亚马逊等跨境电商平台中，电商直播同样备受重视，被视为提升电商平台订单量的一剂猛药。

在目前的电商直播中，最常见的带货方式为单个直播间内 1~2 位主播直播带货，而从 2019 开始，直播连麦带货正受到越来越多主播与观众的喜爱。电商直播连麦主要分为嘉宾连麦、观众连麦、PK 带货等方式。嘉宾连麦在知名主播的直播间比较常见，嘉宾与主播的的互动可以大大吸引流量从而提升销售额；此外，主播还可以与直播间的用户实时连麦，分享购物心得，解答用户疑惑；不同品牌商家也可以跨直播间进行实时连麦 PK 带货，以提升直播间的引流效果与销售额。

火爆东南亚的 Shopee 也很早意识到要在跨境电商中加入直播连麦进行带货。2020 年 6 月，Shopee 与实时互动云服务商"声网"开始对接合作，双方技术团队针对电商直播连麦进行集成、打磨，攻克一系列技术难点，最终制定了稳定可靠、低延时的电商直播连麦解决方案，保障了 Shopee 在双 11 前上线电商直播连麦带货功能。来自 Shopee 的数据显示，在 2020 年的双 11 大促中 Shopee 的海运渠道发货商品数较平日上涨 60 倍，双 12 大促当日，Shopee 平台中国跨境新卖家订单量更攀至平日的 15 倍。

在电商直播中加入连麦的互动方式可以提升直播间的互动性和积极性，让用户更直观地了解商品信息，尤其主播与明星嘉宾、主播与主播之间的连麦带货，可以进一步活跃直播间的气氛，激发用户的购买欲，最终提升直播带货的转化率。

8.2　站外平台推广

站外平台的推广优化跨境电商的推广优化分为站内平台推广和站外平台推广。站外平台推广是电商平台以外的推广宣传，包括社交媒体推广、搜索引擎推广、网站外链的建设、网站友情链接的交换等。站外推广也并不是越多越好，其精髓主要体现在推广的质量和相关性上。下面，介绍几个常用的站外平台推广方式。

8.2.1　谷歌推广

谷歌是欧美网民最大的信息入口，迄今为止，很多客户都会选择从谷歌搜索自己想要的产品，然后进入自己需要的购物网站进行购物。据统计，每天有上亿名用户在谷歌网站上浏览网页，这表明，企业用谷歌投放的广告每天能被上亿位用户看到。同时，谷歌推广的广告投放服务还能利用大数据对用户的兴趣爱好、地理位置、行为等信息进行分析，与广告投放的目标人群匹配，让广告可以定向、精准投放，增强广告的投放效果，提高广告转化率。

谷歌推广是一种广告刊登方式，借助该方式，商家可以轻而易举地在谷歌及其广告合作伙伴的网站上刊登产品广告，广告形式多种多样，包括视频广告、产品展示广告等，并且这种广告投放方法对企业的广告预算没有要求，无论企业花费多少资金投放谷歌广告都能获得高效的广告服务。谷歌广告会伴随用户的搜索结果在谷歌及合作伙伴的网站上显示，如 YouTube、Earthlink、Blogger（博客）等。

1）谷歌搜索引擎推广

（1）简介。

搜索引擎推广是通过搜索引擎优化，将搜索引擎排名以及研究关键词的流行程度和相关性的结果优化而取得较高的排名的营销手段。搜索引擎优化对网站的排名至关重要，因为搜索引擎在通过 Crawler（爬虫）程序来收集网页资料后，会根据复杂的算法（各个搜索引擎的算法和排名方法是不尽相同的）来决定网页针对某一个搜索词的相关度并决定其排名的。当客户在搜索引擎中查找相关产品或者服务的时候，通过专业的搜索引擎优化的页面通常可以取得较高的排名。巨大的访问量和影响力使得谷歌搜索排名成为网络营销商家的争夺地。稳定首页排名可以带来商机和利润，靠后的排名不仅意味着效益的损失，同时意味着将宝贵商机让与竞争对手。

（2）搜索关键词广告。

搜索关键词广告是指当用户利用某一关键词进行检索时，在检索结果页面会出现与该关键词相关的广告内容。其属于网站商业广告投放的创新方式，一般位于搜索结果页面的右侧。如图 8-1 所示，在谷歌搜索引擎中搜索"Outdoor tent"，将出现搜索结果页面，可以看到排在第一位的是来自 overstock 公司的广告。由于关键词广告是在对特定关键词的检索时，才出现在搜索结果页面的显著位置，所以其针对性非常高，是性价比较高的网络推广方式。

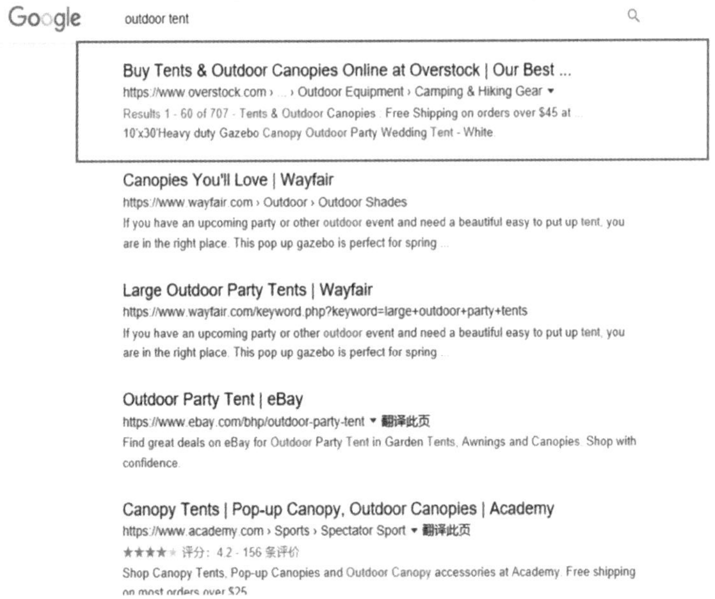

图 8-1　搜索关键词广告

卖家在选择某一关键词进行广告投放前，应慎重选择关键词。若某卖家主要经营户外帐篷产品，可在 Google Trends 分析工具中输入"Outdoor tent"，可以看到如图 8-2 所示的信息，该图展示了与"Outdoor tent"相关的搜索热度最高的主题和查询，卖家可根据分析结果选择关键词进行广告投放。

图 8-2　Google Trends 分析工具

（3）搜索引擎优化。

搜索引擎优化通过提高指定关键词的曝光率来提高网站的能见度，从而提高点击率。它通过了解各类搜索引擎如何抓取互联网页面、如何进行索引以及如何确定其对某一特定关键词的搜索结果排名等技术，来对网页进行相关的优化，从而提高网站访问量，最终提升网站的销售能力或宣传能力。

搜索引擎在定位网站排名时，不仅要看网页的信息相关度，同时也会考虑网站的声望如何，比如外部链接有多少，网页的点击率有多高等。可以排在搜索结果前列的网站通常具有以下特点：第一，网页中不过度采用图片或者 Flash 等富媒体形式，有可以检索的文本信息。第二，网页有标题，并且标题中包含有效的关键词。第三，网页正文中有效关键词比较多。第四，网站导航系统容易被搜索引擎清晰识别。第五，有被其他搜索引擎收录的网站提供的链接。第六，网站中没有欺骗搜索引擎的垃圾信息。第七，网站中没有错误或不良链接。

在了解排名靠前的网站的特点后，可以利用以下技巧进行搜索引擎优化：

第一，加强标题与页面内容的相关性。网站页面内容相关，网站首页关键词尽量分散，越靠上的内容越重要，网站主导航和次导航、栏目名称和频道名称、文章标题等重要位置布局关键词和长尾关键字。

第二，提高网站的更新频率。更新频率越高，爬虫程序光顾次数越多，被抓取的页面数量越多，关键字排名在首页的机会越大。

第三，提升导入链接质量。加入搜索引擎分类目录网站；与高网页级别且主题相关的网站做友情链接；和数据量大，知名度高，频繁更新的网站做友情链接；与相关内容网站交换友情链接。

2）谷歌展示广告

（1）简介。

卖家可以在 YouTube、谷歌搜索、LinkedIn（领英）、Twitter（推特）等网站上投放文字广告、图片广告等。谷歌会在与其有合作的网站上展示卖家的广告。卖家只需对用户点击次数或广告的展示次数支付广告费用。谷歌展示广告的形式如图8-3所示。

图 8-3 谷歌展示广告的形式

（2）谷歌展示广告的优势。

第一，广告形式多样：包括图片广告、视频广告、富媒体广告等，满足多种客户的需求。

第二，广告覆盖面广：覆盖全球90%的主流网站，每日受众35亿人，975亿次展示。

第三，广告智能化：通过跟踪客户，可对曾经访问过网站的老客户进行广告追踪。

第四，付费方式：费用透明，点击付费价格低廉，广告展示不需要支付费用，适合不同预算的客户。

第五，精准定位：获得精准用户，客户会通过感兴趣的网站看到广告。

8.2.2　Facebook营销

Facebook，创立于2004年2月4日，总部位于美国加利福尼亚州门洛帕克，是全世界最大的社交平台，也是世界上访问量第三的网站。用户可以在平台内分享照片、个人兴趣爱好、生活碎片等内容，还可以进行好友互动，也可以在线交易，Facebook具备着强大的用户社交黏性。

Facebook的日活跃用户数在10亿以上，同时积累了丰富的用户标签，能够对流量做到精确切割。这有利于商业用户更好地利用平台去做品牌宣传和开发产品，吸引了很多做跨境贸易的企业在Facebook做营销推广。

1）功能介绍

（1）公共主页。

Facebook的海尔公共主页（如图8-4所示）是供企业和组织用于分享动态并与

粉丝交流的页面，它用来塑造品牌形象和增加用户黏性。用户给企业公共主页点赞后，企业每次在公共主页发布动态更新时，用户都会收到提示消息。

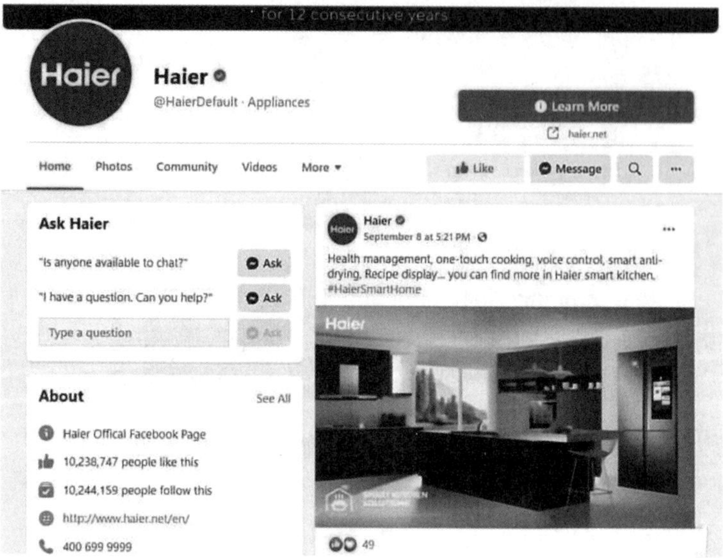

图8-4　Facebook的海尔公共主页

（2）群组。

Facebook群组指的是用户通过填入个人资料或点击页面加入的社群，用户也可以自己创建群组。小组内成员都有相同的兴趣爱好，聚集了一些志同道合的人，有共同话题，类似于中国的QQ群、微信群。例如有关模具话题的群组，如图8-5所示。

（3）商店。

商店是Facebook推出的新旧物品皆可售卖的交易市场。用户只需编辑产品照片、名称、描述和价格即可发布，操作流程非常简单。同时，买卖双方之间可以看到公开的个人资料、共同好友，使用Facebook的天数，以便双方互相进行信任度评估。

（4）帖子。

用户发布帖子基本是以文字、图片、视频形式，也有附加外部链接等形式（如图8-6所示），帖子内容多种多样，既可以是品牌发展史、产品幕后研发故事，也可以是教育、教学内容，甚至是蹭热度等。

发布纯文字的帖子最好添加Facebook表情，因为它可以让帖子变得更生动形象。同时，图片和视频要挑选精美和高质量的内容，以便吸引留住用户，成为粉丝。附有外部链接的帖子一定要显示其链接的预览，如图像、标题和说明，这样可以引起目标用户兴趣。

图 8-5　有关模具话题的群组

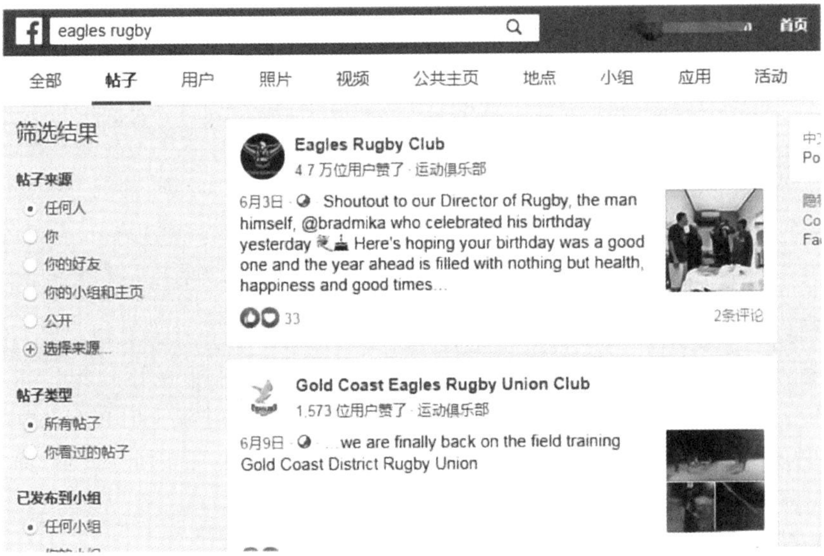

图 8-6　用户发布的帖子

2）营销手段

Facebook 的营销策略主要分为自然社交和付费推广。自然社交是一种需要长期积累的免费营销策略，包括建立公共主页、发布帖子、通过评论和聊天与关注者互动等，目的是通过提高账号的曝光率，吸引更多的粉丝关注，以达到为企业独立网站导流的目的。付费推广主要是通过 Facebook 广告营销，是一种快速接触目标受众的短期策略。自然社交可以加强品牌建设并与活跃的粉丝进行互动，付费推广可以唤起用户意识并宣传产品、服务和促销活动等，因此企业可以采取自然社交和付费推广相结合的营销策略。

（1）Facebook 商业页面。

商业页面是个人资料页面的商业版本，是企业免费的营销工具。它不仅可以作为企业的基本资料，还可以用来在 Facebook 上创建付费广告。通过商业页面，企业不仅可以通过列出产品或服务来给企业贴上标签，而且可以在自定义页面上共享链接、图像和帖子，使用户更好地了解企业品牌特征。商业页面被用来提高品牌知名度，吸引目标受众，并宣传促销等，它也是使用 Facebook 广告等其他营销工具的先决条件之一。

（2）Facebook 群组。

用户可以根据兴趣选择加入 Facebook 群组，群内成员有着共同话题与爱好。企业可以加入现有的群组，也可以通过积极参与或创建自己的群组来提高品牌知名度。群内目标用户定位非常精准，企业进入与产品相关话题的群组，是寻找新客户、宣传推广企业产品的绝佳方式。

（3）Facebook 广告。

任何社交媒体平台都会有广告业务，当然 Facebook 平台也不例外，企业可以付费把自己的品牌或产品推送到 Facebook 平台上面。Facebook 广告是一种有效的推广方式，使用广告推广的企业根据用户互动（如广告点击和转化率）付费。Facebook 广告可以将企业的品牌或产品精确地投放给目标用户，帮助企业实现营销目标。

8.2.3　YouTube 营销

YouTube 成立于 2005 年，是位于美国的自媒体视频平台，2006 年 10 月 9 日，谷歌公司以 16.5 亿美元收购了 YouTube 网站，并把其当作一家子公司来经营。YouTube 的系统每天要处理上千万个视频片段，为全球成千上万的用户提供高水平的视频上传、转发、展示、浏览服务。当谈到品牌推广的最佳媒介时，视频往往比其他形式更具优势——更加生动、更有活力、具有"病毒性"，因此跨境电商企业将 YouTube 营销作为重点推广方式之一。

1）平台简介

YouTube 是全球最大的视频平台，也是全球访问量第二的网站。YouTube 是自媒体视频平台的鼻祖，也是成功典范，成为中国国内自媒体平台争相模仿的对象。跨境电商企业纷纷选择 YouTube 来进行营销推广，那么它与其他社交媒体推广相比有什么优势呢？通过下面这几组数据可见：

第一，根据 2020 年的统计数据，YouTube 平台每月有超过 20 亿的登录用户，且18岁及以上的观众在YouTube上平均每天花费约42分钟。同时视频占据了互联网流量的65%，思科①预测，视频将占所有互联网流量的82%。YouTube视频已然成为当今流量时代的先锋。

第二，市场消费主力毋庸置疑是年轻人，年轻人的消费需求多样性以及超前消费理念推动着产品市场的更迭与发展，谁把握住了年轻人，谁就把握住了市场。如今96%的18~24岁的美国青年互联网用户都使用YouTube，70%的千禧一代YouTube用户观看视频，以了解新事物。

第三，YouTube访问用户来自世界各地，人数最多的是美国人，占15.8%，其次是印度、日本、俄罗斯和中国的用户。与其他视频媒体相比，YouTube更加国际化，也更适合跨境电商。

第四，随着移动智能不断发展，互联网用户使用移动端设备越来越频繁，PC端上网为主流的时代已经结束了，移动端流量已经超过了PC端的流量，也促使企业在营销推广时将移动端作为主推渠道。而作为视频媒体的YouTube，移动设备的视频播放量占比为70%，顺应了流量渠道推广的趋势，也迎合了跨境电商企业的推广需求。

2）视频广告类型

YouTube既然被跨境电商企业当作品牌推广营销中不可或缺的方式之一，企业制作推广视频是否可以随意选择类型呢？显然不是。企业应该清楚认识到现阶段定位，制作不同种类的视频来针对企业发展的不同需求阶段，以实现精准化运营。

（1）树立品牌阶段。

如果企业刚刚进入YouTube平台，处于初级发展阶段，用户对企业的商品并不是很了解，那么应将自己的品牌和产品进行撒网式的宣传，利用文娱类视频、教导类视频、"达人"推荐类视频来提高企业产品曝光度。

文娱类视频："卖惨"赚眼泪的形式会博取用户的同情，但不会增加用户的依附感，不利于产品的品牌建立。而风趣幽默的视频使生活枯燥的人们增加了很多乐趣，从而很好地引起受众的关注，增加大量粉丝。文娱类的视频需要小团体的合作，固定几人拍摄小品、生活囧事等搞笑类视频会有意想不到的收获。

"达人"推荐类视频：网红达人营销是YouTube中成交额比例最大的，是让意向潜在客户了解品牌最火爆的方式。网红达人推荐类视频往往是以开箱体验式推荐形式来进行产品介绍的。网红达人会对产品进行客观描述，通过自己亲身经历来讲述产品的使用体验，甚至可能还会拿一些其他用户的购买评价来进行展示，来刺激观看用户的购买欲望，从而促成订单交易。

教导类视频：教导类视频主要是对某些难以安装使用的产品进行说明，引起受众用户的兴趣，从而增加品牌流量。比如多数人都不了解轮胎更换的操作步骤，企业可以对轮胎更换的步骤以及注意事项进行介绍，虽然没有直接接入

---

① 思科（Cisco）于1984年美国成立，是全球领先的网络解决方案供应商，致力于为无数的企业构筑网络间畅通无阻的"桥梁"。

商品广告链接，但却吸引了轮胎甚至汽车爱好者的关注，从而提升品牌知名度。

（2）推广品牌阶段。

用户对品牌有了前面的铺垫后，企业需要将自己的品牌特点展现出来，通过宣传类视频来吸引用户到店访问，提高企业品牌与用户的契合度，从而促成订单交易。企业可以通过拍摄企业品牌的发展史、创业者的艰辛历程以及研发者的个人故事，来拉近品牌与用户的距离，从而使品牌与用户之间产生共鸣，使用户成为自己的忠实顾客。值得关注的是，宣传类视频不要铺天盖地式推送至各个群体，根据大数据推测出受众群体是关键。

（3）购物下单阶段。

通过上述引流视频促使用户到店后，就需要对企业产品的优势进行介绍，与其他同类产品形成鲜明对比，并且将产品功能与用户需求相结合，此时可以通过产品介绍类视频和相关产品类视频进行推广。

产品介绍类视频：这是最基础的视频形式，它主要是展示产品的功能和优点。企业最好在短时间内使自己的产品在同类产品中脱颖而出，时间控制在半分钟之内，因为随着时长不断增加，用户会产生视觉疲劳进而导致注意力下降。调查研究发现，半分钟之内的介绍类视频观看率超过了80%，所以企业应尽量精简介绍内容，突出产品优势。

相关产品类视频：到访用户购买产品往往会有相关品的需求，比如买手机壳，对手机膜的需求也会有，因为它们都属于保护类配件。企业在产品介绍下方或者下单界面进行相关品广告推广，会有不错的收获。

（4）品牌售后阶段。

用户购买产品后，商家还需要通过产品的售后服务来对用户进行维护，建立良好的品牌与用户关系，提高彼此之间的信任度。再营销类视频和优惠类视频在售后阶段起到了重要作用。

再营销类视频：在产品没有任何质量问题的情况下，用户只要第一次购买产品，就有很大可能进行第二次购买，如果通过平台互动信息、邮件、短信来提醒用户，那么促成概率会大大增加。

优惠类视频：优惠类视频与再营销类视频是分不开的，往往是两者结合为一体的。如果想实现客户定期购物，在没有任何优惠力度的情况下往往是难以实现的。企业制作一些优惠类视频，比如定期举办的一些折扣活动，发放优惠券方式的宣传视频或者是免费配送服务等形式，以鼓励客户再次进行购买。

3）提升视频权重的技巧

（1）优化视频标题的关键词。

YouTube视频平台也有搜索引擎功能，用户在寻找自己喜爱的视频时往往会搜索相关关键词，商家在标题中加入对应的关键词，可以更好地引流目标受众群体；用户在浏览主页时，带有关键连接词的视频往往会吸引受众用户点进来，从而提高浏览量。

（2）给视频添加标签。

添加标签与选好关键词相似，能使相关视频出现在观众的搜索结果中，同时还能与同类产品视频相关联，提高自己视频的曝光率。标签可以是单个字或短语。比如制作了一个有关早餐制作的视频，那么就可以加"自制早餐""美食""三明治""牛奶"等标签。要确保标签准确相关，否则会引来一些不想看该视频的观众，这样反而会流失更多观众。

（3）积极互动。

当有用户评论卖家视频时，卖家应积极主动回复，重视并感谢用户给予的意见，营造一个沟通顺畅的交流环境。也可以发布视频的幕后花絮等用户可能感兴趣的内容，提升用户参与感。

（4）保证视频更新频率。

保证一定的视频更新频率能提高观众的忠诚度。如果不能保证每周1~2次的常规视频发布频率，可以用短暂的花絮视频填补空缺，以减少观众的流失。同时，建议选择在午餐或者晚餐这样的黄金时间为观众群发视频，以确保多数人看见。

（5）借助"热点"获得关注。

"捕捉热点"是YouTube视频推广策略之一。可以考虑制作一些与热点新闻、名人、时尚、潮流相关的视频，因为这些新闻已经拥有了一定的受众，可以为企业吸引新的订阅。

8.3　主要跨境电商平台站内推广

与搜索引擎推广、社交媒体推广、YouTube推广等站外推广方式相比，站内推广能使跨境电商企业以更直接的方式在平台进行有效营销推广。站内推广就是企业利用平台站内营销推广的工具，把站内平台流量引入自己店铺中。本节选取了速卖通、亚马逊、eBay、Wish四大电商平台进行介绍。

8.3.1　速卖通站内推广

速卖通英文名称是AliExpress，成立于2009年，是由阿里巴巴打造的面向全球国际市场的在线交易平台，主要是由中国供应商面向海外用户（C端），是集购物、支付、物流于一体的跨境电商平台（如图8-7所示）。其站内推广方式主要有直通车、促销、联盟推广、平台活动等。

1）直通车

直通车推广是速卖通站内推广最主要的方式，平台企业对搜索广告的关键词实时竞价，通过关键词和用户的精准匹配，获取精准流量。

图 8-7　速卖通商品搜索页面

（1）直通车推广三种规则。

①展示规则。

直通车的展示区分为右侧推荐区和底部推广区。如图 8-8 所示，在右侧推荐区域中，每一页的右侧会同时显示速卖通直通车产品，中国好卖家在速卖通搜索页第一页第 12、20、28、36 位，其他竞价卖家在第 2 页及以后页的第 8、16、24、32、40 位推广区域位置。在底部的推广区域（如图 8-9 所示）每一页最多显示 5 条速卖通直通车产品，底部推广位置不管何种性质卖家都可竞价。

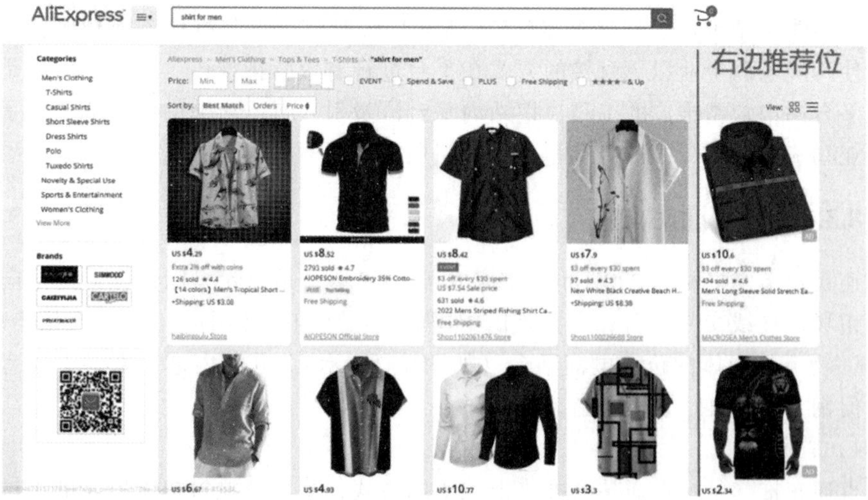

图 8-8　速卖通右侧推荐位

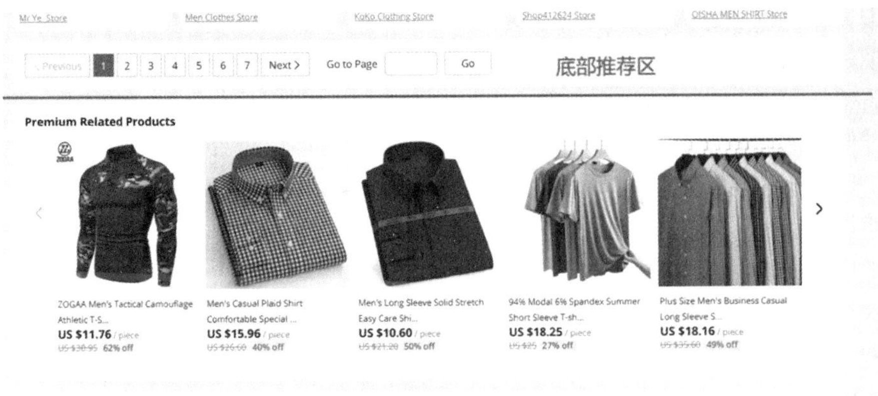

图8-9　速卖通底部推荐位

②排序规则。

直通车不仅需要竞价来争取客户，其评分机制也是影响展示广告排序的主要因素，其主要包括关键词相关性、信息质量、买家评价和店铺信用四种因素。这四种影响因素含量越高，推广评价等级就越高。推广评价等级分为优、良，只有推广评分是优，才能在右侧推广区进行展示。

③扣费规则。

直通车推广是按点击计费，如用户仅浏览展示区的商品，则不扣费。平台商家在直通车后台上架符合推广条件的商品，并在平台内设置推广计划，商品就会在相应展示区推广。点击计费成本同时受推广评分和设定出价影响，商品的推广评分和设定出价越高，扣费金额就越高，但是不会超过之前企业自己设定的推广计划金额。

（2）直通车操作流程。

第一步：登录"我的速卖通→平台活动→速卖通直通车"，先进行开户及充值余额。

第二步：点击"新建推广"。首先要根据不同类型，创建一个推广计划，并拟定名称。

第三步：在商品分组中搜索并选择想推广的商品，点击下一步。

第四步：在推荐关键词中选择与自己商品相匹配的优质关键词，也可以根据自己优化权重情况来修改关键词，同时可以批量加入关键词。

第五步：为选择的关键词设定每次点击最高扣费上限价格，并可在后续中修改关键词价格。

（3）直通车推广技巧。

有一些新手卖家使用直通车推广时，往往会遇到以下的困境：虽然出价很高，但是用户的点击率很低；点击率有了，但是转化率却依然很低。卖家可以通过以下几种技巧对直通车推广进行优化。

①选品要以爆款为主。

爆款商品的转化率高，意味着商品推广的效果好，很容易引起用户的关注。同时商品销售量大，使点击进入的用户有一定信任感，更容易获得用户的青睐。也可以通过低利润商品来引流，但是不要主推，因为可能该商品直通车推广费用超过了利润。还有一点需要注意，要确保充足的货源。

②设置优质标题。

尽可能将商品关联性最大的词语放进去，比如耐磨轮胎、防滑轮胎。推广商品可以设置两个标题，且每个标题不能超过20字，应该简短意赅地展现商品属性；同时英文语法使用规范，不要太复杂。

③优化关键词。

企业卖家应查询速卖通直通车整个平台成交数据前50的关键词，通过学习模仿关键词为自己所用，并提高相关关键词出价。同时应根据直通车店铺后台转化数据来调整关键词出价，删除过去30天展现量大于100而点击量为0的关键词，降低转化低于2%的关键词出价。

④提升商品图片质量。

图片要清晰简洁、美观大方，同时注意差异化。避免使用一些过于花哨的背景图片，选择一些纯色透明图片，能让用户清晰地识别商品；与搜索页其他同类商品的背景图版进行区分，凸显商品的与众不同，这样才能引起买家的关注。图片要提炼商品卖点和挖掘顾客需求，要有亮点吸引眼球，让买家一眼看见突出的重点。如图8-10所示，某种袜子的卖点是：防滑、防臭、纯棉，那么就该在优化主图时将这些点体现出来。

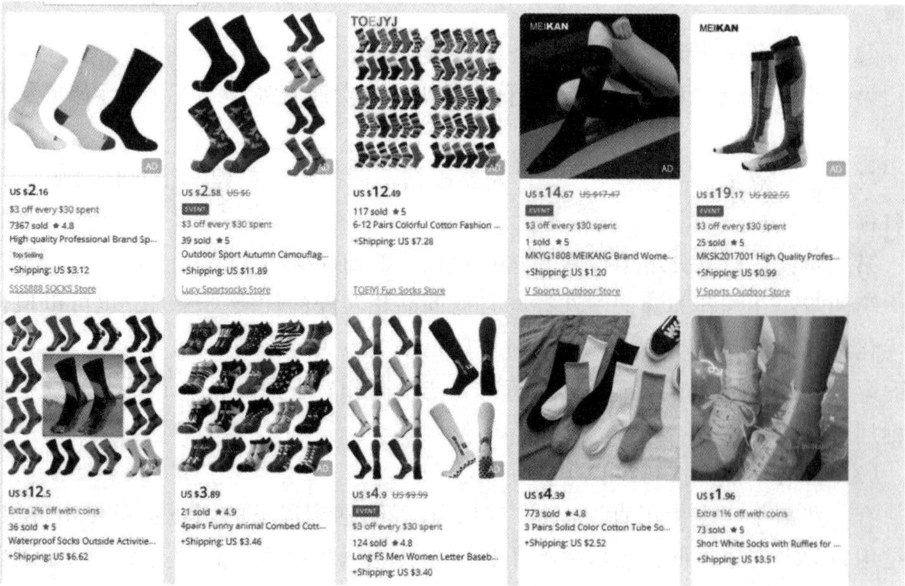

图8-10　速卖通袜子商品展示

2）店铺促销活动

（1）限时限量折扣。

它是一种商品营销工具，允许卖家自主选择活动产品和活动时间，并设置促销折扣和库存。利用不同的折扣来推送新品、热卖产品、滞销品。

（2）全店铺打折。

相比限时限量折扣而言，全店打折是针对店铺内所有的商品，可以快速设定全店的产品折扣，快速积累销量和口碑，可以免费使用，还可以根据产品群体设置不同的折扣，在营销活动中设置目标群体，节省时间。

（3）满立减。

店铺满立减是卖家对店铺所有产品，根据商品客单价设置的促销方式，买家在下单时，系统会根据卖方的设置自动生成满减。这种活动在一定程度上可以刺激购买者的消费欲望，增加商店的销售量。与此同时，卖家为买家推荐相关产品，进行捆绑销售，可以缓解滞销品的库存压力，从而实现利润最大化。

（4）优惠券。

店铺卖家通过自主设置优惠金额，买家领取后在有效期内按使用规则，对下单商品进行满减优惠。通过设置优惠金额和使用门槛，刺激转化，提高单价。其分为领取型、定向发放型、金币兑换型、秒抢优惠券、聚人气优惠券5种形式。

领取型优惠券是对所有买家开放，有利于卖家在实际交易价格不变的情况下，变相提高客单价进行降价促销，提升店铺销售额。

定向发放型优惠券是非公开的，是通过特定方式进行发放的：一种方式是对关注店铺、收藏商品、有购买记录的用户发放，主要采取线上形式通知领取；另一种方式是通过举办特定活动，在活动中对活跃用户及意向用户进行发放，既可以是线上活动，又可以是线下活动，线下活动可以通过扫描二维码领取，这种方式还可能会刺激老客户赠送新客户的方式进行转化。

金币兑换型优惠券是一种最近兴起的优惠券新形式，主要是由移动端的金币频道所带来的流量。一般是用户在购买店铺商品，或者完成店铺或平台指定任务后，会增加金币量，金币量越多，优惠券的金额也就越高。一般这种优惠券不会设置使用条件，所以引流效果收益更高。

秒抢优惠券是采用大额的店铺优惠券吸引用户访问店铺，利用爆款商品进行引流，性价比非常高。

聚人气优惠券是利用"拉人"方式来领取优惠券的一种形式，用户只有让其他新用户助力，才能获得此优惠券。这种方式可以在短时间内聚集大量人气，卖家通过一些促销活动，完全有可能提高新用户的转化率。

3）联盟营销

联盟营销是指合作联盟将卖家指定商品投放到APP、论坛、搜索引擎网站、社交媒体等站外渠道进行推广，若有买家通过联盟营销的链接广告进入店铺购买商品并交易成功，商家需要支付佣金给联盟。速卖通联盟营销是按成交计费用户点击浏览并不会产生营销费用，类似于"淘宝客推广"。

4）平台活动营销

平台活动是速卖通对平台商家免费开放的一种推广活动，商家可以在"营销活动"选项中，自主报名参加平台所举办的活动，选取符合平台活动的商品。通过平台活动营销推广，推广商品会获取大量流量。平台活动可大致分为常规性活动、主题活动、平台大促活动三种。

（1）常规性活动。

常规性活动是指平台常驻活动，比如 Flash Deals、拼团频道、试用频道等。Flash Deals 是由速卖通无线抢购和 Super Deals 合并而成的一个打造商品爆款的平台活动。每周有 7 期活动，每天上线 1 期，每期活动展示 48 小时。该频道是为提升活动流量，给产品带来曝光位，提升用户体验的频道，频道在 PC 端和无线端同时拥有入口。如图 8-11 所示，Super Deals 用超优惠产品价格来引入流量。

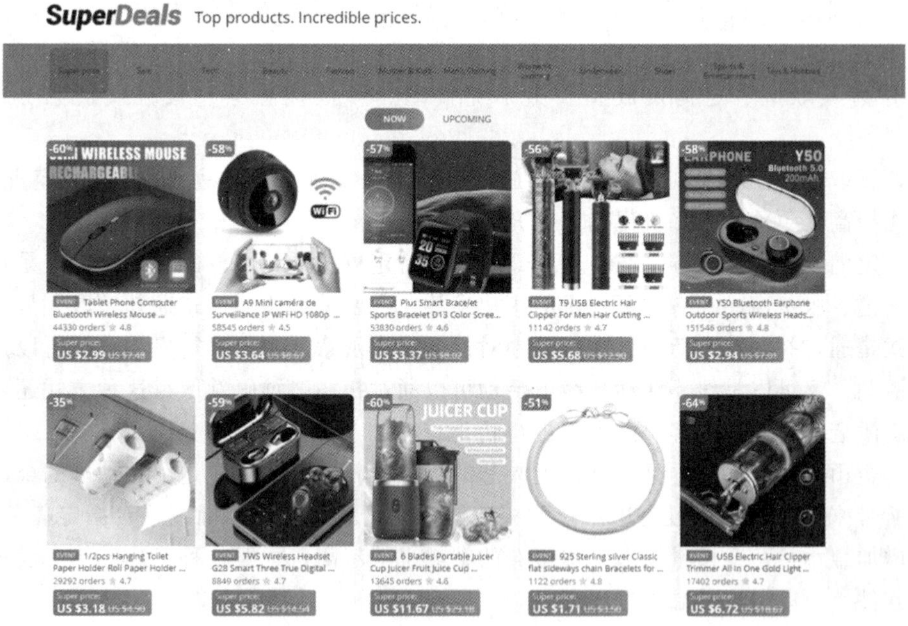

图 8-11 速卖通 Super Deals 页面

（2）主题活动。

主题活动主要包含情人节、中秋节、国庆节、春节等节日活动，利用用户过节送礼备礼的心理，举办主题活动对目标商品进行大幅促销，短期提升商家销售量。

（3）平台大促活动。

平台大促活动是指速卖通平台整体大型促销活动，被大家所熟知的就是"双

11"（如图8-12所示）。"双11"活动是整个平台活动营销中促销力度最大、流量最多的。届时速卖通会调动所有部门资源，通过各个渠道引入大量流量，给店铺商家带来红利。由于速卖通不同于天猫，在活动期间所有销量均会计入产品销量，并与产品搜索排名计分，因此卖家会争先抢占自然搜索排名和类目排名的首页推荐位。

图8-12　速卖通"双11"页面

8.3.2　亚马逊站内平台推广

亚马逊跨境电子商务平台在海外消费者和中国卖家之间搭建了一座双向流动的桥梁，通过积极的沟通和网络推广活动，能够密切买卖双方的合作关系，也便于销售信息和服务的传递。亚马逊平台有多种推广方式，最常用的是针对单个产品的亚马逊商品推广服务和产品展示广告，另外亚马逊官方推出的头条搜索广告、官方旗舰店和站内促销也是目前很常用的推广方式。

1）亚马逊平台商品推广

（1）概述。

商品推广也被称为"关键词广告"，是根据消费者搜索词条匹配商品关键词，在亚马逊上精准定向展示商品的广告形式（如图8-13所示）。这意味着能将商家的商品展现在搜索的结果前列或者更加醒目的位置，能够直接影响到消费者的购买决策，而且不存在广告突兀或给消费者带来欠佳体验的现象。

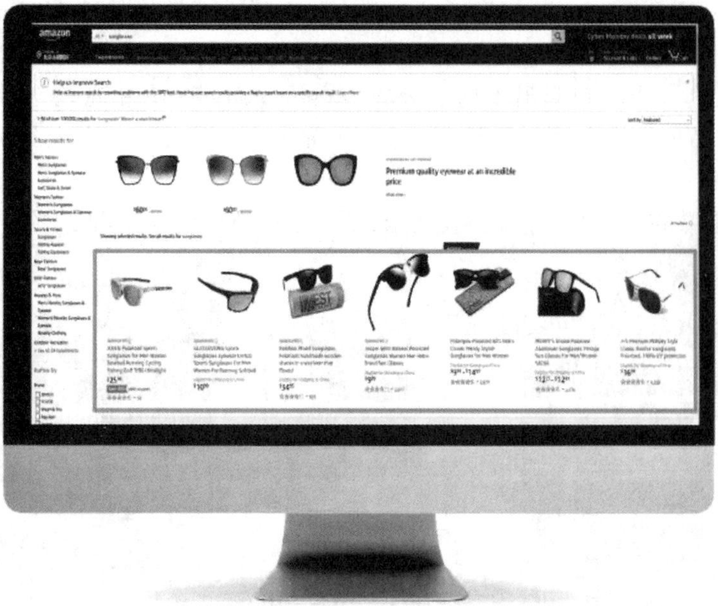

图 8-13　亚马逊平台商品搜索页面

　　在商品推广中，亚马逊官方会根据产品相关性和竞价情况确定广告展示页面。当商家的广告竞价成功后，无论在电脑页面上还是在移动设备上，投放的商品都将获得极佳的广告展示位置，包括搜索结果页上方、商品详情页上（如图 8-14 所示）。此外，亚马逊还会不断测试新的广告展示位置和设计，力图为买家打造最佳的购物体验。商品推广的收费标准是基于 CPC 竞价模式，即按点击量收费。这十分好理解，如果商家的广告仅仅是进行了展示，而没有人点击，广告是不会收取费用的。此处的竞价指的是商家选择为单次点击支付的竞价金额，当竞价成功时，就能获得相应的广告展示位。

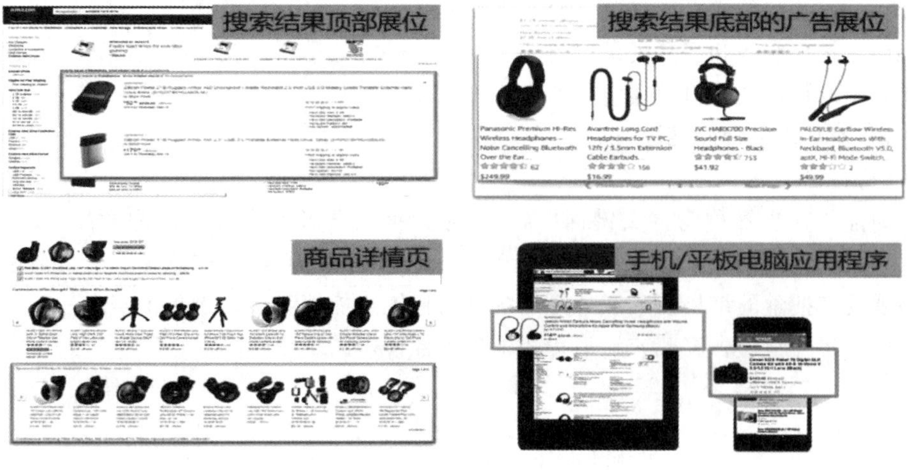

图 8-14　亚马逊平台推广广告位展示

另外，在平台商品推广中，广告目标将决定广告策略。如果投放广告的首要目标是提高销售额，那么重点是将广告点击转化为订单。可通过跟踪的广告成本销售比（ACoS），这是广告支出总额除以广告带来的总销售额所得的计算结果，设置一个有助于实现销售额目标的 ACoS 目标。如果首要目标是提高品牌认知度，那么重点则是产品展示次数，或者广告的出现次数，设置有竞争力的单次点击竞价，以赢得更多关键词竞拍。

（2）确定宣传产品。

如果商家投放广告的首要目标是提高销售额，选择能够帮助实现目标的产品是十分重要的，要确保这些产品能够以最高的概率（最好 90% 以上）赢得"购买按钮"。可以通过在卖家后台的"报告"标签下查看相关信息。单击"业务报告"，在带有"by ASIN"（根据商品）标记的部分，单击"Detail Page Sales and Traffic by Child Item"（子商品详情页面上的销售量与访问量）。在这里，可以按"购买按钮赢得率"排序，找出效果最好的 ASIN。

理想的 ASIN 应该有很高的购买按钮百分比，其商品详情页的绝对访问量（sessions or unique visits）也应该很高。它们是消费者查看次数最多的 ASIN。商家要赢得"购买按钮"，产品必须有充足的库存和价格优势。因此，商家在决定对哪些产品进行广告宣传时，需考虑产品的价格和库存状况。如果产品没有赢得"购买按钮"或者库存不足，广告将无法显示。

（3）操作流程。

第一步：商家要创建自己的一个广告活动，可以在卖家后台上单击"广告"标签，然后选择"创建广告活动"。

第二步：输入每日预算。为了避免广告活动在一天中的某个时刻突然停止展示，应该设置充足的每日预算。建议至少设置 10 美元（美国站点）。采用"始终在线"模式，不要为广告活动设置结束日期。通过将结束日期留空，可以将错失机会的风险降到最低，避免错过节日活动或错过寻找类似产品的客户。选择自动投放，让亚马逊自动选择与广告匹配的搜索词。这些选择将基于商家的商品详情页信息。（如图 8-15 所示）

第三步：一周之后，在"报告"标签页下方的"广告报告"中查看搜索词报告，观察哪些搜索词可以提高点击数和销售额。（如图 8-16 所示）

第四步：通过对"广告报告"的观测，创建手动投放的"商品推广"广告活动，使用高绩效搜索词作为目标关键词。关键词的数量应足以体现多样性，并确保覆盖率。手动广告活动让商家能够更好地控制关键词的优化方式；商家可以为效果较好的关键词提高竞价，为效果欠佳的关键词降低竞价。活动管理器还会提供建议关键词，这些关键词选自用户搜索，即曾经为相同或相似产品增加展示次数、点击次数和销售额的搜索。

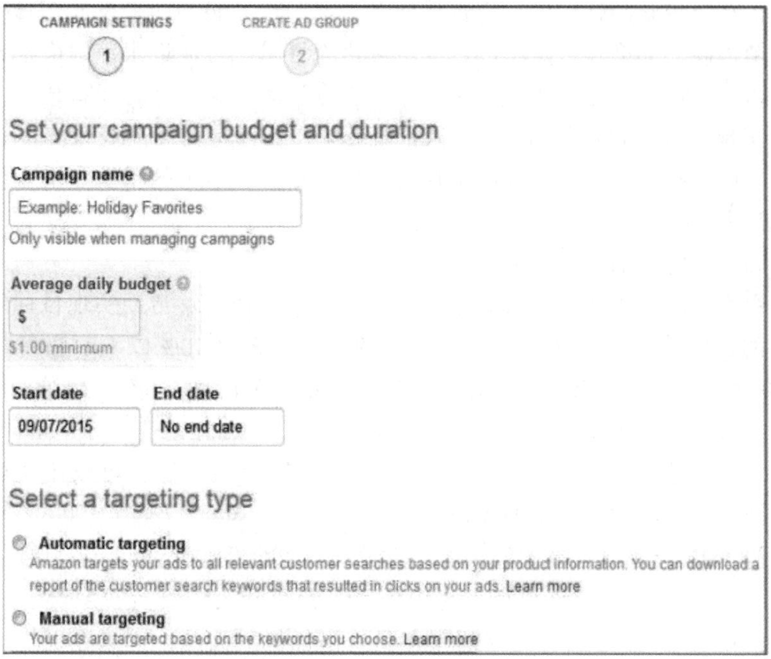

图8-15 亚马逊平台创建商品推广页面

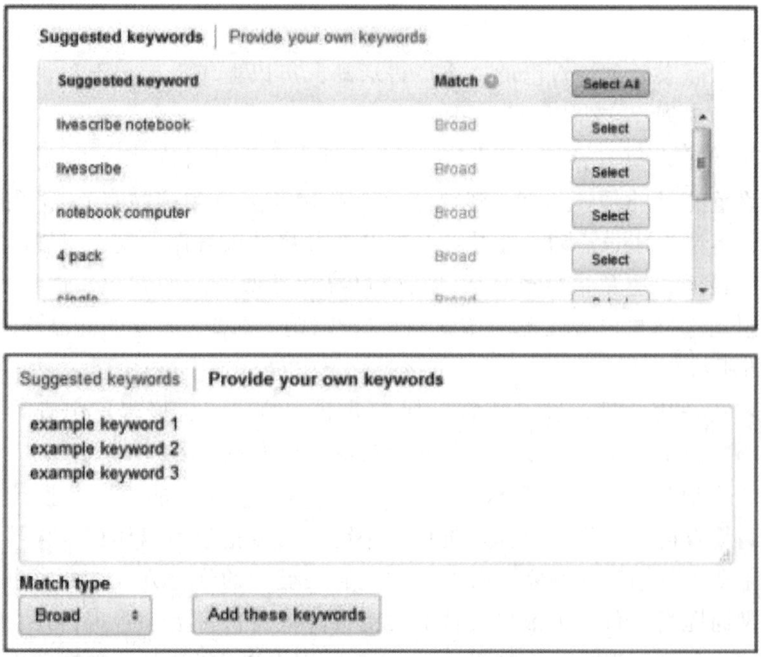

图8-16 亚马逊平台搜索关键词设置

第五步：利用其他功能。"建议竞价"针对每个关键词提供一个优胜竞价范围，让卖家能够有的放矢。在卖家的广告满足搜索结果上方位置的展示条件时，

"竞价+"可以在50%的范围内增加竞价，提高对显眼位置的竞争力。

第六步：在平台展示广告完成后，每周访问活动管理器2~3次，以便查看广告活动业绩并在此基础上进行调整。

2）亚马逊头条搜索广告

（1）概述。

亚马逊头条搜索是一种具有高影响力的产品广告，可以将卖家产品展示在亚马逊搜索结果页面的显著位置，即搜索结果上方。如图8-17所示，在亚马逊搜索Bedding时，在搜索结果的上方显示了相关店铺以及三款产品。通过广告，购物者将进入商品集合页面或亚马逊品牌旗舰店的页面。

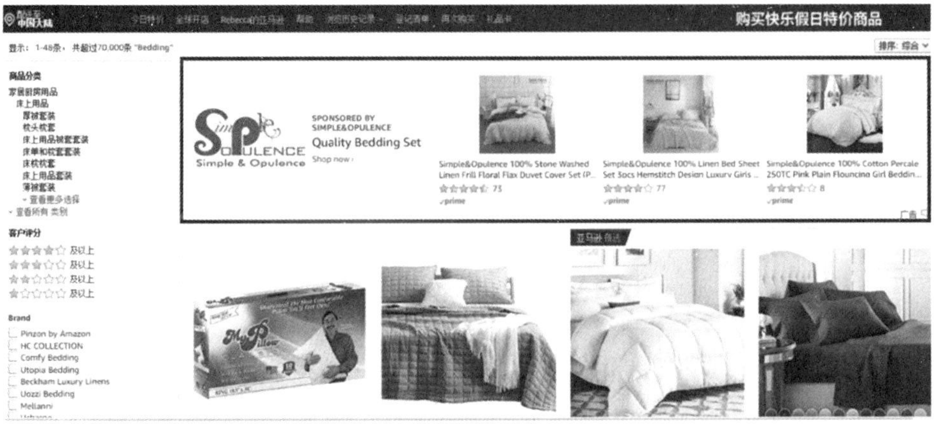

8-17 亚马逊平台商品搜索页面的头条广告

对头条搜索广告来说，广告结构是什么以及广告具体又可以展现哪些内容仍有诸多疑问。如图8-18所示，在品牌的商标上，商家们可将自己的LOGO置于此处，其次是自定义的标题，可将品牌所想表达的内容填写于此处，最后是在创意中可设置3个商品，这些都可以由卖家们自行操作决定。

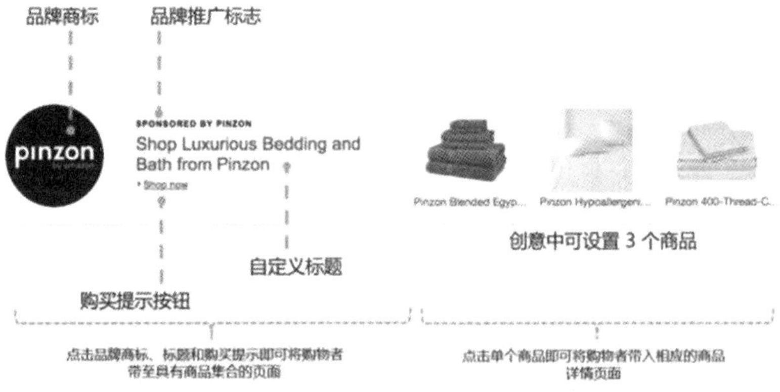

图8-18 亚马逊平台头条搜索广告设置

使用亚马逊头条搜索广告，可以使商家的产品展示在移动端和电脑端的显著位置，极大地帮助商家提高自己产品的可见性。可自定义的创意允许商家掌握品牌传递信息，美国商家常常把自己要推广的重点产品叫作英雄产品（Hero Products），在头条搜索广告出现之前，亚马逊上的商家是无法推广自己的英雄产品的。头条搜索广告的出现正好弥补了这一缺陷，为商家提供了更贴切实际需求的推广。商家可以通过一个广告推广3款英雄产品。另外，头条搜索广告出现的前提是关键词关联购物者，也就是说只有商家指定了关键词，买家搜索了关键词，同时满足了亚马逊的关键词匹配标准（广泛、词组、精准）之后，这个横幅广告才会出现。由此可见它可以精准把握意向客户。在付费方面，亚马逊头条搜索广告是点击付费制（CPC）广告，即让客户只为广告效绩买单。

（2）操作流程。

第一步：进入卖家中心，如图8-19所示，点击广告（ADVERTISING），然后点击头条搜索广告（Headline Search Ads），在下面的界面点击创建广告（Create Campaign）。

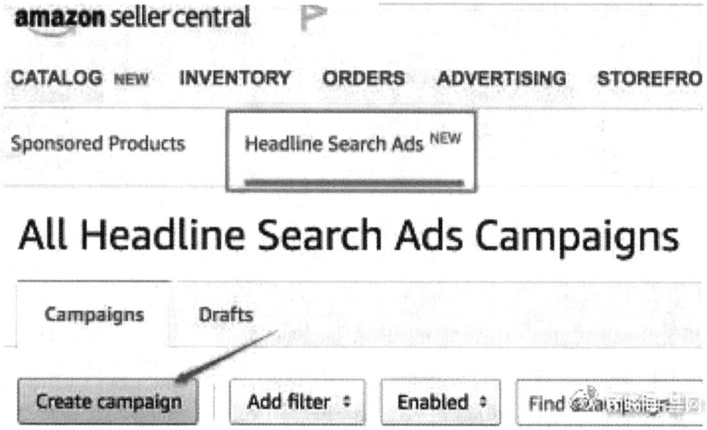

图8-19　卖家中心的广告设置标签页

第二步：添加至少3款商品到广告中（如图8-20所示）。

第三步：选择要在头条搜索广告中展示的主推产品，并设置广告宣传语，注意仅首个字母大写，其他需要小写。

第四步：设置广告默认竞价、匹配类型、关键词（如图8-21所示）。这里需要特别说明的是，亚马逊的头条搜索广告设置中可以直接针对选择的关键词评估流量。

第五步：设置广告名称、每日预算、广告时间，如图8-22所示，在填写完成后，预览自己的产品着陆页，并点击"完成"提交广告。

第六步：等待广告审核和批准。

（3）亚马逊头条搜索广告优化指南。

竞价策略：亚马逊采用基于竞价的定价模式，这意味着每次点击成本的最终收

图 8-20　亚马逊平台添加产品至头条搜索广告

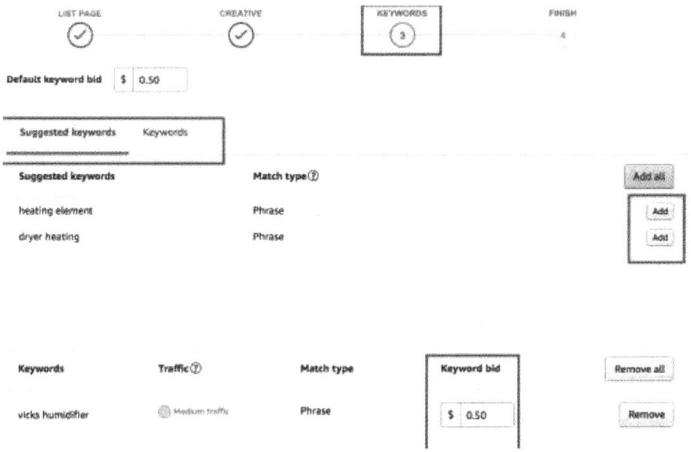

图 8-21　亚马逊平台为头条搜索广告设置竞价信息

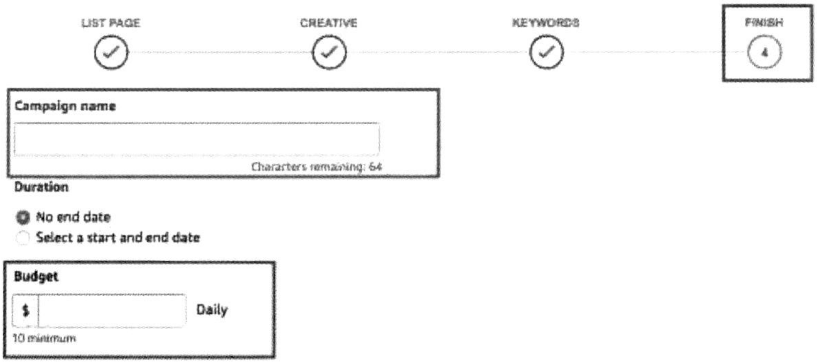

图 8-22　为头条搜索广告设置每日预算

费会在符合条件的广告竞争者中选出。收取的费用会在排名第一位与第二位的广告竞价之间。如果商家的商品曝光度较低并且已经扩大了关键词列表范围，则可以尝试提高竞价，这有助于其获得更多曝光次数。如果竞价太低，则会被其他商家的广告取而代之，尤其是当关键词具有较高流量时。

关键词定向：尽量使用包罗广泛的关键词列表，增加广告展示机会。

表 8-1 　　　　　　　　　　　亚马逊平台关键词类型

关键词类型	说明
品牌商品关键词	将品牌名称与商品名称或一些变体作为关键词
竞争对手品牌关键词	将竞争对手的品牌与商品作为关键词
补充商品关键词	将单独售卖但一起使用的商品（相互创建需求）作为关键词
商品推广自动生成关键词	将从商品推广自动投放广告活动中选出的高效搜索词条作为目标
类别外关键词	将那些与商品无关，但可以获得一些类别外曝光度以帮助促进买家购买商品的词条作为关键词

关键词流量指标：在"提供您自己的关键字"标签中，开始输入关键词时，下方弹出一个关键词建议列表。根据广告活动选用 ASIN 的预估曝光次数和关联性，每个关键词旁边都有一个流量标识：高流量、中等流量、低流量。将中等流量和低流量的关键词纳入其中。如果报价受到了预算限制，则可能不能赢得最流行关键词的曝光度，但对于低流量关键词，则很有可能获得。

自定义标题：使用具有吸引力的信息文本创建标题，例如，"独家"或"新货"；使用一些号召性的措辞，如"现在购买"或"现在收藏"；所有描述声明必须出现在商品详情页上；避免使用无根据的声明描述，如"#1"或"最畅销商品"——这类推广消息将无法通过审批。

测试：头条搜索广告允许部分广告创意自定义，又因为其位于搜索结果上方的显著位置，投入时间进行创意测试会对广告绩效产生重大影响。商家可以测试的内容包括自定义标题与图片、ASIN 出现的顺序、数量、搭配以及自定义登录页面。

报告：可供用于衡量广告活动绩效的指标包括点击量、花费、销售量、广告投入产出比。计算广告投入产出比是将广告总成本除以产生的销售额。头条搜索广告的一个特有指标是商品详情页浏览数，只能通过广告活动报告获取。可以对比该指标和点击率的变化，如果点击率较高，但商品详情页浏览数较低，则意味着有些买家在进入自定义登录页面后并未点击某个商品，在这种情况下，商家最好开始测试 ASIN 的搭配。

3）亚马逊平台展示广告

（1）概述。

亚马逊展示广告是通过关联人群，把正确的品牌信息传递给正确的客户的广告。它显示在相关商品页面购物车下。商家可以通过将广告展示在竞争产品或是相关互补商品页面，在较窄但是较准确的范围内设置广告；也可以通过兴趣点设置广告展示的位置，这种方式可以获得更多的目标消费者。

例如，图8-23展示的是天美时TIMEX的一款手表，在这款产品购物车右边有一个Burgi（伯基）机械手表的展示。购物车右边出现的产品展示为展示广告，这个展示广告不是因为消费者搜索了手表而出现，而是广告投放者在TIMEX这个竞争品牌页面定点设置的广告。

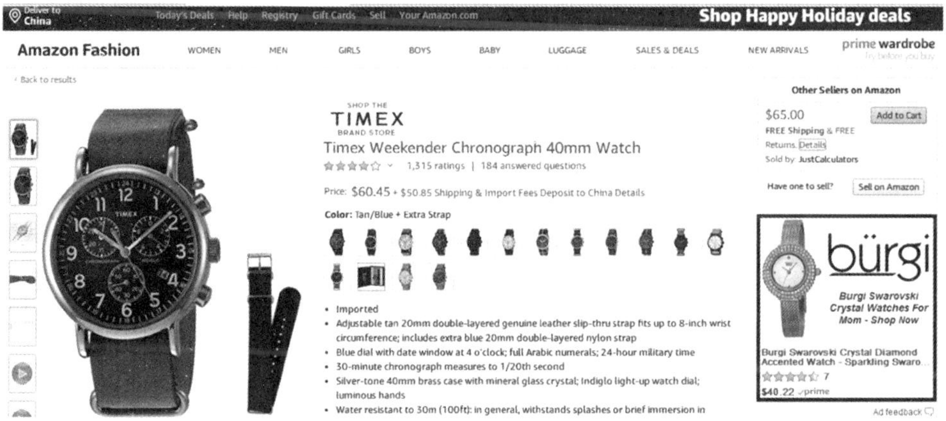

图8-23　亚马逊平台商品详情页面的展示广告

亚马逊展示广告和亚马逊商品推广的不同点在于：商品推广是基于关键词搜索的搜索性广告，商家无法选择特定的广告位进行展示，也就是说，消费者搜索什么才会展示什么类别的广告，不搜索就不会展示，如消费者搜索口罩，那么只会展示与口罩相关的广告。但是展示广告是根据选择的商家的兴趣点和广告位进行投放的展示性广告。亚马逊基于消费者在亚马逊上浏览和购物行为，归纳出30个大兴趣点和100个小兴趣点。商家可以选择目标客户群的兴趣点进行广告投放，还可以选择特定的广告位置进行展示。

（2）操作流程。

第一步：登录亚马逊广告平台，按要求填写信息即可完成注册。

第二步：填写广告活动名称，预算总额，起止日期和投放方式，填写完毕后可在页面右上角"广告活动概述"部分看到广告活动设置的总情况，确认无误后点击"继续下一步"。

第三步：填写广告组名称，选择广告位，商家可以选择亚马逊默认的所有广告位，如果想让广告放在某一特定位置，也可以点击指定广告位，值得注意的是不同的广告位的创意尺寸，以免影响广告效果。

第四步：设置展示广告相关的兴趣点。亚马逊系统默认对所有的群体展示商家的广告，商家也可以选择基于兴趣点对展示对象做定向选择。选择竞价（CPC）及愿意为该广告位单次所支付的最高费用。

第五步：创建广告界面。选择促销目标及买家点击展示广告后将会跳转进入的详情页面，可以选择跳转链接到产品详情页、卖家店铺以及自定义URL链接（仅限亚马逊网站内链接）。

表8-2 **亚马逊广告平台推广方式对比**

	亚马逊商品推广	亚马逊头条搜索广告	亚马逊展示广告
广告客户群	第三方卖家	供应商	供应商
宣传内容	单个产品	品牌店铺	单个产品
定性逻辑	关键词搜索	关键词搜索	消费者兴趣点 关键词搜索（特定广告位置）
广告设计	系统自动生成		自己设计
收费	实时竞价 按点击量收费 最低预算$1	实时竞价 按点击收费 最低预算$100	实时竞价 按点击量收费 最低预算$100
显示位置	搜索页面	搜索结果上部	相关产品详细页面
操作简介	1.选择待发广告的商品 2.设置预算 3.添加关键词和竞价	1.选择广告页面 2.设置预算 3.添加关键词和竞价 4.上传图片和标题	1.选择目标产品或是兴趣点 2.选择待广告产品 3.设置预算和竞价 4.添加企业标识和标题
效果	消费者通过关键词搜索	消费者通过关键词搜索	广告可以展示在竞争产品或是互补产品页面。通过消费者兴趣点可以接触更广泛的潜在客户

4）亚马逊品牌旗舰店

（1）概述。

亚马逊品牌旗舰店是亚马逊给平台卖家提供的品牌展示服务，作为一款免费自助服务产品，允许商家为品牌创建单页面或多页面的理念和商品展示。消费者在亚马逊浏览商品时，通过商品详情页或者品牌推广上的品牌名称链接可以进入到品牌旗舰店。另外，商家也可以通过亚马逊站内站外的广告、博客、社交媒体或其他营销活动宣传品牌，包括分享通往品牌旗舰店的按钮，为品牌产品带来更多流量和曝光。品牌旗舰店适用于PC端、移动端和平板电脑，打造一种以卖家的品牌、产品和价值主张为中心的高品质亚马逊购物体验。

在旗舰店内，商家可以通过"品牌旗舰店透视"查看流量和销售额报告。借助来源标记，商家可以查看特定广告活动、创意内容或营销活动的流量和销售额。

（2）操作流程。

亚马逊品牌旗舰店操作界面有四部分，如图8-24至图8-27所示。

第一步：页面管理器用于亚马逊品牌旗舰店页面的创建、选择、移动和删除。

①品牌旗舰店设置：打开"品牌旗舰店设置"面板，可以在其中更改品牌旗舰店的商标或颜色。②添加页面：创建新页面。③页面导航器：显示亚马逊品牌旗舰店中页面的层次结构。点击页面将其打开并进行编辑。

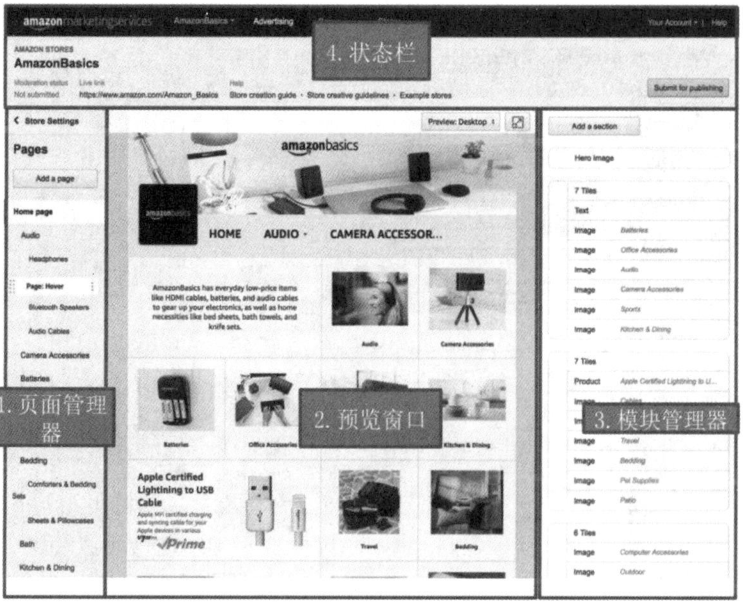

图8-24 亚马逊品牌旗舰店页面管理器页面

亚马逊品牌旗舰店添加页面：①点击页面管理中的"添加页面"按钮。②将显示"添加页面"窗体。③输入页面名称。④输入页面描述。⑤为新页面选择一个模板。⑥点击"添加页面"以使用所选模板添加页面。

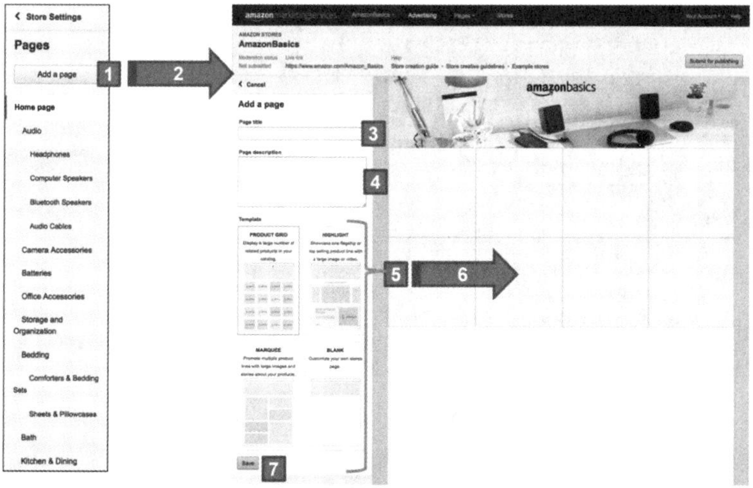

图8-25 亚马逊品牌旗舰店添加步骤展示

第二步：预览窗口提供当前页面的实时视图。它也可以用于在模块管理器中选择需要编辑的模块。①预览类型：在桌面预览和移动预览之间切换。②全屏预览：以全屏模式打开所选页面。③内容模块选择：点击某个模块即会将其选中，以在模块管理器中进行编辑。

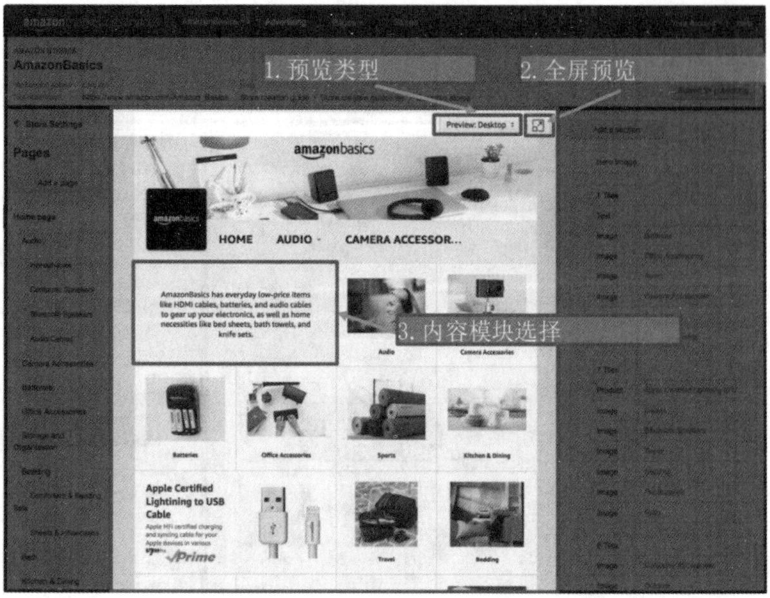

图 8-26　亚马逊品牌旗舰店预览窗口页面

第三步：模块管理器用于亚马逊品牌旗舰店页面模块的添加、编辑、移动和删除。①内容模块列表：当前页面上所有内容模块的列表。点击模块将打开并进行编辑。②添加分区：可以添加填充模块的新分区。③分区设置：可以删除或替换分区。

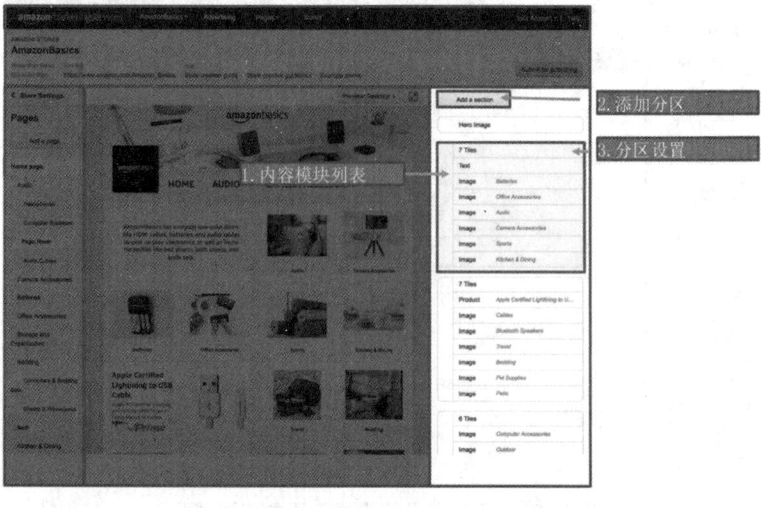

图 8-27　亚马逊品牌旗舰店模块管理器页面

第四步：状态栏提供亚马逊品牌旗舰店的当前审核状态，并显示有关的错误消息。状态栏提供有关现有亚马逊品牌旗舰店和当前草稿的反馈：①审核状态：显示亚马逊品牌旗舰店的当前审核状态。②草稿状态：显示上次草稿保存到服务器的时间。③提交：提交当前的亚马逊品牌旗舰店草稿以供发布。在发布之前，亚马逊将对草稿进行审核。

（3）品牌旗舰店的优势。

首先，亚马逊品牌旗舰店为客户创造了良好的购物体验，其营造了一种以商家的品牌、产品和价值主张为中心的高品质亚马逊购物体验。旗舰店是有着规模化倾向的商业经营模式，这对产品线的要求是比较高的，旗舰店有时是被作为证实自身实力的一种手段，或者作为品牌系列产品展示的一种途径。其次，品牌旗舰店支持多平台体验。商家只需构建一次，就适用于所有设备（台式机、移动端、平板电脑）。另外，旗舰店是持续运行的，不仅为客户提供更好的购物体验，也有利于创新自己品牌的专属空间，从而提高产品的曝光率。旗舰店是为表达品牌精神及发展概念的概念店，以"感动"链接消费者的生活习惯，成为品牌塑造的终极营销手段。最后，从旗舰店的创立到运营过程中，商家可以借助各种模板，而不需要拥有专业设计技能，从而快速生成多页面的品牌旗舰店。

8.3.3　eBay站内推广

eBay于1995年创立于美国加利福尼亚州圣荷塞，是一个可让全球民众在网上买卖物品的线上拍卖及购物，通过PayPal支付方式进行付款的网站。如图8-28为eBay手机端页面，eBay的站内推广包括促销活动和付费搜索广告。

图8-28　eBay手机端页面

1）促销活动

（1）降价活动。

降价活动是一种长期的促销活动，可以形象地理解为商场宣传广告，并不是针对产品具体的折扣设置，而是设定折扣的集合来扩大打折的效果。每件物品都需要用MarkDown先单独设好折扣，然后放在一起做一个降价活动。商家需要注意的是最好在店铺里不同品类轮换促销，标题也要具有吸引力。

（2）运费折扣。

运费折扣是买方购买达到一定金额或数量的物流服务升级，而不是直接包邮。当买家迫切需要获得产品，同时卖家提供了更快的物流选择时，两者的结合可以让消费者增加购买量以获得更快的物流。

（3）优惠通道。

优惠渠道的促销方式也是以金额或数量为规则设定的，但与其他促销方式不同的是，折扣渠道是卖家设定一个链接给特定的买家享受折扣。只有点击这个链接，用户才能看到促销产品，常规搜索浏览是无法看到这个折扣设置的。因此，它经常被用来向一些买家或VIP商店发送定期的独家优惠和电子邮件营销，回购率很高。

（4）订单折扣。

订单折扣是卖家公认的最有效、最直接的促销方式。卖家既可以用于全店铺促销，也可以针对单一商品或多个商品设置折扣。当买家下单金额达到了卖家预先设置的金额要求后，即可享受一定的折扣。它有满多少减多少、买一送一、买几件送一件等折扣方式。

2）付费搜索广告

付费搜索广告是一种eBay站内付费广告，会将卖家的商品推到eBay用户搜索结果的醒目位置或者顶部，从而提高商品的曝光度，如图8-29所示。

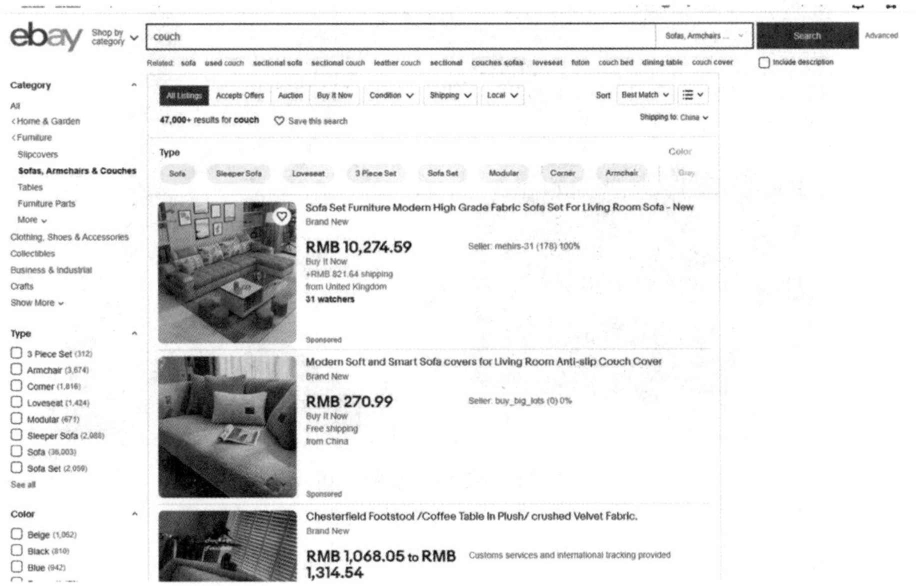

图8-29　eBay沙发商品搜索展示

（1）付费搜索广告规则。

①展示位置。

eBay与Google不同，eBay的广告会显示在几个指定的位置，也可以在结果页面的中间显示，如图8-30所示。

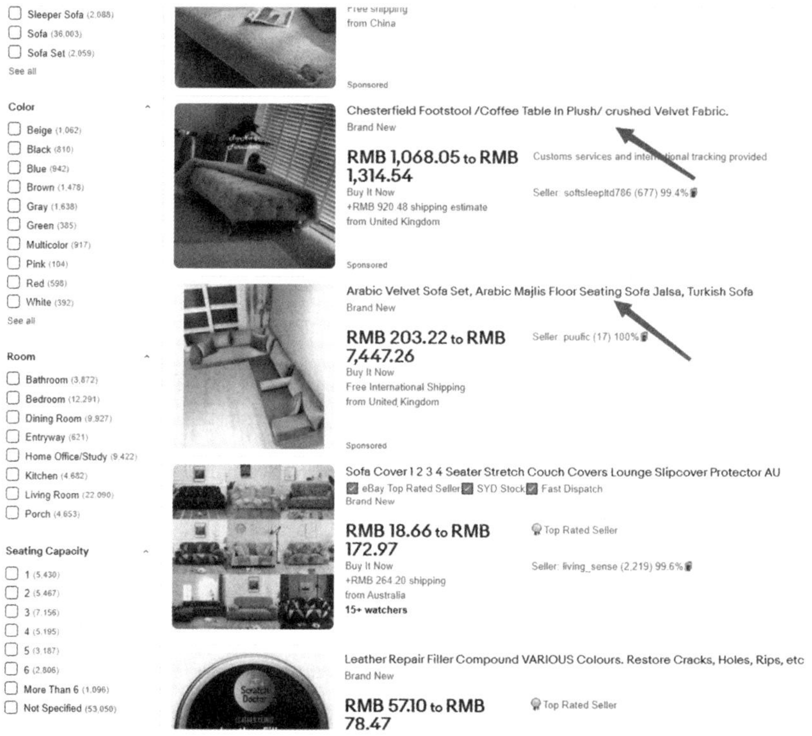

图8-30 eBay沙发商品搜索广告展示

②扣费规则。

付费搜索广告的费用根据卖家需求而定。只有当销售发生时，才需要支付这笔费用。这笔费用可能占销售额的1%至20%不等。出价越高，广告位置就越有可能在搜索结果中占据优势。

（2）设置付费搜索广告步骤。

第一步：访问卖方中心的付费搜索广告，并转至https：//ebay.com/sh。进入后，点击Marketing标签下的Promoted listings。

第二步：点击制作新的广告系列"Create a new campaign"，如果之前从未创建过付费搜索广告，请先点击"Create your first campaign"创建第一个广告系列。或者，向下滚动至广告系列"Campaigns"，然后点击"Create a new campaign"创建新的广告系列。

第三步：单个或批量选择。需要选择推广单个还是批量选择多个，可以在一个广告系列中选择多达50 000个广告。

第四步：设置广告费率。选择页面后，就可以设置广告费率了。

第五步：为广告系列命名并启动。设置广告费率之后，请为广告系列命名，以便稍后可以在 Promoted listings 系统中轻松跟踪其进度。还可以设置推广的开始日期和结束日期。完成所有步骤后，请单击复选框以同意服务条款，然后单击"Launch"启动，广告系列已准备就绪。

（3）对付费搜索广告优化技巧。

①优化商品关键词，且尽可能使用多个关键词。

对推广商品的属性有一个清晰了解，选择正确恰当的关键词，选取相关联的词语。同时也可以输入多个与之相关的词语。比如要销售一件 T 恤，可以选用"男女款春秋季纯棉潮流时尚纯白 T 恤"，不要选择"××工厂生产 T 恤"等，因为没有人会使用这些关键词搜索 T 恤，商家需要根据人们实际会搜索的词语选择关键词。

②确保商品价格合理。

为了在付费搜索广告竞价排名中脱颖而出，部分商家将营销广告费用转嫁到买家购买的商品价格中去，这往往会搬起石头砸自己的脚。商家在竞价时一定要合理出价，在自己承受能力范围内去实行推广金额方案，不要刻意地对商品进行提价。

8.3.4　Wish 站内推广

Wish 是一家移动电商，成立于 2011 年，在 2013 年 Wish 成功转型跨境电商，成为一家美国跨境零售电商平台。Wish 通过愿望清单的模式为用户提供产品分享、购买服务，产品包括鞋子、电子产品、厨房小工具、家居装饰等各类生活用品。平台主要推广方式为产品曝光，如图 8-31 所示。

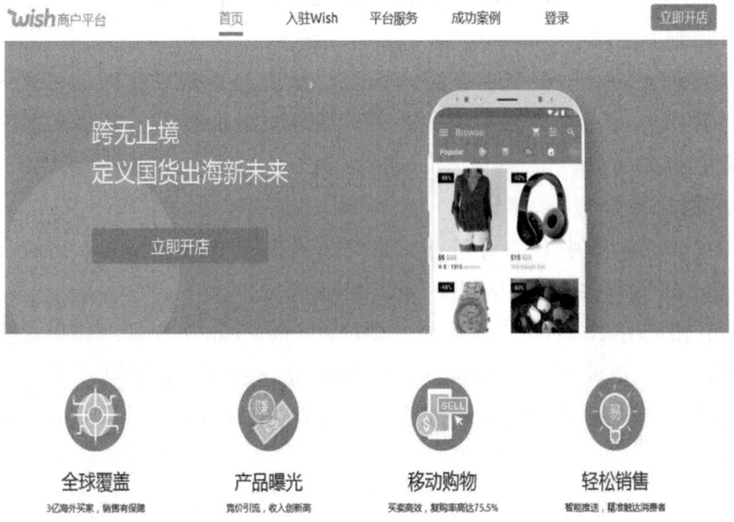

图 8-31　Wish 商家入驻页面

1）产品曝光概述

产品曝光（Product Boost）是通过结合卖家后台数据与Wish大数据算法，帮助商户把优质的产品推送给更多用户，从而提升销量的一款付费广告工具。卖家只需挑选产品，设置好关键词、竞价和预算，然后Wish将向最具购买潜力的用户推送它们。卖家的产品将会在Wish的搜索界面和其他位置靠前展示。它具有以下几种作用：第一，增加产品的曝光。参加曝光的产品会在产品排名中获得更好的位置。第二，增加产品的流量和销售。如果产品与消费者相关，他们会获得更多流量。第三，更快地凸显出热销产品，告诉客户哪些是超级热销的产品。

2）产品曝光操作流程

（1）产品选择。

产品曝光会带来许多流量，建议卖家选择爆款产品来参加活动，帮助店铺引流，积攒粉丝用户关注，进而带动相对冷门商品的销售量，这样才能使广告费用价值最大化。避免以下情况发生：在产品曝光推广时，产品销量提升，但在推广结束后，销售量又回归到了原始状态。

（2）关键词的选择。

选择关键词的最佳方式是站在用户的角度考虑，使用用户在搜索产品时的关键词，也可以参考同类优质商家的标题，寻找销量好、搜索量大的商品关键词。

同时注意，关键词可以多写几个，但是不要太多，因为不相关的关键词可能会影响活动效果并增加产品曝光成本。

（3）确定预算。

卖家要对产品曝光所花费的金额做一个大概的预算，考虑活动持续的时间以及推广的产品的数量。对于即将到来的促销节日和推广活动，建议考虑推广相关周边产品。在设置产品竞价时，建议卖家进行多次测试，以便获得最优竞价。

（4）实时监控推广计划。

卖家应该对产品曝光广告活动做好严格的监控。如果做曝光产品的表现无法获得事先计算好的利润应及时停止，以免造成更大的损失。

● 思政课堂

三一重工的"轻装"上阵

根据全球权威调研机构Off-Highway Research发布的数据，2020年三一重工共销售98 705台挖掘机，占据全球挖掘机市场15%的份额，首次夺得全球销量冠军，也成功登顶微博热搜，被各大媒体不断转发报道。三一重工成为全球挖掘机销量霸主的背后，是多年以来的精细化运营，为提升产品和服务不断的努力与付出。

我国自20世纪60年代末开始研发挖掘机产品，经过短短60余年，特别是改革开放40余年来，中国挖掘机制造行业发展尤为迅速。中国挖掘机市场10年来平均以30%的速度递增，已成为世界用量最大的市场之一。从发展情况看，中国正处在道路交通、能源水利、城市建设等各方面基础设施建设的高峰期，挖掘机市场需求量逐年上升。2011年末，国内各大企业纷纷扩大挖掘机生产产能，开辟挖掘机市场，试图通过挖掘机市场的快速增长带动企业盈利增长。其既有对风险因素的考虑，又有收益方面的考量。由于银行信贷在推动保障房建设上并不积极，2012年工程机械市场销量萎缩。

以2013年为变革转折点，三一重工一改传统的营销策略，通过分析、市场调研并结合营销策略的变革，从三一重工市场定位、产品策略、定价策略、渠道整合与规范、促销精准分类、信息技术运用、供应商联盟构建方面进行变革，开始真正蜕变成行业的领跑者。三一重工总裁向文波曾表示：不搞数字化转型，就会"翻船"被淘汰，所以我们正在做时间的朋友，只争朝夕地推动数字化转型。在过去几年中，三一重工按照既定战略推进企业数字化转型，取得了喜人的成绩。2019年以来，三一重工投资近100亿元，打造了工程行业领先的灯塔工厂，研发20多项原创技术，整体产能翻倍；在智能化与电动化方面，三一重工全球第一台5G遥控挖掘机、全球首款纯电动无人驾驶搅拌车相继问世；在国际市场上，三一重工在德国、美国、印度等多个国家建立了15个工厂，一步一步践行国际化、数字化发展战略。

我国身为制造业大国，业内竞争激烈是不争的事实，获客和转化压力长期存在。加之在互联网冲击下，传统营销失去增长动力，企业急需数字化转型，找到新的增长模式。三一重工数字化转型背后的"在线化"，值得所有制造业企业学习和借鉴。登录到三一重工的企业官网首页，给人的第一直觉是有点互联网、电商企业的味道。在企业数字化转型的大潮下，三一重工的营销策略发生了深刻变革。从传统企业的重视线下销售和服务，到逐步开始更为数字化、智能化、科技化的互联网营销，三一重工的转变肉眼可见。目前，三一重工呈现出非常互联网化的年轻企业特征，线上商城、直播、微博、短视频各种互联网营销做得风生水起。

其中，营销在线化是重中之重，三一重工的直播和短视频营销堪称行业标杆，它鼓励全员参与，采用公域/私域组合拳模式，在拼多多、百度、抖音、快手等多个平台亮相，私域板块则通过官方小程序进行直播，高频率且主题丰富，不局限于直播带货，还有参观工厂、展会、订货会。短视频营销是最直观的种草方式，三一重工在多个平台都有官方账号，覆盖更多客源，根据产品线布局矩阵加大传播力度。其中三一重工用挖掘机切西瓜、倒红酒视频被广大网友纷纷拍手叫好，并结合产品拍摄温馨日常吸引用户、发起话题活动增加品牌曝光、提前预热种草新产品。

即将发布的行业首个全员营销平台——机惠宝，则是三一重工互联网营销的又一力作。作为工程机械行业的首个全民经纪平台，机惠宝是工程机械行业互联网营销模式的一次全新探索。推荐他人购买工程机械行业设备即可赚取高额佣金，每位用户都可以通过平台实现自己"资源"、"人脉"和"信息"的快速变现。三一重工充分发挥工程机械行业的圈层效应，利用互联网优势，精准覆盖新老客户、行业从业者等多种角色，实现精准高效营销，建立起品牌与用户之间更便捷、通畅、高效的沟通渠道。在引领工程机械互联网营销模式革新的同时，机惠宝或许将成为三一重工线下营销渠道的强有力补充。

请问：三一重工数字化营销转型对其他企业有什么借鉴意义？

● 本章小结

1.跨境电商营销本质上讲，就是电子商务企业运用网络营销手段，跨越国别地理限制，来实现企业推广营销。它具有全球性、虚拟性、便捷性、实时性、精准性等特点，涵盖了电子邮件、搜索引擎、电商平台、社交媒体、直播等营销方式。

2.谷歌作为欧美网民最大的信息入口，每天有上亿名用户在谷歌网站上浏览，流量巨大；同时谷歌推广通过大数据分析用户信息，可以做到广告精准化投放，成为电商企业进行站外推广的最主要方式。谷歌推广主要包括搜索引擎推广和展示广告。

3.随着自媒体时代的到来，短视频成为品牌推广宣传的最佳媒介，它具有"病毒性"特点，跨境电商企业也越来越重视短视频。随着"互联网+"时代到来，移动端流量已经远超 PC 端，YouTube 移动设备的视频播放量占比 70%，迎合了跨境电商企业的推广需求。跨境电商企业应制作不同种类的视频来针对企业发展中的树立品牌、推广品牌、购物下单、品牌售后等不同需求阶段，以做到精准化运营。

4.与站外推广方式相比，站内推广能使企业以更直接的方式在平台进行有效营销推广，把站内平台流量引入自己店铺中。直通车、店铺促销、联盟营销、平台活动等营销方式是速卖通站内推广最主要的方式。亚马逊主要有平台商品推广、头条搜索广告、平台展示广告、品牌旗舰店等营销方式，eBay 和 Wish 分别有独特的 Promoted Listings 和 Product Boost 站内推广方式。

● 复习思考题

1.总结跨境电商营销与传统国际贸易相比有什么优势。

2.阐述如何进一步优化搜索引擎推广，以谷歌为例。

3.总结头条搜索广告和亚马逊品牌旗舰店的优势。

4.运用 YouTube 等社交媒体进行营销推广时，怎样实现利益最大化？

5.通过本章跨境电商营销学习，如果你是亚马逊卖家，你会怎么推广自己的店铺？

● 小组实训

【实践目的与要求】

1.激发学生对本土品牌与民营企业成长历程的关注，继续培养创新精神和创业热情，了解电商平台的社会责任和营销手段。

2.通过社会实践调研，理解网络营销的目的。

【实践内容描述】

1.选择一个站外推广的社交媒体营销方式，以案例来说明不同类型的广告产品，对有效提升商品曝光率，引流量，促进销售转化，提高品牌认知度的作用。

2.以小组为单位，设计拟销售产品的网络营销方案，设计一款商品的平面广告，并录制产品的视频广告。

3.有一家有关甜品生产线的外贸公司，正在进行搜索引擎广告优化，主推东南亚、非洲、南美区域，以巴基斯坦、孟加拉国为重点市场，预算为600元，请以英文形式对甜筒、威化饼和饼干生产设备的关键词进行撰写，并制作具有吸引力的搜索广告文案。（企业网址：https：//www.mecconebaking.com）

● 本章数字化资源

即学即测8

课外延伸8-1：亚马逊商品推广后台操作演示

知识点讲解8-1：亚马逊站内推广介绍

知识点讲解8-2：O2O平台商业模式

第9章 /跨境电商结算

————学习目标————

　　了解跨境电商结算的概念、特点、存在的问题；重点掌握跨境电商收款的主要方式、主要跨境电商平台收款规则。

9.1 跨境电商结算概述

9.1.1 跨境支付结算和跨境电商结算的定义

　　跨境支付（Cross-border Payment）结算指的是，两个或两个以上国家或者地区之间因国际贸易、国际投资及其他方面所发生的国际间债券债务借助一定的结算工具和支付系统实现资金跨国和跨地区转移的行为。例如，在现在的互联网时代，中国消费者在网上购买国外商家产品或国外消费者购买中国商家产品时，由于币种的不一样，就需要通过一定的结算工具和支付系统实现两个国家或地区之间的资金转换，最终完成交易。

　　跨境支付结算的方式，有银行电汇、专业汇款公司和第三方支付。银行电汇的支付特点是，安全性高，但是时效性低，并且收费昂贵。银行电汇结算时间一般2~3天，有多项费用，包括电报费+手续费+中转费，合计3%左右，使用场景多用于传统B端大额跨境贸易。汇款公司的特点是线下网点多，办理方便，到账快，10~15分钟即可完成，但是手续费较高。比较合适1万美元以下的小额支付。相比银行电汇等传统跨境支付3天的到账时间和3%左右的手续费，第三方跨境支付可实现实时到账，费率在0~1%之间，满足可新兴的跨境电商对于小额、高频、快速的需求，迅速抢占了跨境电商支付的市场。所以今天我们所讲的跨境电商结算，主要指的就是第三方跨境支付结算。

9.1.2 跨境电商结算的特点

　　与传统的支付方式相比，跨境电商结算主要使用的第三方跨境支付方式，具有以下几个特点：

　　（1）货款的到账速度更快，利于线上店铺的资金周转，交易的时间成本更低。

（2）流程简单，操作方便，无须到线下汇款，大大节省了人力和时间。

（3）手续费较低，尤其适用于数量较大，但金额较小的跨境电商交易。

9.1.3 跨境电商结算的支付流程

一个完整的跨境电商结算支付流程，实际上包含了三大环节，收单、收款、结售汇。以第三方跨境支付在跨境电商 B2C 出口交易的流程为例：第一，收单机构通过发卡行、国际卡组织的清结算；第二，汇款到商户的海外账，收款公司进行相关的账户服务和转账；最后通过银行或者国内持牌机构进行结售汇。

9.2 跨境电商结算收款的主要方式

跨境电商收款的主要方式有信用卡收款、网络银行收款和第三方支付。第三方支付工具是我国目前跨境电商企业常用的收款方式，主要有派安盈（Payoneer）、万里汇（World First）、PingPong 金融、连连支付、易联支付和 PayPal 六种收款方式。

9.2.1 派安盈（Payoneer）

1）介绍

派安盈（Payoneer）成立于 2005 年，总部设在美国纽约，是万事达卡组织授权的具有发卡资格的机构。为支付人群分布广而多的联盟提供简单、安全、快捷的转款服务。数千家联盟以及数百万收款人的加入使得派安盈成为支付行业的领先者。派安盈的合作伙伴涉及的领域众多并已将服务遍布到全球 210 多个国家和地区。派安盈卡的存在大大方便了自由职业者以及外贸人士的生意往来，是很多人国外收款的必备工具。

派安盈俗称 P 卡，先后与亚马逊、Wish、eBay 等大型跨境电商平台达成合作伙伴关系。一个派安盈账户即可支持全球八大币种（美元、加元、英镑、欧元、瑞士法郎、港币、日元、澳元）原币入账。资金入账后即可立即以人民币提款至本地银行，或通过派安盈预付万事达卡全球消费或取现。各币种均支持多平台店铺，个人和公司身份均可申请。另外，派安盈现在分有卡和无卡账户两种，有卡账户管理费每年 29.95 美元，无卡账户则不需要年费。派安盈转账无汇损，提现到国内约需 1~2 个工作日，结汇无限制。

2）取款费用

派安盈提供灵活的收费标准，根据不同的服务和合作对象而收取不同费用，费用结构：账户管理年费+入账手续费+提现当地手续费。

（1）入账：派安盈美元入账收取最高 1% 的手续费，累计入账 20 万美元则入账免费；其他币种收款账户所收的付款无需手续费，免费入账。

（2）提现：人民币结汇和外币电汇收取1%~2%手续费，1~2天到账。新用户提现费率为2%，但提现费率会随着累计入账的金额增加而降低，最低可降到1%（累计入账300万美元）。有卡用户也可以选择使用派安盈卡在ATM取现或消费，但万事达卡国际组织会收取汇损。

表9-1   派安盈收费说明

项目	明细	收费	优惠说明
账户管理年费	账户及附属服务派安盈预付万事达卡	29.95美元	账户注册免费；预付万事达卡，收取29.95美元/年
入账手续费	美元入账	1%	累计入账20万美元后，从下笔开始入账免费
	欧元、英镑、日元等入账	免费	免入账费
	平台入账	免费	Wish、Lazada、Linio（拉美地区电商平台）、Newegg（新蛋网）等平台免费2小时即时到
提现手续费	人民币/港币结汇香港外币电汇（1~3天到账）	1.2%	全币种提现费率为1.2%，随累计入账量增加，可联系客服申请降低手续费；累计入账10万美元，提现费率降低为0.8%；累计入账40万美元，提现费率降低为0.5%；累计入账100万美元，提现费率降低为0.3%
	使用派安盈预付万事达卡在ATM取现或进行POS消费	0~3.15美元+货币兑换费/跨境费	POS刷卡免费，ATM取现每笔3.15美元；当交易的币种不同于卡片币种，或交易发生地不同于卡片签发国家时，将被收取兑换费或跨境费。汇损不超过万事达卡市场汇率的3%

注：适用于派安盈美国/欧洲收款账户服务。

9.2.2 万里汇（World First）

1）介绍

万里汇World First，俗称WF卡，是一家注册于英国的顶级国际汇款公司，在英国、美国、澳大利亚、新加坡以及中国香港有办公室，提供24小时中文电话服务。自2004年起，万里汇通过提供比传统银行更有针对性的专业服务，成功为100 000名个人和企业客户兑换过600亿英镑。通过专业及个性化的服务以及定制科技，万里汇的企业和电子商贸部门帮助中小企业及跨境电商卖家在国际市场上拓展业务。对面向美国，英国和欧元区（例如德国、法国、西班牙和意大利）市场销售货物的中国销售商，万里汇可分别提供美元，英镑和欧元账户。提现时万里汇会自行打到卖家绑定的法人私人账户或者对公银行卡里。

个人和公司均可申请万里汇账户，个人账户与企业账户享有完全同级别的功能。一个万里汇账户可支持多个亚马逊店铺。例如卖家有 5 个美国亚马逊店铺，那么可以将这些店铺的链接提供给万里汇，就可以开通 5 个子账户分别接收不同店铺的款项。同时，收到的款项可以转为任何货币提到中国香港或内地，且没有 5 万美元的外汇管制。万里汇作为一个外汇公司，可以在货币转换的过程中提供高于市场价的汇率。

2）收费标准

无注册和入账手续费，无年费，没有提款额度限制。提现费率封顶 0.3%，入账越多，费率越低。万里汇会根据首次入账以来过去 90 天的平均每月入账流水每天更新提款费率（若首次入账时间不足 90 天，则按照实际发生的月份计算月均入账金额并更新费率）。

9.2.3 PingPong 金融

1）PingPong 金融介绍

2015 年 3 月国务院批准杭州成立中国（杭州）跨境电子商务综合试验区后，筹备两年且拥有"中国血统、美国背景"的跨境支付平台 PingPong 金融，在杭州应运而生，并同时在美国开设了分部。PingPong 的出现打破海外支付巨头的垄断，推动整个行业费用降低，T+0 提现标准提升了整个行业资金的周转率，PingPong 的创新成为行业"标配"。目前，使用 PingPong 进行收款的亚马逊卖家在杭州、深圳、广州、上海、江苏都有分布。PingPong 金融在美国取得美国 FinCEN（美国金融犯罪执法局）签发的货币服务企业执照，按照美国金融机构标准接受监管，业务方案通过合作商业银行从中国总部到海外机构的多重合规检验。因此，PingPong 既能够保障卖家亚马逊海外收款账号的安全，同时也能保障从银行收款到资金回国的整个系统安全可靠。2019 年 3 月，PingPong 经过飞速发展，已经成为估值 10 亿美元以上的独角兽企业。

2）PingPong 金融收费标准

（1）无入账费、年费及其他注册费用。提款费率 1% 封顶，提现手续费计算公式为：手续费=提现金额×费率。

有提款额度限制，若提现到人民币账户，提现最低金额为 10 美元，若不足起提金额，暂时无法提现；若提现到外币账户，最低起提金额为 5 000 美元。企业用户单次最高提现金额为 2 000 万美元；个人用户单次最高提现金额为 1 000 万美元。正常 1~3 个工作日到账，最快 2 小时内到账。

（2）汇损：0 汇损。

9.2.4 连连支付

1）连连支付介绍

连连支付于 2017 年正式推出，是安全专业高效的跨境收款产品，具有中国人民银行、国家外汇管理局认可的第三方支付及跨境支付服务资质。连连支付具有界面简单、使用方便的特点，能够为跨境电商卖家提供一键开店、7国VAT付款、多币种多平台店铺统一管理等一站式跨境金融服务，是国内少有的境内外持牌的支付企业。目前支持70余个全球电商平台，业务辐射全球100多个国家和地区，累计服务的跨境店铺数超过170万，历史交易额超6.8万亿元，尤其适合小额结汇。

用户在跨境电商平台购买商品时，不需要开通网银，系统能够根据输入的银行卡号码自动识别卡号所属的银行，之后经过用户的验证即可完成支付。连连支付为跨境电商卖家提供收款、付款、多店铺统一管理。用户不用去银行网点办理手续，可以直接在连连网上平台操作。连连支付也拥有移动端，日均交易额在15亿元人民币左右。

2）连连支付收费标准

无注册费、无开户费。提现费率不同平台有所差别（见表9-2），提现到账大约是1~3天，最快当天到账。手续费按每笔交易金额的1%收取，最低2元，最高50元，只与结算时的汇率有关。

表9-2　　　　　　　　　　连连支付在不同平台的提现标准费率

平台	提现标准费率
Amazon、Newegg、Lazada、Coupang、Shopee、AliExpress等	0.7%
Wish	0.75%
eBay	0.5%
JD.ID、Allegro、Darty、Emag、FNAC等	1%

9.2.5　易联支付PayEco

1）易联支付介绍

易联支付是易联有限公司推出的支付平台。易联支付有限公司于2005年成立，于2013年1月获得人民银行资质，完成全国首笔支付机构跨境人民币支付交易。公司通过与银联、各大银行等金融机构合作，建立了创新技术的易联支付PayEco金融支付服务平台，致力于为不同行业的商户提供安全、高效和便捷的移动支付方式，主营业务包括企业收付、跨境支付结算、支付账户服务等。成立多年来，易联支付始终重视支付技术的创新，业务发展稳健，技术积累深厚，并拥有大批从业经验丰富的专业人员，已成为业内出色的金融科技型企业。目前已与Wish平台、亚马逊平台建立合作关系。针对跨境B2B及B2C贸易，易联支付为商户提供人民币作为结算货币的跨境支付结算方式，帮助企业开拓国际市场，提高业绩。人民币支付结算能有效避免汇率波动损失，确保资金安全。易联支付提供多种支付服务方式，实现不同支付服务场景，包括移动互联网、互联网、呼叫中心等业务需求。

2）易联支付收费标准

（1）无注册费、无账户月费、无提现门槛，不计入个人5万美元结汇限额。计费方式透明，无任何隐形费用。提现手续费默认0.5%，根据回款稳定和回款额度的情况，可以申请降低费率，提现金额越高，费率优惠越大。老用户即享阶梯式费率递减优惠。跨境结算最快可实现T+0结算。

（2）提现汇率低，支持离岸、在岸汇率对比，提供最优汇率。

9.2.6 PayPal

1）PayPal介绍

PayPal是国际贸易中常用的第三方支付工具，是小额支付的首选，于1998年建立。目前，其全球用户超4亿，活跃用户遍及全球200多个国家或地区。PayPal既可注册个人账户也可注册企业账户。企业账户可实现一个账户全球收款，支持25种货币收款，享受PayPal卖家保障。PayPal支持全球众多电商平台和独立站，如eBay、AliExpress、Shopify等；支持多种收款方式：自有网站收款、电商平台收款、电子邮件收款（无网站收款）以及其他更多方式，可通过API、SDK、代码样本或预集成解决方案进行配置，数分钟内即可开始收款，帮助卖方从全球各地轻松接收业务付款。PayPal也拥有实时智能科技搭配自适应机器学习技术，助力企业免受虚假交易危害。

2）PayPal收费标准

Paypal无开户费、月费或隐藏费用。其他各类费率见表9-3~表9-5。

表9-3　　　　　　　　　PayPal国际交易收款费率

收款人地址所在的市场或地区	费率
中国（CN）境外	4.40% + 固定费用

注：固定费用按收到的币种计算。

表9-4　　　　　　　　　PayPal提现费率

提款/提现到	提款/提现类型	收款币种	最低金额	费率
银行账户	中国内地电汇提款/提现	美元	150	35.00 USD（每笔提现）
	中国香港银行账户	港元	80	无需费用（如果不涉及币种兑换） 前提：提现金额 ≥1 000.00 HKD（每笔提现）
				3.50 HKD（如果不涉及币种兑换） 前提：提现金额 ≤1 000.00 HKD（每笔提现）
	美国银行账户	美元	1	35.00 USD（每笔提现）
支票	申请支票	美元	150	5.00 USD（每笔提现）

注：如果卖方使用账户中的余额计价币种以外的其他币种提取余额，将被收取额外的币种兑换费。

表9-5   **PayPal接收小额付款费率**

其他国际小额付款	6.00% +小额付款固定费用
其他国际数字商品小额付款	6.00% +小额付款固定费用

注：对于处理5.00美元以下付款的企业而言，小额付款费率是标准商业交易费率的理想替代选择。

上述第三方收款工具情况对比，见表9-6。

表9-6   **第三方收款工具对比**

	万里汇	派安盈	PingPong	连连支付	易联支付	PayPal
申请资质	个人和公司均可申请	个人和公司均可申请	个人和公司均可申请	个人和公司均可申请	个人和公司均可申请	个人和公司均可申请
安全性	万里汇在中国内地、中国香港、美国、英国等多个国家和地区拥有牌照，具备全球展业的资质，拥有国家级高标准合规团队，数据和隐私受到严格管控，安全性强	派安盈是亚马逊官方推荐的最安全的一种收款方式。该公司在财务安全以及付款方面有着严格的规定，在美国货币服务企业（MSB）注册并获得PCI一级数据安全标准资质。其收付款业务接受美国、欧洲政府监管	PingPong拥有一支由金融和IT精英组成的技术和风险团队，以行业高标准建立了完善的安全交易系统，并通过美国权威第三方机构的独立测试和评估，能够严格保障用户信息及资金安全	连连支付具有跨境人民币牌照和跨境外汇许可证，接受国家央行和国家外汇管理局监管，并和国内公安系统对接、征信对接，可以保证每个用户真实可靠	易联支付拥有DNA双通道数据传输技术、坚固网络安全技术和多重防入侵系统。其有的技术安全认证包括：PCI（第三方支付行业数据安全标准）认证、非金融机构支付业务设施技术认证	PayPal是PCI合规平台，能够对个人数据、财务数据进行严格加密。其遵照多个计划和标准进行认证工作，包括Visa持卡人信息安全计划、万事达卡网站数据保护计划以及美国注册会计师协会颁布的《第18号SOC1鉴证业务准则公告》（SSAE）
收费	无注册和入账手续费，无年费，提现费率0.3%封顶	无开户费，活跃用户无年费，提现费因币种和操作方式的不同而不同	无入账费、年费及其他注册费用，提款费率1%封顶。目前速卖通（USD收款）平台处于优惠期，费率为0；速卖通欧洲以及其他平台费率均为1%	无开户费、入账费和管理费，提现费率不同平台有所差别，多为0.7%	无注册费，无账户月费，提现手续费默认为0.5%。根据回款稳定和回款额度的情况，用户可以申请降低费率	无开户费、月费或隐藏费用。国际交易收款费率、提现费率等因情况不同而不同

续表

	万里汇	派安盈	PingPong	连连支付	易联支付	PayPal
提现到账时效	（1）人民币提款或转账，一般1个工作日内到账；（注：到账支付宝账户则独家闪速到账；到账银行卡则正常时效为1个工作日。）（2）外币提款或转账，一般2个工作日内到账	一般需要2~5个工作日。（1）信用卡或借记卡：实时到账；（2）ACH网银扣款：5个工作日；（3）本地银行转账：T+0、T+1；（4）T/T电汇转账：1~2个工作日；（5）Payoneer余额：2小时	正常1~3个工作日到账，最快2小时内到账。具体来看：（1）提现到个人人民币账户：一般情况下，银行工作日18：00之前发起的提现申请可当天到账；（2）提现到对公人民币账户：一般情况下，提现发起后1~3个工作日到账；（3）提现到原币种账户：1~3个工作日到账	提现到账时间与提现方式有关。优享提现、快速提现当日即可到账，最快2小时到账；普通提现13天	工作日当天15点45之前提现当天到账，之后则次日到账，节假日顺延到第一日到账	（1）提现到美国的银行账户需要1个工作日；（2）电汇到中国的银行账户3~7个工作日；（3）提现到中国香港的银行账户3~6个工作日；（4）申请支票需要4~6周
优点	提现费率低，可提现到支付宝	支持的平台多，支付体系成熟	提现速度快	界面简洁清晰易于管理、到账速度快，适合小额结汇	直接以人民币入账	用户群体广大，安全系数高，适合小额支付
缺点	结汇慢，手续繁杂	手续费较高，资金入账审核严格	手续费略高，有提款额度限制。企业用户单次最高提现金额为2千万美元；个人用户为1千万美元	用户注册和审核较为繁琐	支持的跨境平台较少，目前主要和亚马逊、Wish平台合作	大额业务成本高，账户管控严格，容易产生资金冻结问题

资料来源 作者根据各公司的公开资料整理得来，更多资料来源见官方网站。

万里汇 https：//www.worldfirst.com.cn/content/helpcenter/detail/8628f692-9879-450a-94ef-96781b369033

派安盈 https：//www.payoneer.com/traditional-chinese/#fees

连连支付 https：//global.lianlianpay.com/product_main.html

易联支付 https：//www.payeco.com/

PingPong 金融 https：//www.pingpongx.com/zh

PayPal https：//www.paypal.com/c2/webapps/mpp/paypal-fees

9.3 主要跨境电商平台的收款规则

跨境电商需要依赖平台进行。作为国际主要的跨境电商平台，速卖通、亚马逊、eBay、Wish都有各自的收款规则，以便保证买卖双方在交易过程中的利益。

9.3.1 速卖通平台收款规则

1）收款规则

速卖通给卖家放款需要同时满足两个条件：（1）买家确认收货并同意放款；（2）平台查到货物妥投的信息。

对于卖家使用TNT（物流公司）、UPS、FedEx、DHL、EMS等五种物流方式发货的，系统会自动核实物流情况。买家收货期内，系统核实物流妥投且妥投信息与买家收货地址信息完全一致时，会自动提醒买家在7天内确认收货，如超时未确认收货则7天后自动确认收货并放款给卖家；买家收货期内，如果系统核实显示货物有投递到买家国家的物流信息，只是未显示正常妥投，只要买家确认收货且卖家能够提供物流出具的妥投证明，系统也会放款给卖家。

对于卖家使用其他物流方式（航空包裹、顺丰）发货的，系统设定的收货超时时间为30天（除卖家延迟那个收获期的订单外，此类订单发货期以实际延长后的期限为准）。若买家未在规定时间内确认收货，系统将自动确认买家收货，并核对物流状态。若物流妥投则给卖家放款；若未妥投（不包含货物退回的情况），系统会将该笔订单冻结180天，在此期间客服人员会不断地与买家进行联系，询问收货情况。

为确保平台顺利查询货物妥投信息，卖家应注意保留发货过程中的所有单据，如发货单、收据等凭证，建议保留6个月以上；保持与快递公司或者货代公司的联系，若卖家选择的运输方式的物流官网上长时间无法查询到货物妥投信息，请督促快递公司或者货代公司进一步了解货物的物流状态；保持与买家的联系，提醒对方及时确认收货并同意放款。

速卖通对于非法获利的行为，平台一律给予关闭账户的处理。非法获利，是指卖家违反速卖通规则，涉嫌侵犯他人财产权或其他合法权益的行为。速卖通认为的不法获利的类型有：（1）诱导买家违反正常交易流程获得不正当利益；（2）刊登或者提供虚假的商品、服务或者物流信息骗取交易款项；（3）账户关闭后仍然注册，使用其他账户的。

2）收款时间

速卖通根据卖家的综合经营情况（比如纠纷、评价、退款等数据指标）评估订单放款时间。一般放款时间有以下三类：发货后3~7天进行放款；买家保护期结束后（买家确认收货或者买家确认收货期超时再加上15天）放款；发货后180天放款，见表9-7。

表9-7 速卖通的放款方式

账号状态	放款规则		
	类型	放款时间	备注
账号正常	提前放款	发货后（通常5~7天，最快3~5天）	据系统对卖家经营情况和信用进行的综合评估，目前不支持卖家自主申请。提前放款是平台针对中国跨境商家推出的资金扶持产品，通常商家入驻平台45天后，如经营情况稳定且未触犯平台规则即可通过风控系统评估准入提前放款服务
	一般放款	买家保护期结束后	无
账号清退或关闭		发货后180天	无

3）收款方式及账户设置

速卖通收款方式有国际支付宝和万里汇。国际支付宝是支付宝为从事跨境交易的国内卖家建立的资金账户管理平台，包括对交易的收款、退款、提现等主要功能。使用国际支付宝的客户群体主要是速卖通（AliExpress）、阿里巴巴国际站会员。对于中国卖家来说，支付宝国际账户无需速卖通卖家额外开通。系统会在卖家开店后自动开通支付宝国际账户。卖家可以先在速卖通平台登录账号，依次点击"资金""支付宝国际账户"跳转进入支付宝国际账户页面进行资金查看。后续的平台放款、菜鸟运费扣款、佣金扣除等都可以在支付宝国际账户里进行查询。具体步骤如图9-1所示。

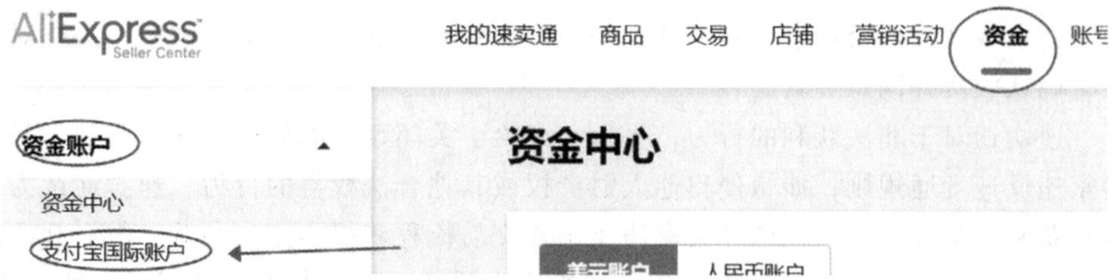

图9-1 支付宝国际账户页面指南

9.3.2 亚马逊平台收款规则

1）收款规则

要接收付款，卖家必须满足以下条件：（1）账户余额有效。这是指在结算周期内，销售金额应大于产生的费用和退款金额。卖家账户中至少要有1美元才可接收付款；（2）卖家账户中有有效的银行账户信息。在获得付款前，卖家应有一个与账户相关的业务地址，而且必须提供美国支票账户或亚马逊货币转换器支持的国家/地区的银行账户。亚马逊不能向信用卡或支付宝账户付款。（3）在卖家账户中提供有效的信用卡信息。保证卖家注册时的信用卡是有效的，其有效账单地址必须位于卖家注册接受的国家/地区之一。如果在结算时账户余额为负，可能会向信用卡扣款。亚马逊接受的有效信用卡是美国运通（American Express）、大来卡（Diners Club）、发现卡（Discover）、JCB信用卡（JCB，Japan Credit Bureau Card）、万事达卡（MasterCard）、维萨（Visa）卡。

2）收款时间

亚马逊通过自动清算中心（ACH）或电子转账系统直接向卖家账户中指定的银行账户中转账。一般来说，卖家销售产品后不会立即收到货款，亚马逊每隔14天进行一次结算。所以，亚马逊会在注册卖家平台14天后，向卖家的银行账户存入第一次销售收入。如果买家在交易中同意在收到商品或服务完成之时或之前付款，则亚马逊将通过亚马逊支付公司（Amazon Payments Inc.）付款；如果买家在交易中同意在收到商品或服务完成之后付款，则亚马逊将通过亚马逊服务公司（Amazon Services LLC）付款。

3）收款方式和账户设置

亚马逊平台支持多种收款方式，常用的有派安盈、万里汇和PingPong。亚马逊平台官方推荐的收款方式为派安盈。账户设置的步骤如下：

（1）首次登录卖家账户后，在卖家平台的页面里亚马逊会自动提醒卖家设置结算银行信息。卖家可以点击右上角的"设置→存款方式→添加银行账号"来管理存款银行账号。

（2）我们以北美开店为例。选择为亚马逊添加存款账号。如果选择银行所在国为中国，亚马逊会自动弹出合作派安盈的申请链接，如图9-2所示。点击注册派安盈，填写好相关信息后，等待派安盈的审核。

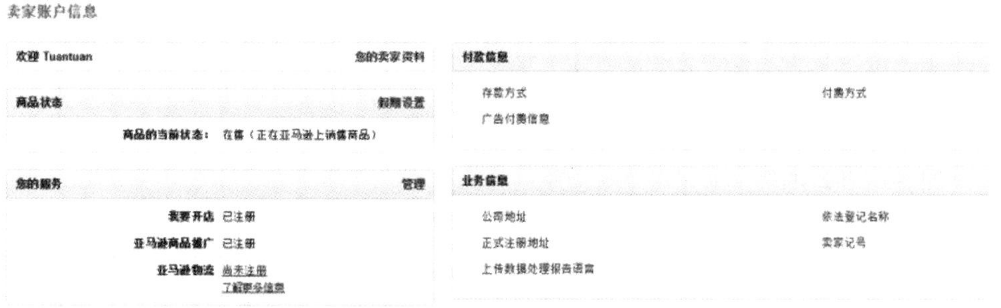

图9-2　亚马逊存款银行账号管理

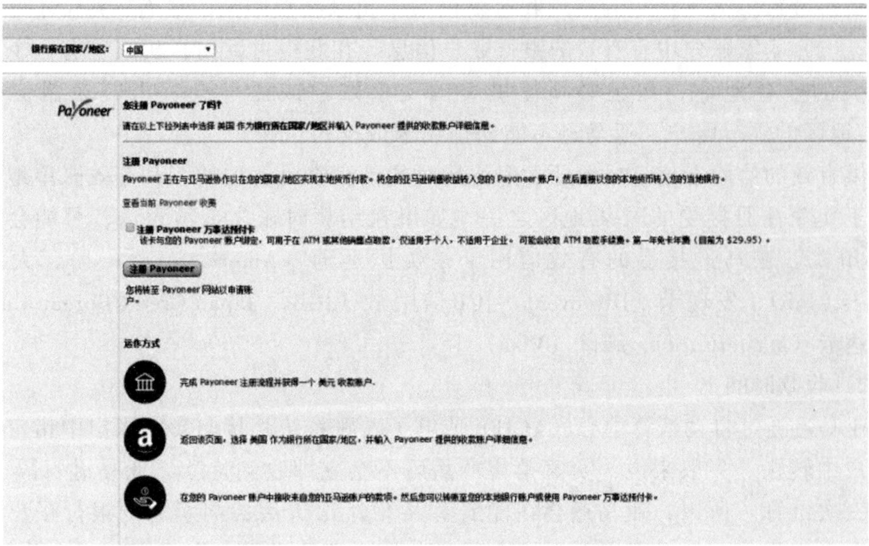

图 9-3　亚马逊平台绑定派安盈收款

（3）派安盈审核通过后，会向注册邮箱发送一封确认邮件，并提供卡号等信息。

（4）重新选择银行账户所在地为"美国"，把派安盈邮件提供的银行信息填写在亚马逊页面，完成收款账户的绑定。

9.3.3　eBay平台收款规则

1）收款规则

卖方的销售收入通常在确认买方付款后2天内获得。

（1）卖方的账户正常且合规。如果平台发现卖方在注册时提供的信息不一致或者账户不合规等问题，平台会通过电子邮件通知并暂停放款。

（2）卖方按时按规履行发货义务。卖方最好在买家付款的当天邮寄物品，并遵循邮寄惯例，例如在订单中添加跟踪信息。

（3）交易已顺利完成。如果买家提出其购买的商品还没到达，或者收到的商品与清单描述存在很大差异，此时平台会暂时冻结资金直到争议解决。这就要求卖方确保所售商品的品质和到货时间。

2）收款时间

卖方销售收益一般会在买方确认付款后1日内显示为可发放款项，但在交易被暂时冻结的情况下可能需要更长的时间。卖家可设置和更改预定的放款时间。有以下四种情况：（1）如果预定每天发放款项，则系统通常会在确认买家付款后的2日内启动放款程序；（2）如果预定每周发放款项，系统会在星期二就你上周星期一至星期日的销售启动放款程序；（3）如果预定每两周发放一次款项，系统会在隔周的星期二启动放款程序。（4）如果预定的是每个月发放一次款项，系统在每月的第一个星期二启动放款程序。款项将显示为已发放，在几分钟内便可通过派安盈账户存取资金。放款启动后，资金将不再由 eBay 持有，而且 eBay 不会从任何卖家的资金中赚取利息。详见表9-8。

表9-8　　　　　　　　　　　　　eBay 的放款时间

预定的放款周期	放款时间
每天	在确认买家付款后的2日内
每周	星期二
每两周	隔周的星期二
每月	每月的第一个星期二

3）付款方式和账户设置

要在 eBay 上出售商品，卖方必须注册 eBay 管理支付服务。在大中华区的 eBay 的卖方必须加入指定派安盈账户才能收取款项，在卖方完成派安盈注册和绑定之前，eBay 可能会限制其刊登物品的权利，包括但不限于限制刊登新物品、限制更改现有物品刊登或结束物品刊登。只有完成派安盈注册和绑定后，才可以正常销售商品。之后卖方即可直接在派安盈账户中收款，但不能使用 PayPal 账户作为收款账户。注册管理支付服务的步骤如下：

（1）完成 eBay 新账号注册后，网页将直接跳转到 eBay 管理支付页面，请继续完成 eBay 管理支付注册流程，建立新的派安盈账户或绑定已有派安盈账号。如果是个人卖家，请选择个人卖家身份继续注册流程。

（2）完成建立新的派安盈账户或绑定已有派安盈账号后，回到 eBay 页面核对 eBay 与派安盈将同步的信息。

（3）添加信用卡以备后续销售、退款等相关费用扣款。

（4）同意管理支付条款并提交注册申请。

（5）当完成以上 eBay 管理支付注册流程后，eBay 将委托派安盈对卖家的身份信息进行 KYC 资料验证。成功启用管理支付服务后会有邮件通知。

9.3.4　Wish 平台收款规则

1）付款规则

在发货前被要求退款的订单不符合付款条件，即如果卖家明知道该订单被取消还强行发货，Wish 不会对该订单进行付款。对于 Wish 平台来说，满足以下条件的订单可以被正常付款：（1）按时将货物发出且必须为有效订单。所有订单必须在5个自然日之内履行。如果订单在被释放给商户后的5个自然日内未被履行，商户将收到违规警告，订单将自动退款，相关产品可能会被下架。多次违规可能会导致 Wish 冻结或终止商户的账户。（2）在系统中将有限订单标记为已发出，也就是在系统里发货。（3）提供对应订单的有效运单号。

2）付款时间

卖方取得付款资格的时间主要有三种情况：（1）凡是已经配送成功的订单在确认妥投后将立即转为可支付状态，即 Pay-on-delivery；（2）如果订单不受确认妥投政策（确认妥投政策适用于订单金额超过相应国家/地区阈值的订单）约束，且在订单释放之日起的 30 个自然日内被物流服务商确认履行，则在用户确认妥投的 5 个自然日后可获得付款资格；（3）若订单使用的物流服务商不在物流选择向导列表中，且未确认妥投，则订单将在物流服务商确认履行之后的 90 个自然日后获得付款资格。

取得付款资格后，Wish 通常每月向商户支付两次其符合条件交易的款项，通常为 1 号和 15 号。但可能会在某些情况下并在通知商户后自行决定改变支付频率。

3）付款方式和账户设置

Wish 平台支持七种收款方式：派安盈（Payoneer）、PingPong、PayPal、易联支付（PayEco）、连连支付（LianLian Pay）、GoAllpay 和联动优势（UMPAY）。建议卖家使用派安盈（Payoneer）收款，处理时间快、安全系数高。

如果用户使用派安盈收款，则必须要有派安盈账户。卖家需要登录 Wish 商户后台，在"Payment Setting"（付款设置）下的提供商选项中选择"Payoneer"，并点击"注册"，在线注册完成之后，派安盈账户就和 Wish 完成了绑定（如果已经拥有派安盈账户，输入用户名和密码进行登录后即可完成账户绑定）。绑定成功后还会收到一封确认邮件。至此，Wish 平台即可使用派安盈进行收款。平台将会根据注册者的选择将货款定期转到派安盈账户中并立即入账，注册者也会收到资金入账的通知邮件。

✿ 案例专栏　　跨境金融创新实例——中马钦州产业园区

在"中国改革 2021 年度案例"的名单中，广西壮族自治区钦州市"推进跨境金融创新改革试点"位列其中，成为 2021 年地方全面深化改革的典型案例。2020 年 8 月，中国人民银行总行批复同意在中（国）马（来西亚）钦州产业园区开展跨境人民币双向流动便利化、跨境人民币同业融资、境外项目人民币贷款、简化人民币 NRA 账户离岸划转业务、境内信贷资产跨境转让共 5 项金融创新试点业务。

中国人民银行南宁中心支行按照"本币驱动、服务实体"原则，印发了《中国人民银行南宁中心支行关于开展中马钦州产业园区金融创新试点的通知》（南宁银发〔2020〕245 号），正式实施中马钦州产业园区金融创新试点。该金融创新试点的特点有以下四个方面：第一，创新力度大。上述试点业务在全国领先，其中"跨境人民币双向流动便利化业务"属全国首创试点业务。第二，便利度高。企业不需要事前、逐笔提交真实性证明材料，约束性小，资金的进出更加自由便利。第三，优惠度强。支持经济主体充分利用国内外"两个市场、两种资源"，灵活配置、管理和使用人民币，能够在很大程度上降低资金和汇兑成本。第四，惠及面广。"两国双园"企业及有意投资"两国双园"的企业，均可享受政策优惠；境外银行涉及马来西亚全境；境内试点银行包括注册地在南宁和钦州向中国人民银行南宁中心支行备案的银行。目前，上述5项试点的业务规模累计超过了200亿元人民币，并有3项实现了复制推广。

中马钦州产业园区的金融创新试点是广西跨境金融创新的重要平台，也是广西跨境金融创新进程中的一个缩影。从2020年试点启动至今，中马钦州产业园区金融创新业务辐射范围变广，业务量大增。此举拓宽了企业跨境融资的渠道，降低了融资成本，也促进了广西更高水平的开放，助推了人民币国际化进程。

● **思政课堂**

一达通外贸综合服务平台

一达通是阿里巴巴旗下的外贸综合服务平台（如图9-4所示），通过整合各项外贸服务资源和银行资源，为中小企业提供专业、低成本的通关、外汇、退税，以及配套的物流和金融服务。不同于先前介绍的政府牵头打造的跨境电商服务平台，一达通是企业（阿里巴巴集团）主办的跨境电商服务平台。

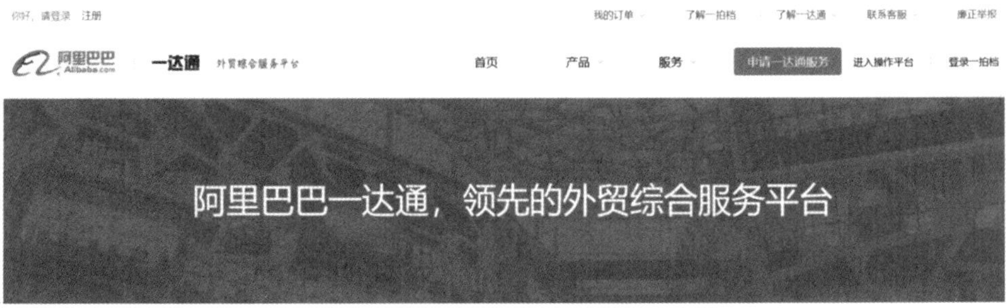

图9-4 一达通外贸综合服务平台

一、外贸综合服务

一达通的外贸综合服务主要分为出口综合服务（3+N）和出口代理服务（2+N）两部分。其中，出口综合服务（3+N）主要提供一站式通关、外汇、退税服务，客户于结关时间前至少两个工作日提供出口货物相关资料，一达通帮助完成报关出口和收结汇工作后，由一达通垫付退税款，退税款能够快速到达企业账户；出口代理服务（2+N）作为出口综合服务（3+N）的补充主要提供可操作范围更广的通关、外汇服务，由一达通作为出口方代理出口，开具《代理出口货物证明》后，由客户自行前往当地税务局办理退（免）税业务。

二、外贸融资服务

一达通为跨境电商企业提供"网商流水贷""超级信用证""备货融资"等多项外贸融资服务，完整地覆盖到出口贸易不同阶段中的资金需求，为买卖双方提供全面的、安全的资金保障，降低贸易风险及成本，一站式解决外贸各环节的融资需求。

三、跨境货运服务

阿里巴巴国际物流服务包括海运、空运（普货空运和国际快递）、陆运三大板块，为跨境电商企业进出口货运提供多样化的解决方案。客户可以登录一达通平台进行 7×24 小时的在线运价查询和比价，同时也可以在一达通平台查看多维度运输跟踪轨迹，及时了解货物的运输情况，为企业出海提供保障。

● 本章小结

1.跨境电商结算是跨境电商业务中极为重要的一个环节。与传统支付方式相比，目前常用的第三方支付工具有操作简便、到账速度快、手续费低等优点，但也存在一定的交易风险，如收付款方真实性确认困难、个人信息泄露等。

2.这里将详细介绍跨境电商收款的主要方式：信用卡支付、网络银行支付和第三方支付工具。第三方支付工具主要有派安盈（Payoneer）、万里汇（World First）、PingPong 金融、连连支付、易联支付和 PayPal 六种收款方式。除派安盈外，年费均根据账户活跃度决定，万里汇、PingPong 金融、连连支付、PayPal 均没有入账费、年费，均为 0 汇损，易联支付以人民币支付结算能有效地避免汇率的波动损失。从提现费率来看，派安盈和 PayPal 的提现费率依照提款类型的不同而变化，万里汇最高 0.3%，PingPong 金融最高 1%，连连支付不同平台有不同提现费率，0.7% 居多。

3.出口跨境电商结汇的基本方式有两种：一种是直接收款自己结汇或委托代理结汇，另一种是第三方收款结汇。个人、企业和支付机构办理结汇时都需要遵守国家外汇管理局相关规定。

4.速卖通平台、亚马逊平台、eBay 平台、Wish 平台都有其各自的收款规则，在这些平台上进行交易时要注意遵守规则，并留意收款时间，以便及时收到货款。速卖通平台官方收款工具是国际支付宝，亚马逊和 Wish 平台的官方收款工具是派安盈，在 eBay 平台收款需要注册管理支付服务并绑定派安盈账号。

● 复习思考题

1.浅析跨境电商结算的发展过程。

2.对比主要收款方式的优缺点。

3.分析主要跨境电商平台的款规结算规则的异同。

4.讨论在不同的情形下如何选择最佳的支付方式。

● 小组实训

【实践目的与要求】

1.鼓励学生思考人民币国际化对跨境电子商务业务的影响，了解金融监管的重要性。

2.通过社会实践调研，熟悉平台收款和结算方式，掌握在不同市场选择不同收款方式的依据，掌握线上线下的支付方式，提高学生利用平台信息分析问题、解决问题的能力。

【实践内容描述】

1.完成产品定价的成本组成，核算具体的店铺费、物流费、采购费、管理费、结算费，并分析成本占比。

2.对亚马逊、速卖通和Wish三个平台收款的差异进行对比。

● **本章数字化资源**

即学即测9

课外延伸9：广东在全国率先开展跨境电商支付结算业务

知识点讲解9-1：跨境电商支付流程

知识点讲解9-2：主要收款工具对比

第10章 /跨境电商客服

———— 学习目标 ————

　　全面掌握跨境电商客服所需知识与技能，熟悉跨境电商客服岗位的所需知识、岗位职责、技能和素质要求等；了解跨境电商平台客户服务所需的英语沟通技巧和英文邮件格式；了解速卖通、亚马逊、eBay 和 Wish 四个跨境电商平台的客户服务评估标准和退货退款规则。

10.1　跨境电商客服的基本概念

　　电子商务客服是指以客户为导向，为其提供服务并使之满意。广义而言，任何能够提高客户满意度的内容都属于客户服务的范围之内，一般国内电商客服的沟通方式是电话或者即时沟通工具。跨境电子商务客服是承接客户咨询、订单业务处理、投诉，并通过各种沟通方式了解客户需求，使用客户熟悉的语言与客户直接联系来解决问题，一般跨境电商客服的沟通方式是电子邮件即时沟通工具或者电话。

10.1.1　岗位职责

　　客服的工作内容可分为两个部分：一个是维护老客户，另一个是开发新客户。以速卖通为例，老客户的维护途径主要是通过速卖通的邮件营销、Whats（瓦次普）、Skype 等聊天工具营销以及 VK 分享。在对老客户进行维护时，应该注意营销的频率与客户的等级成正比，即客户的等级越高，发的邮箱数或者聊天频率应更多或更频繁。在发送邮件时，邮件内容应包括此次发邮件的主题、促销原因、表达对客户支持店铺的感谢并最好增加个性化的客服信息。

　　新客户的开发可利用 Facebook、Twitter、Instagram 等 SNS 社交媒体进行推广营销，推广方式可以选择添加兴趣标签、粉丝互动、图片和短视频等，以便能够迅速吸引社交媒体使用者的眼球，以开发更多的新用户。

10.1.2　应具备的素质和能力

　　跨境电商客服主要包括售前客服和售后客服两阶段，售前客服是指在订单成交之前，为买家购物提供相关的指导，包括购物流程、产品介绍以及支付方式等。售前客服应该熟悉产品功能和兼容性、交易流程、物流问题、费用问题等内容。售后客服是指在产品销售之后，为客户提供订单查询跟踪指导，包裹预期到货时间咨询以及产品售后服务对接工作。售后客服的工作内容主要有三项：第一，物品有没有收到。物品没有及时送达的原因可能有下单漏下、仓库漏发、货运丢失、客人地址不对、相关信息不完善以及海关安检、清关等。第二，物品不符。物品的不符分为货不对；货对、东西不符合；货对、东西也符合，但与客户预期不符三种情形。第三，其他主动售后情形。比如联系客户告知付款状态，提供包裹物流状态信息等相关通知。因此，跨境电商客服人员在应对售前服务和售后服务时，应具备以下素质：

（1）熟悉主营产品的内涵和外延，能够提供专业而又全面的产品信息咨询，从产品相关系数到使用说明再到常见问题的解决，都要熟练掌握。

（2）了解相应平台买家购买的流程、支付方式，常见问题及解决方法，以便指导买家进行购物。

（3）熟悉平台费用体系以及产品定价公式。

（4）熟悉常用物流渠道的到货时间和查询方法。

（5）熟悉常规问题的解决讨论，流程化解决一般性的问题。

（6）熟悉国外消费者的消费习惯和消费性格，比如购物时间、忌讳事项、热门节目等。

10.1.3　维护客户的技巧

对客服工作满意度影响最大的三个要素是态度、回复速度和处理结果。回复速度越快，热情越高，顾客的问题越早得到解决，则顾客的满意程度越高。

1）轻松互动

75%的客户表示愿意花更多的钱从给他们带来良好客户体验的公司购买产品，亚马逊尽管面临着众多平台的挑战，却依然蒸蒸日上。因为公司明白客户困扰并且能够提供始终如一的良好体验。

2）主动沟通

主动的客户服务就是主动接触客户并直接让他们参与店铺业务。它通过新品宣传推广、立即帮助客户和获得适时的反馈来增加客户体验。大约68%的客户更喜欢提供主动客户服务的公司。提供主动沟通包括与客户联系、征求反馈以及让客户了解任何变化或更新。确保客户有参与感并成为业务改进过程的一部分。但主动沟通的频率需要掌握好，避免打扰到消费者的正常购物或引起消费者反感，要找到与消费者沟通的最佳点。

3）同理心

聊天机器人可以有效地为87%的客户解决问题，而人工客服则专注于聊天机器人无法解决的复杂问题。因此除了技术技能之外，人工客服需要为客户带来同情心。人工客服也应该对顾客的需求保持敏感，注重顾客的情绪非常重要。

10.2 跨境电商客服英语

10.2.1 日常对话

1）开场白

Hi, dear friend! Thank you for visiting my store, you can find the products you need from my store. If there are not what you need, please feel free to contact us! Thanks again.

2）繁忙回复

Hello, my dear friend. Sorry, I'm busy packing and shipping now. Please leave a message if you have something, and I will reply later. Thank you!

3）进一步询问

I have some problem understanding what you meant.

Could you please explain it in detail?

4）货物发出通知

The goods you need have been sent to you. It's on the way now. Please pay attention to the delivery and sign as soon as possible. If you have any questions, please feel free to contact me.

5）提供最新物流状况

Your order *** （订单号）has arrived in your country and is now under customs inspection. We hope you can receive your parcel as soon as possible. Please feel free to contact us at any time if you have any questions.

6）回应客人感谢

You are welcome. It is my pleasure to provide the best service for you. If you have any further questions, please feel free to contact us. Have a nice day!

10.2.2 英文邮件基本格式

邮件模板是跨境电商客服里的一个主要内容，当客服人员回复客户提出的问题时，可以参照一些固定的邮件模板。但客服人员需要根据具体情景对模板进行调整，以满足客户的真实需求。以下将从售前询问、售中沟通及售后服务三个方面来列举相关英文邮件模板。

1）售前询问

售前工作贯穿从客户咨询至客户下单购买的全过程。客服人员需要在售前沟通准备过程中掌握所售商品专业信息、平台交易规则、支付方式和物流配送等所有在售前客户咨询中所能涉及的各个方面内容。结合相关话术准备和沟通技巧，能够使客户获得满意的售前咨询答复。

（1）对价格咨询的回复。

Dear friend,

　　Thanks for your inquiry. We cherish this chance to do business with you very much. If you order a quantity of 100, we can offer you the bulk price of USD *** /piece with free shipping. I look forward to your reply.

　　Regards

　　（Your name/Shop name）

（2）对产品规格咨询的回复。

Dear friend,

　　Asian sizes are smaller than US/EU sizes. Please allow 1-2 cm errors due to manual measurement. According to your description, size S of this product will suit you pretty well.

　　Regards

　　（Your name）

（3）对议价的回复。

沟通技巧：可以在说明利润较低后，提出为买家提供一定优惠折扣或小礼品等方式，促使买家尽快下单购买。

Dear friend,

　　Thank you for your interests in my item. I'm so sorry we can't offer you that low price you asked for. We feel that the price listed is reasonable and has been carefully calculated and leaves me limited profit already. However, we'd like to offer you some discounts on bulk purchases. If your order is more than 1000 pieces, we will give you a discount of 5% off. Please let me know any further questions. Thanks.

　　Best regards,

　　（Your name）

（4）关于邮寄时间问题。

　　Dear friend,

　　Thank you so much for your great support on us. Usually, it takes about XX days for the item to reach you. Any question, feel free to contact us and we will reach you at the soonest.

　　Best regards,

　　（Your name）

（5）关于缺货问题。

沟通技巧：提供备货的时间并提醒客户稍后购买，或提供相应的可替代品以供参考。

Dear Customer,

　　Thank you for reaching out to us regarding the out-of-stock item. We apologize for any inconvenience caused.

　　Unfortunately, the item you are interested in is currently out of stock. However, we are actively working on restocking it as soon as possible. We expect to have it available again within ［X］ days/weeks/months. We kindly request you to check back with us at that time to make your purchase.

In the meantime， we would like to offer you some alternative options that may meet your requirements. These alternatives can serve as a temporary solution until the desired item is back in stock.

We appreciate your understanding and patience.

Best regards,

（Your Name）

2）售中沟通

售中沟通主要包括处理销售过程中的订单、物流信息理等问题，一旦出现售中问题，客服人员需主动及时与客户沟通、交流并努力解决问题。客服人员应通过提供高水平客户服务，结合客户自身实际需求特点，提供最佳客户选购方案，以利于客户做出购买决策，并在买卖双方间形成相互信任关系，塑造优质的店铺形象。

（1）未付款订单催款。

We have got your order of ***, but it seems that the order is still unpaid. If there's anything I can help with the price， size， etc.， please feel free to contact me. After the payment is confirmed， I will process the order and ship it out as soon as possible.

Best regards,

（Your name）

（2）合并支付或修改价格提醒。

Hello friend,

Sincerely thanks for choosing us!

We have combined the shipping already and only charge you the shipping fee once/ We have revised the price to ***. You can check the invoice I've just sent to you and please make the payment through the invoice directly. Please feel free to contact us if you have any other questions. Thanks!

Best regards,

（Your name）

（3）已付款/已发货通知。

沟通技巧：这一阶段需要主动联系客户，确认订单信息和收货地址等细节信息，发货后告知客户运输方式和运输时间，提醒客户注意收货等工作。

Hi friend,

Thank you for your payment for order *** and it is a great honor to serve you. We are arranging the shipping for you now. Normally， it will take 10-18 days for delivery. Please be patient and wait for a few days.

If you have any questions or problems， please feel free to contact me.

Best regards，

（Your name）

3）售后服务

针对售后服务各类问题的解决策略是积极主动、打感情牌、换位思考、有效沟通、保留证据、控制引导。售后客服需与买家及时沟通，主动联系买家了解诉求，灵活处理各类售后问题。通过提升卖家售后服务满意度，不断提高客户对卖家的忠诚度。

（1）退换货问题。

沟通技巧：若无产品质量问题，建议客户保留原产品，同时给予客户一定补偿。

Dear friend，

Thank you so much for your great support on us. We are so sorry for the inconvenience that the product did not fit you. Will it be possible to give the product to others as a gift？ Or how about we make you a partial refund as a way to make up for this？ If you insist on returning it back， we will go to the further step. Waiting for your reply.

Best regards，

（Your name）

（2）清关问题。

Dear *** （客户名称），

Thank you for taking order with us. We did ship your item on time， but it was returned to us because it cannot make customs clearance. We can refund you or resend it to you as soon as possible. So sorry for the inconvenience and looking forward to hearing from you.

Regards，

（Your name）

（3）提醒买家评论。

Dear friend，

Thank you for your recent purchase for order ID ***. I am writing to concern whether you have received your item. You are our valued customer and we are contacting you in regards to the satisfaction level of products you ordered from us.

Any questions about our products or service， please do not hesitate to contact us and we will do our best to solve and improve it. And it will be highly appreciated if you could take a moment to share your shopping experience with other customers.

Thank you again for your time and continuous support.

Sincerely yours，

（Your name）

（4）移除负面反馈。

Dear friend，

Thank you for your recent purchase of the product， and we are sorry to see you were dissatisfied with shopping experience. However， we'll try our best to resolve the issue and make the situation right. Could you please give us a chance to address your concerns?

If you do not mind, could you kindly help us update your comments after the issue has been resolved on the following link: ***（反馈链接）Then choose the completed feedback to revise it.

Your assistance has been extremely helpful in improving our service. Thank you very much for your time!

Many thanks and best regards!

（Your name）

（5）新品推广。

沟通技巧：客服人员可根据客户咨询情况推荐同类产品和互补产品，或通过了解买家所在国文化风俗、购买习惯等特点推荐热销产品。

Dear friend,

Greetings from ***（Shop name）. Thanks for your previous support. We would like to recommend our new products to you as below: ***（产品链接）.

Based on superior quality and reasonable price, they have met with warm reception in the market. And we think you don't want to miss it, either. Any other questions, just let us know.

Best regards,

（Your name）

10.2.3　客服邮件书写注意事项

（1）避免存在拼写错误或语法错误；

（2）尽量不使用或少使用英文缩写，例如用"u"代替"you"；

（3）第一次与客户沟通尽量使用Dear/Sincerely，经常沟通的买家可以使用Hi开头；

（4）除非所需陈述的问题过多，邮件内容要精简，突出重点问题。

10.3　主要跨境电商平台的客服规则

由于跨境电子商务网店客户遍布世界各地，商品配送距离相较国内要远、周期要长，如发生退换货等售后服务成本要远高于国内。因此一名优秀的跨境电商客服人员应熟悉掌握平台的客服规则，科学管理店铺。下面将从客户服务能力评估和平台特色售后政策两方面介绍四个主流跨境电商平台的客服规则。

10.3.1　速卖通平台

1）客户服务能力评估[①]

速卖通客户服务指标考核结果直接决定店铺能否正常开店运营、能否被速卖通

---

① 资料来源　根据速卖通网站2021年12月相关网站整理得来。

推荐、是否有资格参加速卖通平台活动和相关的计划。速卖通中国卖家客户服务水平考核，重点围绕物流履约、商品品质及客户服务三块考核，主要包括以下六项指标，如图 10-1 所示。

（1）成交不卖率：成交不卖是指买家在订单付款后，卖家逾期未按订单发货的行为。上述逾期是指未在卖家发货时限之前上传运单号（含部分发货后未在卖家发货超时时限之前确认全部发货），导致被系统关单的情况。

（2）5 天上网率：5 天上网率是指买家在订单付款后，卖家在 5 日内及时发货并提供有效的物流追踪信息。这可提高用户的购物体验并增强其信任感，大幅降低未收到货纠纷提起率、提高 DSR 卖家服务分。

（3）未收到货纠纷率：未收到货纠纷是指，买家因未收到货物提起退款订单，场景包含货物仍然在运输途中、发错地址、海关扣关、物流退回了包裹、运单号无法查询到物流信息等，其中买家主动撤销退款的订单不计入考核。

（4）货不对版纠纷率：买家收到的商品与达成交易时卖家对商品的描述或类别、参数、材质、规格等方面的承诺不相符，但是由于买家原因发起的货不对版产生的纠纷，不计入考核。

（5）30 天好评率：买家对下单商品与商品描述一致性的评分中，好评的占比。买家评分中，1 分和 2 分为差评，3 分为中评，4 分和 5 分为好评。

好评率＝（4 分评价量+5 分评价量）÷（1 分评价量+2 分评价量+3 分评价量+4 分评价量+5 分评价量）

（6）店铺 DSR 商品描述分：DSR 即卖家服务评级系统（Detail Seller Rating），卖家分项评分包括买家在订单交易结束后以匿名的方式对卖家在交易中提供的商品描述的准确性（Item as described）、沟通质量及回应速度（Communication）、物品运送时间合理性（Shipping speed）三方面服务做出的评价，是买家对卖家的单向评分。提升 DSR 商品描述分，可以通过如实填写商品的详情页面，增加产品信息量。

指标表现

商家服务能力考核标准·详情请点击

IM24小时回复率 ⑦	DSR商品描述分 ⑦	货不对版纠纷提起率 ⑦	成交不卖率 ⑦	未收到货物纠纷提起率 ⑦
84.53%	**4.68**	**2.86%**	**0%**	**4.29%**
平均 83.88%	平均 4.59	平均 1.4%	平均 0%	平均 0%
优秀 99.67%	优秀 4.99	优秀 0%	优秀 0%	优秀 0%
考核线 暂不考核	考核线 ≤4分	考核线 ≤10%（若主营服饰店铺≤5%）	考核线 ≥5%	考核线 ≥10%

5天上网率 ⑦	好评率 ⑦
未考核	**96.88%**
平均 91.36%	平均 94.62%
优秀 99.77%	优秀 99.78%
考核线 ≤70%（若主营科技店铺<60%）	考核线 <80%

图 10-1　速卖通平台卖家指标表现情况

2）平台特色售后政策（速卖通）——售后服务：无忧退货（Free Return）

无忧退货是阿里巴巴联合保险机构为速卖通平台商家推出的线上保险服务，旨在解决跨境商家因物流原因无法提供本地退货的问题，通过以买家所在国本地仓作为退货地址，实现商品本地免费退，提升买家购买体验，降低商家售后成本。参加无忧退货保障计划的商家和产品均有"Free Return"服务标识，当买家购买带有该服务标识的商品，平台为买家提供收货后15天的无理由本地退货服务。

10.3.2　亚马逊平台

1）客户服务指标[①]

亚马逊使用多项指标去评估卖家针对客户问题的回复效果，这些影响卖家绩效的主要客户服务指标包括以下三项：

（1）订单缺陷率（ODR）：

订单缺陷率是衡量卖家提供良好买家体验能力的主要指标。订单缺陷率是指在给定的60天时间里，有一项或多项客户服务指标不达标的订单所占的百分比。其由以下三个部分组成：

第一，负面反馈率（NFR）。负面反馈率表示相关时间段内收到客户负面反馈的比率。负面反馈可能包括商品质量、客服质量、物流速度等方面，买家可基于购买体验给出最低一星至最高五星的评价，其中一星和两星会被认为是负面反馈。

$$负面反馈率 = \frac{负面反馈的订单数}{订单总数}$$

第二，未拒绝的亚马逊商城交易保障索赔（A-Z Claim）。如果买家对订单不满意，卖家可直接与买家协商解决，但如果无法达成一致，亚马逊允许买家根据商城保障的政策提出索赔。以下四类索赔会影响订单缺陷率：买家已获批准且亚马逊认为卖家有过错的索赔；索赔提交后，卖家提供了退款的索赔；因卖家或亚马逊原因取消的订单而导致的索赔；等待亚马逊的处理决定的索赔。

第三，信用卡拒付率（Credit Card Chargeback Rate）。信用卡拒付率等于已收到的信用卡拒付的订单数与相关时间段内的订单总数之比。信用卡拒付与亚马逊商城交易保障索赔相似，只是索赔处理和决策由信用卡发放机构完成，而不是由亚马逊完成。信用卡拒付大致分为欺诈拒付和服务拒付两类。欺诈信用卡拒付指买家由根本未购买商品，这类索赔通常与欺诈性买家使用盗窃的信用卡相关，不列入ODR计算中；服务信用卡拒付指买家确认购买了商品，但向信用卡发放机构表明自己遇到了问题，因此信用卡机构拒付。

（2）退货绩效控制面板。

亚马逊创建了退货绩效控制面板，旨在帮助卖家主动采取措施解决退货相关问题。退货绩效控制面板针对以下三个退货绩效指标：超过24小时同意的退货请求率、已拒绝的退货请求率和与退货相关的联系率。

---

① 资料来源　根据亚马逊相关网站有关内容整理得来。

第一，超过24小时同意的退货请求率。在30天内初始请求24小时后批准的所有客户退款请求占总退款请求的百分比，此指标适用于卖家自配送订单。

第二，已拒绝的退货请求率。在30天内被拒绝的退货请求数与总退货请求数之比，亚马逊相关政策规定，已拒绝的退货请求率需低于或等于2%。

第三，与退货相关的联系率。在14天内已发出退货相关优惠或已解决退货相关查询的联系人数量的比率，亚马逊相关政策规定，与退货相关的联系率须低于或等于1%。

（3）客户服务评分（CSR）。

客户服务评分是衡量卖家回复客户问题表现的评价满意度指标，通过发放问卷询问"这是否解决了您的问题？"来调查收集买家的反馈，买家需要在"是"与"否"中做出选择，选择"是"记为一次满意评分，选择"否"则为不满意评分。客户服务评分会收集过去四周内的买家反馈并进行统计，每周进行一次评分更新，8分为亚马逊建议卖家维持的客户服务评分最低分数。

$$客户服务评分 = \frac{满意回答的个数}{总回复数} \times 10$$

2）平台特色售后政策

（1）亚马逊评论和反馈。

亚马逊评论（Amazon Review）：适用于已售出的商品，是买家购买商品后针对商品本身提出的评价。留下的评论会显示在亚马逊的商品详细信息的页面上，会在一定程度上影响其他买家在购买时的决定。亚马逊的每一种商品的评论会综合所有该商品买家的评论，权重标准见表10-1，最后给出一定的评分，评分为5个星级，1~2个星为差评，3个星为中评，4~5个星为好评。评论的形式多种多样，客户可以在Review里留下文字、图片、视频等。尽管亚马逊评论只是针对卖家所售商品进行评价，但它可以直接影响该商品介绍页面的曝光率及排名，卖家可以通过随商品附上服务卡和电子邮件邀请两种方式引导客户对所购买商品进行评论。

亚马逊反馈（Amazon Feedback）：针对卖家或店铺本身的反馈称为亚马逊反馈，可能包括商品质量、客服质量、物流速度等一系列因素，是卖家账号表现的一个考核指标。买家只有在进入卖家店铺页面时，才能看到该店铺的反馈情况。

表10-1　　　　　　　　　　　　　　　亚马逊评论权重标准

名称	权重高低	示例
是否为"已购买商品"的评论（Verified Purchase Review）	高	该评论属于"已购买"评论 是完成了下单商品后产生的评价，这一评价将具备相应的权重，并确实地影响到卖家的绩效
	低	该评论不属于"已购买"评论 客户不买单也可以对商品做评价，即直评。直评将不会影响卖家绩效，仅作为商品参考

名称	权重高低	示例
评论的买家质量与真实性	高	该评论足够真实 如果评论来自一个时常留评的买家，并且他的评论反馈实用性都很高，即可以判定这是一位真实且有质量的买家。因此当他/她在另一个商品留评时，这个评论应当具有较高的权重
	低	该评论为虚假评论 有些卖家可能会尝试非法刷评，由于这些评论通常来自软件批量操作，账号本身质量不高缺乏真实性，这些可疑评论应当会被侦测到并会给予最低的权重
评论或反馈存在的时间长短	高	该评论留存时间已久 评论的留评时间不可操纵，那些已经存在数年常在首页的评论，其内容和质量经过了时间的证明，因此会被给予较高的权重
	低	该评论留存时间尚短 评论或反馈留存时间过短，意味着商品采购或使用时间不长，其评价反馈的准确性、真实性都有待考证，其权重暂时会处于较低水平
评论或反馈的丰富程度	高	该评论内容丰富翔实 参考热销榜单的评论，高质量的评论往往伴随着尽可能详尽的阐述，包含使用体验、感想、商品图片和使用影片等，这些内容能够给买家们提供极大的参考价值和帮助
	低	该评论内容简略 简略的评论反馈不能很好地反映商品品质性能，无法为其他人带来足够参考，常见的类型是仅进行星级点评的评论或反馈

（2）退货政策。

根据亚马逊平台的退货退款政策①（见表10-2），可以选择以下三种退货方式：

第一，对于价格较低或者运费较高的商品，提供全额退款而不要求退货。卖家可通过设置规则，以便为符合条件的退货触发自动退款，并即时关闭退货请求。

第二，如果卖家可以提供有效的买家所在国家/地区的退货地址，建议使用"亚马逊预付费退货标签计划"。"亚马逊预付费退货标签计划"可以提升退货效率，在退货请求符合要求时，使用此地址为买家生成预付费退货标签进行后续操作。

第三，对于价格较高的商品，如果卖家可以提供非买家所在国家/地区的退货地址，则需要根据站点和订单金额做出判断。

---

① 根据亚马逊网2021年8月18日相关文章整理得来。

表10-2 　　　　　　　　　　亚马逊平台卖家退货退款规则

配送订单金额 低于25美元	退货至目的国国内： 提供有效境内退货地址，亚马逊将使用此地址为买家生成预付款退货标签
	退款不退货： 亚马逊将向符合要求的退货向买家发放退款，并且不要求退回商品，即退款不退货
配送订单金额 超过25美元	退款不退货： 和买家协商发放全额退款
	退货至中国境内： 通过相关服务商的"付费国际退货配送标签"退货至中国境内

❋ 案例专栏　　　　亚马逊平台配件缺失问题的客服处理

事件背景：某天，客户在亚马逊平台A卖家处购买了一台路由器，客户收到商品之后，发现缺少连接用的网线，同时因为没有当地语言的说明书，客户不能明确知道使用方式及注意事项。

事件经过：客户联系了卖家，卖家确认问题后，首先对于缺少的配件表示愿意为客户补发商品，希望客户提供所收到商品的图片以便确认未到的配件。关于英文使用说明书需要与工厂联系，最晚会在明天之内给出答复。

随后客户提供了照片，并表示会等待回复；卖家确认照片之后发现客户所说的配件实际上是商品展示图片上的赠品，该赠品目前已经停产，卖家忘记对上架商品的图片进行更新。确认实际情况后，卖家答复了客户，大概内容为：

"我们收到了您提供的照片，确认到缺失的网线是在图片上展示的赠品，目前该赠品已经停产，我们无法为您补发这个配件。但是如果您愿意的话，我们可以为您补发类似配件，或者为您退部分款项表达歉意。我们已经向工厂确认您所在地语言的说明书，会随后发给您。任何使用问题请随时联系我们。对您感到歉意的同时，也感谢您及时提醒了我们，我们已经对商品页面做出修改，期待您的回复。"

事件结果：最后客户理解了卖家的情况，同意退部分款项代替补发商品，客户对于整体处理感到满意。

对指标的影响：因为得到妥善处理，客户显然不会选择A-Z交易索赔，订单缺陷率（ODR）下降，客户服务评分（CSR）为高分。

案例提示：

（1）让客户发送照片配合确认时最好能够说明原因，以免给客户造成卖家不相信自己的错觉；

（2）如不能马上解决的问题，应与客户约定回复时间进行解答，而非让客户盲目等待；

（3）出现异常情况时（如商品停产）能够及时和客户联系，说明情况，保持良好沟通，并且能够提供其他替代解决方案；

（4）能够提供当地语言的使用说明书；

（5）拥有专业的客服技能及语言技能，能够表述清楚并解释无法满足客户希望的原因。

10.3.3 eBay平台

1）客户服务指标

eBay平台对于一些在卖家可控范围内的客服问题，例如处理时间和及时解决问题等，制定了四种区域的最低表现标准，其最低表现阈值略有不同，并且根据出售物品的地区标准来衡量卖方的表现（见表10-3）。衡量卖家表现的指标包括不良交易率、卖家未解决而关闭的个案数、延迟运送率和追踪验证。

（1）不良交易率（Transaction defect rate）。

不良交易率是指具有一个或多个不良交易记录的交易所占的百分比，包括卖家未解决问题即关闭 eBay 退款保障个案或纠纷、卖家发起取消交易的请求等。平台标准为在最近的评估期内，具有一个或多个不良交易记录的交易所占比例不得超过2%，金牌卖家不得超过0.5%。除非在评估期内，卖家与至少4个或5个会影响"优秀评级"状态的不同买家的交易存在不良交易记录，否则不良交易率不会影响卖家表现状态。

但是，需要注意的是：

第一，对于过去3个月内交易数量达到或超过400笔的卖家，eBay将根据其在过去3个日历月与美国买家进行的交易进行评估。对于所有其他卖家，eBay将对其在过去12个日历月与美国买家进行的交易来计算不良交易率。

第二，对于交由 eBay 审查的任何投诉或退货问题，如果 eBay 认定责任不在于卖家或者认定买家或卖家都没有过错，则不影响卖家表现评分。

（2）未经卖家解决而关闭的个案数（Cases closed without seller resolution）。

未解决问题即关闭的个案是指，卖家无法在买家要求 eBay 介入并协助解决请求之前与买家一起解决 eBay 认定卖家负有责任的个案。未解决问题即关闭的个案数量是决定 eBay 卖家是否达到买家期望的一个重要指标，也是衡量卖家总体表现的指标之一。根据 eBay 退款保障政策，当买家最初因物品与刊登描述不符或举报未收到物品而发起退货时，交易问题被称为"请求"。如果买家和卖家无法解决问题，且买家或卖家要求 eBay 介入协助处理交易，则请求将成为"个案"。

（3）延迟运送率（Late shipment rate）。

延迟运送指在处理时间内未发送物品或物品在预计送达日期之后送达的交易。如果追踪信息显示物品在规定的处理时间内运达或在预计送达日期前送达，则视为及时运送；如果没有追踪信息，但买家确认物品已及时送达，视为及时运送。对于以下情况，将视为延迟送达：

第一，追踪信息显示物品在预计送达日期之后送达，除非处理时间包含揽件扫描时间或买家确认物品按时送达；

第二，买家确认物品在预计送达日期之后送达，除非处理时间包含揽件扫描时间或在预计送达日期之前确认送达。

表10-3　　　　　　　　　　eBay平台客户服务指标的衡量标准

百分比要求上限	所有卖家	eBay优秀评级卖家
不良交易率	2%	0.5%
未经卖家解决而关闭的个案	0.3%	0.3%
延迟运送率	—	3%
未按时上传或未验证追踪信息的交易	—	5%

如果卖家未达到最低表现标准，不合格的后果可能包括：

第一，卖家的物品在搜索结果中的排名可能会下降，如果卖家连续不合格超过60天，eBay可能会将其店铺降低至基本店铺级别；

第二，eBay可能会限制卖家在自己的账户和相关账户上出售物品，或者限制卖家注册新账户，且使卖家无法访问部分退款工具；

第三，eBay对卖家收取更高比例的成交费等等。

通常，只有当卖家的账户至少连续2个月评估为不合格时，eBay才会应用永久销售限制。但是，如果平台对卖家账户存在迫切的担忧，也可能会随时采取行动。例如，当平台发现欺诈或其销售行为有可能影响买家体验时，eBay将根据所发现的问题的性质，出于保护所有eBay用户利益和eBay作为服务提供商的利益，而采取适当且合理的行动。

2）平台特色售后政策（eBay）

eBay平台为卖家提供了可选择的退货退款政策①如下：

（1）拒绝退货：如果买家因为改变主意而退货，且卖家的退货政策声明不接受退货，则可拒绝退货。

操作步骤：退货管理平台→查看退货详情→拒绝退货

（2）接受退货：买家将物品寄回给卖家并获得全额退款，包括原运费，同时卖家承担退货运费。该选项适合低价值物品。如果退回的物品已使用或已损坏，则卖家可能有资格发放部分退款。如果可使用eBay运送标签，eBay可能会代卖家自动接受买家退货。收到物品后，卖家有2个工作日的时间审查和发放退款，或者要求eBay介入协助。

操作步骤：退货管理平台→查看退货详情→接受退货→确认

（3）发放全额退款：向买家发放全额退款，并且买家保留物品。原运费将根据

---

① 来源：https://pages.ebay.com/returns/。

卖方的退货政策决定是否包含。该选项适合低价值物品。

操作步骤：退货管理平台→查看退货详情→提供全额退款→退款给买家

（4）发放部分退款：向买家发放部分退款，且买家保留物品。该选项适合买家对购买的物品不完全满意的情况。例如，如果送达的物品有轻微划痕，但买家愿意保留该物品。需要注意的是，卖家只能提出一次部分退款，买家可以选择接受或拒绝提议。

操作步骤：退货管理平台→查看退货详情→提出部分退款→发送提议

（5）向买家发送消息：卖家可以提出不退货，提议替换物品（换成另一件相同的物品）或更换物品（不同但相似的物品）。

操作步骤：退货管理平台→查看退货详情→向买家发送消息→发送

此外，当买卖双方在3个工作日内无法解决问题时，eBay平台可随时介入协助。在符合以下一项或多项条件的情况下，平台可能会要求买家将物品寄回：平台无法确定买家收到的物品是否与刊登描述相符；卖家提供退货并且符合规定的退货期限；卖家已提出接受退货。

10.3.4　Wish 平台

1）客户服务指标

Wish平台在评估卖家级别时会考核多个指标，包括但不限于以下指标：

（1）平均用户评分（Average user rating）：成熟订单中的产品的平均评分。请注意，Wish 可能会排除违反其准则和政策的评论和评分。

（2）订单履行率（Order fulfillment rate）：卖家成功履行的订单占比。以下情况下订单将被视为未成功履行：商户取消订单；未在5个自然日内履行；商户在订单确认履行后退款（非用户方的原因）；最后的物流跟踪状态为"已取消"。

（3）产品质量原因退款（Product quality refund）：因产品质量原因被退款的订单占比。仅限退款责任在商户的订单。

（4）确认履行用时（Confirmed fulfillment speed）：订单确认履行的平均用时。当包裹收到物流服务商提供的第一枪扫描信息时，订单即确认履行。

（5）有效物流跟踪率（Valid tracking rate）：具有有效物流信息的确认履行的订单占标记发货的订单的比例。如上文所述，当包裹收到物流服务商的第一枪扫描信息时，订单即被视为确认履行。

2）平台特色售后政策（Wish）：商户退货管理项目

商户可以通过退货管理项目①，根据自己的店铺运营情况、客服能力和当地法律/法规按目的国/地区设置自己的退货规则并选择退货授权类型。有权限使用商户退货管理项目的商户需要为其在"设置＞配送"页面中启用的所有目的国/地区设置退货规则和退货授权类型。可供商户选择的退货规则选项有以下几种：

---

① https://wish.my.site.com/wishmerchantfaq/s/article/mu6324731335323? language=zh_CN。

（1）Wish 自动审核。

这是默认为商户选择的选项，表示商户将根据 Wish 用户端的退货和退款政策接受退货，且 Wish 会从实现用户和商户最大利益的角度对用户的退货申请进行授权和处理。如果商户不具备客服能力或能力有限，无法自行处理用户的退货申请，商户应为所有/部分目的国/地区选择此选项。Wish 会向用户提供专业的客服服务并遵守当地针对客服的合规要求。

（2）接受 30 天免费退货。

此选项表示商户接受确认妥投日期起 30 个自然日内的退货申请，并为用户提供免费退货服务。此外，商户须承担退货运费，并在收到退货产品后将订单全额退款给用户。

（3）接受 30 天预付费退货。

此选项表示商户接受确认妥投日期起 30 个自然日内的退货申请，并为用户提供预付费物流标签。但根据不同的情况，预付费物流标签的费用可能由商户或用户承担。例如，对于以下情况的退款，商户须承担退货运费并向用户全额退款：

第一，任何除"买家懊悔"之外的原因导致的对已妥投订单的退款；

第二，任何因与描述严重不符的问题导致的退款；

第三，任何由于商户履行问题而导致的退款。

（4）不接受退货。

此选项表示商户的商品不接受任何退货申请。但是，根据"退货、退款和上报"政策，在以下情况下，商户设置的不接受退货规则将被覆盖：商户为来自 EU/EEA/UK 的订单选择不接受退货；接受服装产品退货。

● 思政课堂

透视"韩都客服"

韩都衣舍电商集团创立于 2006 年，是中国最大的互联网品牌生态运营集团之一。凭借"款式多，更新快，性价比高"的产品理念，韩都衣舍深得全国消费者的喜爱和信赖。创立 17 年来，韩都衣舍屡次位列各电商平台互联网服装品牌销量第一，其获得电商成功的秘密则为优质客服资源。

韩都衣舍注重客户服务，拥有一支专业的客服团队，提供 24 小时在线客户服务。客服团队不仅能够及时回复顾客的咨询和投诉，还能够根据顾客的需求提供个性化的购物建议和推荐。韩都客服在阿里巴巴平台一直作为"标杆客服"而备受关注。2016 年"双 11"期间，韩都客服更是取得了女装客服指数第一的佳绩。在京东平台，韩都衣舍则是"京东好客服店铺金奖"得主，代表着京东平台顶级客服水平。

具体来说，韩都衣舍采用了以下几种方式来重视客服：

1.专业的客服团队。韩都衣舍拥有一支专业的客服团队，他们都接受过专业的培训，能够快速、准确地回答客户的问题。

2.多渠道的客户服务。韩都衣舍提供多种客户服务渠道，包括在线客服、电话客服、微信客服等，方便客户随时随地联系客服。

3.及时的售后服务。韩都衣舍非常注重售后服务，对于客户的投诉和问题，能够及时处理和解决，让客户感受到企业的诚信和贴心。

通过优质的客户服务，韩都衣舍赢得了大量忠实顾客，提高了顾客满意度和复购率。同时，韩都衣舍还通过客户反馈不断改进产品质量和服务质量，提高了品牌形象和口碑。韩都衣舍的成功经验表明，优质的客服资源对于跨境电商企业的发展至关重要。通过提供专业的客户服务，企业可以提高顾客满意度和忠诚度，增加销售额和市场份额。

● 本章小结

1.在跨境电商发展过程中，客服管理工作扮演着重要的角色，不仅为客户提供了产品选择，而且通过对客户资源的维护帮助企业实现经济效益最大化。

2.跨境电商客服包括熟悉产品信息、及时追踪物流信息以及做好售后工作等，给客户带来优质的购物体验和售后服务；关注客户的评价，通过及时维护客户资源来积攒跨境电商的客流量，实现跨境电商企业经济效益的长期发展。

3.跨境电商客服的语言水平会影响产品的销售情况。客服英语沟通要符合当地文化风情和宗教信仰，结合买家的心理特点，促进交易的达成。引导跨境电商语言服务和客服人才语言培养培训，优化跨境电商客服环境，助推跨境电商交易的完成。

4.主流跨境电商平台客服规则具有一定的代表性和借鉴性，速卖通、亚马逊、eBay和Wish平台都拥有完善的客户服务评估指标和退货退款政策，严格的卖家政策能够优化跨境电商平台的交易环境，带给客户良好的购物体验。

● 复习思考题

1.阐释跨境电商客服的基本职责及应具备的岗位素质。

2.试析跨境电商客服英文邮件书写的注意事项。

3.讨论跨境电商客服人员工作中可能遇到的问题及解决方式。

4.概括跨境电商平台对客户服务的衡量标准。

5.分析跨境电商平台在进行客户服务时存在哪些对平台不利的风险。

● 小组实训

【实践目的与要求】

1.要求学生掌握跨境电子商务客服所需知识与技能。

2.能够使用英语进行沟通和邮件回复。

【实践内容描述】

1.对于这款咖啡机，一个购买者留下了这段评论，如果你是客服人员，你要如何回复他/她？

Mr. Coffee 2129512, 5-Cup Mini Brew Switch Coffee Maker, Black
Visit the Mr. Coffee Store
★★★★☆ 21,912 ratings

-20% $19.99

$45.33 Shipping & Import Fees Deposit to China Details
Available at a lower price from other sellers that may not offer free Prime shipping.

Color: Black

Brand	Mr. Coffee
Capacity	1.6 Pounds
Color	Black
Product Dimensions	7.3"D x 9.9"W x 10.7"H
Special Feature	Easy-to-view water window, Compact, Auto Pause

About this item

$19.99
$45.33 Shipping & Import Fees Deposit to China Details
Delivery March 28 - April 11

Add to Cart
Buy Now

New (4) from $19.99

Amazon Customer

★★★☆☆ Works well but don't leave it on for longer than a couple hours or your coffee will burn.

Reviewed in the United States us on November 4, 2022
Color: Black　|　Verified Purchase

Easy to use just by adding water, a filter, and grounds then hitting the power switch. Cleans easily too. I only have two issues.
1- put in 5 cups of water but get back 4 cups of coffee-okey and understandable. The carafe is for 5 cups as a five cup coffee maker though and you cannot add more water to the reservoir due to the overflow cut out in the back that would just spill the water all over the counter.
2- the heating element under the pot is too hot. It is so hot, when I originally pour it into my travel tumbler, I have to add a couple ice cubes to keep from burning my lips. If I don't use all the coffee right away, I have to turn off the machine otherwise it will scorch the coffee. If I leave 2 cups in the carafe and come back and hour later to refill my cup, it will have reduced down to a little less than a cup and a half and smell slightly burnt. Leave it for 2 hours and you'll have a scorched dry coffee crust in your pot and a fire hazard. I now fill my cup and turn it off. When I want a refill, I put the remaining coffee I. The microwave to heat it back up instead of leaving the pot on.
If you want a Large cup of coffee in the morning and then are done. This is great. Want to refill through the morning, get a pot with better temp control instead.

● **本章数字化资源**

课即学即测 10

课外延伸 10：ChatGPT 在 eBay 订单售后服务与问题解决的应用

知识点讲解 10：跨境电商客服常用术语

第3篇　运营策略

第11章 /新品发布与页面优化

━━━ 学习目标 ━━━

　　了解新品发布的基本步骤和流程，熟悉商品在跨境电商平台上架前的准备内容；
掌握在跨境电商平台新品发布首月的运营策略及注意事项；学会应用本章知识在跨境
电商平台发布并运营新商品。

　　经过前期的一系列准备，商品终于进入发布阶段，卖家需要制定相应的发布策略，为后期新品的顺利运营打下基础。本章将详细介绍新品发布的整个流程，包括发布前的准备工作以及发布后首月的运营手段。通过本章的学习，大家将了解新品发布策略制定的基本流程，掌握商品上架前需要准备的相关信息及上架后店铺运营的注意事项。

11.1　上架前的准备

　　产品的上架也需要一系列的准备，并不只是单单将商品上传到销售平台这么简单。新的产品在上架之前，卖家需要对其进行前期的数据调研、产品备货和上传材料的整理。

11.1.1　前期数据调研

1）上架时间

　　对于上架时间的选择主要是基于同类商品近1年的页面监测。卖家应当综合自身情况和市场销售规律来选择适当的上架时间。商家可以顺应市场规律在销售旺季推出自己的产品，也可以选择在更冒险的销售淡季上架。如果卖家对自身的定位是大卖家，且对本次推出产品的竞争力充满信心，可以优先考虑旺季销售，凭借自身已经具备的市场优势，有效推出新品，进一步巩固市场地位。如果卖家对自身的定位是小卖家，可以考虑逆销售旺季进行新品上架，逆旺季销售相对于旺季销售可以让小卖家面临更小的市场竞争压力，有更大的可能获取更多的消费者的关注，为之后销售旺季的促销盈利打下一定的市场基础。

2）竞品分析

　　商品上架前的竞品分析主要是针对同板块上架的商品。卖家首先要了解到同板块（一般精确到3级目录）内上架的商品主要有哪些。较小的板块一般选取历史销量排名前50位的产品即可。找到相应竞品后，接下来便可以进行商品页面评论（Review）、自然搜索排名、每次点击付费（CPC）广告排名、站外推广情况等各方面的比较。通过同期竞品的比较，卖家便可以确定自身商品上架时的宣传重点以及销售策略。

卖家在进行竞品分析时一定要牢记，竞品分析的目的是通过分析竞争对手操作手法，标定目标竞品，跟踪竞品表现，进而卡位，直到超越目标。卖家所有的分析应该为超越目标而服务，因此下文介绍的方法和工具只是起到借鉴的作用，卖家可以通过自身的理解在上述内容的基础上增加、改进，以更好地实现打败竞品的目的。

（1）商品页面评论增长情况。

商品页面评论作为考察一件商品的核心指标之一，反映了该商品的出单情况，对卖家具有很好的参考意义。例如，亚马逊的留评率通常为10%，即每多出1个评论则多出10单，卖家可以据此对商品出单量有一个大致估算。不同类别的产品会有不同的销售寿命，因此出单量可能会存在差异，但一般而言，评论在500个以上的产品的竞争压力就比较大了。

跨境电商平台的商品页面评论是历史累计的，因此得到的出单量也为该商品上架以来的历史累计量。卖家也可借助软件查看产品编码报告，了解商品页面评论的每日增长数量，从而对商品的竞争力走势有一个更好的判断。

（2）自然搜索排名。

自然搜索排名对于产品的销售也有着极大的影响，卖家应该逐一搜索上架产品准备设定的关键词，对比搜索结果中排名靠前的产品，比较其自然位和广告位的排名差异。

（3）每次点击付费（CPC）广告排名。

CPC是"Cost Per Click"的英文缩写，意思是当用户点击某个网站上的CPC广告后，广告投放方需要支付点击广告的费用。通过调查竞品CPC广告的排名情况，卖家可以了解相应竞品的补货情况、价格趋势和参加活动情况，以此为依据调整自身上架后的销售策略。

（4）站外推广情况。

除了竞品在站内的推广情况，卖家还应关注竞品在站外的其他推广方式，如网络测评师、产业相关网络红人的网络推销等。

（5）配套工具。

"工欲善其事，必先利其器"，现在市面上有很多供跨境电商卖家使用的信息收集软件，如keepa插件、ASIN spector、JS、ASINspy、Seller OS等。卖家可以根据自身的需求和操作习惯，熟练掌握和运用其中的1~2个，即可对竞品进行较为全面的分析了。

3）环境分析

（1）宏观环境。

宏观环境主要的分析因素是宏观政策。一国的跨境电商政策既是卖家即将面临并遵守的行业准则，也是卖家选择目标市场的重要依据。为分析一国跨境电商政策，卖家可从政策的连续性、稳定性、可持续性、指导性、战略性、配套性六个方面入手，并着眼于国内和国际两个维度。必要时，卖家可以地区为单位进行政策分析，研究当地对跨境电商的资金支持状况和配套设施。

（2）微观环境。

微观环境分析主要从人才、货源和物流三个层面入手。

人才方面，卖家需着眼于企业内部的人才管理。除需具备经验丰富的高素质优秀团队外，还需关注能满足员工创新之举的多元需求层次，如社交需求、尊重需求和自我实现需求。

货源方面，卖家应着眼于三对矛盾，即小批量采购与稳定持续供货之间的矛盾、高频率采购与传统物流效率之间的矛盾、跨品类采购与产品高合格率之间的矛盾。卖家应在满足市场和自身发展需要的同时妥善处理这三对矛盾，从而收获高质量的货源。

物流方面，卖家需考虑物流成本与绩效管理之间的矛盾，合理选择运输方式，并根据现实状况加以评估，如受疫情影响，国际航空运力下降，空运无法满足跨境电商商品大量出口的需要，这时便可选择成本低、运货量大的海运方式运输。

❖ 案例专栏　浙江义乌吉茂电子科技有限公司跨境电商国内环境调研

吉茂电子科技有限公司（以下简称"吉茂"）成立于2010年，是一家跨境B2C电子商务公司，是义乌市外贸电商协会的会长单位。公司办公区域有1 000多平方米，物流仓储面积有4 000多平方米。公司70%的货源来自义乌，主营商品涵盖饰品、服饰、日用百货等2万多个种类。商品主要销往欧美、中东及大洋洲等地区。

在宏观政策的分析方面，吉茂立足于近年来国家出台的各项关于跨境电商的法律法规，从资金支持、配套设施、行业国内外发展情况等角度进行政策解读，深挖政策产生的实际效果，以此作为制订企业发展规划的政策基石和方向标。

在微观层面，吉茂从货源、人才和物流三个层面的发展情况如下：

首先，抓住当前供应链的痛点，规划了两种货源模式。一方面，加强企业自主研发，于2012年成立了新产品研发部，基于各大电子商务平台的搜索频次等数据，研究不同国家目标客户群的流行趋势、生活习惯和产品需求，找到产品研发方向，确定产品设计，再通过合作厂家代工生产；另一方面，公司依托丰富的义乌货源，在选购商品时，会对商品的重量、价格和质量进行分析甄选，控制运送成本，避开贸易壁垒。

其次，在人才方面，作为一家高新技术企业，吉茂拥有一支由博士、硕士研究生学历的资深电子商务专家、企业管理专家、财务管理专家及经验丰富的国际电子商务市场营销人员等组成的年轻而充满活力的高素质优秀团队。在维系员工关系方面，吉茂公司除了高薪留人，满足员工的基本需求外，还有许多创新之举以满足员工的多元化需求。如定期开展文化活动，举办乒乓球赛、专设三人负责全公司新老员工的庆生活动、进入领导层满一年即为公司股东等，来满足员工的社交需求、尊重需求和自我实现需求。

最后，在物流方面，吉茂将各类运输方式与当下国内外环境结合起来分析。通过调研义乌通常的商品运输方式，公司分析认为，空运虽时效快，但运输成本高、运货量有限，且受疫情影响，国际航空运力下降无法满足跨境电商商品大量出口需要。而海运则规避了空运的这些不足，具有运输成本低、运货量大的优势，相比空运可节省40%~50%的费用，为中小跨境电商企业出口低附加值和高货量包裹提供了新选择。此外，公司调研了能同时满足运货量和时效的海铁联运，认为海铁联运充分发挥了义乌-宁波舟山港"第六港区"海铁联运专列的优势，有效提升了跨境电商小包裹的转运效率，相较于普通海运出口模式可以节省2~3天时间。

11.1.2　工厂订货

1）订货数量

卖家从厂家进行订货时首先要参考市场上同类商品的销量以确定自身的需求数量，同时根据商品特质判断其在运输过程中的损耗，最后还应考虑滞销情况下商品的存储或退货成本。卖家应综合上述因素后确定最终订货数量。

2）物流方式

物流方式主要有海运、空运、快递等，不同的物流方式有着不同的特点。卖家进行物流方式的选择时首先应考虑产品自身的特性，如易碎性、保鲜时长、大小规格、是否易受潮等。在保证商品能够安全运达的基础上，产品的物流选择还应考虑成本问题，卖家应综合考虑后选择高效且优惠的运输方式。

3）样品

卖家在订货之前还可以要求厂家寄送样品，接收样品后再订货。一方面可以对商品有一个深入的了解，另一方面可以将样品作为厂家发送货物的标的，以确保厂家发送货物的品质。

11.1.3　上架信息准备

1）商品定价

商品定价是卖家销售商品决策中最重要的一环，卖家在进行商品定价时既要及时了解市场中类似商品的价格波动范围，也要充分考虑并十分熟悉自身产品的特点，同时还要明确产品在市场中的竞争优势，以确定是否使用低价策略。当然，在考虑这些因素之前，卖家要详细了解整个销售流程中将要产生的成本和费用，以确保能够获取符合预期的利润空间。

2）产品文案

产品的信息展示文案是消费者获取产品详细信息的唯一渠道，因此卖家要尽可能将与产品相关的重要信息以简洁明了的表述方式在文案中体现出来。卖家可以参考10家以上的同类产品文案，但在文案中应该突出表现自己产品的特色，与其他同类产品区分开来。

3）图片

消费者往往会根据看到的图片对产品形成第一印象，因此产品图片的质量是影响产品销量的重要因素。卖家可以参考销量最高的同类产品的文案图片，了解消费者的兴趣点，再根据自身产品特点确定自己产品图片的展现内容。

平台展示图片通常会有数量限制，因此卖家要充分利用图片，阐述产品细节，体现产品亮点。产品的图片通常需要包括产品细节图（详述重点细节，1~2张）、功能图（突出产品卖点，2~3张）、场景图（表现产品使用场景，1~2张）、尺寸图（通常带参照物，1~2张）、全家福（囊括所有型号产品，1张）。当然，除了这些常规图片，最重要的是首图的选择，通常首图位置放置的是卖家最想要展示给消费者的卖点。

4）关键词

关键词的选择也是跨境电商卖家吸引消费者的重要信息。很多消费者会根据自己的需要进行关键词检索，提高购买效率，因此卖家的关键词需要广泛而又准确。要做到这两点，卖家需首先建立自己的关键词词库，词库中要包含同类产品的热门关键词以广泛获取消费者的点击，还要包含产品特色的关键词以准确吸引目标消费者的注意。

具体来说，卖家首先可以利用相关软件检测竞争对手的关键词设定和商品流量，以此为依据形成关键词词库；再将关键词按消费者关注重点顺序形成标题。形成的标题尽量要有清晰的突出特色，以促使目标消费者迅速确定目标产品。

11.2 上架第一周的运营

11.2.1 完成跨境电商平台品牌注册

品牌注册是面向要在跨境电商平台上注册其品牌的品牌所有者的一项计划，该计划可实现更好的品牌控制和营销功能。品牌注册包括详情页面上的图文版品牌描述、平台头条搜索广告以及品牌旗舰店等。头条搜索广告和平台品牌旗舰店的相关内容在第8章已经详细介绍，这一节我们将主要讲述详情页面上的图文版品牌描述的内容。

图文版品牌描述功能可以使品牌所有者（卖家）修改品牌产品编码的产品说明字段。卖家可以通过添加独特的品牌故事、高质量的图片以及文字展示来描述产品的功能。将图文版品牌描述添加到产品详情页有助于提高产品的转化率，增加流量和销售额。

1）完善商品描述，以提高转化率和销售额

利用详细的商品图片和其他文本投放机会，能提供更全面的商品描述。这有助于吸引更多的买家，通过解决他们的常见问题，推动其更快地做出正确的购买决定。商品描述可以包括产品详情信息页上未涉及的产品详细信息和功能，提供给买家更多详细的信息，这样不仅可以帮助客户做出购买决定，而且可减少销售损失。

2）添加品牌简介，以提高买家对品牌的认知度

提供独特的品牌简介有助于提高品牌知名度并赢得买家的信任，借此可以为卖家的品牌赋予独特的价值主张，并提高重复购买率。

在详细信息页面的图文版品牌描述（EBC）部分添加有关品牌的独特故事的内容，可以帮助卖家将品牌价值展现给买家。值得注意的是，提交的内容不能仅包括品牌故事，必须包含一些产品内容。此功能面向已通过平台的品牌注册流程并被批准为品牌所有者的卖家。一旦被批准为品牌所有者，卖家就有资格将图文版品牌描述添加到获批的品牌目录的产品编码中，但不能向不属于卖家品牌的产品编码添加内容。

11.2.2　完成商品上传

在上传商品之前，卖家首先要找到商品所销售的品类，查看是否需要审核，如需审核，必须进行销售申请。跨境电商平台严禁销售非法商品或在受限商品政策中说明的其他商品，官方系统在必要时可能会移除不允许在网站上销售的商品。卖家在发布商品前，应该仔细查看官方政策，以免影响销售及账户安全，当卖家使用"添加新商品"进行商品上传时，平台官方可能会要求提交相应资质申请，通过审核后卖家方可以开始销售。在线销售时，提供高质量的图片至关重要，在无法实地查看和触摸实际商品的情况下，买家只能依赖商品图片进行判断，卖家可借助第三方图片提供商，了解他们的解决方案是否可以满足卖家需求。

11.2.3　完成商品详情页

一般来说，跨境电商平台对商品详情页面的要求是简明，所以卖家在创建优化产品页面时，一定要想清楚每一步的核心意义和操作方法有没有争取到最大核心价值。比如，商品主图对买家应该具有足够的吸引力，以提高买家对产品的兴趣，而详情图则需要把产品的全面细节进行展示，包括卖点展示、功能性的描述、场景图的展示以及尺码的补充。另外，要注重商品信息本地化和完整性，要符合当地消费者的购买习惯，还要注意习惯用语、尺码等。

11.2.4　第一周每月的工作

第一周的工作要提升页面的流量和活跃度。具体操作可以参考以下内容：

（1）产品上架第一周，对于有全额购买不留评的订单，可选抽奖赠品、测评的方法。

（2）实施测评计划，保障销量的连续性。把控评论数量，前期保证20%的留评率，后期保持10%左右的留评率。

（3）问答（Q&A）准备：问题设定能解决客户对产品的疑虑，保证每天增加1个

问答，保持链接的活跃性，或是增加商品评论，在问答和评论中埋入关键词和卖点。

（4）开启点击付费广告：一般而言，卖家可以先选择自动广告，通过商品的销售情况再选择向固定的消费群体精准投放广告。

（5）申请秒杀，找上游账户经理建立畅通的合作渠道，沟通以寻求支持并争取相应的流量资源倾斜。

（6）A+页面制作：A+页面包括店铺或者品牌的定位的阐述和展示，产品销量和受欢迎程度的展示，产品的好评和差评的完善以及店铺的售后处理。简单来说，A+页面就是让买家对卖家产品、店铺及品牌信任和认可，当买家感觉店铺和产品很靠谱时，会主动排除同款竞争对手，选择购买该卖家的产品。

（7）优惠券：卖家还可以通过向消费者发放限时优惠券的方式吸引流量，一般而言，抵减金额给消费者留下的印象比打折更深刻，更容易吸引消费者。

11.3　上架第二周的运营

11.3.1　准备物流

物流费用包括配送费用、月度库存仓储费以及库存配置服务费等相关费用。使用平台官方物流有助于提升销量，帮助卖家提升商品的浏览量和曝光率，触及平台优质会员顾客，提升转化率；同时可以帮助卖家降低成本，平台官方物流大多支持灵活的付费模式，无最低费用、设置费或月租金，以最大限度便利买卖双方，大幅度提升顾客满意度和后台绩效；最后，跨境电商平台为顾客提供了专业的客服支持，无须花钱雇人处理订单、拣货、包装和发货，顾客可享受适用的平台免费配送和加急送货。

另外，通过注册平台物流出口服务，当来自世界各地的国际买家访问卖家的平台主商城时，平台就会识别出卖家符合出口条件的库存、配送国际订单并将符合条件的商品配送到买家的国际地址。在库存管理方面，平台官方物流提供库存规划，通过使用库存控制面板，可以看到库存的整体状况，了解库存的库龄分布，库存周转率，冗余库存情况和相应的推荐处理方式，在库率以及由于缺货失去的销售机会等等。整体库存情况清晰地展现在卖家眼前。

11.3.2　收到首个订单

卖家收到首个订单后面临的问题主要是如何处理新订单、和买家沟通的最佳方式以及如何处理退货。当顾客购买卖家商品时，卖家可以在订单管理页面上看到订单详情并进行相应处理，包括配送服务、打印标签和装箱单以及取消订单。

对于自发货的订单，在订单生成后可以在后台订单管理页面看到订单详细信息，等将产品打包好交给货代，获得订单号后，在订单处理页面点击确认发货按钮，在里边填上订单跟踪号以及相关物流信息，保存结束，这个订单就视为已被处理。对于平台官方物流的订单，卖家则不需要做任何操作，平台会负责产品的装拣、打包、配送。

一般系统默认发货是两天时间，这个发货时间可以在后台设置，超过设定的发货时间发货将会影响及时发货率。同时必须及时确认订单发货，如亚马逊要求卖家在订单日期30天内向平台确认订单发货，eBay则设置了30~45天的最晚妥投时间。否则，平台将自动取消订单，而且即使卖家已配送订单，也不会获得付款。在截止日前的一段时间（通常为一周），平台会向卖家发送警告（请在限定日期前确认发货，以避免订单被取消）。如果在还没发货（没有点击确认发货）之前，买家以邮件方式提出取消订单的请求，卖家可以先联系买家，咨询具体取消订单原因，如果买家执意要取消或没有回复，并且开了取消订单的申请，就在订单处理页面点击取消订单按钮，取消原因选择买家取消就可以了，这样不会影响卖家绩效。如果已经点击确认发货，可以让买家点击拒收，并在订单管理页面给买家退款，为了避免差评，建议尽早退款。

11.3.3　第二周每日工作

第二周工作的目的主要是在第一周吸引流量的基础上获取进一步稳固和扩大。第二周具体操作可以参考以下内容：

（1）保证每天持续有单，以获取如 Amazon Choice、eBay Great Price 等热销品推荐位，从而有效稳固产品的流量。

（2）文案微调：找到热门点击广告里的关键词，将它们融入到搜索关键词、标题、物品特性、产品描述中去。

（3）可以邀请已购买消费者进行回评，保证商品评论数量至少10个。

（4）抽奖活动（Giveaway）：进行3~4轮，中奖概率不要太低，未中奖的凭折扣码低价购买（成本价）。

（5）发放优惠券（Coupons），发出的优惠券至少8折且有效期持续1~2周，这样可以有效提升短时间内的流量。

11.4　上架第三周的运营

11.4.1　标题搜索优化

买家的时间非常有限，因此，好的页面标题应短小并亲切。首先，精简标题，同时保持其影响力。在搜索结果页面并不是所有的标题都能被直接显示，在移动端标题只会显示前80个字符，因此还要更仔细斟酌前一半的标题内容。接着，当加入关键搜索信息时，试着想想你的客户搜索商品标题所使用的词，并以买家最有可能使用这些搜索词条的顺序，在标题中使用这些关键词。一般情况下，一个好的标题需要包含以下内容：品牌名称，系列，材料或主要成分，颜色尺寸和数量。最后定期审核商品刊登，确保你的标题得到优化。标题优化主要有以下六个维度：买家搜索词与产品标题关键词的匹配度；产品核心关键词与系统匹配度；直通车推广核心关键词的匹配；产品标题影响产品销售的精准度；产品标题影响产品的曝光程度；产品标题关键词影响产品的销量。

标题的公式

1）服装类商品名称格式：［部类］+［商品名称］+［尺寸和颜色］+By［品牌］

例：TRF女装　柔软触感开衫　小号纯色　By ZARA牌

2）电视/音响类商品名称格式：［品牌］+［系列名称］+［型号名称］+［规格］

例：HUAWEI Sound X蓝牙音箱　AIS-BW80H-00　165×165×203mm

3）食品类商品名称格式：［品牌］+［商品类型］+［尺寸/样式/风味］+［数量（如适用）］

例：特仑苏纯牛奶 250ml *16包/箱　全脂牛奶

11.4.2　关键词优化

1）关键词设定

关键词是整个页面最核心的部分，直接决定了页面流量来源。关键词越精准，流量越精准；关键词搜索量越高，可获取的流量越多；关键词写得越多，不重复，流量入口也一定程度上会越多。关于关键词的设定，往往包含以下几个要点：

（1）核心词：产品的名称，所属类目，甚至某个知名品牌等买家在主动搜索的时候往往会直接输入的词。

（2）属性词：表示产品的特定属性，影响排行和点击率。包括颜色、长度、风格、款式、包装、品牌、销售等属性，用于体现该产品与其他产品的不同之处。

（3）流量词：能给产品带来流量的词。流量词也称长尾词或促销词。针对一些特别的群体而定制，比如服务定制，包括产品来源、供应链、全网最低价等等。体现一些特色的词汇。

2）关键词查找技巧

在撰写页面详情前，我们需要先积累一批关键词。下面是一些快速查找关键词的技巧。

（1）通过翻译工具寻找突破口，使用近义词和同义词作为关键词。

当不清楚产品的译文时，使用翻译工具可以快速找到几个同义关键词。一般常用的翻译工具如谷歌翻译，百度翻译，搜狗翻译，有道翻译。XYZ翻译网（如图11-1所示）网站可以同时把几个翻译网站的译文合并在同一个页面上，方便我们同时提取关键词。可以利用翻译工具和相应的词典来检索一些同义表达的不同方式，比如英美式拼写airplane or aeroplane；还可以用不同的表达来描述同一个产品，体现产品不同的特征，比如表达裤子时可以加上休闲裤pants or slacks。

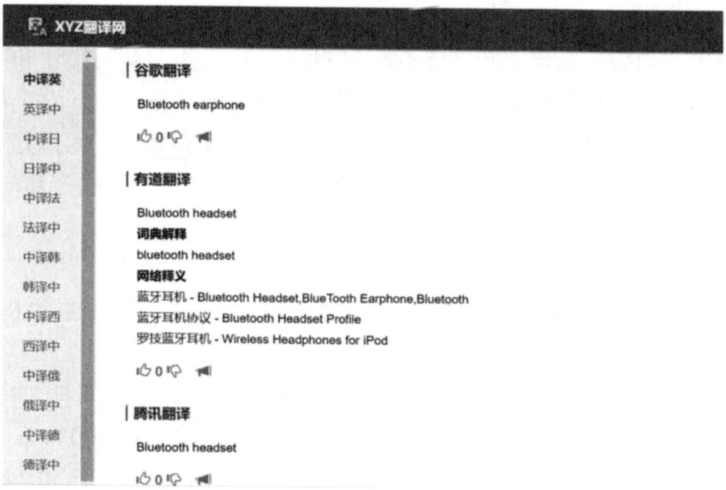

图 11-1 XYZ 翻译网蓝牙耳机搜索结果

（2）参考同行文案。

找出"突破口"的关键词后，我们直接在平台上搜索出同行的产品，提取出他们所使用的关键词。另外可以使用一些插件，如 Jungle Scout、Unicorn Smasher、AMZplanet，批量获取标题后，再在 excel 表格里进行提取。借助这些插件，同行的产品详情，包括标题，卖点和描述都能批量抓取下来。同时这些资料可以供我们在撰写要点描述时参考。除了在同行产品中获取关键词，还可以利用 Q&A 和 Reviews提取关键词（如图 11-2 所示），了解顾客的需求。

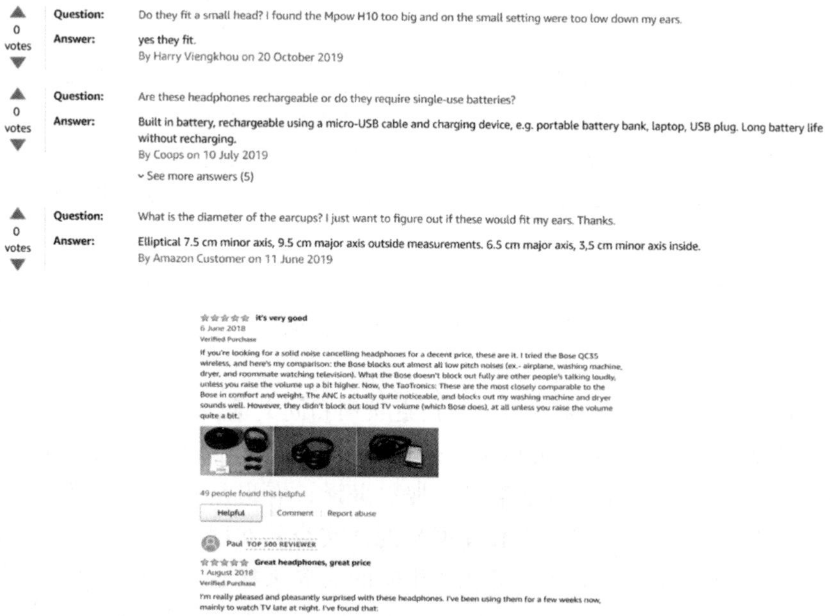

图 11-2 Q&A 和 Reviews 提取关键词

3）注意事项

在设定关键词的时候，要注意以下几个要点：

（1）如果一些词汇已经出现在产品的标题中，则不必再次添加到搜索关键词中；

（2）不要为搜索关键词加引号，因为只有在顾客也添加引号的情况下才能被搜索到；

（3）关键词有大部分内容重叠时需要做适当的重组。比如耳机的关键词经筛选后，确定了以下都是优质的关键词：wireless headphone、bluetooth headphone、wireless earphone，要是直接放进标题里，wireless 和 headphone 就会显得重复，这时需要重组成 wireless bluetooth headphone 和 active noise cancelling earphone 这两个关键词。

11.4.3　图片优化

图片优化是吸引消费者的重要方式之一，图片与商品的匹配性，会直接影响到消费者的点击率。在这一阶段，卖家需要在前期准备的基础上慎重选择展示在商品详情页中的图片，并针对不同平台的特点来选择。

在亚马逊平台上有3种形式来展示图片：产品主副图、A+页面和评论区客户展示图片。相较于亚马逊的多种展示形式，其他平台的展示形式略微单一，大多以主图展示为主。例如，速卖通平台规定卖家须上传6张图片，图片背景为白色或纯色，尺寸不超过800×800像素，图片大小不超过5M。6张图片依次为正面图、背面图、实拍图、侧面、细节1、细节2。但是，速卖通的自制营销水印功能要较其他平台便捷，平台还提供了格式模板供卖家选择。

1）主副图优化

综上所述，各个跨境电商平台的图片展示规则和形式大同小异，卖家图片的选择可以参考以下公式：1个主图+6个副图，即整体图（主图）+功能图（副图1）+特写图（副图2）+细节图（副图3）+尺寸图（副图4）+场景图（副图5）+包装图（副图6）。

（1）主图（如图11-3所示）简洁大方，体现产品的整体外观性能，图片背景必须为纯白色。

图 11-3　主图

（2）功能图（如图11-4所示）直观准确说明产品用来连接或者兼容相关设备，可以适当形象表述，有些关键参数也可特殊强调。

图11-4 功能图

（3）特写图（如图11-5所示）把亮点、卖点突出，进行局部特写镜头，还可以加一定效果，从而直观反映产品亮点。

图11-5 特写图

（4）细节图（如图产11-6所示）基本把所有功能、结构、配件等都标注出来。一些电子产品或者内部结构复杂的商品，可以采用内部结构放大的渲染图。

图11-6 细节图

（5）尺寸图（如图产11-7所示）用数据量化，避免实物与图片相差太大。尽量使用符合本地习惯的度量单位，找一些参照物进行对比，借助手势、参考物等，让产品大小更加具象化。

图11-7　尺寸图

（6）场景图（如图产11-8所示）一眼就知道使用场景，给人一种代入感，可以引导消费者在什么样的使用环境购买产品。

图11-8　场景图

（7）包装图要展示产品相关配件及原始包装。

2）A+页面

A+页面的图文版商品详情页面，通过额外的图片和文本进一步完善商品描述部分，页面看上去简单，而实际上它将对"页面转化率"产生深远影响。把产品页面上产品描述变成了展示品牌和产品优势的黄金位置，充分体现品牌、产品细节甚至是公司理念。并不是所有卖家都拥有A+页面，前提是你必须成功完成品牌保护的注册（Brand Registry）。简单来说，在亚马逊平台完成品牌保护需要符合以下条件：

第一，在美国或其他国家递交商标的回执或证书；

第二，产品本身需要印商标Logo，产品包装需要能够看到产品商标Logo（特别注意：后期制作的图片将无法通过品牌注册）；

第三，自己的官网（能够显示你的商标Logo、产品、联系方式、完整的网站）；

第四，品牌名称、产品唯一识别标志（Model No）；

第五，在亚马逊卖家中心提交注册信息。

在完成了亚马逊品牌保护的注册之后，下一步是创建A+页面，让买家对你的产品、你的店铺或者品牌信任和认可。所以，A+页面的溢价是每个卖家应该好好思考的问题，如何做一个有信任有温情的店铺，提高转化率。A+页面优化的方法主要从以下两个方向考虑：

（1）选填属性。因为平台处于不断发展完善的过程中，保留了自定义属性部分，对于一些平台上未设定的属性，卖家可根据实际情况编辑。如果产品的卖点不能通过必填属性来体现，可以通过自定义属性来帮助体现。如果是可填可不填的属性，建议不填，以免买家搜索时难以匹配，反而丧失流量。

（2）优化详情页。主要包括4个要点。

①图片上杜绝中文，以免影响买家读取信息，降低客户的购物体验。

②不要过分修图。尽管视觉效果绝佳的图片能带来更多的点击和购买，但是过分修饰图片，会直接导致客户产生较高的期望值。待客户收到实物时，更容易引起失望情绪，轻则给予卖家恶评，重则投诉卖家，要求退换货等。

③多角度、全方位展现。电商平台只能通过视觉来判断产品，买家的触觉体验是没有的。因此，多角度、全方位展现产品让买家更多地了解产品，等于给买家吃了一颗定心丸。

④参数详细、包装得当。产品的参数越详细，越能体现卖家对产品的熟悉程度，买家会自然地觉得卖家"很专业"，可以信赖。包装方式既体现卖家的经营实力，也说明了对物流的熟悉程度，打包好的产品呈现在买家面前，买家会有"已经拿到实物"的感觉，刺激买家购买。

下面这款Bose Headphones的A+页面是很好的典例（如图11-9~图11-11所示）。

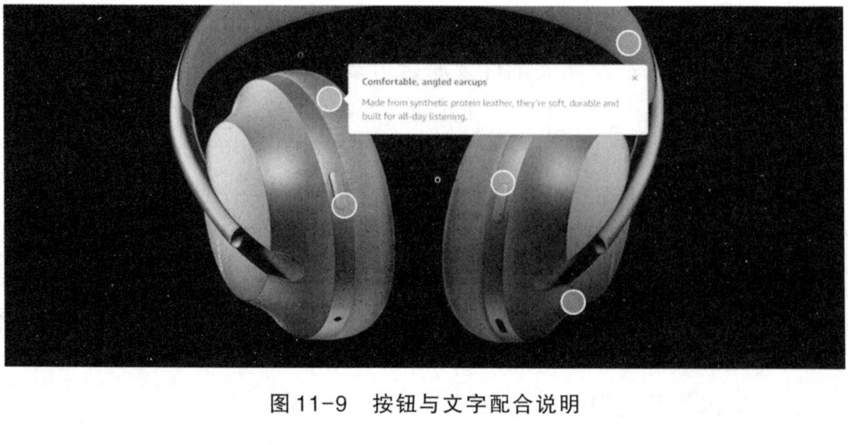

图11-9　按钮与文字配合说明

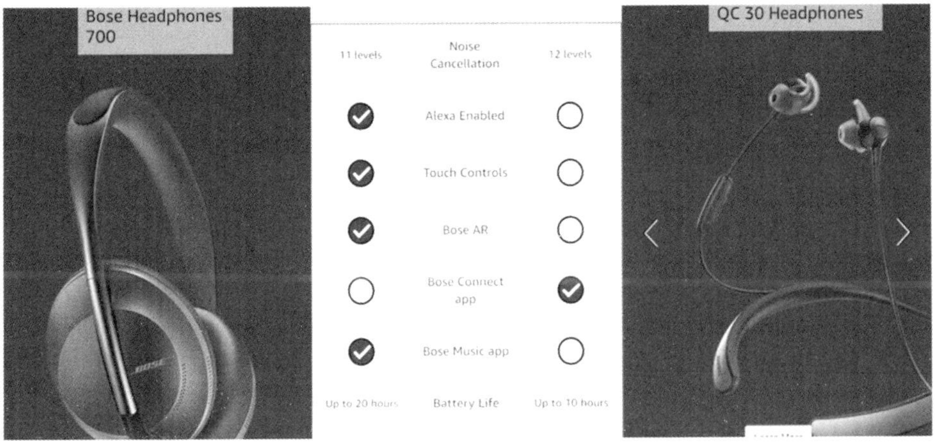

图 11-10　不同产品的对比明细

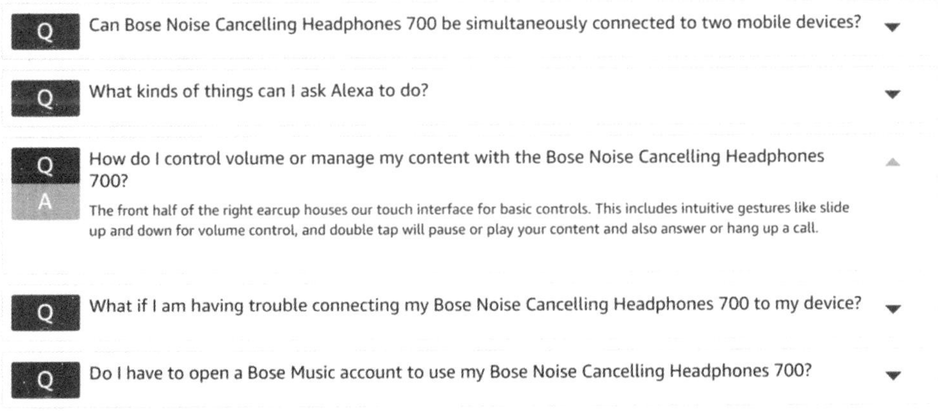

图 11-11　Q&A 的独特设计

11.4.4　描述优化

产品描述是卖家最有可能发挥主观表达意愿的部分，建议卖家在撰写产品描述时，考虑以下几个方面：品牌情怀故事、产品信息参数、产品关键词、产品独特性、品质保证和包装信息，然后把这些内容结合起来，以小段落的方式呈现，就会形成一个不错的产品描述，既利于系统抓取，又利于提高订单转化率。

1）通过引人注目的商品详情描述，让顾客留下印象

在商品详情描述中，可以把浏览者吸引过来，并使其完成购买。刊登全面信息可能需要花一些时间，但是这非常重要的，因为高质量的商品信息是提高你在跨境电商平台上的可发现性以及整体吸引力的基础。一个良好的商品详情描述应在目标受众头脑中创建一个生动的产品印象，从而满足你的目标受众的需求。使用感性的词语，让你的买家与你的产品建立联系，如"有机"或"天鹅绒般柔软"。在商品详情描述中，你可以添加额外信息以及更精细的详情，如货运、尺码、重量等。

另外还应指出该商品是否有配件、商品的包装方式等。切记，一定要写下购买你的产品的好处，而不是解释其功能——告诉顾客为何他们会希望购买你的产品。在商品详情描述中使用关键词两到三次，但是不要过度使用。

2）使用副标题和要点

不要写一个冗长的段落，利用副标题断开内容，使其更容易迅速扫描。要点是呈现功能特性的好办法。数据显示，有效的要点可提高销量。可以遵循以下要点最佳做法：

（1）重点介绍产品最突出的五个功能特性；

（2）保持产品和描述的一致性；

（3）强调来自标题和商品详情描述的重要信息，加入重要特性（如尺码）；

（4）写成片段方式，不要在结尾处使用标点符号；

（5）不要把价格放在要点或推介中。

11.4.5 价格优化

1）产品自身优化

跨境电商平台的算法是通过追踪市场动态的变化，来对产品整体表现进行排名和推送的布置，卖家无法确切掌握算法到底是怎么运作的，只能在平常的运营当中将自己的产品进行优化，并努力契合提升排名，为自己销售创造更多的利润。产品自身优化主要包括两个方面：

（1）多个 SKU 产品，将出单数最少的产品价格设置低一些，刺激买家浏览购买。如果买家按照价格由低到高搜索，较容易看到该产品，提高产品曝光率。

（2）合理设置批发价格，为刺激买家购买，一定数量及以上产品（重量在物流规定范围内）使用批发价，在单件原价基础上给予一定的折扣，实际是将一部分国际物流费用优惠的部分让利给客户。

（3）遵循成本定价原则，根据成本、预期利润率定价。据此计算时，需要区别折扣价与非折扣价。商品价格区分为上架价格、折扣价格与成交价格。上架价格是指产品在上传时所填的价格；折扣价格亦称销售价格，是指产品在店铺折扣下现实的价格；成交价格指用户最终下单所支付的价格。

存在折扣时，上架价格高于销售价格，计算公式如下：

上架价格＝［（采购价/成本＋费用＋利润）/银行外汇买入价］／（1－折扣）

不存在折扣时，上架价格等于销售价格，计算公式如下：

上架价格＝销售价格＝（采购价/成本＋费用＋利润）/银行外汇买入价

卖家会发现自己的产品在旺季可能会价格波动比较大，这是因为旺季有大量的产品都在进行优化提升，而市场的风向也会实时变动，卖家的产品在竞争当中也会受到自身利润估算、库存成本、产品品牌知名度等要素的影响，并作用于卖家的产品销售出单上。如旺季暂时告一段落，卖家就可以继续总结经验并做出进一步的优化。

2) 参考竞品价格

该方法要求卖家遵循"竞争定价法"进行价格优化。所谓竞争定价法，即根据目标市场中目标平台相同或相似产品价格确定产品定价。例如，某产品在某跨境电商平台的均价在3～8美元，则我们的产品也要尽量控制在此区间内。卖家在进行产品定价的时候，市场分析可以模拟出一个大概的区间，通过查看其他同类产品卖家的销售数据，卖家就能够找到市场的需求缺口，挖掘出客户的消费潜力，从而提升自己产品的销售行情。利用易得客分析市场上产品上架的时间（如图11-12所示），可以估计销售的淡旺季，由此进行价格的季节调整。

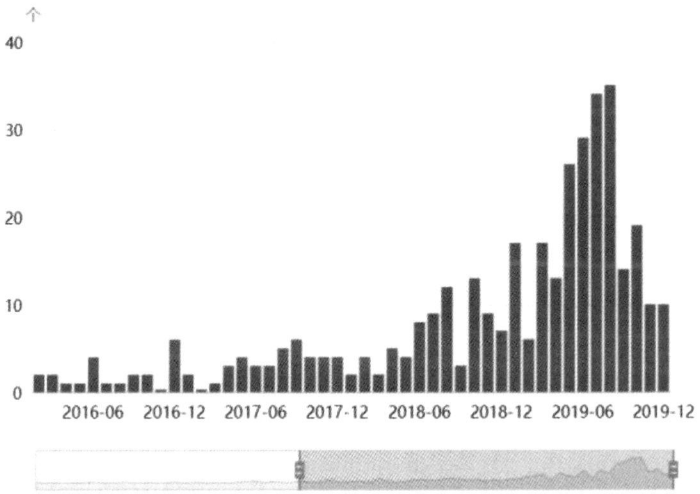

图11-12　上架时间的分布

再根据Best seller产品的价格区间，定位产品所处的价格区间，结合其他卖家的销售量和竞争对手数量，最终优化产品的价格，如图11-13所示。

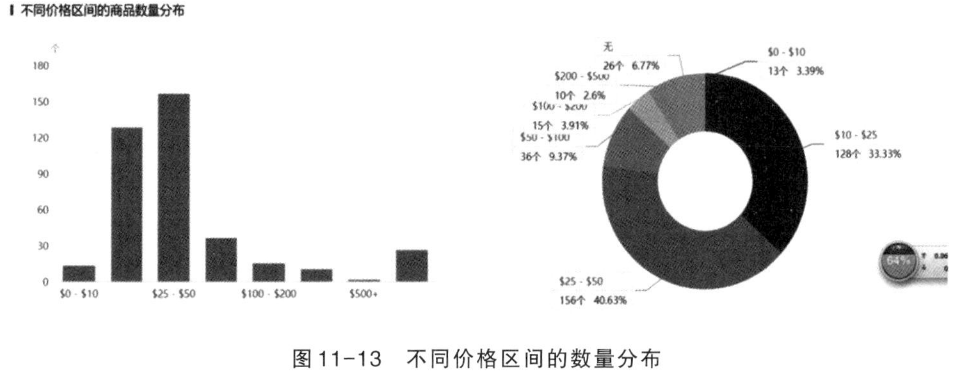

图11-13　不同价格区间的数量分布

3) 巧用价格临界点

买家在购物时，心里会有预算，会以数字0或5作为价格的临界点，如果产品价格设为$10，不如设为$9.99，会让买家觉得没有超过预算，下单会更加干脆。这是目前许多商家进行定价时常采用的策略。

11.5　上架第四周的运营

11.5.1　继续营销推广

商品推广又被卖家们称为"关键词广告"，是一种利用关键词匹配用户搜索，在跨境电商平台上精准定向展示商品的广告形式，按实际点击次数收取费用。因为靠近消费者购买的决策终端，它更容易增加销售机会。其主要包括平台头条搜索广告、平台品牌旗舰店以及秒杀等其他营销推广方式。详细内容参考本书第8章内容。

11.5.2　关注账户绩效

卖家指标状况一览旨在为卖家提供在客户满意度方面的表现的摘要信息。它会显示卖家在订单缺陷率、取消率和迟发率方面是否达到了平台的绩效期望值，在各个领域的绩效将被总结为"好"、"一般"或"差"。

卖家指标分为自行配送和平台官方配送两种不同的算法，两者之间的绩效指标互不影响。如果自发货绩效指标太差的话，卖家可能会被关闭自发货权限，但是这对平台官方物流发货不影响。

以下将以亚马逊和 eBay 的绩效考核指标为例进行说明。具体指标说明如下：

1）亚马逊

（1）订单缺陷率。

此项指标是指收到负面反馈、亚马逊商城交易保障索赔或服务信用卡拒付的订单占所有订单总数的百分比。

负面反馈，即 negative feedback，后台更新时间为30天、90天、365天。亚马逊商城交易保障索赔，是指未收到购买的商品，或收到的商品与卖家描述存在重大差异，或卖家未能根据亚马逊的商品退换货政策处理退货申请，或者买家按照买卖双方之间的协议退还了商品，但卖家收到商品后未按照协议规定办理退款。服务信用卡拒付是指买家对某笔向其银行信用卡扣款的订单提出异议，亚马逊将此情况称作信用卡拒付请求。欺诈拒付意味着买家声称他们根本未购买商品，这通常与欺诈性买家使用盗窃的信用卡相关。服务信用卡拒付率等于相关时间段内收到服务信用卡拒付的订单数除以该时间段内的订单总数。此指标与订单相关，并且以百分比的形式表示。它是订单缺陷率指标的三大组成要素之一。

（2）配送前取消率。

此项指标是指在相关时间段内，用卖家在确认发货前取消的卖家自行配送订单数除以该时间段内的卖家自行配送订单总数得出的数值。计算此指标时，亚马逊会考虑卖家因任何原因而取消的所有订单。

取消率=已取消订单数/订单总数

（3）迟发率。

此项指标是指在相关时间段内，用未在预计发货日期之前确认发货的卖家自行配送订单数除以该时间段内的卖家自行配送订单总数得出的数值。订单延迟确认发货可能会导致买家联系次数增加，并对买家体验产生负面影响。

（4）有效追踪率。

计算有效追踪率时，亚马逊首先会计算发货时提供了有效追踪编码的包裹数量，然后除以发货并确认的包裹总数。仅当追踪编码具有至少一次承运人扫描记录时，才被视为有效。亚马逊要求卖家自行配送的95%的包裹提供有效追踪编码。

（5）准时送达率。

准时送达率显示买家在预计送达时间之前收到卖家配送包裹的百分比。基于已确认的追踪信息计算此数值。

（6）退货不满意率。

退货不满意率用于衡量买家对其退货处理方式的满意度。其指未在48小时内获得答复、被错误拒绝或是收到买家负面反馈的有效退货请求所占的百分比。

（7）客户服务不满意率。

该指标用于衡量客户对于卖家提供的买家消息回复的满意度。在卖家通过买家与卖家消息服务回复买家时，亚马逊会在卖家回复的下方提供面向买家的调查："这是否解决了您的问题？"买家可以选择"是"或"否"，客户服务不满意率即回复为"否"的票数占回复总数的百分比值。

2）eBay

（1）交易缺陷率（Transaction defect rate）。

交易缺陷率是eBay卖家评级的一项重要指标，指的是卖家无法在接受订单后履行订单的数量。它通常是由缺少库存或者是卖家拒绝发货造成的。

为了避免交易缺陷，卖家一定要定时查看商品库存，以确保商品的库存一直处于"可用"状态。还可以利用eBay的补货建议，进入"Seller Hub"点击"Research"标签查看库存较低的页面。

（2）是否正确解决消费者的问题（Cases closed without seller resolution）。

该项指标包括三项考核内容：

第一，是否确保商品信息准确且详细，在页面中添加商品图片，使消费者可以更好地了解商品。

第二，是否在页面中设置详细清晰的退货以及支付政策。

第三，是否与消费者及时进行沟通，尽力解决问题。

（3）延迟交货率（Late delivery rate）。

与亚马逊的迟发率类似，延迟交货率过高，平台会降低卖家评级，使卖家的账户受限。因此当卖家收到订单后，一定要及时发送货物，如果遇到特殊情况导致商品运输延迟，也要提前告知消费者并进行沟通交流，采取有力的措施，降低延迟交货率，提升卖家绩效评分。

11.5.3 第四周每日工作

第四周的工作目标是在第一、二、三周工作的基础上进行客户的日常维护。具体操作分别参考以下内容：

（1）制定销售目标，关注产品排位，根据销售目标的完成情况和产品的实时排位情况确定下一阶段是否需要采取促销手段。

（2）销量稳固：可以通过进行秒杀（秒杀要连续多做几次，连续3~4次左右）、参与折扣活动等方式增加销量提升排名。

（3）文案优化：包括商品评论和Q&A问答的整理，出单好的商品视情况微调，不好的商品则需要大调，但频率不要过高。

（4）优化广告：主要目的是排除无效流量，可以通过开启手动广告，精准投放等方式进行优化，转化率控制在20%~30%左右即可。

● **思政课堂**

追觅科技助力中国智造走向世界

自2021年开始，跨境电商行业的热门词汇当属"DTC品牌电商"。例如Shein、Anker、华为、小米、大疆、追觅Dreame、小狗电器等都是成功的出海企业。

追觅科技（Dreame）是领先的清洁类国货品牌，目前该品牌在海外市场的销售额占比达70%左右，产品销售到美国、法国、波兰、德国、俄罗斯、西班牙、意大利、荷兰、韩国等多个小语种市场，并且在众多国家都取得了非常好的成绩。2020年全球遭遇疫情冲击，追觅科技在海外市场仍逆势增长，其中，追觅科技旗下无线吸尘器T20、V11、V10均成为速卖通畅销款，销售额比2019年增长390%。旗下追觅无线吸尘器登顶速卖通法国市场销量冠军，并深受欧洲市场消费者青睐。

追觅科技品牌创立于2017年，总部位于苏州，是一家有极客基因的创新科技公司，也是全球技术领先的智能家电制造商。为防止被国外技术"卡脖子"，追觅科技坚持自主研发，攻克技术壁垒，在高速马达、流体力学、机器人控制及SLAM即时定位与地图构建等方面拥有一系列新发明技术并处于全球领先地位，质量可以媲美国际大牌又具有价格优势。追觅科技聚焦智能家电行业，公司现有无线吸尘器、扫地机器人、高速吹风机、洗地机四大品类，并持续在个护、生活等领域拓新。追觅科技的核心产品之一无线吸尘器V16，搭载了追觅SPACE 6.0高速无刷马达，转速可达惊人的16万转/分钟，吸入功率可达200AW。而搭载15万转速电机的追觅V12也因此一度被誉为一款具有革命意义的产品，它同时突破了空气动力学、材料学、精密制造3大领域技术——在空气动力学上，其仅靠空气动力即可实现高达99.6%的超高气尘分离效率，包括隐藏灰尘、微尘等的过敏原也可强力吸附；在材料学上，追觅V12的马达一体削切成型，强度更高，且体积和重量同时进行了缩减，即使是手臂力量较弱的女生，单手持握也可以轻松掌控；在精密制造上，追觅V12精密度也能低至0.0005克。

追觅科技作为新一代中国品牌，正是新时代中国品牌出海大趋势下的一个缩影，只有具备硬核实力才能成功撬开国际市场。时至今日，"中国制造"的含义正在发生深刻变化，而"中国智造"才是中国企业进一步突破的方向。这对于中国企业在设计创新、产品体验、智能制造，客户服务等全方位升级都有着更高的要求。以品质制造驱动增长，助力经济高质量发展，追觅科技正在为"中国智造"贡献自己的一份力量。

● 本章小结

1.商品在跨境电商平台上架前需要对上架时间和相关竞品进行数据调研，同时对目标市场的宏观和微观环境进行分析。在一系列分析调研后，卖家开始着手准备订货，此后需要确定商品价格、文案、详情页图片和关键词。

2.商品上架第一周，卖家应根据平台的入驻流程完成品牌注册，并上传商品，完成商品详情页的规划。值得一提的是，亚马逊平台的卖家应尽可能获得黄金购物车，通过开启点击付费广告、申请秒杀、A+页面制作等方式顺利获取黄金购物车资格。

3.商品上架第二周，卖家会收到首个订单。为了使订单顺利完成，卖家应提前安排好物流，并在平台规定的订单完成期限内与买家完成交易，切记确认订单发货，并留意平台发送的警告信息。同时，卖家在该阶段应保持自身的订单不断，可以适当通过发送优惠券、举行抽奖活动等方式吸引消费者。

4.商品上架第三周，卖家应在前两周的基础上对店铺进行优化。可以从标题搜索、图片、描述和价格四个方面进行优化。标题搜索优化应牢记标题公式，借助翻译软件进行精准描述，并借鉴同行和其他跨境电商平台的文案和趋势词来辅助优化；图片优化应根据各个跨境电商平台的要求进行相应的优化，所有平台通用的主副图优化应注重主图、功能图、特写图、细节图、尺寸图、场景图等的选择，描述优化首先注意以引人注目的文字对商品进行细致描述，并善用副标题和要点，来使消费者对商品功能有更直观的认识；价格优化在基于成本价格计算上架价格的基础上，应参考产品自身价格和竞品价格两个方面来对上架价格进行优化，还应巧用消费者心理，制定价格临界点。

5.商品上架第四周，卖家应将运营重点转向营销推广和绩效提高上。卖家应充分掌握各平台的用户评论机制，并了解平台的卖家绩效考核指标，来提升自身营业绩效。除此之外，卖家每日还需制定销售目标，继续投放广告和优化自身文案，来巩固店铺的销售额。

● 复习思考题

1.卖家在注册跨境电商平台品牌时需要注意哪些内容？

2.卖家在上架第二周需要做哪些准备工作？

3.分析卖家在进行描述优化时，需要考虑哪些因素？

4.某产品采购成本是5元，国内运费是8元，跨境物流运费是12元，假定利润率为20%（按采购成本计算），外汇买入价为6.3元，预计活动折扣是30%，请计算上架价格（忽略跨境平台佣金等成本）。

5.简述三个跨境电商平台的卖家绩效考核指标。

● 小组实训

请根据之前课程中你调研选择的目标市场和目标产品，利用1688调研采购成本，确定采购商，并调研当前邮政小包或E邮宝的邮递价格，调研速卖通平台目标产品类目的佣金比率情况，利润率为20%（根据采购价计算），折扣为30%，即享受7折优惠，根据成本定价法确定你所选择的产品的上架价格。

步骤一：根据1688跨境专供频道，产品开发工具——同款工具和低价工具，确定采购商，确定采购价格、产品重量等信息。

步骤二：产品采取邮政包邮，调研邮政小包、大包或E邮宝邮递规则与价格，确定产品邮递到目标国的物流费用。

步骤三：调研当前外汇买入价、调研速卖通平台你所售商品品类的佣金标准。

步骤四：根据成本计算法，计算产品上架价格。

● 本章数字化资源

即学即测11

课外延伸11：借力电商 精准定制 传统制造业出口稳步增长

知识点讲解11-1：产品优化思路

知识点讲解11-2：商业报告简介

第12章 /提高业绩的策略

───────── 学习目标 ─────────

了解选品策略应考虑的因素；掌握基于4P营销的入驻策略；学会应用平台用户
机制制定产品策略，并运用本章知识提高平台店铺运营业绩。

12.1 科学选品的产品策略

当卖家想在跨境电商平台上进行某一产品销售时，产品如何选择往往考验着卖家对全球市场的把握以及对出口目标市场的分析、对产品特性的了解程度。各平台特点等等，都决定着卖家如何选品，选择什么样的产品进入目标市场，以达到保证销量，创造盈利的目的。其实，我们可以从市场需求分析、供给分析、产品特征分析、平台分析四个方面来看。下面以宠物用品为例，从市面、供给、产品和平台角度进行分析介绍。

12.1.1 市场需求分析

当前多国宠物市场迎来爆发式增长，"宠物经济"不断升温。根据市场调查机构预测，全球宠物用品市场的增长正在逐步提速。有赞（AllValue）北美营销团队发布的《2022宠物用品出海行业报告》显示，2021年全球宠物市场规模达2 320亿美元，预测2027年将达到3 500亿美元。特别是2019年以来，新冠肺炎疫情暴发、结婚率持续下降等因素，导致人们居家独处时间变长，越来越多的人通过宠物陪伴来慰藉自己，宠物市场规模迅速扩大，资本大量涌入，新成立"宠物"相关企业数量急剧增加。从主食到零食，从美容到医疗，甚至保险、殡葬，产品种类也在逐渐丰富，宠物用品行业正式迎来"黄金时代"。

Common Thread报告显示，美国是当今全球第一大宠物消费市场，2021年市场规模达990亿美元，同比增长2.3%，占全球市场份额的42.67%。其中，宠物食品和宠物用品是行业内的两大消费巨头，分别占市场份额的36%和23%。此外，欧洲的宠物用品市场也进入了成熟发展时期。报告显示，2020年欧洲宠物产业市场规模为430亿欧元，同比增长5.7%；其中宠物食品市场约218亿欧元，宠物用品及服务市场的212亿欧元。虽然北美和西欧的宠物市场已经成熟，但相对于全球的增长，它们依旧为消费者购买量的上升提供了可能。

跨境电商市场规模的扩大，也为宠物用品行业的发展助力。据调查，宠物电商规模在近两年以15%-20%的速度增长。宠物用品商城及宠物用品批发相关的网站也越来越多，越做越大，不少跨境电商平台的宠物用品卖家已经开始根据宠物的大小类型提供定制化服务，如亚马逊的宠物用品大牌BarkBox，用户在注册BarkBox时，需要先填写狗狗的资料，BarkBox会根据狗狗的种类、大小等不同，每月定制化配送一个"BarkBox"盒子（如图12-1所示），类似宠物盲盒。盒子内包括狗粮、玩具、磨牙棒或是一些养护册子，同一只狗狗每个月也会收到不同的东西。

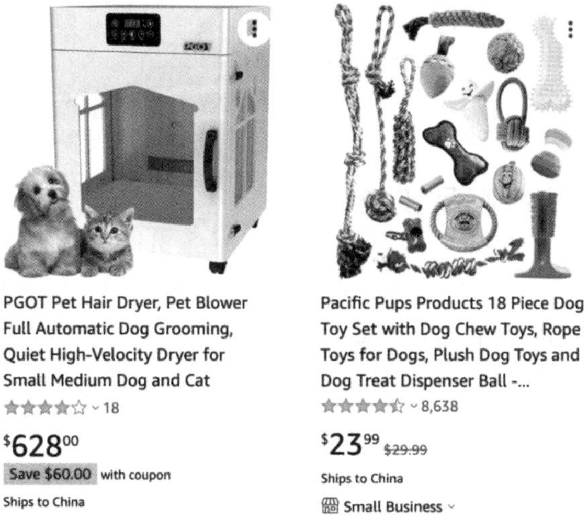

PGOT Pet Hair Dryer, Pet Blower Full Automatic Dog Grooming, Quiet High-Velocity Dryer for Small Medium Dog and Cat

★★★☆ ˅ 18

$628⁰⁰

Save $60.00 with coupon

Ships to China

Pacific Pups Products 18 Piece Dog Toy Set with Dog Chew Toys, Rope Toys for Dogs, Plush Dog Toys and Dog Treat Dispenser Ball -...

★★★★½ ˅ 8,638

$23⁹⁹ $29.99

Ships to China

▦ Small Business ˅

图 12-1 宠物用品网页图

12.1.2 供给分析

近年来，随着我国人均收入的增加，以及独生子女、丁克家庭、单身家庭、独居老人的逐年增多，宠物市场正迅速崛起。在宠物行业的需求端、供给端以及资本的共同推动下，中国宠物经济产业规模增长迅速。2022年中国宠物经济产业规模达4 936亿元，同比增长25.2%，预计2025年市场规模将达8 114亿元。

当今，全球宠物用品市场竞争格局较为分散，以国际品牌为主，市场供给尚未形成一家独大的格局。据统计，2022年，中国宠物用品行业进出口总额达近200亿元，出口产品主要以宠物饲料为主，从出口国别来看，我国宠物商品出口市场较为分散。美国是我国宠物食品最主要的出口国，2019年我国出口美国宠物相关商品26.05亿美元，占总出口额的16.93%；此外，荷兰、越南、德国和日本等，也在我国出口市场上占有一席之地。其他国家出口份额占比在5%以下。

12.1.3 产品特征分析

对于一款产品是否适合网上销售，我们能够做出一定的判断，但对于卖家应该选择哪一件商品销售才能获得利润，我们无法明确。因此，在这里我们总结了网上畅销的产品特征：

对于宠物用品而言，大部分宠物用品体积小、重量轻，因此其在尺寸和重量方面都具有优势，在物流运输方面，可以降低运输成本。部分宠物用品对包装的要求较高，在运输途中易磕碰受损。但是，相较于一些机械或电子类产品，宠物用品提供的售后服务相对简单，对卖家专业方面的知识要求并不高，卖家只需注重部分用品的包装问题即可。此外，就算偶尔产品出现瑕疵或者国外消费者不满意商品而要求退/换货，考虑到物流运输的费用，相较于产品价值本身而言，卖家有可能选择放弃已卖产品而给买家重新发货，同时买家也有可能放弃退/换货而直接重新购买新品。但实际情况或是最好的处理方法就是卖家主动承担，这样有利于提升卖家信誉和服务口碑，以获得国外市场的长期发展。由于宠物用品市场商品种类繁多，卖家会根据市场需求定期研制新产品，这也会带来消费者新一波消费。如果卖家能够建立自己的品牌，培养出忠实的消费群体，这对未来产品的定价以及销售量的保证将具有十分重要的作用。

12.1.4 平台分析

当前，亚马逊是全球最大的宠物用品零售跨境电商平台，因此，以下我们将以亚马逊为例进行分析。

在中国亚马逊和美国亚马逊输入宠物用品搜索，可以得到两组不同的数字（如图12-2所示）：在中国亚马逊，与宠物用品有关的商品信息有 40 000 多条，而在美国亚马逊上搜索 Pets Supplies 则出现了 90 000 条以上与宠物用品有关的商品信息。美国相对于中国来说，宠物用品的需求较大，同时要求种类也更多。

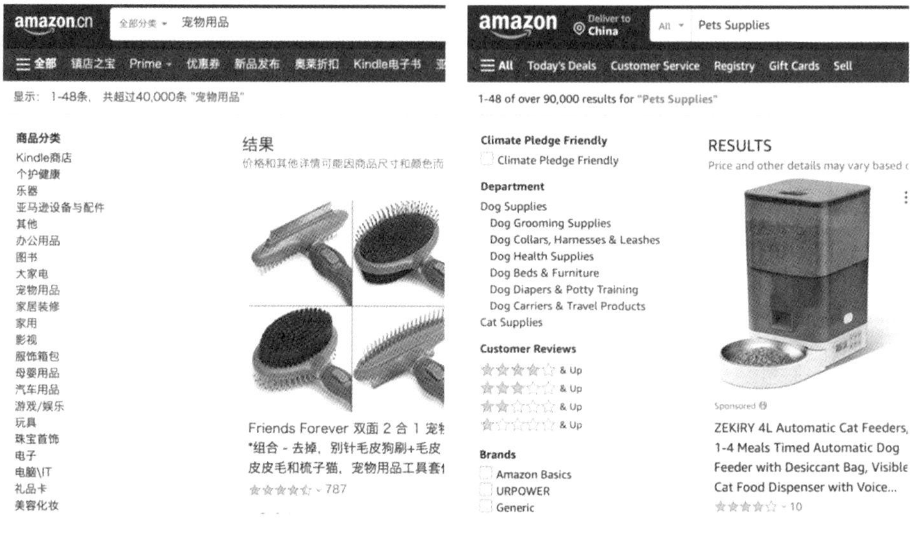

图 12-2 中美亚马逊网页搜索结果对比

12.2 基于4P营销的入驻策略

考虑海外开店的平台与商品时，需注意的因素与国内开店基本类同。但是，海外开店还有一些其他需要注意的地方。评估入驻策略的方法之一，是使用"4P"营销框架：商品（Product）、价格（Price）、渠道（Placement）和促销（Promotions）。让我们以亚马逊全球开店为视角，详细解读每个要素。

12.2.1 商品：选择全球开店的商品

当卖家首次在跨境电商平台开店时，自然而然会想到国内最畅销的商品。从以前的销售经验和销量报告数据看来，销量最大的商品是什么？另外，思考这些商品畅销的原因也很重要。进入新的平台之后这些原因还能站得住脚吗？是否有其他根本因素驱动新平台的买家需求，比如文化、气候和人口特征（如平均年龄和收入）？还可以思考如何从平台之间的差异受益。例如，是否在某个国家拥有季节性的库存，且过了热销季就不知道该如何处理？在这种情况下，卖家可以将商品销往其他市场，寻找新客源以延长商品热销时间。

提示1：增加选品数量，不要盯住一两件商品深挖。这是因为，总体而言，选择越宽泛意味着商品被买家搜到的概率越高，有助于卖家快速判断能够在特定平台热销的商品。即使还没有准备好投入大量库存到其他跨境电商平台，卖家也可以在维持商品选择宽泛度的同时慢慢发展业务。当销量大幅度上升时，卖家可以调整价格或及时更新库存以避免缺货风险，这与在国内的电商平台的做法一样。如果卖家的业务量较小，可以从自行配送起步，不用急着发库存到其他国家。请注意：在其他平台销售商品并不意味着对选品失去控制。

提示2：在选择商品时，还有一个关键的参考信息，即对平台本身的调查。卖家对此类平台调查应该非常熟悉，在经营自己的跨境电商主平台时可能已开展。为了实施调查，熟练掌握本地语言就显得极为重要。如果卖家并不熟悉当地语言，可以借助网上的免费翻译工具掌握一些简单的基本信息，但是需注意不要过度依赖此类工具。

提示3：在卖家的目标平台里，可以参考"热销榜"、"新品上架"和"知名品牌"对自己的商品进行分类。此外，阅读买家评论，了解产品的竞争优势和劣势。

提示4：在商品调查期间，将调查的范围扩展至主要经营的跨境电商平台以外的电子商务平台会使卖家受益良多。使用搜索引擎查找当地的电子商务网站。各国的商务报刊和网上卖家论坛也能提供丰富的资讯，可以作为卖家在当地做开店准备的信息渠道。

提示5：跨境电商平台的潜在买家可能来自不同的国家，部分买家可能居住在邻近的国家，他们选择在此购物的原因可能是语言习惯、独特选品，或者其他理由。

12.2.2　价格：考虑潜在成本

在跨境电商平台开店时，卖家需要考虑以下潜在的新成本。这些额外的成本可能会改变利润计算方式：

直接向海外买家配送订单的运输成本。

自行配送订单需承担的国际退货运输成本。

使用平台官方物流配送订单需要承担的头程物流成本。

使用当地语言提供上述服务或者雇佣第三方服务提供商管理客户语言支持的客户支持成本。

以本国货币收款的汇率成本。

使用其他语言创建商品信息花费的翻译成本。

12.2.3　渠道：优化分销渠道

除了通过线上平台发展全球业务之外，卖家还可以考虑通过其他线下渠道拓展全球业务。以下是亚马逊提供的有助于制定全球业务策略的其他服务：

1）多渠道配送

如果卖家已经使用平台官方物流配送订单，则可以使用亚马逊物流服务配送其他渠道产生的线上订单。使用亚马逊物流的多渠道配送，可以为自己网站、其他第三方平台甚至门店销售等亚马逊以外的销售渠道配送订单。

2）商品广告

亚马逊商品广告是一款广告服务，帮助卖家在亚马逊平台上推广其他渠道的商品。作为广告客户，卖家只需上传自己的商品信息，然后设置按点击竞价和预算。随后，当买家在亚马逊上浏览卖家的商品或相关商品时，就有机会看到广告。对商品产生兴趣的买家可以点击卖家的广告链接进入网站，然后直接从那里购买商品。

12.2.4　促销：让商品更有吸引力

可以在卖家平台使用跨境电商平台提供的工具进行商品广告和促销的设置。不同的跨境电商平台提供的工具不同，其中可能包含"免运费"、"满减"、"买赠"和"其他优惠"。

12.3　基于用户评论的产品策略

12.3.1　用户评论机制

了解跨境电商平台的用户评论机制是卖家利用用户评论制定产品策略的前提。

由于各个跨境电商平台的用户评论机制大同小异，以下将以最具代表性的亚马逊用户评论机制为例进行该部分的叙述。

亚马逊作为全球范围内电子商务行业的领先企业，已经建立了一套完备的在线评论机制。通过对用户评论内容各方面的保障、评论有用性的评价、鼓励用户评论的机制等几个方面，亚马逊建立了一个内容真实、丰富，用户积极响应的在线评论体系，从而极大地提高了其商品销量。

在评论内容方面，顾客的评论内容主要由星级评价和自由评论内容两个方面构成。顾客可以给商品设定一星至五星五种星级评价，一星代表最低评价，五星为最高评价；网站会针对每种商品计算其平均得分并展示星级分布，以便消费者对该商品进行整体把握。在自由评论内容中，消费者可以通过文字、图片等方式对商品进行描述和评价，评论的内容可以包括商品的各个方面，但需要符合亚马逊的评论规则。亚马逊从创立之初便确立了"即使有差评也比没有评论要好"的理念，因此网站不会删除消费者的差评，鼓励消费者做出真实的评论，同时利用各种方式打击虚假评论。通过一段时间的发展，内容真实、丰富的用户评论成为了亚马逊网站的一大优势，为其销量的提升做出了巨大贡献。

在用户做出评论后，亚马逊对评论内容的有用性进行了积极管理。消费者在浏览其他用户的评论时，可以为每一条评论标注该评论是否有用，网站会把被评为有用次数最多的好评、差评置顶，消费者也可以根据有用数从高至低查看所有评论。同时，消费者以及亚马逊官方都可以对每条评论进行回应，即评论其他评论，这种机制强化了消费者之间以及消费者与网站之间的互动性，提升了客户体验，并使网站形成了一种近似于网络社区的氛围。

在保障了用户评论的真实性以及对有效评论的积极管理基础上，亚马逊还利用了各种方式促进用户创建评论。例如，亚马逊在估计客户收到商品后，会发一封邮件鼓励客户发表评论。只要注册一个亚马逊账户，并进行过一次购物，消费者就能够发表评论，并且不限于自己购买过的商品。在亚马逊网站上购买过评论商品的买家，在其评论中会被标注"购买过该商品"，以便浏览者更好地审视该评论。亚马逊建立了鼓励积极评论者的计划，对获得"有用"标记最多的评论者进行排名，并授予相应的徽章，例如"千佳"评论者、"五百佳"评论者等，美国亚马逊公司还建立了"Amazon Vine"计划，定期奖励优质的评论者。

用户在线评论的重要性不言而喻，而在如何保证评论的真实性、如何有效利用这些评论、如何引导建立良好的评论氛围等方面，亚马逊做出了积极的探索，这些努力以及未来发展的方向，值得关注电子商务发展的人士的重视。

12.3.2 评论数据收集与语义分析

针对电商网站上的大量用户评论数据，想要手工处理是很困难的，采用自动化的处理技术势在必行，自动采集数据为其中的第一步。多数跨境电商平台的用户评论页格式比较固定，采用爬虫软件可以比较方便地采集所有数据，包括星级、评论者、评论时间、产品信息（型号、颜色等）、评论内容等数据。网络爬虫软件可以根据需求定制，也可以采用免费的软件，使用者可以根据需要自行决定。需要注意的是，一些跨境电商平台并不希望自己网站的数据被采集，因此在遇到来自同一地址频繁的访问时，有的平台会提示输入验证码，否则无法打开网页。该问题如何解决还需要采集者根据具体爬虫软件设置方案。

在数据收集完成后，针对评论内容部分，需要采取自然语言处理的方法对其进行语义分析。自然语言处理是计算机科学与技术领域与人工智能领域中的一个重要方向，它研究的是能实现人与计算机之间用自然语言进行有效通信的各种理论和方法。针对电子商务网站的用户评论，我们需要让计算机能够理解消费者评论中出现的评论对象、态度、需求等内容，并对其做出总结归纳，方便商家制定相应的策略。因此可将语义分析方法简化为特征辨识提取、特征极性判断、总结分析三步。特征辨识提取即找出消费者评论的对象，例如价格、尺寸、服务等，并将其作为可分析情感倾向的单位提取出来；特征极性判断即判断评论者对该特征的态度，一般分为积极、消极、中性三种；最后对所有的特征及其情感倾向进行总结。

12.3.3 产品策略的制定

在通过数据收集和语义分析两个步骤后，就需要对得出的结果进行针对性的分析（见表12-1），以指导卖家的实际商业活动。

表12-1   **产品策略制定分析**

特征	次数	正面评论	负面评论
产品	8 746	1 777	1 799
价格	2 678	524	517
服务	821	189	165
尺寸	676	183	158
时间	639	99	93
…	…	…	…

利用该表可以得出许多对产品策略制定有意义的信息，具体如下：首先，对出现的特征进行分类总结，例如Money、Price统一归为价格，Size、Weight统一归为便携性等。若出现的特征过多，可以出现次数最多的前若干个特征为准。其次，通过出现次数这一数据，我们可以得出消费者最关注的产品特征属于哪一方面，整个行业内哪些特征受关注程度最高等。还可以统计每一项特征的积极评论率该，项指

标可以透视出消费者对不同特征的整体态度。再进一步，通过对两项数据的综合，可以将每项特征归入表12-2。

表12-2   消费者的关注点以及态度

关注度高 积极评论率高	关注度低 积极评论率高
关注度高 积极评论率低	关注度低 积极评论率低

该表格可以清楚地展示消费者的关注点以及态度，企业未来的新品研发、产品改进的方向也一目了然。关注度高的特征需要重点关注，其中积极评论率也高的特征需要跟上行业水准，不落后于其他商家，积极评论率低的特征则是市场机会，应重点改进；而关注度低的特征则需要企业根据具体产品策略制订计划，是否需要改进该特征、如何改进等要根据具体经营情况制定出最有利的策略。

在简单的归纳总结的基础上，还可以利用复杂的数学模型对其进行定量的计量分析。举例来说，可以整理出行业内排名靠前产品的特征积极评论率，用不同特征的积极评论率、价格等信息作为解释变量，商品评论量作为被解释变量（由于部分跨境电商平台不提供商品的销量，并且我们可以认为销量和评论量之间呈正相关的关系，因此选择评论量作为被解释变量）做回归分析，从分析结果就可以定量地看出不同的数据对于评论量是否有影响以及影响的方向、程度高低等。

除去评论内容的分析外，根据收集数据中的星级、产品信息（型号、颜色等）、评论时间等信息也可以分析、总结出一定规律。例如，结合评论量和时间做出产品的评论量发展折线图，可以看出不同时间产生的评论量轨迹，指导企业对于产品生命周期的把握；结合产品颜色、型号和评论量发展折线图，可以看出不同颜色、型号的产品的发展趋势，指导企业产品研发及改进等。

12.3.4 提高页面浏览量

以亚马逊为例，在卖家后台登录后，通过报告（Report）下拉菜单的商务报告（Business Report）可以查看商品的曝光情况，如图12-3所示。

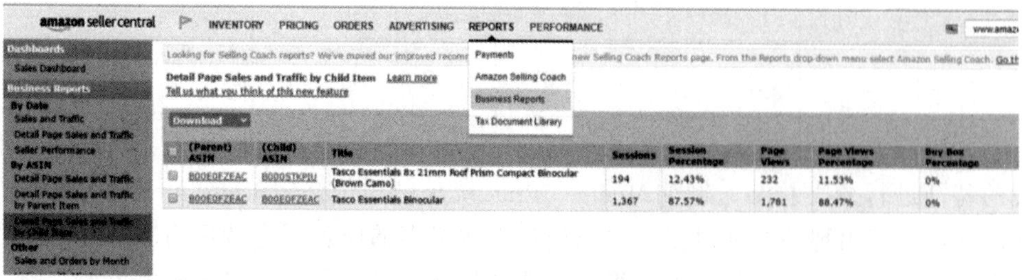

图12-3   亚马逊平台的商务报告

Session 是指 24 小时内有多少顾客浏览了某一页面。页面浏览次数 (Page Views) 是指一段时间内这个页面的点击次数，在右上角可以自行设置监督时间，这里我们选取的是 2016 年 3 月 16 日到 4 月 16 日的时间段，两个商品页面的浏览次数分别为 232 和 1781。

下面介绍几种提高产品页面浏览次数的方法：

(1) 优化关键词。

在产品标题中已经出现的词汇不必再添加到关键词中，因为产品标题中的词汇消费者可以搜索到。可以将近义词或是同义词作为搜索关键词。

(2) 获得正面商品评论。

商品评论得分直接显示在搜索页面，几乎没有买家愿意购买没有商品评论或是商品评论分数很低的商品。例如，我们搜索 "Pillow Case"，在搜索结果页面可以看到商品评价分数 (如图 12-4 所示)，第一个商品的评价数为 3，评分为 5 颗星。

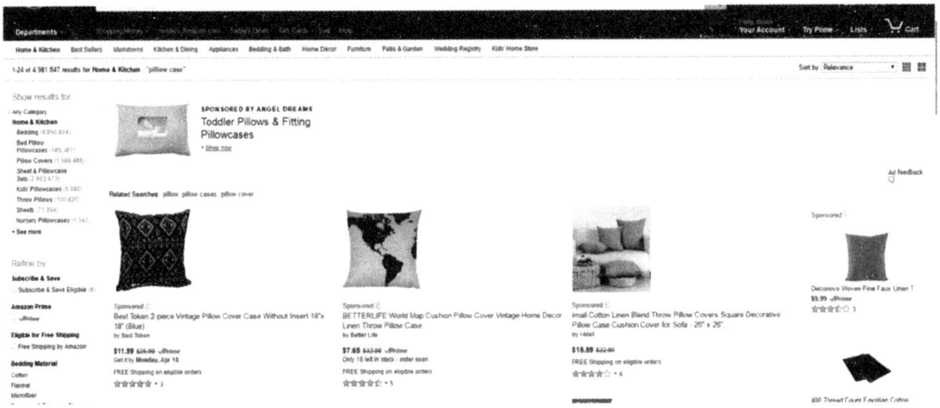

图 12-4　商品评论分数页面

如果卖家的商品评论数很少，可以主动联系买家获得商品评论。

第一，在卖家后台点击 Order-> Manage Order->Contact Buyer->Feedback Request，可以向买家发送邮件，征求买家的用户体验评价。

第二，可以在寄送产品的包裹里注明欢迎买家对商品进行评论，但不可以提供任何形式的金钱激励来要求顾客评论。

第三，寄出与所售商品完全一样的免费商品给用户，以获得客观评价。

(3) 借助商品推广 (Sponsored Product)。

商品推广基于关键词搜索的广告服务，亚马逊的这项服务为点击收费项目。如果消费者没有点击商品页面，卖家不需要付费。被推广的商品可以出现在关键词搜索页面的右侧、产品详情页面。

● **思政课堂**

完美日记的海外市场策略

随着中国经济的不断发展，中国逐渐成为全世界最大的新型化妆品市场，大批国产品牌也开始涌现。在营销策略迭代升级和制作工艺不断精进的双重作用下，中国彩妆行业诞生了一批佼佼者，完美日记便是其中的一员。

完美日记成立于2016年，在短短几年内便在国产美妆品牌中占据一席之地。在国内市场蓬勃发展的同时，完美日记放眼全球，搭建了品牌独立站，并与国内电商巨头开展跨境电商合作，尝试先打通东南亚等海外市场的线上渠道。下面将基于4P营销方法对完美日记的海外业务拓展历程进行分析。

一、以口红为进入海外市场的切入点，多产品线赢得市场欢迎

该品牌最初以在国内主打的"哑光雾面口红"作为进入海外市场的切入点，在进入市场后便开始面部底妆、眼妆、唇妆等多条产品线的推广。根据天猫海外数据，完美日记位居天猫国货美妆出海成交额的第二名。在多线并行的产品推广方式进行的同时，品牌将IP联名运用到炉火纯青。如与Discovery联名的"探险家十二色眼影系列"、与国家地理杂志联名的"国家地理九色眼影系列"等，都是吸引目标市场客户的重点。品牌十分受马来西亚、澳大利亚、韩国、越南消费者的欢迎，其明星产品动物眼影盘的海外销售量一天就超过上万单。

二、低价格，高品质，多重价格定位适应目标人群

物美价廉在完美日记进驻外国市场的过程中发挥了举足轻重的作用。完美日记虽善用联名，但其产品在保持精致包装和高品质的同时都保持在合适的价位。品牌遵循在国内的定价原则，经常利用合作的跨境电商平台及自建平台举行促销活动，如"第二支/盘半价""第二件9.9"等，以达到薄利多销的效果；同时，品牌的目标客户主要定位于青年群体，但随着客户市场的扩大，其产品定位也有所扩展。既有低价的"雾面磨砂唇釉"，也有常年不参加促销活动的"地理眼影系列"，为其适应复杂多样的国际消费者提供了有力的帮助。

三、借社交平台之力，玩转品牌营销

TikTok手握全球流量，几乎没有品牌不重视这一平台的传播力量，完美日记也不例外。目前，完美日记已在TikTok上建立了自己的账号，也有了一定数量的粉丝群体。品牌会经常发布短视频，向用户进行产品推介、护肤知识分享，通过这种形式，将其产品种草给更多消费者。同时，完美日记也积极与各大社交平台的红人进行合作，通过推荐种草、测评开箱、美妆教程等多种形式的内容来实现引流。据不完全统计，完美日记已经和海内外超过15 000名KOL达成合作。通过有效的红人营销，品牌不仅可以与买家建立真实联系，也可以提升目标受众对品牌的认可度。

四、积极参加电商平台促销活动，创新独具一格的"快闪店"

同国内的促销策略一致，完美日记不错过任何一个通过促销来提高自身业绩的

机会。除 Shopee 外，品牌在另一个东南亚平台 Lazada 上也开设了官方旗舰店，并利用大促节点，给出 30% 到 50% 的大力度折扣，刺激消费者下单。从线上销量来看，完美日记的战斗力也并不输国内半分。在 Shopee 的双 11 大促活动中，完美日记就获得马来西亚全站彩妆类目第一和跨境美妆品牌榜第一的成绩。并在 MEGA 购物节东南亚市场化妆品销量第二，以及越南市场超级品牌日美妆品类销售第一。

● 本章小结

1.卖家想要提高店铺业绩，首先应科学选品。在选品之前，应对所选行业的市场需求、供给、产品特征、所选平台进行全方位的分析。分析市场需求时，应放眼全球，根据各个机构提供的调研数据选择主攻市场；产品特征，应从产品的普遍材质入手，分析其对各种运输方式的适应性；所选平台则应事先确定平台是否存在多国版本，若存在，则应判断选品在目标市场所选版本中是否热销。

2.在入驻策略的选择上，卖家应善用营销工具进行策略制定。以 4P 营销工具为例，卖家应从商品、价格、渠道和促销四个方面进行考虑。选择商品时，应对所选的跨境电商平台有明确的认识，来调研自身产品在该平台是否畅销；制定价格时，卖家应充分考虑各类成本，判断成本对自身利润的影响；渠道方面，卖家应考虑配送和营销两方面的渠道问题，做到多渠道广撒网；制定促销策略时，卖家可以利用所选平台的促销工具，来帮助自己制定适合的促销策略。

3.卖家制定产品策略时，可以根据所选平台的用户评论机制进行制定。在了解平台的用户评论机制后，卖家应使用自动化的处理技术对平台用户评论进行收集，并分析其中的语义，最后从"特征、数量、积极、消极"四个方面判断消费者的关注点和态度，来对自身商品运营进行优化。在完成上述操作后，还应确认店铺的浏览量是否得到提高，在进行站内外引流的同时，通过提高店铺的正向评论数来促进商品推广。

● 复习思考题

1.从本章的案例分析中，作为卖家在进行目标产品选择时获得怎样的启示？

2.谈一谈海外开店应该考虑哪些因素？

3.基于 4P 营销策略，卖家应如何制定跨境电商平台的入驻策略？

4.基于亚马逊用户评论，怎样进行产品策略的制定？

5.以亚马逊平台为例，卖家应如何提高页面浏览量？

● 小组实训

请根据之前课程中调研选择的目标市场和目标产品，选定任意跨境电商平台的相关品牌卖家，利用 4P 营销方法分析其进驻策略，将其中的营销手段进行提炼，并以此为范例，制定自身进驻平台的进驻策略。

● 本章数字化资源

即学即测 12

课外延伸 12：开拓印度市场的悲与欢

知识点讲解 12-1：海外推广

知识点讲解 12-2：跨境费用组成介绍

第13章 / 跨境电商品牌建设

————学习目标————

　　了解品牌的概念和基本要素；掌握品牌建设的概念；了解品牌建设的四条主线和六个关键；了解品牌建设的作用。

　　在日益激烈的市场竞争中，产品同质性越来越强，缺乏品牌加持的企业往往只能打价格战，使得一些企业的产品即使质量很高，也只能低价出售，最终因获利微薄难以生存。此外，经常纠缠于价格战中会使企业研发投入减少，产品质量下降，长此以往易陷入低价惯性的轨道。而好的品牌建设可以帮助企业的产品在众多同质产品中脱颖而出，获得品牌溢价，还能提高消费者对品牌的忠诚度，形成稳定的消费人群。随着品牌的不断发展，产品的知名度也会进一步提升，帮助企业树立良好形象。因此，品牌建设是企业长久发展中不可忽略的一环。

13.1　品牌

13.1.1　品牌的含义

　　任何商品都有名称，即商品的品名，这是商品的通用名称。商品还应该具有商业名称，即品牌。美国市场营销协会给出的品牌定义为：一个名称、名词、标志符号，或者是它们的组合，其目的是识别某个销售者或某个群体销售者的产品或劳务，并使之同竞争对手的产品或劳务区别开来。

　　品牌将消费者与产品联系起来，起到中介的作用，是影响消费者进行选择的外在条件，是能够为企业带来溢价的无形资产。在面对更加追求品牌化的市场竞争中，企业若想脱颖而出，建立一个可识别的品牌是必不可少的。

13.1.2　品牌的基本要素

　　电子商务品牌的基本要素包括差异性、关联性和认知性。

　　差异性是电子商务品牌所需满足的第一个条件，是指要将企业所提供的产品和服务与其他同类企业区别开来。电子商务品牌的差异性最终表现为市场定位与其在用户心中的关键词的关联度，比如"全品类""全网最低价""优质高价""个性化网络产品"等。

关联性是指电子商务企业所提供的产品或服务的可用性程度，要求产品或服务与用户的生活息息相关，就是说用户能够在日常生活中与电子商务企业的品牌关联起来。

认知性是指被潜在用户认知的程度，当电子商务企业所提供的产品或服务被用户认为有价值时，就会产生购买行为。品牌的认知性通常在传统营销领域用知名度和指名度衡量，即不仅要有知名度，还要让用户指名消费。

13.2 品牌建设

如今，品牌已经成为产品或服务区别于其他同类产品或服务的主要标志，对于提供网络零售服务的B2C电子商务企业来说，在商品同质化日益严重的市场竞争中，要想取得长足发展，进行品牌建设是必由之路。从本质上来讲，电子商务品牌的根本就是电子商务企业对其所提供的产品或服务的一种承诺，而电子商务品牌建设的核心，就是保证产品和服务的质量。

13.2.1 品牌建设的基本概念

品牌建设（Brand Construction）是指品牌拥有者为提升企业产品知名度，对品牌进行设计、宣传、维护的思想和行为。其中，品牌的拥有者是指品牌建设的主要组织者。品牌建设是确认品牌价值的前提条件，关乎商品销售和服务体验。其关键在于清晰定位品牌价值取向，实现为顾客创造价值、为企业创造收益的目标。品牌建设有狭义和广义之分。狭义的品牌建设，仅指创建和运用产品品牌和服务品牌；而广义的品牌建设的内容则包括品牌资产建设、口碑管理、信息化建设、营销渠道建设、客户拓展、媒介管理、品牌影响力管理、市场活动管理等。

13.2.2 品牌建设的四条主线

为了实现在消费者心中建立鲜明、清晰的品牌联想的战略目标，品牌建设的职责与工作内容主要为：制定以品牌核心价值为中心的品牌识别系统，以品牌识别系统统帅和整合企业的一切价值活动（展现在消费者面前的是营销传播活动），同时优选高效的品牌化战略与品牌架构，不断促进品牌资产的增值并且最大限度地合理利用品牌资产。要高效创建强势大品牌，关键是围绕以下四条主线做好企业的品牌战略规划与管理工作：

（1）品牌识别。品牌识别是指从产品、企业、人、符号等层面定义出的能打动消费者并区别于竞争者的品牌联想。品牌识别将指导品牌创建及传播的整个过程，因此一个强势品牌必然有丰满、鲜明的品牌识别。品牌识别体系的建立过程包括：在品牌识别的指导下进行全面科学的品牌调研与诊断，充分研究市场环境、目标消费群与竞争者，为品牌战略决策提供翔实、准确的信息导向；在品牌调研与诊断的基础上，提炼高度差异化、清晰明确、易感知、有包容性和能触动、感染消费者内心世界的品牌核心价值；规划以核心价值为中心的品牌识别系统，使品牌识别与企业营销传播活动的对接具有可操作性。科学完整地规划品牌识别体系后，品牌核心价值就能有效落地，并与日常的营销传播活动（价值活动）有效对接，企业的营销传播活动就有了标准与方向。

（2）优选品牌。品牌战略规划很重要的一项工作是规划科学合理的品牌化战略与品牌架构。在单一产品的格局下，营销传播活动都是围绕提升同一个品牌的资产而进行的，而产品种类增加后，企业就面临着很多难题，究竟是进行品牌延伸从而让新产品沿用原有的品牌呢，还是为新产品创立一个新品牌？若新产品采用新品牌，那么原有品牌与新品牌之间的关系如何协调，企业总品牌与各产品品牌之间的关系又该如何协调？品牌化战略与品牌架构优选战略就是要解决这些问题。总体上看，品牌化战略有六种基本模式可供选择，分别是产品品牌战略、产品线品牌战略、分类品牌战略、伞状品牌战略、来源品牌战略以及担保品牌战略。一个公司往往使用多种品牌战略，从而使公司拥有的众多品牌处于一个复杂的结构之中。

（3）品牌延伸。品牌延伸是指在现有的品牌中加入新的产品类别，从而推出新产品的做法。品牌延伸策略是把现有的成功品牌应用于新产品或修正过的产品上的一种策略。一个品牌在市场上取得成功后，该品牌就具有了市场影响力。随着企业的发展，企业在推出新产品时，就会选择品牌延伸策略利用该品牌的市场影响力，这样不但可以省去新产品的市场导入等费用，还可以借助已有品牌的影响力，将人们对原有品牌的认识和评价扩展到品牌所要涵盖的新产品上。

品牌延伸从表面上看是扩展了原有的产品线或产品组合，实际上从品牌内涵的角度来看，它还扩展了品牌的情感诉求。如果新产品无助于品牌情感诉求内容的丰富，而是降低或减弱情感诉求，该品牌延伸策略就会产生危机。因此在使用品牌延伸策略时，不应只看到品牌的市场影响力对新产品上市的推动作用，还应该分析该新产品的市场与社会定位是否有助于原品牌的市场和社会地位的稳固。

（4）品牌资产。品牌资产是赋予产品或服务的附加价值，是与品牌、品牌名称和标志相联系，能够增加或减少企业所销售产品或服务的价值的一系列资产与负债。它主要包括7个方面：品牌忠诚度、品牌认知度、品牌知名度、品牌联想、品牌溢价能力、品牌盈利能力、其他专有资产（如商标、专利、渠道关系等），通过多种方式向消费者和企业提供价值。

在品牌资产金字塔中，最终能够为品牌主带来丰厚利润，获取更多市场份额的便是品牌忠诚度和品牌溢价能力这两大资产。品牌忠诚度和品牌的溢价能力属于结果性的品牌资产，是品牌知名度、认可度、品牌联想这三大品牌资产创建后的产物。因此，要结合企业实际，制定品牌建设所要达到的品牌资产目标，使企业的品牌创建工作有一个明确的方向，创造性地策划低成本提升品牌资产的营销传播策略。

13.2.3　品牌建设的六个关键点

1）品牌应该规划到企业战略中

我们经常会看到企业规划自己的战略决策，从3年规划到5年展望，从市场占有率到利润分析，甚至细致到对竞争对手的每一个举动的应对措施。这样的战略规划直接导致企业在前期的市场行为中忽略了企业的品牌效应。品牌并不是一个独立的部分，它与企业的利润、市场环境和内外资源密不可分。企业在做战略规划时，应该将企业的品牌塑造与企业宗旨有效地结合起来，具体来说，就是在做战略规划时，应该考虑企业达到什么阶段，应该让用户对品牌有什么样的认知，品牌的宣传范围应该有多广；当企业达到下一阶段时，又应该如何将品牌的树立与企业的发展相结合。

2）品牌建设不等于媒体运作

媒体运作在品牌建设中的重要性不可否认，但它却不是品牌建设的唯一工具，仅仅依靠媒体运作并不能真正创建一个品牌。媒体运作确实能提高品牌知名度和关注度，可以让消费者在短期内迅速认识并尝试品牌，但品牌建设不仅仅是这些，品牌美誉度、忠诚度、品牌文化与内涵、品牌精神与气质、品牌价值与品牌联想，都不是简单依靠媒体运作就能打造出来的。

3）企业员工要对品牌有充分的了解

我们常会见到这样的现象，一边是企业在大力宣传自己的品牌概念，另一边是企业员工无法清晰准确地描述企业的品牌概念究竟是什么。所以品牌建设的一个关键就是要让企业员工对自身品牌有充分的了解，从企业内部对自身品牌产生认同感，对品牌的理念、标志以及意义有深刻的认知和感受，从而在企业内部形成一种品牌文化，并让这种文化由内向外传播。

4）品牌建设需要一个过程

品牌不是短时间内就能累积起来的，品牌建设是一个循序渐进的过程。广告教父大卫·奥格威说："品牌是一种错综复杂的象征，它是品牌属性、名称、包装、价格、历史、声誉、广告方式的无形总和。品牌同时也因消费者对其使用的印象以及自身的经验而有所界定。"品牌建设要经由品牌定位、品牌架构、品牌推广、品牌识别、品牌延伸、品牌资产等多个过程，那种短时间内建立的所谓品牌，并不能完全意义地定义为品牌，只能说是一个符号，一个在一定时间、一定范围内被大众提起的符号。

5）诚信是品牌建设的基础

在品牌建设中，诚信尤其重要。诚信是品牌持久竞争力的无形资产，以诚信擦亮品牌，企业才能立得住，行得稳。在激烈的市场竞争中，决定竞争成败的不是知名度，而是美誉度、信誉度，诚信带来信誉，信誉累积升华为美誉，形成无形的资产效益。在品牌建设中，诚信作为重点之一，是促进企业生存、发展的基础，树立诚信作为品牌形象，可为企业带来无形资产，拓宽市场空间。因此，在品牌建设中，必须明确诚信建设的重要性。

6）多品牌战略的发展

在品牌建设中，企业首先要找到自身的优劣势，依据自身特点，发展多品牌战略，打造出自己的核心竞争力。品牌由企业创造而来，但最终要获得消费者的认可。消费者的口味在变，偏好在变，企业单纯地依靠一个品牌很难获得长期的发展。从宝洁公司到可口可乐，可以看到多品牌发展战略的重要性。作为企业，要充分了解消费者的心理需求，把握好他们的消费动机和购买需求，建立起多品牌的战略规划。

13.2.4 品牌建设的作用

（1）增强企业凝聚力。凝聚力的增强，不仅能使团队成员产生自豪感，增强员工对企业的认同感和归属感，使员工更加关注企业的发展，以主人翁的态度工作，产生同舟共济、荣辱与共的思想，还有利于提高员工素质，使员工为提升企业竞争力而奋斗。

（2）增强企业的吸引力与辐射力，有利于企业美誉度与知名度的提高。企业品牌的吸引力是一种向心力，辐射力是一种扩散力。好的品牌建设不仅可以优化投资环境，还能吸引人才，使资源得到有效的集聚和合理的配置。

（3）提高企业知名度并强化竞争力。企业的知名度和竞争力是企业发展的推动力量。企业的实力、活力、潜力以及可持续发展的能力，集中体现在竞争力上，而提高企业竞争力又同提高企业知名度密不可分。好的品牌将大大有利于企业知名度和竞争力的提高，这种提高不是来自人力、物力、财力的投入，而是靠"品牌"这种无形的文化力。

（4）推动企业发展和社会进步。品牌不仅停留在美化企业形象的层面上，它还是吸引投资、促进企业发展的巨大动力，品牌建设成功后，企业可以将自己像商品一样包装后拿到国内甚至国际市场上"推销"，推动企业发展进而促进社会的进步。

13.3 网络品牌建设成功案例

在跨境电商平台上，有这样一个品牌，在短短几年内迅速成长，该品牌的移动电源、充电器、蓝牙外设、数据线等智能数码周边产品遍及了美国、英国、日本等国，更重要的是，这个品牌给"中国制造"烙上了新的印记，让世界对"中国制造"有了新的认识，这就是Anker，一个经由跨境电商平台发展起来的中国制造的全球品牌，图13-1为Anker亚马逊网页图[1]。

---

[1] 本案例中的文字及图片资料部分来自亚马逊网站，并经作者整理得来。

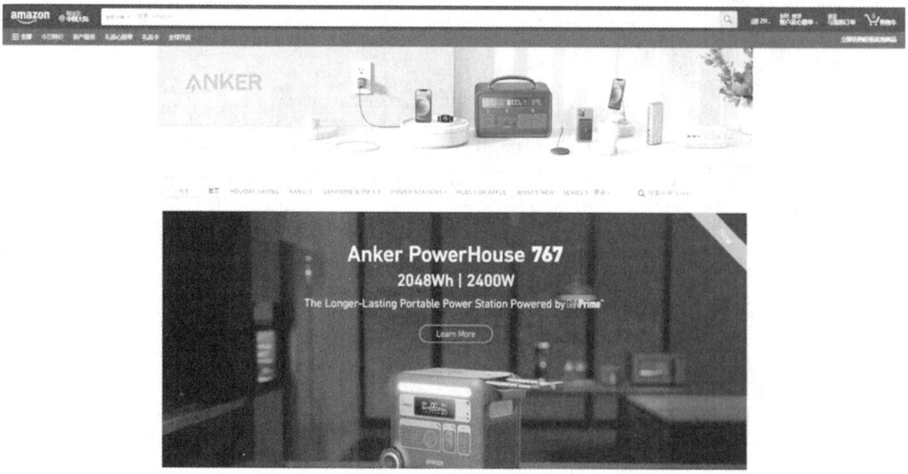

图 13-1　Anker 亚马逊网页图

13.3.1　Anker 的发展历程

Anker，一个典型的依靠跨境电商发展起来的中国品牌，更确切地说，Anker 应该是一个全球品牌。Anker 的创始人阳萌毕业于北京大学计算机系，后赴美留学，获得美国 UT-Austin 计算机硕士学位，毕业后加盟谷歌（Google），成为一名高级工程师，曾经一度获得 Google 的最高奖项 "Founder's Award"。然而，他却在 2011 年离开谷歌，放弃百万美元年薪回国创业，创立了湖南海翼电子商务股份有限公司（后改名为安克创新科技股份有限公司）。他将公司的选址放在了他的家乡——长沙，一个在当时毫无电商基础的中部城市。正是在这样一个城市，阳萌硬是将 Anker 发展成了一个全球知名品牌，并成立北京、深圳、美国、日本等分公司，形成 "1+4" 的国际化架构体系。

❋ 案例专栏　　　　　　　　Anker 的发展历程

2011 年 1 月，前 Google 工程师阳萌（Steven Yang）在美国加州注册了 Anker 品牌，并聚集多位来自 Google 的技术、市场、管理精英，开始在美国市场销售 Anker 智能数码周边产品；

2012 年 6 月，Anker 凭借其优质的产品和服务获得美国 Amazon "2012 年度假日销量冠军"；

2011—2013 年，Anker 先后进入英国、德国、法国、意大利、西班牙、加拿大、日本、澳大利亚、非洲、南美洲等市场开展业务；

2013 年 11 月，Anker 创立 PowerIQ 技术，允许充电产品智能识别、广泛兼容设备，并为设备提供安全范围内的闪电充电速度；

2014 年，Anker 蝉联 Amazon 移动电源销量冠军；

2014 年 11 月，Anker 入驻美国连锁超市 Staples，全面拓展线下销售市场；

2015年4月，Anker在法国与家居用品商家IKEA建立合作关系；

2015年，Anker正式进入中国市场，并分别在京东和天猫开设Anker官方旗舰店；

2015年5月，Anker与滴滴出行达成合作，车载充电器入驻部分城市高端系列专车；

2016年，入驻全球家用电器和电子产品零售集团百思买（Best Buy）和沃尔玛（Walmart）；

2017年，入围美国电商研究机构Internet Retailer评选的Internet Retailer"年度全球电商奖"，也是当年入围的唯一中国品牌；

2018年，为Switch游戏主机推出旗下首款Switch专用移动设备，得到任天堂的官方认证；

2019年，入选2019福布斯中国AIOT百强企业榜单并获评国际智能品牌；

2020年，所属公司安克创新科技股份有限公司在A股创业板上市，市值最高突破800亿元；

2020年，Anker在天猫、京东的第三方充电器品类份额榜单中排名第一；

2021年5月，在深圳召开中国首场发布会，正式高调发力中国市场；

2021年11月，Anker宣布，经过世界权威市场调查机构欧睿国际的数据显示，依据2020年的零售额，Anker成为全球第一的数码充电品牌；

2022年7月，Anker召开2022旗舰新品发布会，联合5家全球领先的芯片厂商，公布了4项最新的充电技术并发布7款年度旗舰新品。

Anker目前在全球拥有超过8 000万用户，产品已销往100多个国家和地区。Anker 2014年度营业收入为7.46亿元，到了2022年，前三季度的营业收入已达到95.37亿元；2014年及2022年前三季度净利润分别为1 197.10万元和8.3亿元。自2011年创立至今，Anker为什么能实现连续多年的翻倍增长，是什么原因成就了Anker品牌的火箭式成长？

首先，一个品牌长久与否的关键就在于产品的持续创新，电子品牌Anker更是如此。在跨境电商平台上，靠低价抢占市场的策略可能赢得了一时，却很难持久地占有市场，而不断地研发创新，提升产品品质正是Anker成功的基础。Anker公司成员中有50%以上的员工从事研发相关工作，每年投入数亿元人民币进行新技术、新产品、新项目的研发，2018年研发投入2.87亿元，2019年研发投入达3.94亿元，2020年研发投入达5.67亿元。Anker共有10个研发专利，授权专利478项，拥有超过1 000个知识产权，从而确保Anker能在产品技术、设计和质量上保持领先的地位。

其次，Anker专注于自己的品牌。同样的产品，消费者愿意支付更多的钱购买知名品牌的产品，主要源于人们对品牌的信任。而Anker所做的就是引起人们的兴趣，建立消费者对品牌的信任。在亚马逊平台获得一定数量的用户后，Anker还在eBay、速卖通、新蛋等平台开设店铺，并经营着自己的网站，为客户提供多方购买渠道，在这个过程中，逐步建立品牌知名度和声誉。到2019年，Anker是亚马逊全球排名第一的单品品牌卖家，这不能说与Anker对自身品牌的知名度和信誉的建立与经营无关。

另外，Anker还构建了合理的配送网络。以美国市场为例，Anker总部在中国，该公司除了使用FBA来快速交付国际订单外，还在美国西海岸有一个仓库。因为Anker从中国出口商品到洛杉矶国际机场只需约12天，而到东海岸则需要20天以上。在西海岸设立仓库，就能使Anker获得极大的价格优势，将产品以更低的价格快速地送到美国消费者手中。

13.3.2　Anker商品页面

对于电商起家的品牌来说，除了以品质作为打造品牌的保障的第一步外，电商平台上的产品标题、产品图片、产品描述以及站内外营销等都对能否打造出成功的品牌起着至关重要的作用（如图13-2所示）。

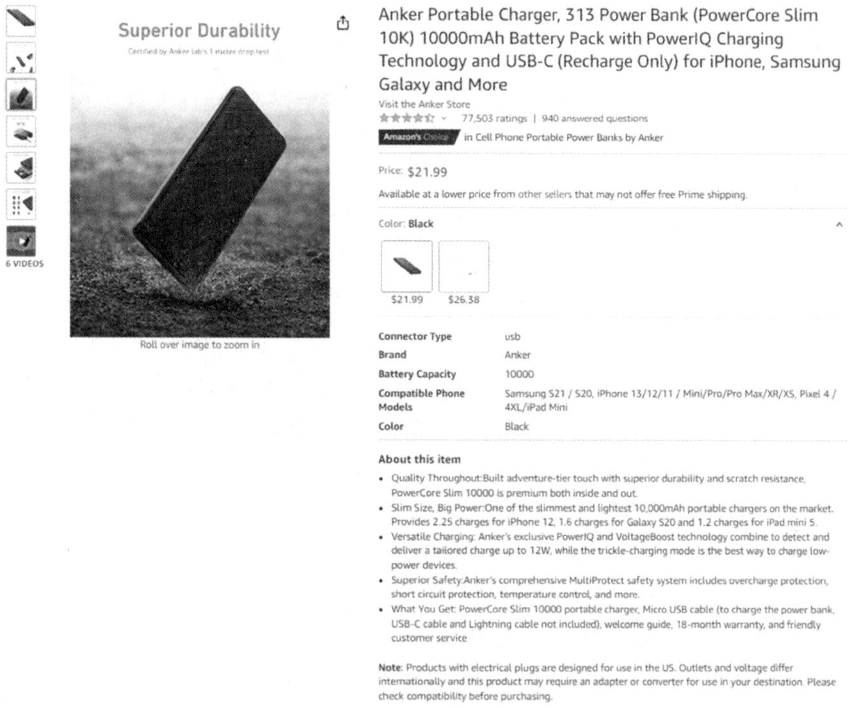

图13-2　Anker商品页面

1）产品标题

以销量最好的移动电源为例，在标题的撰写中，Anker极尽优化移动电源的功能，标题中既包含了核心关键词（Power Bank），又包含了关联性非常密切的关键词（Portable Charger），还包含品牌名（Anker），特性词（10 000mAh，PowerIQ）。为了对搜索关键词进行拓展，又加入了能形成相关搜索的品牌关键词（iPhone，

Samsung Galaxy and More），还会有不少顾客进行类似于颜色（Black）的搜索。

Anker的标题简洁明了地突出了产品特性，而不是简单的一两个词语的拼凑。

2）Anker产品图片

Anker的主图（如图13-3所示），在白底的基础上，呈现出立体的展示效果，更好地展现出产品的整体外观，简洁又真实，激发客户的购买欲。主图之外的附图中，既有特性细节图，又有使用场景图、外观尺寸对比图、产品拆解图，以及包装图，在最后还有产品介绍的视频，让客户在读图过程中，对产品功能一目了然，几乎无须阅读特性说明和产品描述，就能够做出适用与否、购买与否的判断。

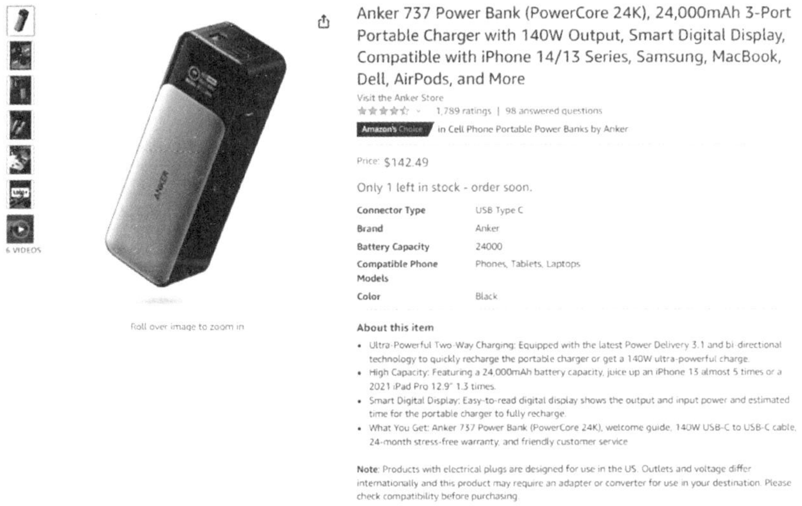

图13-3　Anker产品图

3）产品五大特性

跨境电商平台会要求厂商填写产品的五大特性（Bullet Points），让消费者对产品有直接快速的了解，因此这五大要点要完全从消费者的角度出发，用简单明了的叙述直击消费者关切的重点，于是Anker在描述中强调了产品的突出功能和对消费者的友善服务。以销量最高的移动电源为例，它的五大特性为：有卓越的耐用性和耐刮擦性、超薄尺寸大功率、多功能充电、卓越的安全性以及用户将收到哪些产品。这些特性也是搜索中常见的关键字，因此有助于品牌在搜索排名中脱颖而出。

4）Anker产品描述

一个消费者，能够从搜索结果进入产品页面，经过图片、标题、评价等，一直阅读到产品描述，就说明该消费者已经对产品产生了非常浓厚的兴趣，这时一个优质的产品描述，能够对客户的最后购买起到至关重要的推动作用。

Anker的产品描述，抛开参数描述等细节内容不谈，仅就页面而言，整洁大方，段落之间的空行设计，减少了压抑和局促感，还设置粗体部分进行重点概括，有些产品还会在产品描述中加入图片和视频，进一步深化消费者对产品的印象。

图13-4是Anker的一个热销产品数据线的产品描述，它进一步展示了产品细节和突出特性，并从消费者角度出发，进一步强调和解答了消费者关心的问题，例如可与任何使用Lighting连接器的设备完美配合；电线坚韧不易断裂；易于清洁等等。另外，还有生动简明的图片对文字内容进行描述和补充，加深印象的同时便于理解。

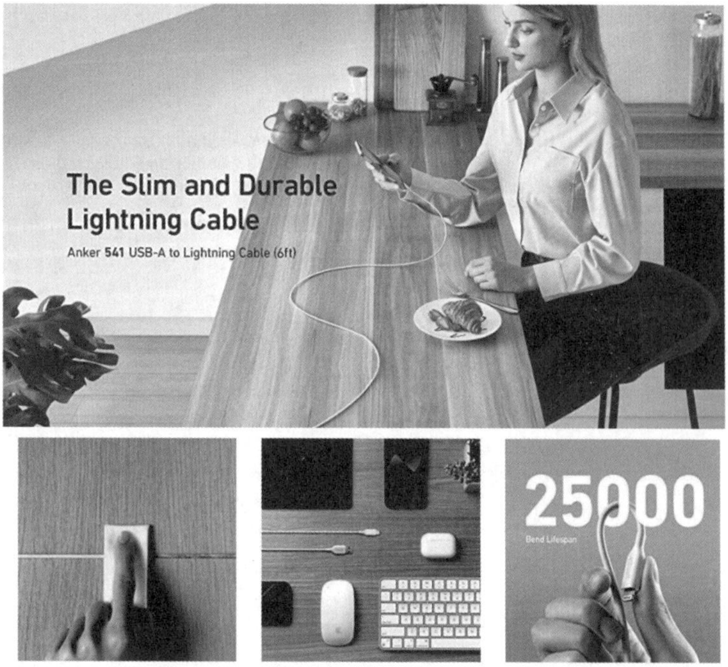

Anker **541** USB-A to Lightning Cable

The Slim and Durable Lightning Cable

Universal Compatibility

MFi certified to work flawlessly with any device that uses a Lightning connector.

Super Strong

Our cables are as tough as ever, with tensile strength capable of supporting 175 lbs without breaking.

Easy-Clean

Don't worry about dullness or yellowing. Thanks to the dirt-resistant coating, a quick wipe with a wet cloth will have your cable looking as good as new.

A Cable for Life

We're so confident in our cables, we are offering a trouble-free replacement for all quality issues.

Compatibility

Full-Speed Charging:

iPhone SE (2nd generation) / 8 / 7 / 7 Plus / iPhone SE (1st generation) / 6S / 6S Plus / 6 / 6 Plus / 5 / 5S / 5C

iPad Air / Air 2, iPad mini / mini 2 / 3 / 4

iPad (4th/5th/6th generation), iPod nano (7th generation), iPod touch (5th/6th generation)

AirPods Pro/AirPods

Limited Charging Speeds:

iPhone 13 mini / 13 / 13 Pro / 13 Pro Max / iPhone 12 mini / 12 / 12 Pro / 12 Pro Max / iPhone 11 / 11 Pro / 11 Pro Max / XS / XS Max / XR / X / 8 Plus

iPad (7th/ 8th/ 9th generation), iPad Pro 10.5-inch, iPad Pro 9.7-inch, iPad mini 5

Notes

This is a data transfer and charging cable, and does not support video output.

MFi certification audited on 07/10/19.

图13-4　Anker产品描述

13.3.3　Anker品牌建设

1）Anker站内广告（如图13-5所示）

作为一个创立一年就获得亚马逊"2012年度假日销量冠军"的企业来说，Anker深知站内广告可以带来的流量和效益。当Anker有新品推出或者想要巩固、拉升热销款的排名及销量时，Anker就会有针对性地推出站内广告。站内广告指向精准，搜索群体的购买意愿高，转化率高，是自然流量之外打造爆款的最重要利器之一。

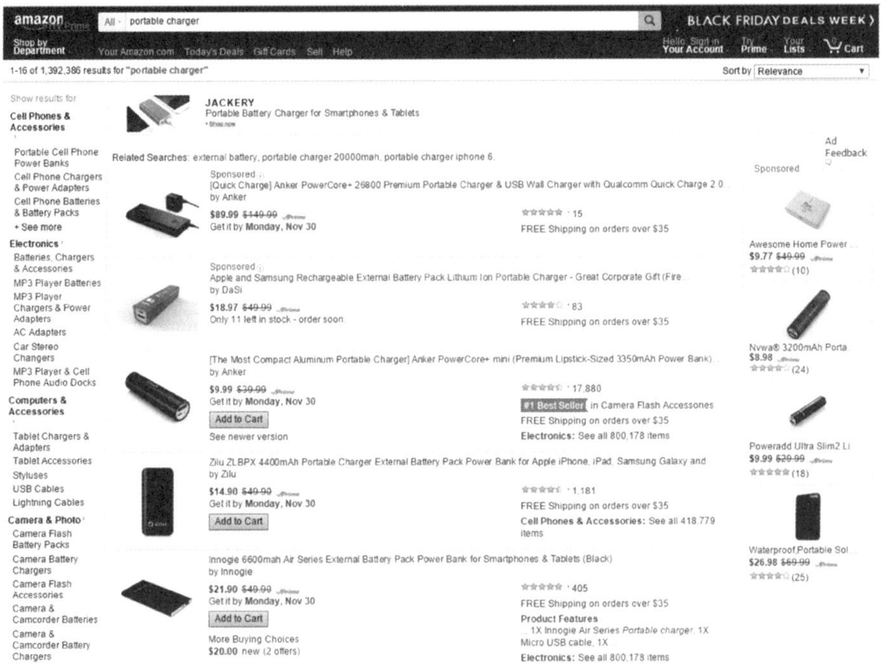

图13-5　Anker站内广告

图13-5展示的是Portable Charger的搜索结果，可以发现排在最前面的是Anker的其他产品，Anker在这个品项中已经排行第一，使用站内广告来带动它同类产品线的销售，就可以利用特定品项排名在前的优势强化品牌的整体销量，从而称霸整个品项。

2）Top Reviewer点评

Anker每款新品上线之初，往往是Review（评论）先行。Anker会通过自己的客户管理系统，向老客户发出大量的新品，引导客户积极对新产品进行评论；同时，在亚马逊站内，Top 1000 Reviewer也是Anker非常重视的宣传渠道，通过有针对性地投放大量的试用品，Anker的新品总能在上市之初就产生大量的Review，形成良好的口碑。

与此同时，Anker还开发软件来搜集跨境电商平台上的消费者评价、同类产品价格变化等，让产品经理能够及时掌握产品的问题，并且帮助他们预测哪些产品在未来会有更大的顾客需求。通过电商平台进行的对消费者的精深研究，让Anker能够精准地调整旧产品并迅速推出新产品（如图13-6所示），每星期Anker都有2~3个新品发布，而新品库存通常在两个月内就能销售一空，消费者的具体评价也都维持在4.5颗星以上。

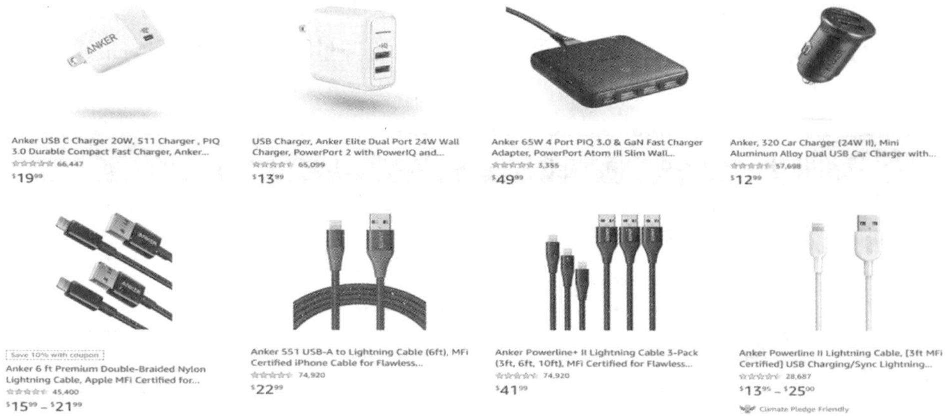

图13-6 Anker产品图

3）站外营销

（1）搜索引擎广告：通过搜索可以知道，Anker也会因时因势地在Google等搜索引擎上投入一定比例的广告，虽然投入不大，但对品牌宣传和流量转化还是起到了一定的作用。

（2）官网展示：Anker非常重视对自己官网和论坛的维护，新顾客可以直接通过Anker官网（如图13-7所示）、Anker中国官网（如图13-8所示）的产品展示页面的销售链接进入Anker店铺，Anker的中国官网页面下方还有在各个平台上的官方旗舰店的链接，既化解了顾客购买时对第三方平台的疑虑和不信任，又把销售转化累积到电商平台中，提升了销售排名。

图13-7 Anker官网图

天猫官方旗舰店　　京东官方旗舰店　　拼多多官方旗舰店　　亚马逊官方旗舰店

图 13-8　Anker 中国官网图

（3）网红推广及论坛：Anker 能够取得成功，其中一个原因就是 Anker 很早就开始布局红人推广渠道。早在 2012 年，Anker 就开始逐步发展社交媒体网红推广了，当时主要是与电子类和科技类等垂直类目的网红合作，Anker 充分利用网络红人的影响力，通过免费送样和网赚联盟等方式，以博客或其他社交媒体为入口，为店铺导入大量流量，吸引了大量粉丝，为其前期的销量立下了汗马功劳。到现在，依然有许多博主与 Anker 保持长期合作关系，合作网红的粉丝数从几千到上百万的都有，主要推广方式为开箱测评。另外，Anker 还会通过论坛进行宣传推广。图 13-9 为 Anker 论坛评论，取自美国知名论坛 reddit 的一篇名为 "Anker：你应该使用的最智能配件公司" 的文章，下面网友的评论非常正面、积极，这样的论坛对于需要参考意见的新消费者而言是很有说服力的，大量积极的评论会加强品牌的正面宣传效果。

（4）社交网站：海外社交媒体是品牌产品触达、"种草" 消费者的一个重要渠道，Anker 早早发现了这一点，将海外社媒、私域流量纳入重要日常运营工作中。在社交网站如 Facebook、YouTube、TikTok 上，都可以找到 Anker 的身影。Anker 在 YouTube 上有自己的官方账号，粉丝数量超过 4 万，视频的播放量几万到几十万不等；TikTok 官方账号的粉丝数已超过 30 万，点赞数达到 220 万。面对不同的社交平台，Anker 实施不同的内容策略。在 Twitter 上，Anker 通常发布活动预告、快问快答、投票互动以及一些追击热点的内容；在 YouTube 上，Anker 会打一些标签的热度，如 Use Anker Instead、Change Everything Faster 等，以加深用户印象，有助于树立品牌形象；在 TikTok 上，Anker 发布的内容形式最丰富，除了新品视频，Anker 还与许多 TikTok 上的优秀创作者合作，提升品牌知名度。

所有 48 则留言

排序依据: 最佳 ▼

[-] **JustPraxItOut** 23 揩標 5 月前
I would agree. I have one of their 5-port USB chargers, and it's one of the most solidly built accessory I've ever purchased.

永久連結

　　[-] **microseconds** `iPhone6 Plus` 5 揩標 5 月前
　　We've got 5 of those.
　　- My desk at home
　　- My desk at the office
　　- In my bag (I no longer carry iPhone/iPad/any other USB chargers)
　　- My wife's desk at home
　　- In my son's room
　　GREAT little product.

　　永久連結　上層留言

　　　　[-] **maddprof** 1 揩標 5 月前
　　　　Add the amazon retractable cables to your bag for your Apple devices. They are incredibly well built - I own 3 of the lightning port versions right now, they might be on the short side, but beats having to deal with untangling/proper bundling up of longer cables.

　　　　永久連結　上層留言

　　[-] **RestInPeaces** 9 揩標 5 月前
　　I have one of these too and I agree, it's solid. I have one of their keyboards too and it's great.
　　Also of note, AmazonBasics stuff is excellent too.

　　永久連結　上層留言

　　　　[-] **nimr0d** 0 揩標 5 月前
　　　　This thing is amazing: http://www.amazon.com/AmazonBasics-Portable-Bluetooth-Speaker-Black/dp/B00EHZYWGM/
　　　　$50 and blows away any bose/jawbone/beats bluetooth speaker I've ever heard.

　　　　永久連結　上層留言

图 13-9　Anker论坛评论

　　正是 Anker 在重视产品品质及持续不断创新的同时，注重对产品品牌的建设，才使得 Anker 成为连续三年蝉联 BrandZ 中国出海品牌 TOP10、拥有 8 000 万以上全球用户的成功企业。

● 思政课堂

国潮风助力本土品牌焕发新活力

　　"国潮"是以中华文化为底蕴，以时尚潮流为载体，将现代消费潮流化审美和中华优秀传统文化完美融合，基于新平台的流量、注意力经济和网络效应，形成的消费热潮和新风尚。它以新电商平台为沟通契机，融入年轻人的日常生活，释放特有的文化价值，让品牌焕发生机，从而推动国民经济发展和民族文化自信的提升。中国"国潮风"的强势崛起，使得以中华文明为底蕴的文化消费正成为一种社会现象，形成了一股不可阻挡的潮流。

　　国潮风的崛起，给传统品牌带来发展新契机，为新品牌提供发展势能，推动了本土品牌"讲好中国故事"的进程。食品、美妆、服装等各个行业中的企业，均在探索将中国文化元素与品牌构建相融合，与消费者产生更多的情感共鸣。

花西子以"东方彩妆"入局市场（图13-10为花西子东方妆奁系列浮雕彩妆盘），产品以花卉草本精华为主要成分，设计上首创雕花系列产品设计，复刻东方微浮雕工艺，将杜鹃、仙鹤、锦鲤、凤凰等具有东方意象的动植物刻画在美妆产品之上。花西子通过推出非遗高定系列产品、携手周深推出国风音乐《花西子》、亮相2021春夏中国国际时装周等创新跨界传播，让世界看到了更多更美的中国制造。

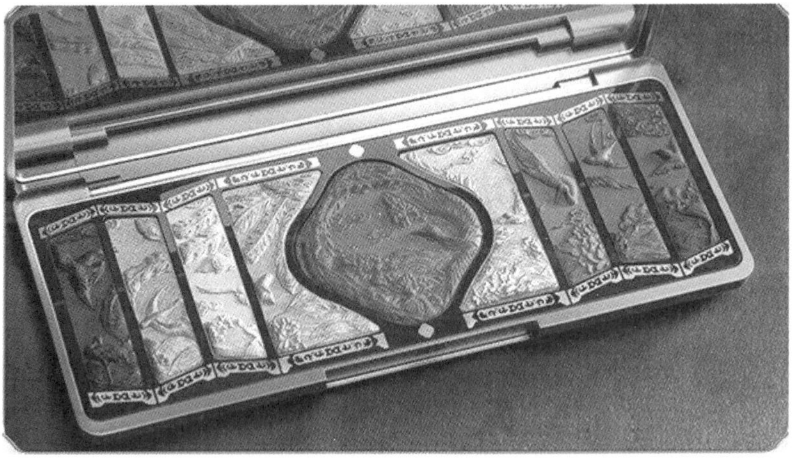

图13-10 花西子东方妆奁系列浮雕彩妆盘[1]

同仁堂瞄准当代新生消费群体的"朋克养生"的消费理念，将传统中医药精华和现代健康养生结合，推出枸杞拿铁、罗汉果美式等"药材"咖啡，成为年轻消费者追捧的新时尚。同仁堂的线下中药咖啡馆，除了问诊抓药外，还出售中药咖啡等养生食品（如图13-11所示，为同仁堂"药材"咖啡），创造出一个全新的养生消费场景，重塑新一代消费群体对老字号品牌的刻板印象，借助年轻人对"养生"的热情，将养生咖啡茶饮、养生零售药食材、老中医坐诊号脉等服务相结合，让低频"中药"生意变成了高频的"养生"消费。

云南白药开启国潮戏剧节巡演，通过治愈系木偶舞台剧、口腔健康科普等趣味活动，让孩子们在轻松愉悦的氛围里获取口腔健康知识，提高口腔保健意识，提升了品牌的亲民度和好感度。

---

[1] 资料来源 根据2022年8月2日人民资讯网相关报道整理得来。案例中的图片来源根据2021年3月13日搜狐网、2023年6月26日咖啡之家相关网站整理得来。

图13-11 同仁堂"药材"咖啡

● 本章小结

1.品牌即一个名称、名词、标志符号，或者是它们的组合，其目的是识别某个销售者或某个群体销售者的产品或劳务，并使之同竞争对手的产品或劳务区别开来。品牌的基本要素包括差异性、关联性和认知性。

2.品牌建设是指品牌拥有者为提升企业产品知名度，对品牌进行设计、宣传、维护的思想和行为。品牌建设是确认品牌价值的前提条件，关乎商品销售和服务体验。其关键在于清晰定位品牌价值取向，实现为顾客创造价值、为企业创造收益的目标。品牌建设有狭义和广义之分。狭义的品牌建设，仅指创建和运用产品品牌和服务品牌；而广义的品牌建设的内容则包括品牌资产建设、口碑管理、信息化建设、营销渠道建设、客户拓展、媒介管理、品牌影响力管理、市场活动管理等。

3.品牌建设的四条主线包括：品牌识别、优选品牌、品牌延伸和品牌资产。

4.品牌建设的六个关键是：品牌应该规划到战略中去；品牌建设不等于媒体运

作；企业员工要对品牌有充分的了解；品牌建设需要一个过程；诚信是品牌建设的基础；多品牌战略的发展。

5．品牌建设的作用包括：增强企业凝聚力；增强企业的吸引力与辐射力，促进企业美誉度与知名度的提高；提高企业知名度并强化竞争力；推动企业发展和社会进步。

● 复习思考题

1.简述品牌的概念和基本要素。

2.简述品牌建设的概念。

3.简述品牌建设的四条主线。

4.分析品牌建设取得成功所需的关键因素。

5.分析网络品牌建设对企业及消费者的意义。

● 小组实训

结合本章所学内容，组内讨论，畅想如何在互联网进行品牌建设，提升品牌知名度。

● 本章数字化资源

即学即测 13

课外延伸 13："品牌强国工程" 加强品牌建设

知识点讲解 13-1：品牌管理

知识点讲解 13-2：亚马逊品牌旗舰店

第14章 /跨境电商前沿发展

学习目标

了解跨境电商的PC端与移动端的特点及区别，掌握跨境电商移动化的原因；了解跨境电商直播的特征和发展历程；熟悉跨境电商的新模式——订阅式和定制式。

随着信息技术和互联网技术的不断进步，跨境电子商务在世界范围内迅速发展，在提升国际贸易效率的同时扩大了贸易范围。移动互联网的发展及5G时代的到来，更是极大促进了跨境电子商务的发展，不仅推动跨境电子商务的重心向移动端转移，还促使企业开发出跨境电子商务的新模式，并通过多元化的经营方式实现自身的发展。

14.1 移动端与PC端的竞争

跨境电子商务以PC端开始，但随着移动互联网技术的不断进步，移动互联网打破了时空的限制，以其方便快捷的优势取代传统互联网成为网络发展的主流，这推动着跨境电子商务的发展重心从PC端向移动端转移，引发了移动端与PC端的竞争。

14.1.1 跨境电商移动端简介

1）跨境电商移动业务

根据使用终端的不同，跨境电子商务分为在PC端使用的和在移动端使用的两种方式。PC端跨境电子商务，是指利用不便移动的电脑和传统互联网进行的跨境电子商务活动，是一种有线的、固定方式的跨境电子商务。PC端跨境电子商务是跨境电子商务的传统模式，具有普遍性、方便性、安全性、整体性、协调性等特点。

近年来，信息技术和移动通信技术的飞速发展，移动设备和通信网络成本的下降，智能手机、平板电脑等移动互联网设备的普及，使得用户能够更便利、更及时地通过移动终端设备浏览互联网。在这一背景下，移动化成为电子商务发展的趋势，跨境电子商务的发展重心也逐渐向移动端转移。移动电子商务是基于移动互联网，使用手机、平板电脑等无线终端进行的电子商务活动。移动电子商务是电子商务从有线通信到无线通信、从固定地点的商务形式到随时随地的商务形式的延伸。

基于移动网络和无线终端的移动跨境电商具有以下特点：

（1）移动性。

移动电子商务使用的各种无线终端设备具有移动性，方便携带，使用便捷，使消费者能够随时随地利用碎片化的时间浏览互联网。随着 App 成为移动设备的基础，消费者通过移动端就能实现浏览商品、确认订单、进行移动网络支付以及查询物流信息等操作，不再受到传统互联网固定时空购物的限制，因此，消费者对移动电子商务的使用场景要求更低，这大大提高了电子商务活动的效率，真正实现了"口袋里的电子商务"。

（2）可定位性。

电子商务终端实现随身携带后，电商平台移动端可以基于用户所在的区域向其提供针对性服务，如所在区域附近的餐厅排行、优惠促销活动等，大大省去了用户进行独立搜索的时间成本，为用户提供了方便快捷的体验，同时又提升了电子商务平台的运行效率。这也是移动电子商务智能化、人性化的体现。

（3）个性化。

由于智能手机等移动设备实现了私人化，在大数据时代背景下，电商移动端用户的消费偏好、兴趣、使用习惯等特征数据更容易获取和整理，使得平台能够更准确地为用户提供智能推荐，更好地满足用户的个性化需求。

（4）人机交互性。

移动终端设备更新迭代迅速，技术含量越来越高，绝大多数智能手机都配有距离感应、扫码支付、重力感应、指纹识别、位置信息、近场通信、脸部识别、语音识别等功能。这些技术在一定程度上使用户与设备间产生了良好的交互感知，如扫码支付与指纹识别使得移动支付更加便捷；重力感应使用户可以通过摇一摇等形式抽取红包获得优惠等。这不仅使用户实现了购买和获取服务的目的，还在操作过程中为其带来了娱乐性和趣味性，增强了用户的使用黏性。

（5）场景多样性。

随着商业体系的完善和人民生活水平的提高，我国服务业的发展逐渐趋向于平台化、多元化、场景化、差异化、个性化、精细化。企业对产品和服务从衣食住行等各个方面进行了细分，而这些产品和服务用户基本上都可以在移动电子商务中获得，这自然而然地产生了很多全新的使用场景。据工业和信息化部的统计，截至2021年7月底，我国电子商务类 App 数量达28.5万，在移动应用中位列第三，占全部 App 比重的9.8%。电子商务类应用主要包括跨境支付服务、跨境物流服务、跨境仓储服务等。各式各样的服务类别为移动电商用户提供了丰富的使用场景，满足了不同用户的需求。

2）跨境电商PC端与移动端的对比

跨境电子商务的PC端和移动端作为跨境电商发展阶段的不同分支，两者在很多方面存在着差别，首先从电子商务实现过程中三个主体的角度对二者进行比较。

（1）网络运营商。

移动电子商务通过无线网络进行连接，相比基于有线连接的PC端，移动端网络初期基础设施建设的投资额度较小，后期开发推广和提供服务的成本更低。即使在偏远的山区或经济欠发达的地区，移动网络的基础设施建设和信号传输也相对快捷和容易。此外，移动网络扩展性较强，可以根据移动网络需求的增加迅速扩展。而在收益方面，移动网络用户基数大，使用量持续上升，使得移动网络的投资回收期大大缩短，能为网络运营商带来更大的收益。

（2）电子商务企业。

移动电子商务的普遍性、随时随地性、场景多样性等特点，为电子商务企业吸引了大量用户，使移动电子商务市场如滚雪球般迅速壮大。PC端电子商务在我国的发展已有近20年的历史，规模增长已趋于稳定；移动端自身的特性为企业拓展业务范围带来了无限可能，企业可以通过移动端平台更加深入用户的日常生活，真正实现将产品和服务渗透到用户工作和生活的各个方面。此外，移动端提升了用户对电子商务应用的使用频率，使用频率如同实体店的流量一样给电商企业带来了更多的平台收益。因此，移动端电子商务为企业拓展了发展路线，扩展了收益空间，完善了商业体系。

（3）电子商务用户。

基于移动端与PC端自身功能和特性的对比可以清晰地看出，移动端电子商务在使用的便捷性、随时性、人机交互性、个性化等方面具有一定的优势，能给用户带来更经济便捷的服务体验，使得用户更倾向于选择移动端电子商务提供的服务。

除了在电子商务的三个主体方面有差异外，PC端与移动端在其他方面也存在着区别，见表14-1。

表14-1　　　　　　　　跨境电商PC端与移动端的区别

	PC端	移动端
使用载体	电脑	手机、平板电脑等
网络环境	互联网	移动网络
服务内容	跨境商品交易、信息搜寻等传统服务	除传统服务外，还提供移动支付服务、移动定位服务、移动营销服务等

	PC端	移动端
页面容量	页面容量大，浏览器可分页浏览、切换方便	页面容量小，多页面切换不便，需注重页面功能和信息准确
内容侧重	商品信息多而全，各个板块综合罗列	商品信息精练，抓住用户兴趣、个性化推荐
营销模式	盲目性、普适性的营销	个性化的针对性营销、场景化营销
用户体验	用户投入时间长，带有较强的购买目的	用户投入时间碎片化，购买目的性不强
身份认证	身份信息不全，消费信誉保障性较低	实名制推广，消费信誉更有保障
用户基础	广泛	更为广泛且增速明显

移动端的各种特性决定了移动端的电子商务必将快速崛起，并超越传统 PC 端电子商务，成为电子商务未来的发展方向。而移动端优于 PC 端的特性，必将在一定程度上促使电子商务从 PC 端转移到移动端。

14.1.2　跨境电子商务的移动化

跨境电子商务从 PC 端开始，但随着移动智能设备的普及和网络基础设施的完善，各大电商企业、平台纷纷布局移动端业务，消费者在移动端的消费所占的比例进一步提高。

1）网络终端移动化、网速提升、资费下降是物质基础

平板电脑、手机等智能终端日益平民化，WIFI 覆盖率提高，移动端网速提升、资费下降，使广大消费者可以随时随地、低成本地在移动端进行消费，电子商务移动化已成发展趋势。截至 2020 年 3 月，我国网民已达 9.04 亿人，手机网民已超 8.97 亿人，网络购物用户已超 7.10 亿人，手机网络购物用户已超 6.22 亿人，我国网民手机网上购物消费的趋势非常明显。而截至 2021 年 12 月，我国网络购物用户规模已达 8.72 亿人，占网民整体的 81.6%，手机网络购物用户规模已超 7.81 亿人。另外，据宽带发展联盟发布的《中国宽带速率状况报告》，2021 年第四季度，我国移动宽带用户使用 4G 和 5G 网络访问互联网时的综合平均下载速率达到 59.34 Mbit/s，我国网民手机端消费的网络技术基础优势明显。

2017 年全国范围内取消了手机长途漫游费，2018 年又取消了流量漫游费，移

动网络流量平均资费还在持续下降。手机网络支付、线下消费手机端支付、手机端点外卖、网约车等传统移动端应用场景持续发展；疫情催生的在线医疗、网络教育、生鲜配送、直播带货等消费需求迅猛增长。人们使用移动互联网的时间逐渐增长，也带动移动终端消费量持续走高，移动端电商消费规模的暴涨为跨境电商的移动化发展提供了物质基础和增长动能。

2）市场需求增长是跨境电商移动化发展的根本动因

在全球电商移动用户中，15%的消费者每天搜寻产品信息，较PC端消费者高出10%。即使最后他们决定在PC端进行购买，消费者还是会在移动设备上通过Facebook、Instagram等查看营销信息，进行购物分享。移动端最大的特点就是随时随地随身，从而带来更多碎片化需求；同时个性化推送大大提高了冲动性消费的概率，因此近年来移动App上的交易量比重越来越高，移动端订单量已经大比例赶超PC端。以泰国为例，移动端交易量已经占交易总量的92%。在我国，跨境电商企业移动端海淘日益流行，据2017年《第三届全球跨境贸易报告》，PayPal（贝宝）和Ipsos（益普索）联合在全球32个国家发放调查问卷，调查了28 000多名跨境网购消费者，消费习惯的统计结果显示，我国已被列为最受欢迎的跨境网购海淘国家；21%的跨境网购消费者在上一年曾在中国网站进行海淘；37%的跨境网购消费者的海淘是通过以智能手机为主的移动设备进行的。移动端市场需求的增长从根本上促进了跨境电商的移动化发展。

3）跨境电商网上支付的发展是催化剂

跨境网购与跨境电商网上支付互相促进。2019年11月，Facebook推出Facebook Pay，与PayPal竞争支付服务。事实上，在PayPal之后，Google Wallet和Apple Pay的相继加入，在一开始就让移动支付领域的竞争异常激烈。竞争促进发展，供应商间的竞争将促使消费群体扩大，促进移动支付市场发展，也必将使移动跨境电商的发展如虎添翼。

由于网络终端移动化、网速提升、资费下降、市场需求增长、跨境电商网上支付快速发展，越来越多的跨境电商平台开始注重移动端市场，推广移动端App，部分卖家甚至开始尝试从网站转向App-only服务。

14.1.3 跨境电商平台的移动化案例

1）AliExpress（速卖通）平台

速卖通面向海外买家，通过支付宝国际账户进行担保交易，并使用国际物流渠道运输，是全球第三大英文在线购物网站。2016年速卖通频繁布局无线端，大力推进平台移动化，图14-1为速卖通App界面。2016年3月15日，速卖通正式推出无线店铺装修功能。随着跨境出口电商无线端App发展的加快，速卖通在无线端方面部署颇多，如329无线大促、无线试用频道等。而上线无线店铺装修功能，有利于卖家进一步优化无线端店铺的运营，提高产品的转化率。随着智能手机的发展，人类正处于从PC端向无线端迁徙的时代，而购物行为如今是在指尖一触即发，因此通过无线端购物将是大势所趋。速卖通讲师 Iris 也曾讲过[①]："速卖通平台上商家除了要往品牌化方向发展外，无线端的发展也越来越重要。"

图 14-1　速卖通 App 界面

2）Amazon（亚马逊）平台

自 2012 年开始，亚马逊加速布局移动平台，并推出多款移动设备，以此加速在移动设备领域的扩张，图 14-2 为亚马逊 App 界面。

_____

① 资料来源　根据雨果跨境 2016 年 3 月 15 日相关报道整理得来。

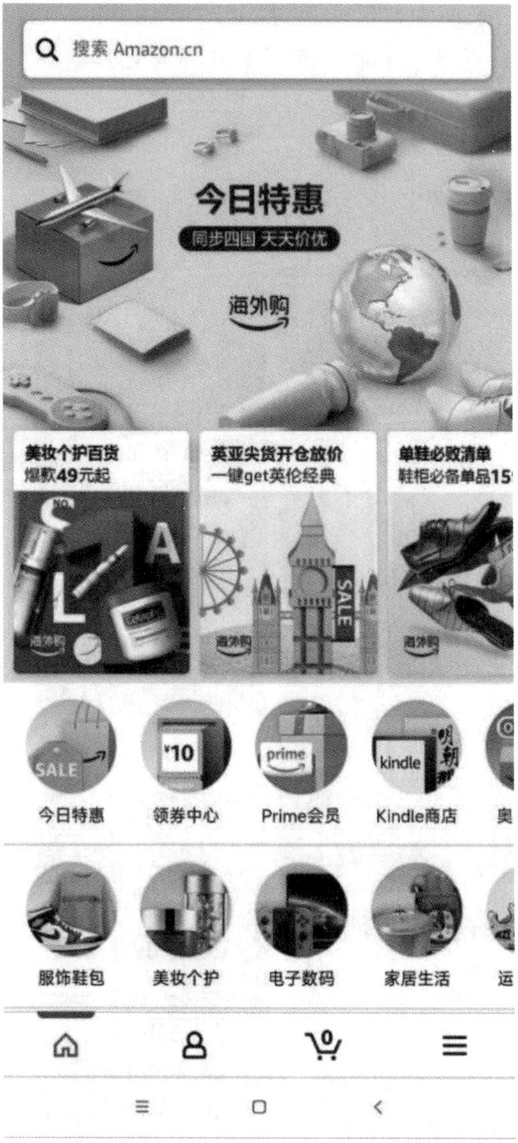

图 14-2　亚马逊 App 界面

　　2010年亚马逊在移动购物领域的领先地位正在大幅提高。亚马逊应用软件在美国的独立访客人数是过去两年的三倍。同时，其最大的竞争对手如 Walmart，eBay 和 Target 在同一时间内几乎没有增长。除此之外，亚马逊的移动应用软件在美国的渗透率也在提高，美国50%的在线购物者使用其应用软件。在消费者向移动购物转移的过程中，亚马逊处于非常有利的位置。2020年，美国下载量最大的移动购物应用是亚马逊与亚马逊的提前布局移动端有着巨大的关系，提前布局移动端给亚马逊带来了非常大的优势。

3）Wish平台

Wish作为北美最大的专注于移动App购物体验的购物平台，具有非常高的人气。平台99%的订单都来自移动端，App日均下载量达到10万次左右，在全球拥有3亿用户。Wish2013年开始转型做电商，其总部位于美国，几乎100%纯移动属性。这使其颠覆了传统的电商模式，推动了年轻人对购物理念的追求。2018年，Wish累计向全球超过3.5亿的消费者供应了约2亿款商品，月活跃用户超过9 000万人，活跃商户有12.5万，日出货量峰值达到200万单，订单主要来自美国、加拿大、欧洲各国等。《2018年度全球App下载量排行榜》显示，Wish App荣登2018年全球购物类App下载排行榜榜首，安装量超过1.97亿。图14-3为Wish App界面。

图14-3　Wish App界面

14.2 跨境电商直播

随着跨境电商市场竞争的日趋激烈，直播营销成为广大卖家重点关注的领域。亚马逊和速卖通等世界主流电商平台相继推出短视频和直播业务，并在市场范围内引发新的零售热潮。跨境电商直播不仅在销售流程中较大程度地解决了信任问题，还有利于卖家塑造产品品牌及店铺形象。随着越来越多的卖家加入直播行列，未来跨境电商市场也将涌现出更多的品牌化企业。

14.2.1 跨境电商直播简介

跨境电商直播是指通过站内平台或站外社交媒体就产品信息进行实时介绍、展播的过程。其中，站内直播也被称为电子商务平台直播（E-commerce Live Streaming），主要是指通过跨境电商平台，并借助平台内的技术资源进行的产品直播，如AliExpress Live、Laz Live等。站外直播也被称为社交媒体直播（Social Media Live Streaming），是指通过Facebook、You Tube、Instagram等国际主流社交电商平台进行的产品或服务直播。

跨境电商直播作为互联网经济时代的商业产物，是网络营销领域新兴的营销概念。目前，其包括视频直播、文字直播和图片直播等多种形式。

1）电商直播的模式

（1）主流模式——依托网红的IP优势，吸引用户集中观看、集中购买。这其中又分为三种具体的形态：

第一种为秒杀模式，即依托网红达人极强的流量吸引能力，实现对上游供应链的整合和对品牌的议价，从而选择高品质的产品以全网最低价销售给用户。品牌实现了宣传推广以及巨大的销量，用户获得了高性价比的产品，网红获得了应有的收益，三方共赢。

第二种为达人模式，即依托达人在某个领域的专业能力，持续为用户推介高品质产品。这一模式的典型代表是老爸评测。其创办人魏文锋以"公益"为出发点，通过评测包书皮、橡胶跑道等产品，与不合格产品的厂家正面对垒，在网络上获得了大量粉丝的关注和信赖。以此为出发点，他开始了商业化进程，销售与孩子有关的产品，获得了众多父母的支持和关注，同时也取得了高额的市场回报。

第三种为店铺直播，这类直播目前以实体店为主，主要依托腾讯等直播平台开展，主要目标是实现对线上流量的转化。这是实体店引流和转化的有效手段，值得各个实体店去尝试。

（2）场景内容化模式——依托特定的直播场景，获得用户的信任，从而实现销售。其主要分为三种形式：

第一种为基地走播，即以供应链为依托，通过展示原产地、工厂、销售渠道等场景，将产品生产流通的各个环节展示给用户，旨在提升用户对产品的信任度，从而打消其疑虑，实现销售。目前许多的工厂直播都属于这一类型，真实+高性价比是这一模式的核心竞争力。生产厂商旨在通过这一直播模式实现变现。

第二种为产地直播，主要以农产品企业或个体为主，他们在养殖或种植基地，原生态地展示农产品的生产、生长过程，带给网友全新的视觉体验和新鲜感，最终达成产品销售变现的目标。其适用于各类个体创业者和农产品养殖或种植企业。

第三种为海外代购，这类直播主要以跨境电商平台为主，也有部分做代购的个体在使用这一模式。其主要形式为将海外采购的过程或海外的工厂展示给国内的用户，最终获得用户的信赖，实现销售。

2）跨境电商直播的特征

（1）加入门槛低。

相对于传统的跨境电商营销模式，跨境电商直播的成本和门槛更低，但带来的经济效益却更高。商家进行跨境电商直播有三种模式可供选择：一是以网红为中介，选择自带巨大流量的网红做主播，对产品进行营销推广，可以短期内增加曝光量和销售量；二是商家自己上场直播，为自家商品代言、营销；三是企业与MCN平台达人合作进行跨境电商直播。这三种模式企业投入的成本都很低。在直播过程中，只要选择恰当的营销策略，就可以取得比较理想的直播效果。

（2）体验感好。

在清晰的跨境电商直播界面中，主播从各个角度全方位地展示商品，对商品的功能、特性进行详细的讲解，对部分商品还可以进行试吃、试穿、试用，表述自己使用商品的真实感受，总结商品的优缺点，使用户明确商品是否符合自身需求，同时使产品的讲解更具有说服力。直播间的用户如果对商品有疑问，可以在评论区随时提出，主播也将及时解答。商品的全方位展示与主播的及时解答，让跨境电商直播用户仿佛就在现场观看、感受商品，使用户找回了线下购物的感觉，对商品有了更深入的了解，商品的质量一定程度上得到了保证，也使用户相对更清楚地了解了商品是否符合自己的期望和需求，从而给用户带来更好的购物体验。

（3）互动性强。

在跨境电商直播环境中，主播对商品进行讲解、展示、试用后，与跨境电商直播用户交流自己的使用感受，用户也可以通过实时评论与主播进行及时互动、深入沟通，主播的及时答疑解惑可以使用户更深入地了解商品，互动使得购买场景变得更加生动，一定程度上消除了传统线上购物的距离感，使得商品更加形象、更具吸引力。

3）跨境电商直播存在的风险

跨境电商直播中存在很多风险点，风险的发生会给直播企业、品牌方带来经济损失、声誉损失等不利影响。跨境电商直播风险主要有以下几种类型：

（1）法律风险。

第一，知识产权侵权风险。知识产权侵权是跨境电商直播面临的最主要的法律风险。如果卖家直播销售的产品被平台检测到涉嫌侵权或被其他商家投诉侵权，账号就会被审查或被移除销售权限，甚至直接封号，给商家带来巨大损失。因此卖家选品时要对供应商及产品严格筛选，审核货源的生产、销售资质及知识产权证书等。此外，还要确保直播营销物料不涉及侵权。

第二，违反广告相关法律的风险。如果卖家对目标市场国的法律不熟悉，可能会产生在直播中使用禁用广告语、因对产品卖点表述不当而被判定为虚假宣传等风险。

第三，侵犯他人肖像权、隐私权及其他人格权的风险。由于直播场景非常多元和广泛，特别是在公共场所直播时，不可避免地会将他人的形象一同录入，极易对他人的肖像权、隐私权及其他人格权造成侵犯。

（2）文化风俗差异带来的风险。

每个国家、每个地区在语言、文化、传统风俗等方面都千差万别，国内电商如果对目标市场国的宗教文化和风俗习惯了解不深，对目标市场的文化内核理解不够，就会导致商家在做内容输出的时候无法真正触动消费者的心理，甚至会引起消费者的反感，最终影响直播带货的效果。

（3）汇兑风险。

跨境电商直播在达成交易后，通常买家以本币支付，卖家则收回外币，因此卖家会面临汇兑风险，利润受汇率的影响波动较大。

（4）主播风险。

一方面是主播流动的风险。一名主播从开始培养到获得市场认可，企业或平台往往投入了大量资金。主播离职会对企业造成损失，甚至还会出现主播直接倒投竞品的企业，从而影响商家市场占有率和销量的情形。另一方面是主播业务能力不足的风险。往往产品的卖点、数据都是由品牌方提供，部分主播并未仔细了解过产品就直接上播，导致在直播中出现产品展示不当的情况；主播相关知识储备不足，导致对产品的介绍与商品实际功能或效果不符，被平台认定为"功能或效果具有误导性"；主播对评论回复不当，致使出现负面评论等，也会对直播带来负面影响。

（5）供应链风险。

跨境电商直播产品配送时间长，特别是海运产品，补货时间可能长达一个月，因此在直播之前，运营团队需要先进行直播销量的预测，供应链部门按照预测提前备货。直播销量与预判出现重大偏差会给企业带来较大风险。需求大于库存时，如果企业无法及时补货，部分顾客会转买别家产品，一方面降低消费者的满意度，另一方面流失客户会给企业带来经济损失；如果实际销量远低于预测，会有大量库存积压，给企业带来资金压力。

14.2.2 跨境电商直播的发展状况

跨境电商发展初期，产品的营销主要以文字介绍、图片展示、短视频等方式进行。随着数字经济技术的推广和运用，直播越来越被大众所追捧。随着电商的发展和社交媒体的广泛传播，互动式购物、体验式购物等营销模式被越来越多的商家运用到线上交易中。该现象在欧美互联网领域被称为 shoppertainment，即 shopper 与 entertainment 的合成词。弗雷斯特研究公司将其定义为"一种新兴的电子商务形式，利用图片、视频、互动游戏或直播活动来最终推动交易，为消费者提供更加个性化、互动性更强和吸引力更大的购物体验"。电商直播最早起源于蘑菇街这类导购平台的业务探索，但真正的标志性事件是2016年淘宝的正式入局。麦肯锡认为，2016年阿里巴巴旗下淘宝直播的出现标志着销售行业进入了新篇章。在中国电商直播的带领下，西方的品牌商、零售商、商场等纷设立自己的直播频道。图14-4为直播用户及电商类直播用户占比情况。

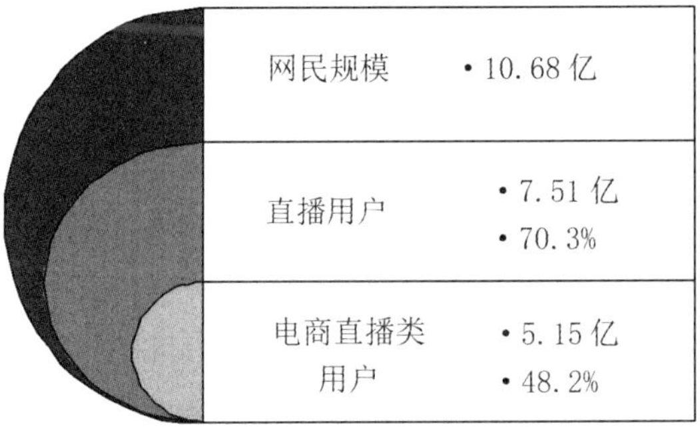

图14-4　直播用户及电商类直播用户占比情况

　　在我国，直播已成为主要的电商运营方式之一。《2022年中国跨境直播电商产业趋势研究报告》显示，2021年中国在线直播用户规模突破6亿人次，预计2022年将达到6.6亿人；2021年5月至2022年4月，抖音平台每月有超900万场直播，售出超过100亿件商品，交易总额同比增长2.2倍；截至2022年3月，淘宝直播累计观看人次已经超过500亿。2022年11月快手发布的2022年第三季度财报显示，前三季度快手GMV已达2 700亿元人民币，预计2022年全年的支付GMV将达到4 100亿元人民币左右。未来3年，中国直播电商的年均增长率可达150%。直播近几年在我国爆发式发展，渗透率不断提高。图14-5为中国直播行业发展历程。

　　由于我国在直播领域起步早，发展快，已形成初步的发展模式，搭建了丰富的MCN资源①。该类组织最先于2013年出现在美国。在我国，MCN概念更为宽泛，更侧重网红运营公司，尤其是直播类网红公司。Statista数据表明，2021年我国MCN的市场体量已超过330亿元人民币，增长趋势明显，预计2023年将超过500亿元人民币。

　　根据2021年3月出品的《直播电商区域发展指数研究报告》，浙、粤、沪为全国直播电商百强区域三甲。受疫情影响，各区域结合当地实际状况，抓住直播的风口，大力发展直播电商，以刺激经济恢复发展。以浙江为例，在直播电商的带领下，2020年浙江网络零售实现22 608.1亿元，同比增长14.3%。作为电商发源地，当地政府对直播经济大力支持，力求建立完善的直播系统。同时，浙江拥有丰富的MCN资源，可为市场培养和输运直播人才，创建更富有内容的直播，给予消费者更好的体验，在一定程度上也助力了跨境电商直播的发展。

---

① MCN，即Multi-Channel Network，是一个与视频平台合作的组织，可提供受众群体拓展、内容编排、创作者协作、数字版权管理、获利和销售等服务。

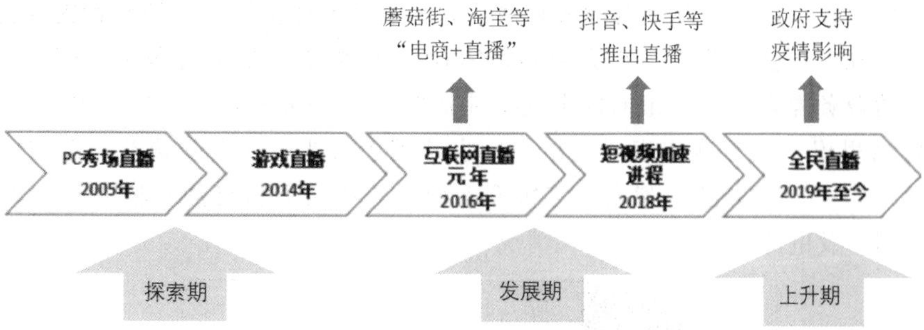

图 14-5 中国直播行业发展历程

14.2.3 跨境电商直播平台

2017年，速卖通"3·28"大促期间采用线上直播模式，这是出口类跨境电商领域首次尝试应用程序端的纯电商直播。2019年，跨境电商直播迅速发展，其中热度较高的有短视频平台 TikTok、社交平台 Instagram、Twitter 和 Facebook 等。

1）TikTok 直播（如图 14-6 所示）

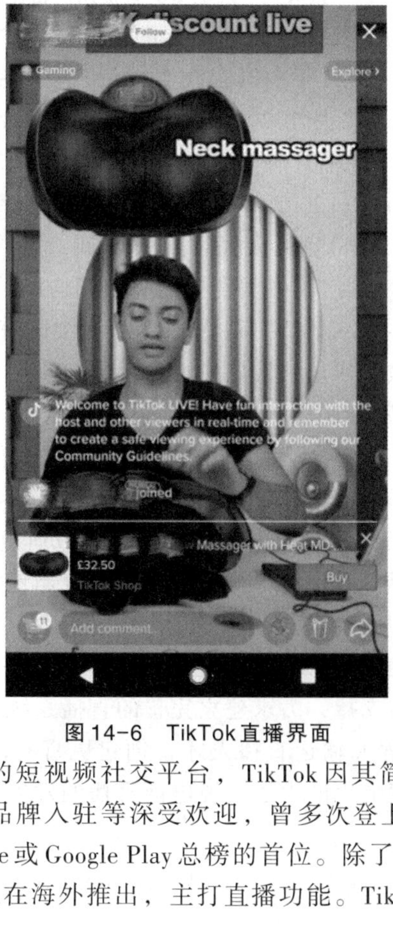

图 14-6 TikTok 直播界面

作为字节跳动旗下的短视频社交平台，TikTok 因其简短丰富的内容、精准推送、国际化运营、知名品牌入驻等深受欢迎，曾多次登上美国、印度、德国、法国、日本等国的 App Store 或 Google Play 总榜的首位。除了大众熟知的移动端，Tik-Tok 的电脑（PC）版本也在海外推出，主打直播功能。TikTok 内容多样，覆盖的用户群体广，无论是内容营销还是网红营销，都能以低成本获得曝光。2021年3月，全球最大的零售商沃尔玛和TikTok联手在美国进行直播，主题为"Spring Shop-Along: Beauty Edition（春季购物：美丽秘诀）"，聚焦女性的时尚、美妆与护肤品推荐。本场直播邀请了海外知名网红博主，通过在现场讲解并试用产品的方式，使观众更加直观地感受妆效，以此激发消费者潜在的购物欲望。TikTok的直播间购物操作方便，只需要点击图标将其加入购物车，在直播活动期间或结束之后付款即可。这种动态式的直播体验不仅能够调动观众在直播中的参与积极性，还成功树立了品牌形象，提升了品牌在海外的影响力，从而通过关键意见领袖创造出巨大的流量[①]。

TikTok主要有三种直播模式：一是店铺直播，这种模式比较常见，主要由店铺主播逐一介绍产品，观众可在评论区留言，与主播实时互动，了解商品细节。此模式适合品类丰富的出海品牌。二是单品直播，主要是由主播提前挑选一些产品，品类不受限制，通过主播亲身试用或试吃，带给消费者切身体验。三是工厂基地走播，通过邀约和工厂产品属性契合的主播在工厂进行实地直播，协助工厂清除库存。这种直播模式将真实、详细的工厂生产、加工过程展示给观众，有助于提高消费者对出口商的信任度。

TikTok还支持90天内直播回放，商家可以利用这个功能将之前的直播下载并剪辑成短视频，分发至各大短视频社交平台，在宣传推广的同时增加曝光量，获得更多收益。在TikTok短视频平台上，无论是个人账号还是企业账号，只要粉丝数达到1 000个以上，均可开通直播功能。

2）亚马逊直播

随着中国电商直播的快速发展，跨境电商巨头亚马逊也开始进行电商直播。2022年7月中旬，亚马逊举办了Prime Day"夏日活动季"大促，相当于京东的"618"大促。此次大促声势浩大，活动站点从2021年的18个国家扩展到24个国家，除了常规的打折、发放优惠券外，还大力推广直播带货业务[②]。图14-7为亚马逊直播界面。

图14-7 亚马逊直播界面

① 资料来源 根据跨境知道网络平台2022年8月5日相关报道整理得来。
② 资料来源 根据雨果跨境网2022年9月21日相关文章整理得来。

亚马逊主要有三种直播方式：一是亚马逊制作直播，由主播通过真实的产品推荐与展示向顾客介绍亚马逊品牌旗舰店中的在售产品。对没有直播经验的品牌来说，这种方式能够帮助卖家更好地完成直播。二是网络达人直播，卖家可以借助有知名度、可信赖的主播，如专业主持人、经验丰富的带货主播或社交媒体红人等进行直播，当卖家与顶级创作者合作推广商品时，直播将出现在亚马逊最显眼的广告位上，推广商品的商品详情页也就有机会出现在亚马逊首页上，从而可以进一步宣传商品。三是卖家自助直播，有直播能力的卖家可以通过应用软件自主开通并运营、管理直播，以此推广品牌专属商品。在此过程中，卖家可以完全掌控直播内容且拥有100%广告占有率，推荐商品轮播组件中的所有商品都来自自家品牌。

亚马逊直播模式帮助卖家提升了广告效果，提高了营销效率。同时，目前处于起步阶段的亚马逊直播竞争相对不太激烈，给予了卖家更多的成长空间。

3）阿里巴巴国际站直播[①]

作为跨境电商企业对企业（Business-to-Business，B2B）模式的代表平台之一，阿里巴巴国际站于2020年首创B2B直播，商家可以直接在工厂、公司实地走播。该平台还推出了3D展厅、虚拟导购、数据机器人等数字化场景或工具。通过3D展厅，卖家可以设置虚拟导购带买家24小时看展、看品，数据机器人则可以帮助卖家实时追踪商品数据。图14-8为阿里巴巴国际站直播界面。

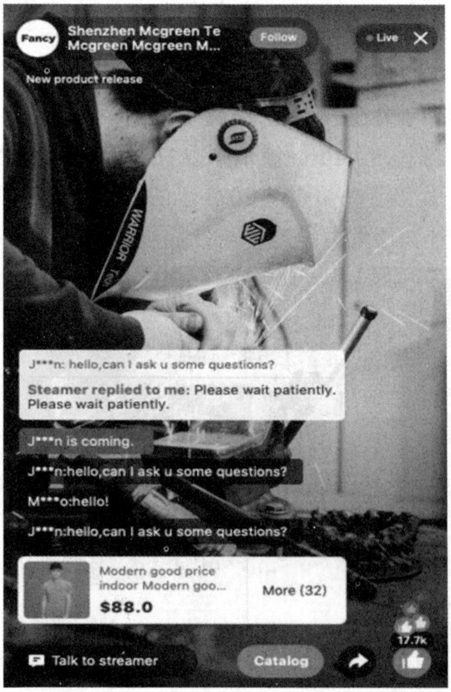

图14-8　阿里巴巴国际站直播界面

---

① 资料来源　根据中国网科技2021年8月31日相关报道整理得来。

14.3　跨境电商新模式

随着人们的消费渠道向着全球化、智能化的方向扩展，人们的消费观念也悄然发生着变化。以服饰消费为例，近年来带有"独家"、"定制"等名词的产品逐渐成为消费热点。消费不断升级，越来越多的人对商品产生了更多个性化需求，于是跨境电商便提供了新模式——订阅式和定制式服务，满足消费者的个性化需求。

新模式下，商家可以针对目标消费群体进行会员制、定制式宣传，可以节省大量营销费用，用于产品研发及后期服务升级，以提升产品的质量和销量。新模式通过产品口碑、客户反馈等方式减少过多的广告投入，形成了商家与消费者共赢的局面。

14.3.1　订阅式跨境电商模式

订阅式电商，顾名思义是订阅模式与电商渠道的结合，是比较有代表性的独立站商业模式之一。作为一种新兴的消费潮流，订阅式电商自带服务，可以帮助用户降低消费过程中的挑选成本，从而提升生活品质，提高便利性，同时具备新鲜感，符合当代用户的个性和消费原则。它的底层逻辑是用户一次性支付一定费用后才能享受个性化服务，卖家定期为其搭配特定商品并寄送。

1）订阅模式

订阅式电商有三种不同的模式：

（1）消费者按照自己的喜好选择固定的商品，持续订购。这种订购模式的好处在于能够保持消费者对品牌的忠诚度，同时为建立消费者模型节约时间。

（2）通过消费者数据建立用户画像，在盒子中搭配不同商品进行配送。通过对消费者数据的整理研究，商家可以为用户提供符合他们偏好的商品组合，还可以根据用户的反馈及时调整数据，提升用户的满意度。这种订阅模式其实是一种化整为零的做法，用户可以通过产品订阅以低廉的价格尝试不同品牌的产品组合，十分实惠。

（3）消费者根据不同价格订购套餐，商家随机搭配商品组合。对于没有时间和渠道搜罗潮流商品但喜欢时尚的用户，他们只需每月缴纳固定的费用，就可以得到商家随机搭配的惊喜礼物。这种模式的典型代表是日本流行的美妆盲盒，用户从不同价位的套餐中选择并支付一定费用后，每月会收到装有各种品牌各种美妆的盲盒，惊喜又实惠，可以很好地满足用户的需求。

2）订阅式的优势

（1）简化消费者操作

对消费者来说，订阅的商品一般都是一定期限内必须购买的商品，如大米、猫粮、洗发水等。使用周期越短，消费者购买的频率越高。重复下单，对消费者来说也是一件相对麻烦的事情。在订阅模式下，消费者无须重复下单，只需收货即可，这样既可以防止遗忘购买，又可以简化购买流程。因此对目标群体来说，这种模式更具吸引力。

（2）用户黏性高。

通过长期交易，卖家与消费者建立了更强的信任度和情感联系。基本上只要不是价格提升幅度太大，或产品存在严重的质量问题，消费者是不会轻易更换购买网站的，因此用户黏性和复购率都会比较高。

（3）提高库存预测性，优化供应链效率。

由于订阅式模式是周期性订单，发货时间基本上是固定的，因此跨境卖家可以根据订单提前备货。这一方面可以减少备货风险，另一方面也能提升运输效率。

3）订阅式的问题

（1）难度较大。

虽然消费者有这方面的需求，但要想得到消费者的信任，难度还是比较大的。跨境卖家要想获得消费者的订阅订单，一方面要严格把控产品质量，另一方面也要持续提升服务水平，尽可能提升消费者的好感度，才有可能成功。

（2）调价难度大。

订阅模式下，消费者大多已经习惯了最初的价格，因此跨境卖家一旦调高价格，可能会导致老客户的流失。

（3）受品类的限制。

并非所有品类都适合订阅模式，一些更换周期长或非周期性商品，就很难开启订阅模式。是否要开启订阅模式，跨境卖家需要根据自己经营的品类以及实际情况进行选择。情况不适合的，可以选择其他方法提升复购率，如邮件营销、会员计划等。

❋ 案例专栏　　订阅式电商的典型案例——Stitch Fix

美国订阅式服装电商 Stitch Fix 坐拥 300 余万活跃用户，以"线上个人造型服务商"（Online Personal Styling Service）为自身定位，依靠智能算法，为消费者推荐服装。它的用户复购率达 86%，在 2020 年疫情暴发前市值超 20 亿美元。2021 年推出的服装盲盒，为 Stitch Fix 创造了 133 亿元人民币的营销收入[①]。

1）Stitch Fix 的商业模式（如图 14-9 所示）

第一步：收集丰富的数据来构建造型档案。Stitch Fix 会通过 85+ 数据采集点来采集数据，它的每个 SKU（Stock Keeping Unit）下面会包含四种数据类型：基础数据、商品尺寸、细节描述、顾客反馈。另外，Stitch Fix 也会收集顾客的相关数据和问卷，以及个人喜好等信息，并且对顾客和商品的关系进行匹配和描述，这是开展机器学习的第一步——建立知识图谱，Stitch Fix 把它称为造型档案。

---

① 资料来源　根据知名博客 Runwise 创新社区 2022 年 12 月 8 日相关文章整理得来。

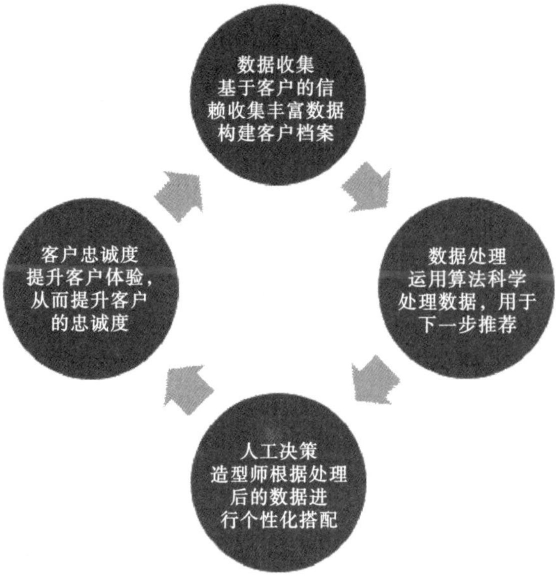

数据收集
基于客户的信
赖收集丰富数据
构建客户档案

数据处理
运用算法科学
处理数据，用于
下一步推荐

人工决策
造型师根据处理
后的数据进
行个性化搭配

客户忠诚度
提升客户体验，
从而提升客户
的忠诚度

图14-9　Stitch Fix的商业模式

第二步：使用算法来处理数据，用于下一步的推荐。Stitch Fix使用了50+种算法来处理问题，这些问题主要包括：为客户量身定制盒子、预测购买行为和需求、库存优化和设计新服装。算法主要分为两类：提升客户体验的算法和提升商业效率的算法。

第三步：造型师进行人工决策。Stitch Fix拥有超过3 400名搭配师，其中绝大多数是兼职和远程工作。公司为搭配师提供了定制的搭配程序，来帮助搭配师完成搭配工作。

第四步：提升每次的顾客体验，从而提升顾客的忠诚度和重复购买率。顾客通过网站和客户端与搭配师沟通，可以方便地查阅其订单和搭配配置。Stitch Fix则收集客户相关的数据、客户反馈等，并且把这些数据反馈给搭配师和算法，从而优化个性化的服务体验。

2）商业特点

（1）高效的数据收集。Stitch Fix将数字化定位为公司的核心竞争优势，并在收集数据、开发算法等方面不懈努力。早期，Stitch Fix使用问卷和Excel表格等方式收集客户数据。有了数据团队后，Stitch Fix在客户初次注册流程中加入专家设计的问卷，为每个客户建立专属造型档案。除问卷以外，Stitch Fix还参考交友软件开发了能够高效收集数据的App内置小游戏。这个游戏不仅能让Stitch Fix积累更多数据，还顺便增强了品牌黏性。更重要的是，这些数据不仅总量庞大，而且是来源于客户的第一手数据（而非推断、数据挖掘或第三方统计），因此具有极佳的可靠性和分析价值。对这些数据的分析结论能够指导公司优化购物体验，而享受过出色购物体验的客户也更愿意配合反馈，并提供更多的数据，最终形成"销售-反馈"的良性循环和强大的网络效应。

（2）算法驱动公司运营。Stitch Fix 的数据团队成员多达 360 人。整个数据团队由首席算法官管理，首席算法官直接向 CEO 汇报，并在公司的战略决策会上占有一席之地。这套理念被证明十分成功，数据团队开发出了各种精妙算法，如个性化推荐算法、库存管理算法、新款式设计算法等。

（3）科技的理智与人类情感相结合。引入数据和算法的同时，Stitch Fix 坚持将数据科学与造型师的判断相结合，并赋予后者改变或驳回算法推荐结论的权利。另外，在 Fix 盒子内，造型师还会附上一张便笺，向客户致以问候，解释自己选择时的考虑，并邀请客户给出反馈。在线上社交时代，这样略显复古的信件能让客户倍感亲切。信中表达的"我们希望能为你做得更好"的态度，可以有效地提高客户的购买意愿。而提供反馈的邀请则会令客户感到自己被重视，同时也让公司获得了可靠的第一手数据。

正是以上几点原因，使 Stitch Fix 从公寓楼中的创业种子蜕变为市值超 35 亿美元的零售业巨头。

14.3.2　定制式跨境电商模式

1）电商定制模式的优势

（1）国内"智造"。

中国的工业正逐步向智能化、数字化、自动化方向发展。目前，自动化流水线生产、3D 技术机械设备、机器技术应用作为现代工艺为产业发展注入了新活力。电脑的数字化、智能化作业代替了以往传统的人工作业，制造的精度及效率有了大幅度提升。"中国智造"的优化发展，为"定制化"生成提供了坚实的技术支持。

（2）商家成本优化。

通过线上记录采集，商家能通过全球数据的整合进行个性化生产。基于大数据统计的定制化生产，一方面，能减少产品积压的情况，降低折旧成本，减少由市场周期变化、流行趋势等因素造成的资源浪费；另一方面，商家营销方式发生了实质性转变，过去用于媒体流量的宣传成本减少，转而投资于产品设计和机械研发，从而提升品牌的口碑和认知度。

（3）紧随市场趋势。

随着消费结构的升级，顾客的消费观念也逐渐变化。消费者的关注点逐渐由产品的基本属性转向产品的独特性。定制化新模式可作为优化产品供应链的导向，提升企业运营效率，为消费者提供更为优质的服务体验。

2）定制式运作注意事项

（1）事先做好市场调研工作，选用顾客接纳度高且便于发展新模式的行业进行模式试行，在试行的过程中不断修复实践中出现的理论缺陷，完善新模式运行的理论基础和实践经验。

（2）推广柔性生产模式，利用成本优势吸引部分商家试行，并于初期利用互联网技术打开部分市场，中后期则依靠口碑等优势打造品牌知名度。

（3）将定制式与订阅式相结合形成跨境电商的"新优势"，探索"个性化生产"市场这一蓝海，降低商家过度宣传、库存、物流等各方面成本，形成商家产品成本结构优化、消费者消费需求得到满足的双赢局面。

（4）在某一行业的新模式发展成熟后，卖家应联合上下游企业，促进生产基础设备的开发及原料供应质量的优化。在模式成熟阶段，部分大型企业可尝试延长自身产业链，降低生产风险，内化产品收益。

● 思政课堂

红领集团的跨境电商定制新模式

红领集团（Red Collar Group）创立于1995年。企业以正装量体定制业务为主，以技术服务为辅，面向全球定制高档西装、衬衣等服装产品。其海外市场包括美国、加拿大等国家。红领集团主要运用酷特智能C2M个性化定制平台开展业务。C2M模式是基于互联网、大数据、人工智能，以及通过生产线的自动化、定制化、节能化、柔性化，运用庞大的计算机系统随时进行数据交换，按照客户的产品订单要求，设定供应商和生产工序，最终生产出个性化产品的工业化定制模式。在C2M模式下，消费者直接通过平台下单，工厂接收消费者的个性化需求订单，然后根据需求设计、采购、生产、发货。

1）商业流程

红领集团的商业流程如图14-10所示。

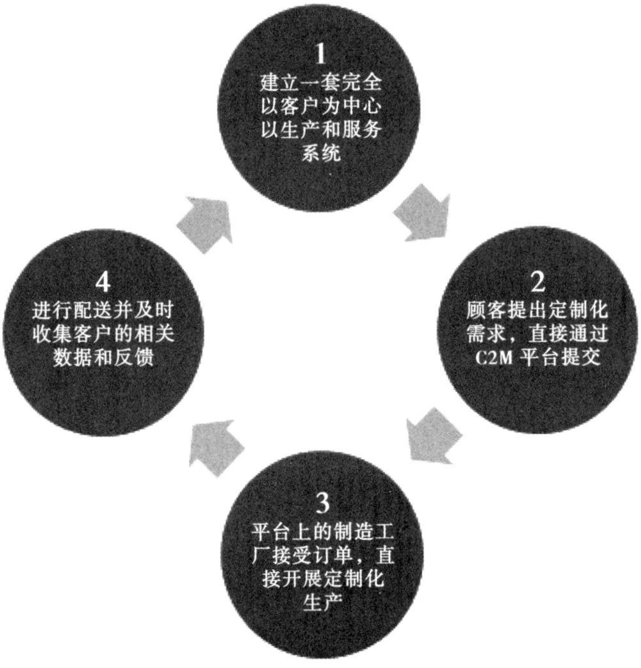

图 14-10　红领集团的商业流程

2）生产模式的特点

（1）用户导向精准化。

红领集团打造了"高端、高品位、高品质"的品牌形象，面向成熟商务男性市场，采用"轻奢消费"的产品定位，确立了以男士高档西服、高档衬衣、高档休闲裤为主打的产品生产线。

（2）电子商务定制化。

红领"消费者在线定制，订单直接提交给工厂"的C2M平台。它作为消费者的线上平台，通过采集消费者前期的输入数据以及后期的反馈体验构成用户大数据，打造以"一人一版"为核心的新的定制体系，即全球消费者都可以在平台上提出定制需求，驱动平台上的多个工厂制造。其专注于"互联网+工厂"模式的实践和输出。

（3）厂家柔性生产化。

从下单、支付到产品生产的全过程都是数字化和网络化运作。这是"按需供应"的柔性生产模式，没有中间商加价，没有资金和货品积压，企业成本大大下降，消费者也不需要再分摊传统零售模式下的流通和库存等成本。

（4）销售模式轻量化。

C2M模式去除了不必要的中间环节，产品制造与互联网技术深度融合，形成了完整的物联网体系，打造了独特的核心价值；同时形成了传统企业转型升级的解决方案。这不仅让C（消费者）直接参与服装的制作过程，享受"造物"的乐趣，也给M（制造商）带来巨大的利润空间，并以消费者的需求为驱动力。

正是由于定制模式带来的用户导向精准化、电子商务定制化、厂家柔性生产化、销售模式轻量化的优势，红领集团成为山东省服装行业的龙头企业。

资料来源　根据辽宁省工业和信息化厅网站2021年3月16日有关政策的解读整理得来。

● **本章小结**

1. 根据使用终端的不同，跨境电子商务分为在PC端使用的和在移动端使用的两种方式。PC端跨境电子商务，是指利用不便移动的电脑和传统互联网进行的跨境电子商务活动，是一种有线的、固定方式的跨境电子商务。PC端跨境电子商务是跨境电子商务的传统模式，具有普遍性、方便性、安全性、整体性、协调性等特点。

2. 移动电子商务是基于移动互联网，使用手机、平板电脑等无线终端进行的电子商务活动。移动商务是电子商务从有线通信到无线通信、从固定地点的商务形式到随时随地的商务形式的延伸。移动性、可定位性、个性化、人机交互性、场景多样性是移动跨境电商的特点。

3. 跨境电商移动端与PC端除了在电子商务实现过程中的三个主体——网络运营商、电子商务企业、电子商务用户方面存在差异外，还有许多其他区别。移动端优于PC端的特性，使得电子商务在一定程度上从PC端转移到移动端。

4. 对于跨境电子商务的移动化，网络终端移动化、网速提升、资费下降是物质基础；市场需求增长是根本动因；跨境网上支付的发展是催化剂。

5.跨境电商直播是指通过站内平台或站外社交媒体就产品信息进行实时介绍、展播的过程。跨境电商直播的形式十分丰富，主流模式、场景内容化模式、垂直类直播模式是其主要模式，三种模式还各自有不同的形式。除此之外，跨境电商直播还有加入门槛低、体验感好、互动性强等特征，这使得跨境电商直播成为品牌营销的主要手段之一。

6.跨境电商直播存在很多风险，如法律风险、文化风俗差异带来的风险、汇兑风险、主播风险、供应链风险等，直播时应注意规避各项风险，防止其给直播平台、品牌方带来不利影响。

7.订阅式电商，是订阅模式与电商渠道的结合，是比较有代表性的独立站商业模式之一。作为一种新兴的消费潮流，订阅电商自带服务，可以帮助用户降低消费过程中的挑选成本，从而提升生活品质、提高便利性，同时具备新鲜感，符合当代用户的个性需求和消费原则。订阅式电商有三种不同的模式：消费者按照自己喜好选择固定的商品，持续订购；通过消费者数据建立用户画像，在盒子中搭配不同的商品进行配送；消费者根据不同价格订购套餐，商家随机搭配商品组合。

8.订阅式模式具有简化消费者操作、用户黏性高、提高库存预测性、优化供应链效率等优势；但同时，也存在实施难度较大、调价难度大、受品类限制等问题。

9.电商定制模式具有国内"智造"、商家成本优化、紧随市场趋势等优势，也是相当受欢迎的跨境电商新模式。

● 复习思考题

1.请简述移动端跨境电商的特点。
2.请比较跨境电商的PC端与移动端。
3.请简述跨境电商移动化的内因。
4.请简述跨境电商直播的特点。
5.请简述跨境电商订阅式及定制式模式的优势。

● 小组实训

ChatGPT的诞生又是一场科技革命，结合本章所学内容，畅谈ChatGPT对未来跨境电商发展模式的可能影响。

● 本章数字化资源

即学即测14

课外延伸14-1：订阅式电商的行业现状

课外延伸14-2：跨境电商直播案例——Shopee平台

主要参考文献

［1］阿里巴巴商学院．电商数据分析与数据化营销［M］．北京：电子工业出版社，2019．

［2］邓志超，莫川川．跨境电商基础与实务［M］．北京：人民邮电出版社，2021．

［3］黄罡，曹志斌．电商创业［M］．北京：人民邮电出版社，2018．

［4］刘瑶．跨境电商运营实务［M］．北京：人民邮电出版社，2021．

［5］刘瑶．亚马逊跨境电商平台实务［M］．北京：对外经济贸易大学出版社，2017．

［6］伍蓓．跨境电商理论与实务［M］．北京：人民邮电出版社，2021．

［7］速卖通大学．跨境电商数据化管理：阿里巴巴速卖通宝典［M］．北京：电子工业出版社，2016．

［8］詹慧芳，颜春静，刘靖．跨境电商英语口语交际大全［M］．大连：大连理工大学出版社，2022．

［9］黄晓凰．RCEP签署对我国跨境电商发展的影响分析［J］．商业经济，2021，536（4）：75-77．

［10］陆岷峰，徐阳洋．经济双循环背景下中小企业的机遇、挑战与成长的着力点［J］．西南金融，2021，474（1）：73-82．

［11］曲维玺，王惠敏．中国跨境电子商务发展态势及创新发展策略研究［J］．国际贸易，2021，471（3）：4-10．

［12］蓝庆新，童家琛．我国外贸新业态新模式可持续发展研究［J］．国际经济合作，2022，416（2）：50-57．

［13］王淑翠，王丹丹．跨境电商背景下跨境出口零售规则的完善［J］．国际商务研究，2022，13（1）：37-45．

［14］徐学超，戴明锋．疫情冲击下我国跨境电商发展研究［J］．国际贸易，2022，482（2）：32-38．

［15］张洪胜，张小龙．跨境电商平台促进全球普惠贸易：理论机制、典型事实和政策建议［J］．国际商务研究，2021，42（4）：74-86．

［16］张夏恒，肖林．元宇宙跨境电商信息生态系统：模型构建与治理思路［J］．电子政务，2023，243（3）：85-94．

附录 亚马逊平台实操演示讲解

亚马逊账户注册

亚马逊商品发布

亚马逊物流

亚马逊订单管理

亚马逊卖家账户设置

亚马逊买家加购与下单

亚马逊营销推广工具